# 損失補償関係裁決例集

増補版

◆編集 公共用地補償研究会

大成出版社

# ●増補版 損失補償関係裁決例集●
## ―目 次―

## 第1章 対価補償

### (1) 土地価格

○画地の採り方は土地の利用状況からみて単一の経済目的に供されている範囲をもって1画地とすることが合理的かつ妥当であるとし、建物の敷地ごとに画地区分した事例 　　大阪府　………… 3
平成2年6月26日

○斜面部分は平地部分と分けての評価要求に対し土地利用状況からみて一体評価した事例 　　徳島県　………… 5
昭和57年3月11日

○本件画地の評価に当たっては、一筆の土地で宅地として同一の用途に供されているので一体として行うべきとした事例 　　大阪府　………… 7
平成9年8月26日

○本件土地の現況は公衆用道路となっているが、土地の評価は同一用途又は同一利用目的に供される一団の土地として行うべきものであるため、本件土地を含む3筆の土地を宅地とする一団の土地として評価した事例 　　大阪府　………… 8
平成16年8月24日

○親子がそれぞれ所有する土地であっても、同居し、両土地を共用し、子の土地の購入経過からみて、両土地を同一所有者とみなすことができ、両土地を一団の土地とみても不自然でなく、両土地の間にブロック塀があるものの木戸による出入りが可能であることから、同一利用に供されていると認めた事例 　　兵庫県　…………11
平成16年11月9日

○起業者の求めにより遺産分割した後の画地の画地条件が分割前に比し悪くなった場合の土地評価に当たっては、遺産分割に伴って2画地に分断されたものとして取扱うべきものではなく、一団の土地を一つの画地として行うことが衡平の観点から必要であると認めた事例 　　愛知県　…………14
平成17年11月25日

○石積みは土地の付加物であって土地価格に含まれると判断した事例 　　沖縄県　…………18
昭和63年3月9日

○土地代に砂採取の財産的価値を付加するとの要求に対し、砂は土地の構成部分として土地代に含まれるとした事例 　　徳島県　…………19
昭和57年3月11日

○観光保養施設見込地としての土地価格の要求に対し、開発可能性は認められるものの開発許可を得ていないため、この要求は採用し得ないとした事例 　　徳島県　…………21
昭和57年3月11日

○土地を駐車場として利用する権利は土地所有権の内容をなすもので、土地に対する補償をすれば別途駐車場利用に対する補償を要しないとした事例　　兵庫県　　…………25
　平成3年2月27日

○法71条に規定する「相当な価格」とは、買主の利用目的のような主観的な特殊事情によるのではなく、客観的な価格を指すと解すべきであり、同じ市街化調整区域内の土地の取引事例でも市街化区域に隣接している土地と収用地とでは地域要因に格差が認められるとした事例　　神奈川県　　…………26
　平成8年12月12日

○正常な取引価格を定めるに当たっては、特殊事情のある代物弁済による価格は資料とすべきではなく、既成市街地における既存宅地においては原価法は適用されないものとした事例　　愛媛県　　…………29
　平成6年6月28日

○土地価格につき土地所有者から申立てがないにもかかわらず裁決申請額を超えて裁決した事例　　北海道　　…………33
　平成2年8月3日

○市街化調整区域内の土地価格の算定に当たっては市街化調整区域等の設定のない地域の取引事例をそのまま採用できないとした事例　　香川県　　…………34
　昭和61年12月15日

○市街化区域内土地については路線価式評価法により評価し、調整区域内土地については市街化区域との公法規制減価を15%として評価した事例　　東京都　　…………36
　昭和59年7月12日

○土地価格の決定に当たり、起業者及び土地所有者から提出された不動産鑑定士による鑑定評価書の評価額は重視した試算価格が異なるため開差が生じているが、その当否は一概には断じ難いとして、同等に尊重し、相加平均をもって補償額とした事例　　神奈川県　　…………38
　平成元年8月25日

○土地の境界が未定である場合、当事者の主張が最大限に認められた場合の画地を想定して評価した価格をもって補償することが相当であるとした事例　　青森県　　…………41
　平成8年3月27日

○起業者が宅地見込地として認定した苗木畑を畑地見込地であるとした事例　　宮崎県　　…………42
　平成16年1月20日

○土地所有者の主張する特殊な条件の下での取引価格は、そのままでは相当な価格とはいえないとした事例　　愛媛県　　…………44
　平成11年2月25日

○所有者は自宅の建築予定地等であるとして宅地の評価を要求しているが、傾斜のある松林であること等により山林として評価することが相当であるとした事例　　秋田県　　…………46
　昭和62年8月28日

- ○ゴルフ練習場敷地の土地価格の算定に当たり、該土地は会社更生法の手続により取得したものであるから、取得費用に諸経費を加算した額により補償してほしいとする要求を認めなかった事例 …… 福岡県 平成8年6月21日 …… 48

- ○収用する土地の価格を事業完成後の価格で補償するよう求められたのに対し、認めることができないとした事例 …… 広島県 平成10年5月26日 …… 50

- ○旧市道敷として使用されている建設省所管の国有地の土地代をゼロ円とした事例 …… 兵庫県 平成5年11月2日 …… 52

- ○収用委員会が土壌汚染の有無及びその状態を調査したが土壌汚染の可能性を確認できなかったとして土地評価に当たって考慮外とした事例 …… 大阪府 平成15年6月10日 …… 54

- ○権利者多数の共有墓地について、祭祀相続人と祭祀相続の協議が調っていないものは法定相続人を土地所有者とし、墓地所有権価格と墓地使用権価格の割合を1対9とした事例 …… 徳島県 平成2年8月7日 …… 55

- ○登記簿に共有持分の記載がない墓地の所有者全員の住所が不明であるため、共有持分を明らかにすることが困難であるとして一括補償するのが相当であるとした事例 …… 愛媛県 平成2年1月22日 …… 58

- ○未契約敷地利用権者の共有持分を土地登記簿によることを相当とした事例 …… 大分県 平成7年2月22日 …… 60

- ○土地所有者が異なる2筆の土地を借地人が一体利用しているときの土地評価について、一体利用による土地の効用増に伴う利益は一般には専ら借地人に属するものと考えられるにもかかわらず、起業者の見積額は、一体評価した土地価格に単独評価の場合の底地権割合を用いて算定していることに疑問があるとした事例 …… 神奈川県 平成16年7月29日 …… 61

- ○残地に隣接する土地を替地として補償することを認めた事例 …… 大阪府 平成6年3月22日 …… 64

- ○住宅敷地の替地要求に対し、起業者と土地所有者が合意したので替地による損失の補償をした事例 …… 兵庫県 平成10年2月27日 …… 67

- ○替地による補償が相当であるというのは、替地による補償が行われなければ自己の今後の生活再建に重大な支障をきたすことについて合理的な理由が存する場合をいい、本件のごとく建物賃借人の営業を継続させるための要求は認められないとした事例 …… 大阪府 平成17年5月17日 …… 68

(2) 権利価格

○公正証書により作成された土地賃貸借契約書において公共事業により土地が収用される場合には賃借人は速やかに土地を返還すべきものと定められているが、この賃借人に不利な定めは旧借地法11条の規定により定めがなかったものとみなされるため、賃借人に借地権消滅補償を要するものとした事例　　大阪府　……………70
　　　　　　　　　　　　　　　　　　平成18年1月31日

○土地に関する権利が賃借権か使用借権か確認できず不明であるとした事例　　東京都　……………74
　　　　　　　　　　平成8年1月18日

○親子で共有する土地に親が建てた建物の土地に対する権原を使用借権とし、この権利の消滅による損失を、親子であることを考慮してゼロを相当とした事例　　大分県　……………79
　　　　　　　　　　　　　　昭和62年12月7日

○土地所有者と賃借権者たる法人の代表者が夫婦関係にあるため、補償額を分割するまでもないとして権利の消滅に対する補償を「なし」とした事例　　福岡県　……………80
　　　　　　　　　　　　　平成7年8月4日

○耕作権割合について農事調停でも歩み寄りがみられず、本件土地が商業地域にあるため純農地の場合とは異なること等から、個別には見積もり難いとした事例　　宮城県　……………82
　　　　　　　　　　　　　　平成元年7月25日

○底地権と耕作権との割合については、土地所有者が賃貸借契約の解除の手続を進めていること、当該地域においては耕作権の取引事例が極めて少なく適正水準の判定が容易でない等の事情から、権利割合を定めるのが困難であるとし、双方の協議等により解決するのが相当であるとした事例　　埼玉県　……………84
　　　　　　平成17年3月9日

○農地の賃借権割合については、取引事例から40%と認めるのが相当であり、この割合は県財産評価基準書の評価倍率表による借地割合が40%となっていることからも妥当であるとした事例　　島根県　……………86
　　　　　　　　平成18年2月21日

○法定地上権たる借地権であっても、賃借権たる借地権に比し、特別高い配分割合を認める根拠は乏しいとして、賃借権の場合と同じ割合とした事例　　群馬県　……………88
　　　　　　　　　　平成16年6月18日

○建物所有者の土地に対する権利を使用借権と認定し、これの権利割合については、使用借権者が長期にわたり固定資産税等を負担し、店舗の営業を継続してきたこと等を勘案し、3割と認定した事例　　大阪府　……………90
　　　　　　　　　　　平成16年7月27日

○トラスト対象立木の敷地に対する権利について、損失補償は要しないと判断した事例　　長野県　……………93
　　　　　　　　　　　　平成7年11月1日

○トラスト対象立木の存する土地の土地に対する権利の種　　東京都　　　　　………94
　類を使用貸借による権利とし、権利価格の割合は０％を　　平成16年5月17日
　もって相当とした事例

○採石を目的とする賃借権の消滅補償額をホスコルド方式　　鳥取県　　　　　………96
　に準じて算定した事例　　　　　　　　　　　　　　　　昭和47年4月27日

○採石権の評価に当たり、採石権の取得に多額の費用を要　　岡山県　　　　　………100
　していても、採算上全く利益が見込まれない場合には、　　昭和61年6月7日
　補償の要求は認められないとした事例

○事業反対の看板の存する範囲の土地に土地所有権又は賃　　長野県　　　　　………102
　借権以外の権利があるとしても、これに対する補償を要　　平成7年11月1日
　しないとした事例

○抵当権に対する補償は、担保物である土地に対する補償　　香川県　　　　　………103
　と分別することは困難である等により、土地所有者に対　　平成7年12月18日
　する補償に含めるとした事例

○取得する立竹木に係る根抵当権、差押債権等に対する補　　愛媛県　　　　　………105
　償金は、個別に見積もることが困難なため、立竹木の補　　平成8年4月22日
　償金に含めるとした事例

○移転を要する建物に設定してある抵当権に対する損失は　　大阪府　　　　　………107
　個別に見積もり難いので、当該建物の移転料に含めるも　　平成17年5月17日
　のとした事例

○抵当権の担保のために設定された賃借権は、抵当権が実　　奈良県　　　　　………108
　行された場合にその目的を失って消滅するため、収用に　　平成8年9月12日
　より抵当権は対価を得て消滅し、賃借権も消滅すると考
　えるのが相当であるとした事例

○抵当権者と土地所有者との間で補償金の一部を抵当権者　　徳島県　　　　　………109
　に払渡すことにつき合意があるとして、個別払いを認め　　昭和52年10月24日
　た事例

○国税の差押えに優先する根抵当権の被担保債権額が極度　　広島県　　　　　………111
　額の限度内において収用地の土地価格を上回るとして、　　平成5年3月16日
　土地価格は根抵当権者に支払うとした事例

○土地に対する損失の補償は、最優先弁債権を有する順位　　栃木県　　　　　………113
　１番の抵当権者に行うとした事例　　　　　　　　　　　平成9年5月6日

○仮登記上の権利は停止条件の期日を徒過しているにもか　　青森県　　　　　………117
　かわらず放置され、事実上消滅していると判断し、これ　　平成9年1月13日
　の権利に対する補償は「なし」とした事例

目次　　5

## (3) 土地使用料

○6か月間使用する土地の使用料の算定を、1㎡当たりの土地価格に年間借賃率5％を乗ずることを相当とした事例 　　愛媛県　平成8年4月22日 ……… 119

○米軍の土地接収から50年余を経ているため、米軍による土地の取り上げなかりせば現在どのような土地になっていたかの推測により土地使用料を算定することは、合理性も妥当性もないとした事例 　　沖縄県　平成10年5月19日 ……… 120

○土地の使用料の算定に当たり、中間利息の控除方法を起業者は複利年金現価率を採用し、土地所有者はホフマン方式を申し立てたが、ライプニッツ方式により算定した事例 　　沖縄県　平成10年5月19日 ……… 122

○土地所有者は使用期間が5年以上になる場合の補償金収入が1年分の所得として所得税が課されるため課税相当額を損失として要求してきたが、使用期間の長短を補償金の算定において考慮することができないとした。また、中間利息の控除率は1％を相当と判断した事例 　　沖縄県　平成17年7月7日 ……… 123

○仮設土留構造物を設置する目的で15か月使用する場合において、土地の地番が確定しないまま所有者の双方から出された使用に代わる収用請求を認めた事例 　　大阪府　平成9年6月24日 ……… 125

○特別高圧送電線の線下地の阻害率は、土地の利用に制限のない十分な空間が地表面から確保されているとして、過去の裁決例等を参考に25％を相当と判断した事例 　　宮崎県　平成9年3月12日 ……… 126

○特別高圧送電線の線下地の使用に当たり、敷地の一部は住宅の建築が禁止されるが他の部分は住宅の建築は可能であるとして、使用に代わる収用の請求は認めないとした事例 　　福岡県　昭和54年8月24日 ……… 127

○最有効階層の建物利用に阻害が生じないため、地下利用上の阻害として地下補償率を10％とした事例 　　東京都　昭和62年3月31日 ……… 129

○道路トンネルのため山林の地下34m以下の使用につき、土地所有者の土地利用に格別の影響を与えるものではないとして、損失の補償を0円とした事例 　　山梨県　平成7年5月22日 ……… 135

○トンネル覆工部分から地表10.8mであるが、畑地としての利用に阻害がないと判断し、土地の使用による損失は認め難いとした事例 　　長崎県　平成8年6月28日 ……… 137

○地下使用を目的とする賃借権に対する補償額は、賃借権　　岩手県　　　　　………139
　に基づき岩石を採取する権利の制限による損失の補償に　　平成14年2月19日
　含まれると解されるので、賃借権に対する補償は要しな
　いとした事例

○地下使用における建物等の荷重制限を1㎡につき2t以　　岩手県　　　　　………142
　下の制限を課すに当たり、一律に地表面ではなく深度に　　平成14年2月19日
　より区分して制限することを相当とした事例

### (4) 残地補償等

○残地の評価に当たり、道路整備計画が実施されることを　　福岡県　　　　　………144
　前提として評価することが相当であるとした事例　　　　　平成10年5月29日

○細目政令1条3項に定める「一般の取引における通常の　　大阪府　　　　　………147
　利用方法」とは現在の利用方法ではなく最有効使用をい　　平成17年3月22日
　うものと解するのが相当であるとし、本画地の最有効使
　用を開発後の中小規模一般住宅敷として残地補償をした
　事例

○借地権が消滅した残地の残地補償について、当該残地に　　東京都　　　　　………149
　隣接する父親所有の土地と一体利用が可能になるため、　　平成8年9月30日
　残地の利用、保有の価値に低下が生じないとした事例

○使用借権者に対しては、従前有していた使用借権の存続　　群馬県　　　　　………153
　自体が事実上不可能になるので残使用借権の消滅に相当　　平成16年6月18日
　する額を補償することを相当とし、土地所有者には、土
　地が返還され利用ができることになることから残地補償
　額から残使用借権の消滅に対する補償額を控除すること
　が適当であるとした事例

○本件借地権の存する残地と隣接地の借地を合わせた利用　　東京都　　　　　………155
　が可能であるとして、残地の減価率を軽減することは、　　平成9年2月17日
　それぞれ別個の権利として存続することから採用し得な
　いとした事例

○事業の完成により残地に存する牛舎周辺に通風阻害等の　　愛媛県　　　　　………156
　環境の変化が生ずることが予測されるが、これは収用に　　平成3年5月22日
　よる損失とは認められないので判断しないとした事例

○特別高圧送電線が農地の中央を斜めに横切ることになる　　宮崎県　　　　　………158
　が、線下用地及びその残地の一体的利用を妨げることに　　平成9年3月12日
　ならないので、残地補償を必要としないとした事例

○進入路の設置により農地の有効利用面積の減少に伴う損　　兵庫県　　　　　………159
　失は、受忍の限度内であるとして補償を要しないとした　　平成8年8月20日
　事例

○区分所有建物敷地の一部が取得されることにより建替え時に現在の容積の建物を残地に建てられなくなるとの不利益は、土地の所有権に内在する制約というべきものであるとした事例　　兵庫県　平成4年8月7日　………160

○区分所有建物の一部が支障となる区分所有者から残地持分の買取り要求に対し、残地は収用後においてもマンション敷地等として利用されるため、同人の残地持分は従来利用していた目的に供することが著しく困難になることはないとした事例　　東京都　平成11年2月22日　………162

○土地所有者は残地補償の申し出を取り下げているが、土地所有者の主張する土地価格を認められない場合でも放棄する趣旨とは解されないとして残地補償を認めた事例　　佐賀県　平成10年10月15日　………164

○建物全体を構外へ移転することが妥当であるとして、残借地権補償を認めた事例　　大阪府　平成15年6月10日　………166

○残地部分に事業の施行により高低差が生ずるが、取付階段を設置することにより従前と同じ利用ができると認められるので、残地の減価は生じないとした事例　　沖縄県　昭和63年3月9日　………168

○高速自動車道の上り線と下り線に挟まれた土地について、残地収用の請求を認めた事例　　大阪府　平成元年7月11日　………170

○残地は面積が狭小となり、かつ、形状も著しく不整形になることから、土地所有者が従来と同様に建物敷地として賃貸することが著しく困難になるとして、残地収用を認めた事例　　大阪府　平成18年2月14日　………172

○残地に従前の建物に近い機能を有する建物を再築することが法76条1項に規定する「従来利用していた目的に供することが困難とまではいえない」うえ、残地が売却可能な場合は残地の価格低下及び売急ぎによる損失を補償することにより残地の売却代金と被収用地の補償金を合わせれば代替地を取得することができるので、残地収用を認めないとした事例　　福岡県　平成17年3月28日　………174

○不在者のいる土地の残地収用請求に対し、共有者全員からなされなかったとして認めなかった事例　　奈良県　平成9年3月18日　………177

○残地収用の認否の判断は、残地の価値の程度によるのではなく、従前の利用や維持管理の可能性等によりなされるものであり、また、土地の所有権の帰属をめぐって争いがある場合には、帰属が確定している部分についてのみ対象となるとした事例　　大阪府　平成7年1月24日　………178

○車両の進入のため、残地を本路線の歩道部分と同じ高さまで切土する工事費用を積算した起業者の見積額を相当であるとした事例　　愛知県　　　　　………180
　　　　　　　　　　　　　　　　　　　　　　　　平成16年4月9日

○残地工事を起業者の工事との一体性のものとして施工する必要があること等から、起業者による工事の代行を相当と認めた事例　　岡山県　　　　　………181
　　　　　　　　　　　　　　　　　　　　　　　　昭和61年6月7日

○駐車場の残地工事費として盛土費用の要求に対し、新設道路への階段を取り付けることにより従前の機能が維持できると判断し、起業者が申し立てている工事の代行を相当と認めた事例　　沖縄県　　　　　………183
　　　　　　　　　　　　　　　　　　　　　　　　昭和63年3月9日

○残地に行う土留等の工事の代行を、使用土地の原状回復工事と関連させて行うことを相当と認めるとした事例　　大阪府　　　　　………185
　　　　　　　　　　　　　　　　　　　　　　　　昭和52年11月8日

○起業者が収用する土地と残地との境界の段差を解消するための工事を代行したいとの要求があったので、この要求を認めた事例　　福岡県　　　　　………187
　　　　　　　　　　　　　　　　　　　　　　　　平成17年6月10日

○農地の残地を道路面まで造成する費用の要求に対し、進入路の設置で足るとし、起業者の工事代行の要求に対しては相当でないとした事例　　兵庫県　　　　　………188
　　　　　　　　　　　　　　　　　　　　　　　　平成8年8月20日

○地下の使用に際し、土地に建物利用阻害が生じないため残地補償の必要はないとした事例　　東京都　　　　　………191
　　　　　　　　　　　　　　　　　　　　　　　　昭和62年3月31日

【参考判例】
○都市計画法上の建築制限されている土地の収用による損失補償額は、当該建築制限を受けていないものとしての価格をいうものと解すべきとした事例　　最高裁　　　　　………193
　　　　　　　　　　　　　　　　　　　　　　　　昭和48年10月18日

○土地収用法71条にいう事業認定の告示の時における相当な価格とは、この時点における完全な補償となる額でなければならず、近傍で同等の代替地を取得しうるに足る額とすべきであるとした事例　　最高裁　　　　　………195
　　　　　　　　　　　　　　　　　　　　　　　　昭和57年3月4日

○同　件　　大阪高裁　　　　　………195
　　　　　　昭和54年5月30日

○土地収用法71条の規定は、被収用者は収用の前後を通じて被補償者の有する財産価値を等しくさせるような補償を受けられることとしているので、憲法29条3項に違反するものではないとした事例　　最高裁　　　　　………197
　　　　　　　　　　　　　　　　　　　　　　　　平成14年6月11日

○歴史的、学術的価値を有していても、土地の不動産としての経済的価値を高めるものでないものについては、文化財的価値として経済的評価にはなじまないため、損失補償の対象にはなり得ないとした事例 　　最高裁　　　　………199
　　昭和63年1月21日

○鉱業法64条に定める制限は、公共の福祉のためにする一般的な最小限度の制限であり、何人も当然に受忍すべきものであるとした事例 　　最高裁　　　　………200
　　昭和57年2月5日

○事業の施行により残地の価格に及ぼす影響のうち利益と損失とを明確に区分することができない場合に、それらを総合勘案して補償することは、土地収用法90条に規定する相殺禁止に抵触しないとした事例 　　最高裁　　　　………201
　　昭和55年4月18日

○同　件 　　仙台高裁　　　………201
　　昭和53年2月27日

## 第2章　通常生ずる損失の補償

### (1)　建物等移転料

○建物移転料の算定の前提条件となる移転先を同一市内の工業地域又は工業専用地域を想定するのが相当とした事例 　　大阪府　　　　………205
　　昭和57年7月13日

○特定の製品や用途に不可欠な薬剤等を独自の技術により製造している工場の移転料の算定に当たり、長期間の休業は回復し難い損失を被ると認められることから、生産能力、製造工程等を総合的に検討し、再建工法と移築工法とを組み合わせた工法を採用した事例 　　大阪府　　　　………207
　　昭和57年7月13日

○工場の倉庫等が支障となるため、工場全体を構外へ移転することとしたが、寄宿舎は移転対象とせず代わりに宿直室の新設費用を補償した事例 　　大阪府　　　　………214
　　昭和57年7月13日

○豪雪地における雪処理のために必要な空地面積は、空地に落とされる雪をのせている屋根部分の水平投影面積と当該空地面積との比率から認定するのが妥当であるとし、必要とする空地面積から建物の移転工法を判断するものとした事例 　　秋田県　　　　………217
　　昭和63年6月30日

○建物の移転先は残地を除き具体的に特定すべきではなく、建物の従前の価値及び機能を失わないため再築することが必要であるとしても、建築後の経過年数等を考慮することなく再築費用を補償することは社会通念上容認できないとした事例 　　愛媛県　　　　………220
　　平成3年1月22日

○木造2階建て住宅の移転につき、建物所有者は残地に3階建て建物を再築するに当たって気密性の高いものとする必要がある等としてこれらの費用をも請求したが、残地の形状、面積等から残地を合理的な移転先とすることは妥当でないとして構外再築工法による移転料を補償するとした事例　　京都府　　　　　………222
　　　　　　　　　　　　　　平成7年12月15日

○建物の移転に当たり、起業者は構内再築工法により移転に要する費用を見積もっているが、残地に従前建物に照応する建物を建築しようとすれば3階建て以上の建物とならざるを得ないので、残地外を合理的な移転先と認め、構外再築工法を採用して補償額を算定することとした事例　　京都府　　　　　………224
　　　　　　　　　　　　　　平成16年9月22日

○本件建物での営業は廃止することになっても除却工法を採用せず構外再築工法により補償するのが相当であるとし、建物の建材にアスベストを含有しているものが使用されていることから建物解体費用に所要経費を計上して補償額を算定した事例　　兵庫県　　　　　………226
　　　　　　　　　　　　　　平成18年1月31日

○本件建物の移転工法としては、起業者は構外再築工法を選択して建物補償額を見積もったが、残地において、従前の建物と同等の規模で従前の建物に照応する建物を再現し、従前の生活又は営業の継続が可能であると認められるので、構内再築工法を採用するとした事例　　福岡県　　　　　………228
　　　　　　　　　　　　　　平成16年5月31日

○残地に存する庭木、庭石等は、建物と一体不可分の関係にあり、全部を移転しなければ従来利用していた目的に供することができないとして、移転料を補償するとした事例　　京都府　　　　　………230
　　　　　　　　　　　　　　平成7年12月15日

○建物の合理的な移転先を残地以外の土地と判断した場合、残地と隣接地との境界に設置してある共有のフェンスについては、土地の境界を明示するために必要なものとして移転補償の対象から除くとした事例　　京都府　　　　　………231
　　　　　　　　　　　　　　平成7年12月15日

○区分所有建物の移転方法として構外再築工法を採用し、区分所有者に対する移転料は、この工法による移転料に共用部分の持分を乗じた額を相当とするとした事例　　大阪府　　　　　………232
　　　　　　　　　　　　　　平成3年2月26日

○吟味された材料、木造の伝統的技法等により建築された町家の評価に当たっては、現在では入手困難な資材の値入れ、工数等客観的な経済的損失を把握する必要があるとした事例　　京都府　　　　　………234
　　　　　　　　　　　　　　平成8年7月19日

○文化財級の建物について、軒のひさし部分を切り取っても文化的遺産としての重要性を失うものでなく、ひき家に耐えられるか疑問であるので、ひき家補償を認めなかった事例　　　　　愛媛県　　　………236
　　　　　　　　　　　　　　　　昭和53年11月16日

○築後300年以上経過している古民家の移転料算定に当たり、一般の建物として評価するのを相当とした事例　　　　　東京都　　　………238
　　　　　　　　　　　　　　　　平成14年9月30日

○老朽化した建物の移転方法として、構造材に腐食がなく移築可能なものは解体移築工法により、移築に耐えられないものは除却工法を採用することが妥当であるとした事例　　　　　大阪府　　　………239
　　　　　　　　　　　　　　　　平成3年12月10日

○住居地域内にある食品工場の移転方法として、建築基準法上の制約があることから、切取工法、移築工法等のいずれの工法も採用できないため、除却工法を採用した事例　　　　　大分県　　　………241
　　　　　　　　　　　　　　　　昭和58年3月14日

○起業者は本件建物の用途を住宅として構内再築工法を採用して補償額を見積もっているが、老朽化が進み損傷も著しく修繕が講ぜられた形跡が認められないため、移転工法として除却工法を採用することが妥当であるとした事例　　　　　和歌山県　　………245
　　　　　　　　　　　　　　　　平成16年11月18日

○残地及び隣接地に存する建物についても移転料を補償することを相当とした事例　　　　　山口県　　　………247
　　　　　　　　　　　　　　　　平成2年8月6日

○自動車教習所の取水施設について、打ち込み井戸の新設ではなく、当該施設のライフラインとしての機能、水道に関する行政指針等を考慮して、水道管の布設に配慮した補償を相当とした事例　　　　　京都府　　　………248
　　　　　　　　　　　　　　　　平成7年1月24日

○撤去命令を無視した違反工作物に対し移転料の補償を否認することは許されないとした事例　　　　　岡山県　　　………251
　　　　　　　　　　　　　　　　昭和59年5月26日

○都市計画法所定の許可を得ていない違法建築物であっても、公用制限違反の工作物の移転に対しても移転料を補償すべきとする法制局の見解を相当と認め、これに対する補償が必要であるとした事例　　　　　茨城県　　　………253
　　　　　　　　　　　　　　　　平成17年7月26日

○起業者の申し立てる建物の移転工法は相当であると認めたが、補償単価は正当でないとして単価修正をして移転料を算定した事例　　　　　兵庫県　　　………255
　　　　　　　　　　　　　　　　平成2年12月11日

○すでに協議が調っている電力会社の物件移転料について、補償は「なし」とする起業者の申立てに異議がないとするので、これを採用した事例　　　　　東京都　　　………257
　　　　　　　　　　　　　　　　平成14年9月30日

○移転料多額として収用請求のあった給油施設につき、当　　高知県　　　　　………258
　該施設の各設備は別個の物件として判定すべきであると　　昭和63年12月20日
　した事例

○権利者不明の物件の移転代行の請求に対し、権利者全員　　高知県　　　　　………260
　の同意が得られないため認め難いとした事例　　　　　　　昭和59年10月31日

○起業者による移転代行について、緊急性がある等の事情　　高知県　　　　　………262
　があっても、工作物の撤去のみでは法に定める移転代行　　昭和60年12月4日
　には該当しないとした事例

○鉄骨造3階建ての従前建物に照応する建物として、残地　　東京都　　　　　………264
　に4階建ての建物を再築することが可能であると認め、　　平成17年11月24日
　エレベーターと身障者用トイレの法令施設改善費用の運
　用益相当額を本件収用に伴う損失と認めた事例

○明渡しの期限前に法令制限の適用の猶予期間が徒過して　　大阪府　　　　　………267
　いること及び法令費用の出捐は補償の原因たる特別の犠　　昭和57年7月13日
　牲に当たらないと判断したことから、法令費用について
　補償の対象としないとした事例

○防火地域内にある本件建物はいわゆる既存不適格建物で　　福岡県　　　　　………273
　あり、残地内に建て替えるに当たっては耐火構造にする　　昭和63年7月29日
　法令上の義務があるが、法令に基づく改善費用の出捐は
　特別の犠牲に当たらないので、改善費用は補償しないと
　した事例

○防火地域内にある木造建物の移転方法として構内再築工　　東京都　　　　　………276
　法と認定し、耐用年数を満了していない増築部分につい　　平成15年7月24日
　て法令施設改善費の運用益損失分の補償を認めた事例

○立入り調査ができなかったため農業用物置等の補償額の　　埼玉県　　　　　………278
　算定に当たっては、隣接地及び建物外部からの目視調　　平成17年3月9日
　査、建物登記簿等の資料に基づいていること、農業用物
　置としての機能回復などの配慮がされていることから、
　起業者の見積りは適切に行われていると認めた事例

○階段及び共用通路の一部が支障となる賃貸用建物の移転　　兵庫県　　　　　………280
　補償額の算定に当たり改造工法を採用することが妥当と　　平成16年8月3日
　判断するとともに、道路により建物の一部が半地下状態
　になり家賃収入の減少が生ずると考えられることから、
　建物の価値減補償をすることが相当であるとした事例

○都市計画決定後に計画線を避けて建てた建物の前面駐車場敷として使用していた土地が収用される場合に、建物の建築時において前面駐車場敷が将来使用できなくなることが予測できたこと等のほか、起業者が自動車保管場所の確保のための補償額を見積もっていることを考慮すると、権利者の被る損失は社会生活上受忍すべき範囲内と認めるとした事例　　　岡山県　平成17年6月30日　………283

○アスベストを含む下地材等が使用されている建物の解体費については、周囲の建物の状況、前面道路の交通量から解体工事は人力による作業が主体となること、作業期間中は警備員の配置が必要となること等を考慮して補償額を算定したとする事例　　　大阪府　平成18年2月28日　………286

○移設が不可能な工作物の補償に当たっては、新設に要する費用から経過年数に応じた減耗分を控除して積算するのが妥当であるとし、減耗により控除される費用は、耐用年数満了時に買い替える場合に備え当然に所有者が負担すべき費用であるとした事例　　　福岡県　平成17年3月28日　………288

○営利法人が所有するブロック塀等は、営業用工作物であるとして新設に要する費用に減価償却費を考慮した再設補償率を乗じて見積もり、解体された建物の残存する土間コンクリート叩きは、機能が全くないとはいえないのでその価値を見積もったとする事例　　　大阪府　平成16年12月7日　………290

○明渡裁決前に台風により倒壊し撤去されている広告塔に対する損失については補償の必要はないと判断したが、起業者が補償対象として補償額を見積もっているので、起業者見積額を採用したとする事例　　　岡山県　平成17年6月30日　………292

(2) 動産移転料等の補償

○テレビ、食器等の屋内動産移転料について、居住面積、家族構成等を考慮した標準的概数で算出したものを相当とした事例　　　秋田県　平成4年12月11日　………293

○建物内部の調査ができなかった動産の移転料を外部調査等から判断して算定した事例　　　島根県　平成6年3月23日　………294

○家財、店頭商品等の動産移転料の算定に当たり、使用するトラックの所要台数に梱包、運送等に要する費用を乗じて求めた事例　　　東京都　平成9年3月27日　………295

○カラオケ設備等の新店舗への移転に当たっては、新品購入費と現在使用物品との差額ではなく、屋内動産として地域における標準的な一般貨物自動車の運賃により補償額を算定すべきものであり、建物の前面道路の交通量を考慮し積載量２ｔの車両を用いることとして算定した事例　　大阪府　平成18年２月28日　………296

○販売用の庭石の移転に当たっては、一般に造園業者が庭石を移転する場合に通常妥当とする方法がクレーン等を用いることとしているので、この移転方法を用いて補償額を算定した事例　　沖縄県　平成16年７月15日　………298

○裁決申請前に退去した借家人に対する家賃欠収補償は、明渡裁決に伴う損失とは認められないとした事例　　福岡県　平成６年11月９日　………300

○家賃減収の補償期間は、借家契約は裁決後も建物が取り壊されるまでは継続することは可能であるが、借家人の早期移転を考慮して定めるのが相当であるとした事例　　兵庫県　平成６年２月９日　………302

○補償契約により転居済の居室に対する家賃欠収について、家賃欠収が生じたときから明渡しの期限までの間の家賃減収補償を認めた事例　　兵庫県　平成15年11月４日　………304

○賃貸借契約の解約申入れをした後の終了するまでの期間を、民法617条の規定の趣旨を勘案して１年間であると判定した事例　　東京都　平成10年３月９日　………306

○建物の賃貸人は賃借人の取締役であること等から、移転先においても賃貸借契約が継続することが通常であるとし、家賃減収補償は生じないとした事例　　東京都　平成10年３月９日　………309

○家賃減収補償額の算定に当たり、建物所有者が10年以上も修繕していなかったこと、管理は業者に委託していなかったことから、管理費及び修繕費として賃料の８％を控除した額を基礎額とすることが妥当であるとした事例　　福岡県　平成17年９月27日　………311

○移転部分を再築後に建物の切取り補修を行う移転工法を採用するので、家賃減収は生じないとした事例　　山口県　平成９年１月10日　………313

○移転先の建物では現在ほどの高家賃収入を得ることができないとして、標準家賃を上回る超過利益の補償要求に対し、収用に伴い生ずる損失とは認められないとした事例　　福岡県　平成10年５月29日　………314

○事務所用、倉庫用の仮住居について、近隣の賃貸事務所の最小規模、倉庫部分の保管機能を考慮して床面積を定め、６か月間の補償期間を認めた事例　　東京都　平成６年３月17日　………316

| | | |
|---|---|---|
| ○仮設住宅を仮住居として提供したが現実は他に仮住居を求めている場合には、仮住居補償を必要と認めた事例 | 愛知県<br>平成4年10月19日 | ………318 |
| ○研究所の移転に伴い研究開発が一時中断することにより発生する余地のある損失について、将来受ける惧れのある損失を最小限に止めるべく仮住居補償及び明渡しの期限に留意したとする事例 | 大阪府<br>昭和56年12月18日 | ………319 |
| ○周知の埋蔵文化財包蔵地に構内再築をするに当たっての仮住居補償期間を、残地において埋蔵文化財の試掘、調査を行うに要する期間を加えるものとした事例 | 東京都<br>平成15年7月24日 | ………321 |
| ○駐車場敷地の工事期間中の自動車を保管する場所を確保するための費用は、工事に含まれるとして補償した事例 | 東京都<br>昭和58年9月29日 | ………323 |
| ○建物の移転方法に構外再築工法を採用し、建物を再築するに当たって十分な期間として明渡期限を定めているので、仮住居補償の必要は認めないとした事例 | 京都府<br>平成7年12月15日 | ………324 |

(3) 借家人補償

| | | |
|---|---|---|
| ○転借家権の存否については判断せず、現に居住している者に借家人補償をした事例 | 東京都<br>平成元年3月27日 | ………325 |
| ○大学いも製造販売業を営む高齢の零細経営者の借家人補償について、近隣の借家条件、営業に必要な面積等を考慮して新規借家面積を定め、60か月分の家賃差補償を認めた事例 | 東京都<br>平成6年12月22日 | ………328 |
| ○借家人は建物が再築されるかわからず、賃借を継続できると判断するに足る事情が認められないので、賃借を継続できない可能性は十分存すると認めた事例 | 奈良県<br>平成8年9月12日 | ………331 |
| ○借家人補償の算定に当たり、店舗部分の面積に相当する新規借家は見受けられないため賃借可能な面積を借り受けることとし、この面積を基にした保証金及び家賃差額を補償するものとした事例 | 東京都<br>平成9年3月27日 | ………332 |
| ○店舗部分と住居部分を分離して賃借することになるため、店舗部分の移転先の床面積として新たに必要となる着物の着付けに要する面積を加えることを相当とした事例 | 東京都<br>平成17年3月7日 | ………336 |
| ○共同住宅の共用部分に大型の自動二輪車を保管していた借家人の借家人補償に当たり、照応する物件を新たに賃借するのに必要な経費として、住宅については家賃差額を、自動二輪車の保管場所については近隣の賃貸駐車場の賃料等を見積もることを相当とした事例 | 奈良県<br>平成17年8月5日 | ………338 |

○新規借家の改装工事費は収用に伴う損失とはいえない　京都府　………340
　が、現在の建物に要した改装費は建物移転料に考慮され　平成5年3月10日
　ているので、建物所有者との間で調整すべきであるとし
　た事例

○家主が仲介業者に支払う仲介手数料及び新規借家人の入　兵庫県　………341
　居手続に伴う就業不能は、収用に伴う損失とは認めない　平成6年2月9日
　とした事例

### (4) 立木補償

○立木を公園事業に再利用するため取得することを認めた　広島県　………344
　事例　　　　　　　　　　　　　　　　　　　　　　　平成5年6月22日

○立木所有者は将来庭木とするため育成してきたことから　秋田県　………345
　庭木又は銘木として評価すべきと要求するが、これら立　昭和62年8月6日
　木は用材林と認めた事例

○用材林木の林齢が不明な場合、胸高直径を基に補償額を　岡山県　………347
　算定しても直ちに妥当性を欠くとはいえないとした事例　平成元年5月26日

○山林立木に類似する立木の価値は土地価格に含まれ、補　東京都　………349
　償の必要はないものとした事例　　　　　　　　　　　昭和59年7月12日

○原野に自然発生した雑木は市場性がなく、損失補償の必　栃木県　………350
　要はないと判断した事例　　　　　　　　　　　　　　平成4年3月25日

○真竹は土地の定着物であり補償対象となる物件として補　徳島県　………351
　償額を見積もるべきであるが、本件真竹は放置され経済　平成9年1月29日
　価値は有しないと判断した事例

○本件土地に生えている竹類等について、起業者は価値が　宮崎県　………352
　ないものとしているが、周辺の任意買収地における立木　平成17年12月22日
　の生育状況及び管理の実態とに差異が認められないとし
　て任意買収地の竹類等と同様に有用価値があるものと判
　断した事例

○土砂流出工事費を含む伐採除却費が立木取得額を超える　北海道　………355
　こと及び立木所有者の同意があることから立木収用を認　平成16年5月7日
　め、土地の定着物として土地所有者に補償するのが相当
　とした事例

○移転料多額として立木の収用に当たり、胸高直径5cm未　長野県　………357
　満のものについて1円を相当とした事例　　　　　　　平成7年11月1日

○トラスト対象となっている立木について、移転料多額に　東京都　………358
　より収用することを認め、取得価格は0円を相当とする　平成16年5月17日
　が起業者見積額1本1円を採用するとした事例

○使用する土地の上空30mから40mまでの範囲を使用する　　東京都　　　　………361
　場合においては、立竹木を移転する必要性はなく、収用　　平成16年5月17日
　請求を認めないとした事例

○起業地に張り出している残地上の立木について、移転料　　奈良県　　　　………363
　多額として当該立木を収用した事例　　　　　　　　　　平成6年10月6日

○現地調査により収用区域外に存すると判明した申請に係　　島根県　　　　………365
　る一部立竹木について、風致木として他の立竹木と一体　　平成元年5月15日
　性を有するとして移転料を補償した事例

○立木所有者による移転の可能性が少ないこと、工事の緊　　岐阜県　　　　………366
　急性等から起業者による立木の移転の代行を認めた事例　　平成5年5月18日

○係争中であるため、明渡裁決後に物件所有者による移転　　静岡県　　　　………368
　の可能性が極めて少ないこと等により立木の移転代行を　　昭和62年7月30日
　認めた事例

○天然雑林として繁茂した立木について、権利者の一部が　　北海道　　　　………370
　不明であること、事業の重要性等を勘案して移転代行を　　平成元年2月3日
　認めた事例

○道路予定地であることを認識した上で、当該地に苗木を　　宮崎県　　　　………371
　密植した者に対し、本件植栽はもっぱら補償の増額を目　　平成16年1月20日
　的としたもので、損失補償制度の趣旨、目的に反し、信
　義則にも反する権利の濫用であることは明らかであると
　して、補償を認めなかった事例

(5) 営業補償

○駐車場は事実上営業廃止せざるを得ないと認められると　　沖縄県　　　　………381
　し、転業に通常必要とする期間として2年を相当とした　　昭和63年3月9日
　事例

○借地が看板を設置するに適当であったための看板営業に　　長崎県　　　　………382
　ついて、市内及びその近郊において同等の立地条件の移　　平成2年3月29日
　転先を確保することは極めて困難であるとして、看板営
　業を廃止するものとし、3年分の年収を補償するとした
　事例

○施設を賃借してガソリンスタンドを経営している者に対　　高知県　　　　………384
　し、同等以上の立地条件の店舗の移転先を確保すること　　昭和63年12月20日
　が不可能に近いとして、営業廃止補償を認めたが、営業
　権は認めないとした事例

○法隆寺の門前で営業している食堂及び土産物店について、その場所を離れての営業は考えられないとする関係人の申立ては斟酌すべき余地があり、周辺地域において現在と同様の店舗営業ができる適当な場所がないこと等から、営業廃止による補償を相当とするとした事例　　奈良県　　　　　………388
平成14年4月24日

○許可制となっているたばこ小売業の移転先について本件土地の存する市中心部には新たに出店できる余地がほとんどないことから、社会通念上妥当な移転先地がないものとして営業廃止の補償をすることが相当であるとした事例　　兵庫県　　　　　………390
平成18年1月31日

○採石に当たり火薬使用の制限を受けることになっても営業廃止とは関係はなく、未採掘原石は地下掘となるため採算性がないことから、補償額は「なし」とした事例　　長崎県　　　　　………393
昭和56年2月6日

○採石地の残地では道路との間の保全距離がとれないため採石事業ができないとして営業廃止の補償要求に対し、受忍の範囲として補償を認めないとした事例　　岡山県　　　　　………396
昭和61年6月7日

○長い間の交渉により信用を失ったとする医薬品販売店からの営業廃止補償の要求に対し、移転先において販売継続が可能であるとしてこれを認めなかった事例　　福岡県　　　　　………400
平成7年1月20日

○板金工場の営業補償期間について、移転先の建物の選定に要する期間、工作機械の移転に要する期間等を考慮し、2か月を相当とした事例　　東京都　　　　　………401
平成6年3月17日

○得意先喪失補償の補償期間を、営業実態が繁華街の閉店後の帰宅客でほとんどが固定していることから、移転先における顧客の回復には通常より長期間を要するものとした事例　　東京都　　　　　………403
昭和53年3月27日

○除却工法を採用した工場の休業期間は2.5か月あれば十分であり、大手の取引先との間に継続的契約が締結されているため、得意先の喪失を認めるに足る事情は見出し難いとした事例　　大分県　　　　　………404
昭和58年3月14日

○クリーニング業の営業休止補償において、休業期間を1か月とし、移転先地において売上高が従前の水準に回復するまでの損失を補償するものとした事例　　東京都　　　　　………407
平成17年9月15日

○自動販売機に対する営業補償については、近隣において現在と同等の設置場所を確保できないとはいえず、自動販売機の移転に特に時間を要すると認められないので営業休止の補償は必要ないとした事例　　東京都　　　　　………409
平成16年11月1日

目次　　19

| | | |
|---|---|---|
| ○ネオン看板移転期間中の広告料の減収分の補償を認めた事例 | 東京都<br>平成2年11月8日 | ………411 |
| ○借家営業者の新規開店に伴い必要となる設備、道具等はすべて新しく調達する必要はなく、現在使用しているもので利用不可能なものだけを調達するのが妥当であるとした事例 | 兵庫県<br>平成2年12月11日 | ………412 |
| ○店舗の駐車場の一部が収用されることに伴い、営業規模縮小率を駐車可能スペースの減少とこれに伴う来客数の減少等から決定し、営業補償を算定した事例 | 香川県<br>平成7年1月24日 | ………413 |
| ○隣接して2つのゴルフコースを一体的に経営するゴルフ場のうち、1つのコースが事業のため支障となるため営業規模縮小の補償をした事例 | 千葉県<br>昭和55年8月8日 | ………418 |
| ○林地開発の許可を受けて土砂採取と採取土砂の販売を行っている事業者に対し、事業区域を収用することにより土砂の採取が不可能となり事業の継続ができなくなることから、営業規模縮小の補償を行うことが適当であるとした事例 | 富山県<br>平成17年7月29日 | ………428 |
| ○ゴルフ場の営業規模縮小に伴い、離職者補償として起業者の補償基準により算定した額を相当とした事例 | 千葉県<br>昭和55年8月8日 | ………431 |
| ○宅地建物取引業の営業補償に関し、免許をもたない有限会社には営業上の損失が生ずるとしても補償すべきでなく、免許を受けた個人に対し行うものとした事例 | 兵庫県<br>昭和63年6月30日 | ………434 |
| ○自発的に花の栽培をやめたことに伴う収入減による損失は、収用委員会の判断外の事項であるとした事例 | 高知県<br>昭和63年5月17日 | ………436 |
| ○移転先の第2種住居専用地域で営むことのできない自動車整備工場を営むことができた価値についての補償請求に対し、当該地域に存することによる特別な利益が生じていない等の理由から補償の必要はないとした事例 | 大阪府<br>平成元年3月22日 | ………437 |
| ○山砂採取用道路の設置等の準備行為をしていたとしても、山砂採取について認可を得ていないので、全体的にみれば将来計画にすぎず、補償の対象とはならないとした事例 | 福島県<br>平成9年8月19日 | ………438 |
| ○土地の収用により土地所有者が通常の土地利用としての賃貸による賃料収益を失うとしても、その損失は土地に対する損失の補償により補填されるもので、改めて賃料収益の喪失に対する補償の必要はないとした事例 | 愛知県<br>平成16年4月9日 | ………440 |

○ダム事業において、2年間の農業休止補償を認めた事例　　北海道　　　　………441
　　　　　　　　　　　　　　　　　　　　　　　　　　　平成元年2月3日

(6)　その他の補償

○区分所有建物の駐車場料金の減収に対しては、管理組合　兵庫県　　　　………442
　は収用における土地所有者、関係人には該当しないうえ　平成4年8月7日
　に、土地について補償していることから、別途の補償は
　必要ないとした事例

○テレビ共同受信組合への加入費用等は、法が予定する損　奈良県　　　　………444
　失補償の対象に該当しないとした事例　　　　　　　　　平成7年11月9日

○起業者が価格提示した後の補償金の支払い遅延に伴う利　東京都　　　　………445
　息相当分は補償対象とならないとした事例　　　　　　　平成9年1月27日

○残地売却に伴い課される不動産譲渡所得税及び代替地取　福岡県　　　　………446
　得の際に残地に相当する部分に課される不動産取得税　　平成10年5月29日
　は、所得税法又は地方税法上の問題であって、収用に伴
　い生ずる損失と認められないとした事例

○地下鉄建設のための地下使用における原状回復とは、構　東京都　　　　………448
　築物と地盤との間の空洞部分に土砂を埋め戻すことであ　昭和62年3月31日
　り、埋め戻すことが可能であるので原状回復困難による
　補償を要しないとした事例

○地下使用に伴って土砂が取り除かれることは性質上当然　東京都　　　　………450
　のことであるので、土砂に対する補償は考慮する必要は　昭和62年3月31日
　ないとした事例

○栽培されているタマネギが明渡しの期限以前に収穫でき　奈良県　　　　………451
　ないと判断し、これに対する補償額をタマネギ1個の平　平成17年2月25日
　均的な生産者価格で補償した事例

○明渡裁決の申立て後に作付けされた水稲につき、明渡し　島根県　　　　………452
　の期限までに収穫することは困難であるとして補償する　平成5年5月24日
　ことを相当とした事例

○収用委員会の現地調査により立毛（ブロッコリー）の作　徳島県　　　　………453
　付けが判明したが、明渡し期限までに収穫しているとし　平成6年11月28日
　て損失の補償は「なし」とした事例

○仮換地指定時に農作物の栽培に供せられていた土地に対　兵庫県　　　　………455
　する使用収益ができる日までに生ずる損失の補償は、農　昭和63年9月8日
　産物の収益に基づいて算定するのが相当であるとした事
　例

| | | |
|---|---|---|
| ○土地所有者はレンコンの買取りを要求したが、減収見込額を補償するとした事例 | 徳島県<br>昭和63年11月17日 | ………457 |
| ○松茸のような特産物に対する補償は、特定の者の支配管理に属する地域的な特産物であり、かつ、市場価値のあるものに対して行われるべきものであるとした事例 | 滋賀県<br>昭和60年3月9日 | ………459 |
| ○天台宗総本山寺院の境内地に存する石仏の移転及びトンネル設置があるため、これに相応する法要儀式が行われるのは当然であるとして、寺院の格式等を考慮した祭祀料を補償した事例 | 滋賀県<br>昭和55年5月7日 | ………460 |
| ○遺骨の有無が不明な墓地について、工事中に遺骨があることが判明した場合には、起業者が改葬等を行う旨申し立てていることにつき、やむを得ないものとして認めるとした事例 | 徳島県<br>平成9年1月22日 | ………462 |
| ○墓石は移転されているが、市の改葬許可があり、菩提寺の住職から改葬済との確認が得られなかったこと等から、未だ改葬が行われていないと判断し、改葬費及び祭祀料を補償することを相当とした事例 | 東京都<br>平成14年9月30日 | ………463 |
| ○墳墓の相続が協議中であること、一方の当事者が遠隔地に居住していること等から、墳墓の移転が困難であるとして、移転の代行を認めた事例 | 香川県<br>昭和62年6月3日 | ………465 |
| ○共同飼育している水槽内の鯉は所有者別に特定することができないため、水槽の使用権限を有する者に一括して移転料を見積もるとした事例 | 奈良県<br>平成7年11月9日 | ………466 |
| ○残借地に建物を再築することに伴う承諾料相当額の補償は、土地の賃貸借に係る当事者間の利害調整の問題であって、収用により通常生ずる損失とは認められないとした事例 | 神奈川県<br>平成17年6月10日 | ………468 |
| ○土地所有者が計画している分譲住宅販売による利益を失うことについては、土地所有者の特別の事情に基づく損失であって法88条に定める通常受ける損失には該当しないとした事例 | 大阪府<br>平成17年3月22日 | ………469 |

【参考判例】

| | | |
|---|---|---|
| ○法令施設改善費用に係る運用益相当額は、土地収用法88条にいう通常受ける損失に当たるとした事例 | 最高裁<br>平成11年1月22日 | ………470 |
| ○同　件 | 大阪高裁<br>平成6年1月29日 | ………470 |

## 第3章　測量調査、事業廃止及び隣接地工事に伴う補償

### (1) 測量調査に伴う補償

○特別高圧送電線事業のため立木を伐採したことの必要性を認め、これの損失を補償するとした事例　　　北海道　………475
　　　　　　　　　　　　　　　　　　　　昭和57年9月25日

### (2) 事業の廃止等に伴う補償

○事業認定の有効期間を徒過した後に裁決申請を取り下げた場合には、事業認定の法律上の効力を失ったことにより生じた損失に対しては補償義務があるとした事例　　　東京都　………476
　　　　　　　　　　　　　　　　　　　　昭和52年9月5日

○建物の設計料を支出したにもかかわらず土地利用上の制限のため支出目的が達成できなかったことの損失は、事業認定の失効による損失として補償を認めた事例　　　東京都　………478
　　　　　　　　　　　　　　　　　　　　昭和52年9月5日

○事業認定が失効したことに伴い移転先選定に要した費用については補償するが、弁護士費用や営業阻害に伴う逸失利益等については、任意の支出又は土地利用の制限によるものではない等の理由により認め難いとした事例　　　岡山県　………479
　　　　　　　　　　　　　　　　　　　　昭和61年3月19日

○事業の廃止に伴い収用前の土地価格の下落、税法上の特別控除を受けられないことの損失についての請求は認められないが、画地の一部を他の事業へ買取りの申出をしたことによる地積過小等に伴う土地の価値の減少は損失とみることができるとし、損失額に法定利息を加算した事例　　　宮城県　………484
　　　　　　　　　　　　　　　　　　　　平成8年3月19日

### (3) 隣接地工事費補償

○河川工事に伴い地盤沈下した建物につき、増築部分を含めた建物全体の嵩上げをすることが妥当であるとした事例　　　福岡県　………489
　　　　　　　　　　　　　　　　　　　　昭和51年3月23日

○道路法70条の規定により、住宅兼店舗と車庫の機能回復をはかるため盛土及び揚家工事費の補償を認めたが、営業廃止補償は認めなかった事例　　　高知県　………491
　　　　　　　　　　　　　　　　　　　　昭和55年3月7日

○道路との間に高低差が生じたことによる土地価格の低下に伴う補償要求に対し、補償は盛土等の工事費に限るとした事例　　　東京都　………493
　　　　　　　　　　　　　　　　　　　　昭和58年9月29日

○駐車場敷地に係る隣接地工事費補償として土地所有者は2段駐車装置の設置費を要求しているが、盛土による傾斜式駐車場とする工事費を補償するとした事例　　　東京都　………495
　　　　　　　　　　　　　　　　　　　　昭和58年9月29日

○ガソリンスタンド敷地の隣接地工事費補償において、消防法令の基準を充たすための改築は設置者の義務であり、これに要する費用の補償は認められないとした事例　　岩手県　昭和54年10月20日　………499

○道路管理者の地下道新設に伴い隣接地の地下タンク貯蔵所が消防法の規定により移設を余儀なくされたことに伴う損失は、道路法70条の規定に該当するとして補償を認めた事例　　香川県　昭和52年9月24日　………506

○道路工事のため、神社敷地との間に生ずる高低差により参詣者、車の出入りに支障を来すことから、道路からの進入路を合理的な方法により設置する工事費用等を補償するとした事例　　兵庫県　平成16年7月13日　………512

【参考判例】
○ガソリンスタンドの地下貯蔵タンクの移転が警察規制に基づく損失にすぎず、道路法70条による補償の対象とならないとした事例　　最高裁　昭和58年2月18日　………516

## 第4章　収用し又は使用する土地の区域、使用期間等及び権利者

### (1)　収用する土地の区域

○土地の賃借権の範囲の争いについて、収用委員会が賃借人の主張を正当と認めた事例　　兵庫県　平成5年7月19日　………521

○境界争いのため収用区域の地番及び土地所有者は不明とした起業者申立てに対し、境界を認定し、地番及び土地所有者を定めた事例　　兵庫県　平成6年2月9日　………523

○国有地（里道、水路）との境界不明地について地番を「不明ただしA番若しくは無地番又はA番及び無地番」とした事例　　徳島県　平成6年11月28日　………528

○境界に争いがあるとして筆の全体面積及び地番を不明とした事例　　宮崎県　平成11年2月19日　………534

○起業者は地番ごとに境界を定めて裁決申請したが、地番ごとの境界は不明であると判断し、関係する全体面積が確定している4筆の土地を一括して収用する面積とした事例　　東京都　平成16年4月17日　………536

○地籍未認証地であることにより土地の位置境界が不明確であっても実測平面図等により現地に即して特定できれば、収用又は使用対象地として特定していると認めた事例　　沖縄県　平成17年7月7日　………542

- ○ダム建設のために土石砂れきを収用した事例 　　　岐阜県 　　　………545
　　　　　　　　　　　　　　　　　　　　　　　　　　平成12年10月31日

- ○旧道路及び旧水路の一部と判断される無地番の土地について、建設省所管の国有財産か40年以上平穏かつ公然と田として耕作している者に所有権が存するか不明であるとした事例 　　　山形県 　　　………547
　　　　　　　　　　　　　　　　　　　　　　　　　　昭和59年10月5日

## (2) 使用の期間及び範囲

- ○特別高圧送電線の使用期間を今回の裁決では30年と定めた事例 　　　京都府 　　　………549
　　　　　　　　　　　　　　　　　　　　　　　　　　平成4年12月16日

- ○特別高圧送電線の使用期間を、将来土地の利用形態が変化する可能性がある地域と認め、40年を相当とした事例 　　　宮崎県 　　　………551
　　　　　　　　　　　　　　　　　　　　　　　　　　平成9年3月12日

- ○使用の期間を飛散防止柵等を設置する1か月とするが、明渡しの期限までに明渡しがされない場合は、明渡しのあった日の翌日から1か月とするとした事例 　　　大阪府 　　　………552
　　　　　　　　　　　　　　　　　　　　　　　　　　平成16年4月27日

- ○沖縄駐留軍用地の使用期間としては、使用期間中の土地使用料は一括払いを要すること、使用土地が返還される場合は未使用期間分の補償金を返還するものと考えられること等から、暫定使用期間である5年と判断した事例 　　　沖縄県 　　　………554
　　　　　　　　　　　　　　　　　　　　　　　　　　平成17年7月7日

- ○トンネル敷地について、事業認定が認められたとおり収用とした事例 　　　宮城県 　　　………556
　　　　　　　　　　　　　　　　　　　　　　　　　　昭和61年9月9日

- ○曲線で使用する土地の区域を直線で表示することを認めた事例 　　　東京都 　　　………559
　　　　　　　　　　　　　　　　　　　　　　　　　　昭和62年3月31日

- ○構築物上端から3mの厚さの上部保護層を事業のため必要と認めた事例 　　　東京都 　　　………561
　　　　　　　　　　　　　　　　　　　　　　　　　　昭和62年3月31日

- ○都市高速鉄道のための使用期間は、地下構築物の存続期間必要と認められるとした事例 　　　東京都 　　　………564
　　　　　　　　　　　　　　　　　　　　　　　　　　昭和62年3月31日

- ○地下構築物の最上部の構造が斜めになっている場合の使用の範囲は、斜めにしなければならないものではないとした事例 　　　東京都 　　　………566
　　　　　　　　　　　　　　　　　　　　　　　　　　昭和62年3月31日

- ○使用の方法として、土地に建物等を設置する場合は地下構築物に支障を及ぼしてはならないとした事例 　　　東京都 　　　………568
　　　　　　　　　　　　　　　　　　　　　　　　　　昭和62年3月31日

(3) 土地所有者、関係人

○遺産分割協議の成立前において相続人の一部から法定相続分による分割支払い要求があったため、この要求を認めた事例　　兵庫県　平成5年11月2日　……574

○遺産分割協議が成立していない相続財産の土地は共有に属するものと判断し、本件土地に係る補償金は、個別に補償するものとしてその共有持分を法定相続分とした事例　　大阪府　平成16年11月24日　……576

○法定相続人の中には住所不明者がおり、しかも遺産分割協議が調っていない場合においては、法定相続人により個別に補償を行うことは妥当でないとした事例　　福島県　平成6年3月29日　……578

○登記簿に持分の記載のない共有地の持分について、各人均等の持分割合により補償するのを相当とした事例　　熊本県　昭和63年7月25日　……579

○真の所有者を確知することができないとして申請されたものについて、区を権利能力なき社団と認めて所有者とした事例　　宮崎県　昭和59年3月19日　……580

○入会林野の登記簿上の共有地の土地所有者を長年土地を管理している生産森林組合と認めた事例　　佐賀県　昭和60年3月25日　……583

○土地所有者は登記名義人の共有ではなく、旧盛岡藩士桑田の構成員に帰属する総有的なもので、旧盛岡藩士桑田と認めた事例　　岩手県　昭和61年2月18日　……585

○土地所有者を登記名義の個人共有とせず、地域住民が入会的に使用していた集落有地とみるのが相当であるとした事例　　佐賀県　昭和62年1月30日　……589

○登記名義が共有となっているかんがい用ため池の所有権について、名義人は下流域に農地をもつ利用者であったと考えられるため、組合の所有であると推認できるが、組合が団体としての組織を真に具有しているか疑問があるため、組合を権利主体としては認めることはできず、共有と認めるほかはないとした事例　　長崎県　昭和63年2月5日　……592

○登記簿上は当時の集落住民の名義となっているが、同集落は、会員資格、機関、総会等に関する規約を定め、毎年1回総会を開催し、会費を集めて会を運営していることから、法人格なき社団として所有権を認めるとした事例　　秋田県　平成4年11月11日　……596

○民有の農業用ため池を、規約を設け長年にわたり管理し、その用水を使用している耕地組合をいわゆる権利能力なき社団であると判断し、物権的性格を有する権利を有するものとして関係人(土地使用権者)と認めた事例　　奈良県　　………599
　　　　　　　　　　　　　　　　　　　　　　　　　平成17年2月25日

○所有権保存登記がなく、土地登記簿表題部所有者欄に大字名が記載されている土地について、起業者による必要かつ十分な調査が行われ、収用委員会からの土地収用法施行令の定めによる公示の通知をしたが意見書の提出等がなかったので、土地所有者名を「不明　ただし、土地登記簿表題部所有者欄の名義人　大字Ａ」とした事例　　愛知県　　………601
　　　　　　　　　　　　　　　　　　　　　　　　　平成16年11月30日

○登記簿上5名の共有名義となっているが、所有権は、実質上青年会又はその構成員全員にあると解するのが相当であるとした事例　　和歌山県　　………604
　　　　　　　　　　　　　　　　　　　　　　　　　平成5年6月23日

○神社の境内敷の所有者が宗教法人又は登記名義人の相続人と判断した事例　　広島県　　………607
　　　　　　　　　　　　　　　　　　　　　　　　　平成5年8月24日

○相続人不存在として戦前に戸籍が抹消されているが、登記名義人の死亡年令が62才であることから相続人がないとは断定できないとして、土地所有者不明とした事例　　宮城県　　………609
　　　　　　　　　　　　　　　　　　　　　　　　　平成6年10月11日

○無地番の土地の所有権について、国と私人が共に所有権を主張しているため調査したが、いずれが所有者であるか判断できないとした事例　　山形県　　………610
　　　　　　　　　　　　　　　　　　　　　　　　　昭和59年10月5日

○裁決申請時には過失なく確知できなかった所有者がその後に判明した場合には、裁決手続に加えることが権利の保護を図るうえから相当であるとした事例　　高知県　　………612
　　　　　　　　　　　　　　　　　　　　　　　　　平成13年9月26日

○生死不明の抵当権者の抵当権抹消手続に要する費用や労力が多大になるとして相続財産管理人が任意契約に応じなかったため、関係人不明として当該管理に係る土地を収用した事例　　大阪府　　………615
　　　　　　　　　　　　　　　　　　　　　　　　　昭和61年4月22日

○建物所有者は抵当権不存在の判決を得たが、いまだ判決は確定していないとして抵当権は存するものとした事例　　長崎県　　………617
　　　　　　　　　　　　　　　　　　　　　　　　　平成7年5月8日

○財務局が所管する無番土地の使用関係につき、賃貸借契約が成立しているとして、市に土地に関する権利を認めた事例　　大阪府　　………618
　　　　　　　　　　　　　　　　　　　　　　　　　昭和60年1月8日

○賃借小作権の存否について訴訟係属中であることから、収用委員会は権利関係の存否について判断すべきでないとした事例　　山口県　　………622
　　　　　　　　　　　　　　　　　　　　　　　　　平成2年3月28日

| | | |
|---|---|---|
| ○残土処分地の土地使用につき、土地の使用者は敗訴しているが使用権の存否は不明であるとした事例 | 大阪府<br>平成3年12月10日 | ………624 |
| ○土地が再開発事業に供される場合には、賃借人は賃貸人に対して契約上の権利を主張しえないとする特約は、借地法2条の規定に反するとして無効であるとした事例 | 大阪府<br>平成2年6月26日 | ………627 |
| ○土地所有者の居所は不明であるが、住居地には住民登録があり、いつでも居住が再開できる状況にある等から、住所は住民登録地であるとした事例 | 徳島県<br>平成9年2月5日 | ………629 |
| ○建物賃借権の存否に争いがあるものにつき建物賃借権が存すると判断し、住所を2か所と認めた事例 | 島根県<br>平成6年3月23日 | ………631 |
| ○登記簿上の共有名義人の1人が土地の固定資産税を支払っていたとして他の共有名義人に求償をすることができるとしても、共有名義持分割合に変更が生ずることは考え難いとした事例 | 和歌山県<br>平成5年6月23日 | ………633 |
| ○借家人が買い取っている風呂場の仕切りは建物に附合しこれの所有権は建物所有者に帰属するが、畳、建具は独立物である等により借家人のものであるとした事例 | 東京都<br>昭和57年6月24日 | ………634 |
| ○借家人が木造平屋建物に増改築した部分の所有権は、建物所有者に帰属するとした事例 | 兵庫県<br>平成6年7月1日 | ………636 |
| ○区分所有建物の一部取りこわし費等について管理組合に対し見積もっているが、管理組合は建物に関し所有権その他の権利を有する者ではないが、管理規約上これら費用の受領権は管理組合に与えていることから、土地所有者兼関係人全員に対する一括見積りと認めた事例 | 東京都<br>平成9年9月22日 | ………638 |
| ○農業用井戸について、取得補償をするとすれば井戸利用者は井戸を利用することができなくなるとの損失が生ずるため、井戸利用者に補償を行うのが妥当であるため井戸利用者を関係人と認定した事例 | 香川県<br>平成14年11月26日 | ………639 |
| ○信託による限定的な管理権を有する者は、法8条に定める所有権以外の権利者に該当しないとした事例 | 宮城県<br>昭和61年9月9日 | ………642 |
| ○国は未墾地買収処分取消しにより土地の所有意思を放棄しているため、自主占有権の継続は認められず、自主占有開始の始期は買収処分取消しの日となることから、時効取得は成立していないと判断した事例 | 大阪府<br>昭和51年2月24日 | ………644 |

○時効により権利を取得するには単に一定期間当該土地を占有していたとの事実のみでなく、他の法定要件を具備しなければならず、これについての判断は司法機関が行うもので、収用委員会は権利関係の存否を判断すべきでないとした事例　　和歌山県　………646
　　　　　　　　　　　　　　　　　　　　　　　　　平成16年7月29日

○駐車場の使用につき建物賃貸借契約書において何ら定めがない場合の店舗前面の駐車場を使用する権利関係については、賃貸借に附随して使用が認められるに過ぎないものであるので、本件土地につき使用権を有するものではなく、法8条3項にいう関係人には該当しないとした事例　　神奈川県　………648
　　　　　　　　　　　　　　　　　　　　　　　　　平成18年1月5日

○事業認定の告示があったとみなされた時期以降に設定された根抵当権の権利者は、関係人には該当しないが準関係人と認めるとした事例　　愛媛県　………650
　　　　　　　　　　　　　　　　　　　　　　　　　平成6年6月28日

【参考判例】
○共同漁業権は漁協に対してのみ付与され、組合員は漁業権の範囲内において漁業を営む権利を有する。また、漁業権の消滅対価として支払われる補償金は、漁協に帰属するものであるが、現実に操業ができなくなる損失を被る組合員に配分されるべきであるとした事例　　最高裁　………651
　　　　　　　　　　　　　　　　　　　　　　　　　平成元年7月13日

## 第5章　調書作成その他の手続き

### (1)　土地調書・物件調書の作成

○立入通知の受領を拒否したこと及び立入測量を拒否したことについて正当な理由がないとし、調書は適法に作成されているとした事例　　東京都　………655
　　　　　　　　　　　　　　　　　　　　　　　　　昭和62年3月31日

○土地調書等の作成に当たり、調書の素案が使用認定の告示の前であっても署名押印が同告示の後で行われており、起業者は、調書作成の過程において土地所有者に立会い押印を求め手続に立ち会わせようとしたことが認められるので、手続に瑕疵がないというべきであるとした事例　　沖縄県　………659
　　　　　　　　　　　　　　　　　　　　　　　　　平成17年7月7日

○土地区画整理施行地区内の土地調書作成に当たり、換地確定図等を基に実測して作成しているとして作成手続等に瑕疵がないとされた事例　　東京都　………661
　　　　　　　　　　　　　　　　　　　　　　　　　平成6年6月23日

○物件調査に残地に存する物件の記載がないこと及び調書に記載された立木の種類に誤りがあることが直ちに申請を却下すべき理由に当たらないとした事例　　長野県　………664
　　　　　　　　　　　　　　　　　　　　　　　　　平成7年11月1日

(2) その他

○区分所有建物敷地のすべての共有者について裁決申請をし、分筆登記後、一部の共有者を除いて申請を取り下げた事例 　　大分県　平成7年2月22日　………665

○緊急使用許可に当たり起業者が提供すべき担保として、替使用地の提供を認めた事例 　　広島県　昭和48年3月29日　………667

○損失補償額の1円未満の端数については、政令の規定どおり四捨五入するとした事例 　　群馬県　平成4年8月28日　………668

○事業認定の告示後に知事の承認を得ずに新築した仮設小屋等は損失補償の対象とならないとした事例 　　長野県　平成7年11月1日　………669

○土地所有者から起業者が依頼した不動産鑑定士を喚問し、鑑定方法等を詳知したい旨の要求に対し、委員会として別途不動産鑑定士に鑑定をなさしめるので、その必要を認めないとした事例 　　愛媛県　昭和63年11月9日　………670

○起業者の鑑定書を土地所有者が収用委員会に提出させるよう求めることは、補償額は起業者の鑑定書に左右されるものではなく審理を不必要に延引させる虞があることから、認めないとした事例 　　大阪府　昭和58年9月27日　………672

○土地所有者からの起業者の補償額見積りの基礎資料の閲覧謄写の要求に対し、土地所有者には要求する権利はないとした事例 　　高知県　平成9年7月30日　………674

○損失補償金は、民事執行法による競売手続が継続中であるため、配当機関である裁判所に払い渡すものとした事例 　　愛媛県　平成8年4月23日　………676

【参考判例】

○土地収用法36条の規定に基づく土地調書等の作成に当たり、土地所有者等に調書への署名押印を求める場合、土地所有者等に現地立会いの機会を与えなくとも権利侵害に当たらないとした事例 　　最高裁　平成8年8月28日　………677

○収用した土地と残地にまたがって建築されていた建物の代執行に当たり、収用地に存する部分のみを撤去することは、建築構造上残存部分を維持することが危険である等の理由により、建物全部を解体撤去しても適法であるとした事例 　　最高裁　昭和52年5月27日　………678

○同　件 　　福岡高裁　昭和49年11月21日　………678

# 第1章

## 対価補償

# (1) 土地価格

● 画地の採り方は土地の利用状況からみて単一の経済目的に供されている範囲をもって1画地とすることが合理的かつ妥当であるとし、建物の敷地ごとに画地区分した事例

平成2年6月26日　大阪府収用委員会裁決

### 裁決

　土地評価の際の単位となる画地の採り方について、申請者らは前記事実第1の3の(2)記載のとおり、一筆の土地の所有者が同一である場合は、当該土地全体を1画地として評価すべきものであると主張するのに対し、施行者は前記事実第2の2の(3)記載のとおり、「所有者及び使用者をそれぞれ同じくし、かつ、同一の用途、又は同一の利用目的に供されている一団の土地」を1画地として評価すべきであると主張するので以下検討する。

　画地の採り方については、土地の利用状況からみて単一の経済目的に供されている範囲をもって1画地とすることが合理的かつ妥当である。

　広い敷地上に個別に借地権がついた建物が複数存在する場合、土地利用目的（建物棟）別に画地を区分することが妥当であり、不動産市場での売買も1棟の建物敷地ごとに行われるのが通例である。

　私道敷についても別の画地と考えることが合理的である。

　よって本件土地の場合、各建物の敷地ごと及び私道敷ごとに画地をとらえることとし、別表第5記載のとおり15画地に区分した。

### 起業者申立て

　公共用地の取得に伴う損失補償基準細則（昭和38年3月7日付け用地対策連絡会決定、昭和62年4月1日一部改正）により土地の正常な価格は「土地評価事務処理要領」により算定するものとされている。

　このなかで、「所有者及び使用者をそれぞれ同じくし、かつ、同一の用途、又は同一の利用目的に供されている一団の土地」を単位として評価することとされており、本件においても、この要領を準用して利用者単位で評価を行っ

た。

### 土地所有者申立て

　施行者は、画地の採り方について、「所有者及び使用者をそれぞれ同じくし、かつ、同一の用途、又は同一の利用目的に供されてる一団の土地」を単位として評価すべきもの、すなわち、借地人のいる場合には、借地人の借地範囲ごとに土地を区切り、それぞれで価格評価をするべきものと主張する。
　しかし、一筆の土地の所有者が同一である場合、同土地を全体として一個のものとして評価するべきであり（申請者らが本件土地の更地価格の鑑定を依頼した不動産鑑定士作成の鑑定書は、このような見解に基づいて作成されている。）、同土地を細かく区切って評価するのは妥当ではない。

## ●斜面部分は平地部分と分けての評価要求に対し土地利用状況からみて一体評価した事例

昭和57年3月11日　徳島県収用委員会裁決

### 裁決

　土地所有者甲社は、前記事実第2の2の(1)のイ記載のとおり、元地番210番3の土地について平地部分と斜面部分に分けて価格要求（分割評価を要求）するのに対し、起業者は、前記事実第1の7の(2)のキ記載のとおり、両部分を分けて評価する考えはないと主張する。

　土地所有者が提出した元地番210番3の土地の平地部分測量図によれば、平地部分は同土地の南端にある2画地であり、現地もそのような状況である。その画地の面積は、それぞれ138.14㎡、400.47㎡であるが、背後には斜面部分がひかえており、しかも形状不整形であるため、各画地単独では他の用途に供することは困難であり、また、現在の土地利用からしても平地部分と斜面部分のそれぞれが別個独立して利用されているとは言えず、むしろ一体となって土地を構成し、その効用を果しているものと認められる。

　よって、前記(1)のイの(ア)記載のとおり、元地番210番3の土地は、その全体を1画地として評価すべきものであり、起業者の1画地評価を妥当と認める。

### 起業者申立て

キ　土地所有者甲社からの、元地番210番3の土地を平地部分と斜面部分に分け土地価格としてそれぞれ1㎡当たり363,600円、15,000円を要求するとの申立てについては、平地部分の面積が土地所有者申立てどおりであるとしても、起業者としては、利用の方法から両部分は1団地と判断しており、分けて評価する考えは持っていない。

### 土地所有者申立て

イ　元地番210番3の土地は、全体面積6,508.10㎡のうち、平地部分が538.61㎡、斜面部分が5,969.49㎡である。同土地の東側部分及び南側部分が傾斜が

なだらかでホテル用地として見込まれるものであり、残余の斜面部分はホテルの延長及びバックの自然庭、自然林としての景観用途を有するもので、いずれも財産的価値は高い。したがって、210番6の土地の収用価格として、平地部分は1㎡当たり363,600円、斜面部分は1㎡当たり15,000円を要求する。

● 本件画地の評価に当たっては、一筆の土地で宅地として同一の用途に供されているので一体として行うべきとした事例

平成9年8月26日　大阪府収用委員会裁決

### 裁決

　本件画地の評価に当たっては、同画地は、同一の共有者の所有に属する一筆の土地であり、宅地として同一の用途に供されているものであるから分割することなく一体として評価すべき画地であると考えることが相当であるので、上記の主張は採用できない。

### 起業者申立て

　起業者は、事業用地として取得する土地を評価するに当たっては、「所有者及び使用者を同じくし、かつ、同一の利用目的に供されている一団の土地」を1画地として認定しており、本件画地については、19名の共有であり、一体的な利用がなされているため、全体を1画地として評価したものである。

### 土地所有者申立て

　本件土地は、本件画地のうち北側で道路に面した利便性の高い部分であるにもかかわらず、起業者は、損失補償金額を見積もるに際してそのことを考慮せず、全体として一体的に利用されているものとして不当に低く評価している。

●本件土地の現況は公衆用道路となっているが、土地の評価は同一用途又は同一利用目的に供される一団の土地として行うべきものであるため、本件土地を含む3筆の土地を宅地とする一団の土地として評価した事例

平成16年8月24日　大阪府収用委員会裁決

## 裁決

　起業者は前記事実第1の4(1)記載のとおり補償を見積もるのに対し、土地所有者は前記事実第2の2記載のとおり起業者の損失補償の見積りに同意していないので、次のとおり判断する。
(1)　本件土地の評価の考え方
　　これについて、起業者は本件土地の現況のとおり公衆用道路として評価しているものと考えられる。土地の評価については、土地所有者ごとに同一の用途又は同一の利用目的に供されている一団の土地ごとに行うものであり、当委員会は、次の理由により、本件土地ならびに大阪市〇〇区A〇丁目〇番〇及び〇番〇の土地（以下この3筆を「本件画地」という。）を一団の土地とし、宅地として評価する。
　ア　本件土地はアスファルト舗装がなされ、歩道として供用された場合と同じ状況になっているが、これは起業者が土地所有者の同意を得て行ったものであり、補償価格の公平化の見地から、当該工事施行前の状態を前提として評価することが相当である。
　イ　土地収用における損失の補償は、収用の前後を通じて被収用者の財産価値を等しくするような補償が原則であり、当該収用事業に係る制限がないものとして補償を決定すべきものと考えられる。本件土地については、本件事業が都市計画事業であるため、建築等の制限が課されているが、土地収用における損失補償の趣旨より、当該制限がないものとして評価することが相当である。
　ウ　本件画地は所有者が同一であり、大阪市〇〇区A〇丁目〇番〇及び〇番〇の土地（以下この2筆を「本件残地」という。）の現況は戸建住宅の敷

地として利用されていることが認められる。このため、舗装工事施行前の状態で、本件事業のために課せられた建築等の制限がないものとすれば、本件画地は一体的に宅地として利用されるものと認められる。

(2) 事業認定時における本件画地の価格等

イ　本件画地は、間口約6.4m、奥行（中心部）約6.0m、面積（公簿）39.76㎡の、本体部分（本件残地の部分）はほぼ正方形で、本件土地の部分が歩道に突き出ている一部が凸形の土地である。

なお、本件画地の埋蔵文化財の有無及びその状態については、本件画地は周知の埋蔵文化財包蔵地には含まれておらず、価格形成に大きな影響はない。

また、本件画地の土壌汚染の有無及びその状態については、本件画地上の建物は土壌汚染対策法に規定する特定施設に該当せず、また、土地登記簿等から土壌汚染が存する可能性は低い。したがって、本件画地の評価を行うに当たり土壌汚染に係る要因は考慮外とする。

上記のほか、近傍類地の取引価格、地価公示法の規定による公示価格、調査のための鑑定人の評価等を総合的に勘案し、法第71条及び土地収用法第88条の2の細目等を定める政令第1条の規定に基づき、事業認定時における本件画地の1㎡当たりの更地価格は、302,000円をもって相当と認める。

## 起業者申立て

これについては、次表のとおり、都市計画法第71条第1項の規定により、法第26条第1項の規定による事業の認定の告示があったものとみなされる平成15年10月23日（以下「事業認定時」という。）における本件土地の更地価格を1㎡当たり70,500円として、85,305円を見積もった。

| 単価（円／㎡） | 面積（㎡） | 補償金額（円） | 補償項目 |
|---|---|---|---|
| 70,500 | 1.21 | 85,305 | 土地損失補償 |

## 土地所有者申立て

土地に関する損失の補償について具体的な要求額はないが、平成3年に起業

者が本件土地の隣接地を買収した価格に複利計算で今日までの利子を加えた金額程度を求める。

●親子がそれぞれ所有する土地であっても、同居し、両土地を共用し、子の土地の購入経過からみて、両土地を同一所有者とみなすことができ、両土地を一団の土地とみても不自然でなく、両土地の間にブロック塀があるものの木戸による出入りが可能であることから、同一利用に供されていると認めた事例

平成16年11月9日　兵庫県収用委員会裁決

## 裁決

ア　事業認可時における本件土地の評価の単位について、起業者は事実1⑶イのとおり申し立てるのに対し、土地所有者は事実2⑴及び⑵のとおり異議を申し立てるので、以下判断する。

　土地の評価の単位である画地について、意見書ならびに審理及び現地調査の結果等に基づき検討したところ、本件土地は、次の理由によりA土地と一団の土地と認定するのが相当であると判断した。

㈎　本件土地とA土地の所有者は、同居し、両土地を共用する親子であり、土地所有者が事実2⑴アで申し立てる本件土地の購入経過からしても、両土地は、同一の所有者に属する土地とみなすことができる。

㈏　本件土地がA土地を整形な画地に補完するという形状から、本件土地とA土地とを一団の土地とみても不自然ではなく、また、両方の土地の間にはブロック塀があったものの、木戸による出入りは可能であり、同一の利用目的に供されていたと認められる。

　なお、仮に本件土地が通路を兼ねていたとしても、自己の通行の用のみに供されている場合には、その使用収益に何ら制約がないことから、宅地であるA土地と一団の土地と評価することの支障にはならない。

イ　本件土地は、平成10年の事業認可時においては、前記アで判断したとおり、A土地と一団の土地であったが、平成16年の事業認定時においては、周囲の事業予定地の工事が終了していたため、三方を道路に囲まれた画地となっている。

このような状況において、いつの時点で土地を評価するかについては、公平の観点から、工事施工前の事業認可時の状況で評価するのが相当であると判断した。

## 起業者申立て

ア　事業認定時における本件土地の状況は、本件道路に接道する土地となっているが、本件土地の価格決定に当たっての状況については、任意交渉の経緯から土地所有者間の公平を図るため、本件工事に着手する以前の状況で評価するのが妥当であると考えられることから、事業認可時の平成10年4月28日時点の状況で評価した。

イ　土地所有者は、後記2(1)のとおり、本件土地と同土地の北側に隣接する土地（以下「A土地」という。）とを一団の土地として認定すべきであると主張するが、本件土地とA土地とは所有者が異なる上、間にあるブロック塀で遮断されていたので、それらを一団の土地と認めることはできない。

　なお、本件土地と同土地の西側に隣接する土地（以下「B土地」という。）とは元々一筆の土地で、通路として使われており、土地所有者が本件土地を購入した後も本件土地の形態に変化はなかったので、これらの土地をもって一団の土地と認定した。

ウ　前記イで、本件土地を通路と認定したことから、山手幹線土地評価基準によって私道減価することとし、「袋地の路地状部分の減価率」（30％～70％）のうちの最低限の減価率を適用して、減価率は30％とした。

## 土地所有者申立て

(1)　本件土地の評価の単位について、起業者は本件土地とA土地とを別画地と認定しているが、次の理由により一団の土地と認定すべきである。

　ア　本件土地は、土地所有者と同居している両親が共有するA土地を整形にするために、平成9年に購入したものであり、当初、両親が購入する予定であったが、将来の相続を考慮した結果、土地所有者が購入したものである。

　　起業者は、それぞれの土地の所有者が異なると主張しているが、同居している親子で一緒に使っていたという実態を見るべきである。

イ　本件土地とＡ土地との間にはブロック塀があったが、木戸があり、本件土地購入後は、ここから出入りして植木鉢などを置き、本件土地をＡ土地の庭の延長として同じ用途で使っていた。
　　なお、起業者は、ブロック塀の存在が一団の土地と認定する上で支障になると主張しているが、本来ならば、ブロック塀を取り壊して庭として整備すべきところを、本件土地を購入後、しばらくして用地買収の話があったので、そのまま存置していただけで、実際には上記のように利用しており、一団の土地の認定の支障になるとは考えられない。
(2)　本件土地の価格の算定に当たって、本件土地とＡ土地とは一団の土地であるので、宅地として評価すべきであり、起業者が行った私道減価には納得がいかない。
　　なお、起業者は、本件土地を私道の一部と認定しているが、公道への出口に当たるＢ土地の所有者から同人の土地を通らないように言われていたので、私道に当たらないことは明らかである。

● 起業者の求めにより遺産分割した後の画地の画地条件が分割前に比し悪くなった場合の土地評価に当たっては、遺産分割に伴って2画地に分断されたものとして取扱うべきものではなく、一団の土地を一つの画地として行うことが衡平の観点から必要であると認めた事例

平成17年11月25日　愛知県収用委員会裁決

## 裁決

(ア)　起業者は、本件土地の単価について、前記事実1⑷ア(ア)のとおり、清須市○○町○○番、○○番○、○○番○及び○○番○の土地については1㎡当たり11万4000円、○番○の土地については1㎡当たり12万7000円と見積もったのに対し、土地所有者甲は、前記事実2のとおり、審理に出席せず、意見書の提出もしなかった。なお、甲の姉である関係人乙は、前記事実3(1)のとおり、土地の単価は、一つのまとまった土地として考えるべきとし、乙らから隣接買収土地を買収したときの単価とすべきと申し立てている。

(イ)　起業者が本件土地を評価するに当たっては、前記事実1⑷ア(ア)のとおり、遺産分割により甲の所有となった土地をもって画地の評価をしており、そのため、土地は二つの画地に分断され、接面道路の要因も変わってしまい、評価が下がったとしている。ところで、この遺産分割が行われたのは、本件土地を含む一団の土地に、甲と乙らの共同相続した土地が含まれるものであったところ、替え地について相続人の間で意見が分かれ、起業者が任意に買収できない中、乙らが替え地の取得を希望して早期に契約締結を望んだという事情を背景とすることが、審理の結果から認められる。一般に、共有者間での財産の処分をめぐっては、遺産分割という手法も一つの有効な方法として考えられるところ、共有者間で話がまとまらない場合に、共有者の一部と任意による契約を行う方法として、遺産分割という手法を交渉の中で起業者が提案することも考えられるところである。

(ウ)　審理では、起業者側は代理人が出席し、土地所有者及び関係人側は乙のほか、乙の代理人として同人の姉である丙が出席しているが、前記事実3(1)の

とおり、審理において乙は起業者から遺産分割をすることを求められた旨を申し立てており、これに対して起業者側の代理人も丙も、乙の遺産分割に関する申立てと異なる趣旨の発言はしていない。また、遺産分割の翌年には起業者が隣接買収土地を買収していることや、他に乙らにことさらに遺産分割を必要とする理由が見いだせないことから、起業者が乙らに遺産分割をすることを提案した可能性は否定できない。

(エ) ところで起業者は、前記事実1(2)のとおり、平成13年12月27日に遺産分割の審判が確定した後、平成14年8月5日に乙らから隣接買収土地を買収したとしているが、その買収に当たっては、前記事実1(4)ア(ア)のとおり、遺産分割前の一団の土地を一つの画地として評価したとしている。すなわち、起業者は、同じ一団の土地の一部であった土地のうち、隣接買収土地については分割前の一団の土地を一つの画地として土地単価を評価しておきながら、本件申請においては分割後の画地条件が悪くなった状態で土地単価を評価しているということとなる。

(オ) 土地の画地条件が悪くなったことは、乙らが遺産分割の審判を申し立てたことを契機とするものではあるが、前記(イ)及び(ウ)に述べたように、その責めを一律に土地所有者又は関係人に帰することは相当ではなく、前記(エ)のような事情も合わせ考えると、本件土地の価格を評価するに当たっての画地の取り方は、遺産分割に伴って二つの画地に分断されたものとして取り扱うべきではなく、一団の土地を一つの画地として評価を行うことが衡平の観点から必要であると認める。

(カ) 起業者は、前記事実1(4)ア(ア)のとおり、一団の土地を一つの画地として評価した一画地評価価格は1㎡当たり13万6500円になるとしているところである。当委員会は、前記(オ)のとおり一団の土地を一つの画地として評価することとし、審理及び現地調査の結果を基に、土地収用法第88条の2の細目等を定める政令（平成14年政令第248号。以下「細目政令」という。）第1条及び地価公示法（昭和44年法律第49号）第10条により、近傍類地の取引価格及び公示価格ならびに不動産鑑定士による鑑定評価額等を総合的に比較考量した結果、価格固定日（都市計画法第71条第1項の規定により、事業の認定の告示があったものとみなされる日である平成16年2月27日）における本件土地の1㎡当たりの土地単価については、1㎡当たり14万4000円とすることが相当であると判断した。

## 起業者申立て

　価格固定日である平成16年2月27日時点における相当な価格を、〇番〇、〇番〇、〇〇番及び〇〇番〇の土地については1㎡当たり11万4000円、〇番〇の土地については1㎡当たり12万7000円と見積もり、これに収用しようとする土地の面積を乗じて算定した（内訳は別表3の1のとおり。）。

　なお、乙らから隣接土地を買収したときの単価が、本件土地の見積単価と開差を生じたのは、時間的な経過と、画地条件が変わったことによるものである。乙らから買収する際の画地条件については、遺産分割により甲と乙らがそれぞれ所有することとなった土地ならびに〇〇番及び〇〇番〇の土地（以下「一団の土地」という。）を一つの画地として評価することとし、三方が道路に接面する土地としての評価を行ったが、裁決申請等に当たっては、遺産分割により甲の所有となった土地をもって画地の評価をした。そのため、土地は二つの画地に分断され、接面道路の要因も変わってしまい、評価が下がったものである。

　この遺産分割による画地条件の変更がなかったとした場合の土地単価（以下「一画地評価価格」という。）については、不動産鑑定士の意見書を基に、1㎡当たり13万6500円と判断した。隣接買収土地を買収した時の単価は、平成13年4月1日時点で評価したものであるが、この単価と一画地評価価格との差は、時点修正によるものである。この時点修正による下落幅は、標準地の地価公示の下落幅と比較すると開差を生じているが、これは幹線道路沿いの商業地にある本件土地は、幹線道路沿いにない標準地と比べて下落率が非常に大きい等の理由によるものである。

## 土地所有者申立て

　土地所有者兼関係人甲は審理に出席せず、意見書の提出もしなかった。

## 関係人申立て

　父親の名義では買収できないので遺産分割をするよう県から言われた。強制収用になることも言われ、替え地をこのときにもらわないといけないと思い、甲が反対したにもかかわらず遺産分割をした。

土地の単価は、一つのまとまった土地として考えてもらいたい。乙らの土地を買収した単価でお願いする。

## ●石積みは土地の付加物であって土地価格に含まれると判断した事例

昭和63年3月9日　沖縄県収用委員会裁決

### 裁決

　土地所有者は、石積み費用及び生活廃水用溝の費用を要求するが、石積み、溝は土地の付加物であり、土地と一体となって効用を発揮するもので、土地価格に含まれるものと判断する。

### 起業者申立て

　石積みは、土地の一部で、その土地を宅地として利用するための土地の構成要素となっており、土地価格に含まれているので、別途補償することはできない。

### 土地所有者申立て

　本件土地に、建築に供するため一部石積みしてある。また、生活廃水用の溝がありそれも併せて要求する。

## ●土地代に砂採取の財産的価値を付加するとの要求に対し、砂は土地の構成部分として土地代に含まれるとした事例

昭和57年3月11日　徳島県収用委員会裁決

### 裁決

　土地所有者甲、同乙及び同丙は、前記事実第2の2の(3)のア、同(5)のア及び同(6)のア各記載のとおり、88番401、88番402、88番213、88番404、88番405及び88番403の各土地が砂地であり、砂採取の財産的付加価値1㎡当たり17,550円を土地価格に含めて補償するよう要求するのに対し、起業者は、前記事実第1の7の(2)のク記載のとおり、砂の価値は申請価格の中に考慮されていると主張する。
　当委員会の調査及び当委員会委嘱の鑑定人の鑑定結果によれば、大毛地域における砂は、粒子が小さすぎてコンクリートの骨材用としては不適であり、農地の客土用あるいは土地埋立て用としての用途しかなく、しかもこれらの用途に供するためには採掘費及び運搬費が必要であるため、その経済価値はほとんどないと認められる。仮に砂にいくぶんかの価値があるとしても、砂は土地の構成部分であり、その価値を含んだものとして土地価格は形成されるものである。したがって、砂の価値は客観的に評価された土地価格の中に当然包含されているものである。

### 起業者申立て

ク　土地所有者甲、同乙、同丙、及び同丁からの、元地番88番211、元地番88番213及び元地番88番245の各土地について、砂採取の財産的付加価値を土地価格に加味して補償するよう要求するとの申立てについては、これら砂を含む土地の評価についても砂を含む近傍類地の取引事例価格から比準しており、砂の価値は申請価値の中に考慮されている。

## 土地所有者申立て

ア　元地番88番211の土地は、現況が高台平地で地ならし不要のまま宅地に転用することが可能であり、道路にも近接している上自然環境が豊かであり、別荘地、キャンプ地、民宿等いかなる用地にも使用できる良好な条件を備えており、宅地並み評価がなされるべきである。しかも、地質は砂地であり、微細な砂が岩盤にまで堆積しており、控え目にみても1㎡当たり9㎥の砂採取が可能である。また、この砂は、塩分を脱した微細にして均一な砂であるため、コンクリートの材料成分あるいは大根、ラッキョ、イモ等のいや地改善用として取引されており、その取引価格からすれば1㎥当たり17,550円の価値を有するものである。したがって、88番401の土地の収用価格として、砂採取の財産的付加価値を含め1㎡当たり35,550円を要求する。

## ●観光保養施設見込地としての土地価格の要求に対し、開発可能性は認められるものの開発許可を得ていないため、この要求は採用し得ないとした事例

昭和57年3月11日　徳島県収用委員会裁決

### 裁決

　土地所有者兼関係人甲社は、前記事実第2の1の(2)、2各記載のとおり、本件収用土地Aが日本有数かつ西日本随一の一大観光施設、保養施設用地として最適の立地条件を有していることから、温泉開発と併せた観光開発を計画し厚生大臣から工作物新築開発許可も受けているもので、このような立地条件から、本件収用土地Aは開発見込地として評価すべきであるとして土地価格を要求しているので、判断する。

　土地所有者ら主張のごとく、本件収用土地Aは、前記(1)で認定のとおり、観光地として開発される可能性を有しているものではあるが、それは、単に本件収用土地Aのみが有する特性ではなく、大毛島内の類似の土地についても同様であり、しかも開発可能性は土地の価格の中に反映されているものである。一方、本件収用土地Aは、自然公園法による国立公園地域あるいは都市計画法による市街化調整区域に指定されていることから、その開発についてはこれら法的規制を受けるものである。

　当委員会は、土地所有者らに対し厚生大臣から許可を受けた開発計画に関する資料の提出を要請するも、その提出がないため調査したところ、それは、淡路フェリー発着場の西側の公有水面及び民有地についてレジャー観光の基地港建設のための防波堤、護岸、公有水面埋立ての土木工事（工作物の新築）を行うことに関する許可であり、しかも許可を受けた区域の中には本件収用土地Aは含まれていない。また、温泉開発については、申請外乙が昭和39年8月17日付け徳島県指令医第2332号で温泉法（昭和23年法律第125号）第3条による土地掘さくの許可を徳島県知事から受けている事実は認められるも、それも土地所有者らの主張する淡路フェリー発着場前の鳴門市鳴門町〇〇字〇〇269番2の土地についてではなく、その反対側である大毛山系の南側山麓の112番18－

1（現在の112番169）の土地についてである。仮に土地所有者ら主張のごとく、申請外269番2の土地に温泉が湧出しているとしても、温泉と有機的に結合させて本件収用土地Aを観光保養施設用地とするためには、進入路の整備、土地の造成等が必要であるが、当委員会の調査によれば、そのための都市計画法による開発行為の許可を受けている事実も認められない。

　また、土地所有者らの要求する価格は、大毛島の地域的な特性を反映して形成されている市街化調整区域内の近傍類地の民間取引価格と比較しても相当の開差がある。

　これらの事情、近傍類地の取引価格及び当委員会委嘱の両鑑定人の鑑定評価結果等からして、土地所有者らの要求する価格は、客観的に評価決定された価格とは言い難く、むしろ観光保養施設用地という特別な利用目的に供することを前提とした主観的あるいは希望的な価格であると判断される。

　よって、土地所有者らの要求価格は過大であるため採用できない。

### 起業者申立て

カ　土地所有者兼関係人甲社外からの起業者の土地評価は不当であるとの申立てについて、本件土地は、いずれも自然公園法に基づく瀬戸内海国立公園に指定され、同法に基づく特別地域（第2種）及び普通地域であり、将来観光地化する要素を有するものであり、このような土地の評価に当たっては、現況が山林、畑等であっても観光地化する要素を有する近傍類地の取引事例価格から比準しており、起業者の申請価格は、観光地として開発される可能性を考慮した開発見込地としての価格である。

　一方、国立公園内における開発行為は法的制約があるため、開発はその制約の範囲で計画されるべきであると考えるが、土地所有者兼関係人甲社が申し立てている観光地開発計画は具体的でなく、開発計画と土地価格との関連も明確でない上に、要求する土地価格から推定すると法的制約を前提としたものではないと判断され、法的制約を前提として形成されている地域の観光地としての価格水準を無視した価格となっており、具体的な根拠に基づき算定されたものでなく、主観的な希望価格である。また、温泉地としての開発計画の詳細は不明であるが、その将来性は、開発行為着手後10数年間も放置されていることよりみて、本件土地（ただし、112番181の土地を除く。以下「本件土地A」という。）の価格に影響を与えるものではないと考える。

## 土地所有者申立て

　土地所有者らは、前記(1)記載のとおり、本件土地A及びその隣接する自己所有土地が日本有数かつ西日本随一の一大観光施設、保養施設用地としての最適の立地条件を有していることに着目し、これを一団として観光ホテル、観光施設、高級別荘地帯、民宿、キャンプ地及び関連施設、レジャーセンターなどを計画し、また、温泉開発も行い、温泉を淡路フェリー発着場前の鳴門市鳴門町〇〇字〇〇269番2の土地に掘当て（温泉として認定済）、その湯量の豊富さからこれを送湯管により前記各施設に送湯する計画の下、一方において国立公園内の開発であることから、昭和42年4月27日厚生省収国第713号をもって厚生大臣坊秀男から工作物新築開発許可も受け、観光保養施設用地として一部宅地造成工事も行っている。したがって、このような本件土地Aの立地条件からすれば、開発見込地としての適正な評価がなされるべきであるのに、起業者は、単に地目、現況のみに基づいて、これを形式的に評価しようとしかしないばかりでなく、かえって開発が制限されている土地だから一般の土地より低い評価しか与えられないと称しており、また、昭和51年11月の当初の価格提示から数年経ているのに、その間の地価上昇、物価上昇を全く配慮しておらず、起業者申請価格は不当である。

　なお、起業者は、昭和51年3月小鳴門橋付近の鳴門市鳴門町〇〇字〇〇8番1及び同8番2の土地の買収に当たり、当初は地目、現況等の形式的評価に基づき1億4,000万円の買収価格を提示していたが、交渉が進むにつれて土地所有者乙らの見込地評価を入れ、当初の提示額より結局1億1,550万円余も評価を上積みした2億5,550万円で買収に応じている。特に8番1の土地については、同土地が山林でかつ保安林に指定されており、本件土地Aのいずれと比較してもその地価額が廉価であると認められるのに、1㎡当たり4,500円もの評価を与えている。このことからすれば、本件土地Aはいずれも最低1㎡当たり4,500円の評価が与えられて然るべきである。

　また、起業者は、昭和51年4月淡路島の門崎に至るまでの岬の断崖部分の土地を買収するに当たり、同土地が急斜面であり何らの開発が期待できない山林であるのに、1㎡当たり4,200円で買収している。これと対比すれば、本件土地Aは観光保養施設用地として比較にならない将来性と効用を有しているのであって、価格面においても淡路島側より数倍の評価が与えられて然るべき条件を備えている。

これら起業者買収事例に加え、土地所有者らが調査した大毛島の取引事例は、次のとおりである（略）。

## ●土地を駐車場として利用する権利は土地所有権の内容をなすもので、土地に対する補償をすれば別途駐車場利用に対する補償を要しないとした事例

平成3年2月27日　兵庫県収用委員会裁決

### 裁決

　土地所有者は、事実2⑸のとおり駐車場に係る補償を求めるが、本件土地を駐車場として利用する権利は、土地所有権の内容をなすものにほかならず、法第71条の規定により土地に対する補償がなされている以上、別途、補償の対象となるものではないので、この要求は、採用できない。

### 起業者申立て

　土地所有者は、事実2⑸のとおり、駐車場に係る補償を要求するが、マンション「〇〇芦屋」の住民の外来者用駐車場として事実上使用されており、また、賃貸借等の権利設定もないので、補償金の算定を行う上で、考慮する必要はないものと判断した。

### 土地所有者申立て

　土地所有者は、本件土地に、3台の駐車スペースを確保しており、この駐車スペースは今後も必要であり、JR〇〇駅近くに斡旋してもらいたい。斡旋できない場合には何らかの補償を求める。
　ちなみに、芦屋市内において、駐車場使用の権利は、1台当たり500万円相当の価値で取引されている。

● 法71条に規定する「相当な価格」とは、買主の利用目的のような主観的な特殊事情によるのではなく、客観的な価格を指すと解すべきであり、同じ市街化調整区域内の土地の取引事例でも市街化区域に隣接している土地と収用地とでは地域要因に格差が認められるとした事例

平成8年12月12日　神奈川県収用委員会裁決

## 裁決

ア　関係人は、農地の場合には、買主がその土地を農地として利用する目的で売買するのか、宅地等として農地以外に利用する目的で売買するのかによって価格が異なり、本件土地は、道路敷地として利用するのが目的であるから、当然に宅地並の価格設定がされるべきであると主張する。

　しかし、法第71条は、収用する土地に対する補償について「…近傍類地の取引価格等を考慮して算定した…相当な価格…」とすると規定しており、この「相当な価格」とは、買主の利用目的のような主観的又は特殊な事情とは別に、その土地の客観的な価格を指すと解すべきであるから、関係人の主張は採用できない。

イ　関係人は、区役所敷地が市街化区域の宅地並の価格で買収されたとして、区役所敷地と本件土地とには地域要因などの格差がほとんどないので、本件土地の単価は宅地並であり、いずれも市街化区域の宅地である周辺の平成8年地価公示標準地6か所の1㎡当たりの価格の平均、すなわち関係人土地単価が適正と主張する。

　これに対し、起業者は、両者の土地には地域要因に明確な格差があり、格差のないことを前提とする関係人土地単価は不適正であると反論するので以下検討する。

　そこで、関係人の例示する区役所敷地の地域を、本件土地の地域と本件価格の見積時点で比較すると、両者とも市街化調整区域にあり、平坦であるという点では共通しているが、前者が駅や幹線道路に近いうえ、すでに市街地の一翼を形成し多くの官・公署の立地によりセンター機能を備えているの

に、後者は一面の農地となっていることから、接面道路の接近・系統・連続性、駅・商店街への接近性、市街化の進行程度など、交通・接近条件、街路条件及び環境条件などの地域要因において、前者が後者を上回っていることは明らかであり、地域要因に格差なしとして、市街化区域の宅地並の価格が適正であるとする関係人土地単価は、妥当性を欠き採用することはできない。

ウ 起業者は、起業者土地単価を、本件事業区域内に標準地を定め、類似の市街化調整区域の土地の取引事例から比準して標準地の評価格を求め、標準地から比準して本件土地の評価格を算出し、さらにその評価格が適正か否かを不動産鑑定士の鑑定結果で確認している。

　よって、当委員会は、これを合理的な方法によって算定された妥当なものと判断し、本件土地の単価として採用する。

## 起業者申立て

　起業者土地単価は、事実1(3)ア(イ)のとおりの方法により算定し、さらに別途行った不動産鑑定士の鑑定結果によって確認して決定した適正なものである。

　関係人は、農地は、農地として利用する目的で売買されるのか、宅地等のそれ以外に利用する目的で売買されるのかによって価格が異なり、本件土地の場合は、宅地並の価格を設定すべきであると主張するが、本件土地は、農業振興地域にあり法的規制によって現在のところ宅地として売買されることはなく、関係人の主張する価格設定にはならない。

　また、関係人は、区役所敷地が市街化調整区域内の農地であったにもかかわらず、市街化区域の宅地並の価格で買収されたとして、この土地と格差がほとんどない本件土地の価格も市街化区域の宅地並とすべきであり、横浜市青葉区の平成8年地価公示標準地である市街化区域の宅地6か所の平均価格337,000円を主張している。

　しかし、同じ市街化調整区域内の土地とはいえ、市街化区域に隣接しその影響を最も強く受けている区役所敷地は、本件土地の価格見積時点において本件土地を、接面道路の幅員の広狭、歩道の有無及び道路の系統・連続性を比較する街路条件で15%、駅・商店街への接近性、幹線街路への接近性及び官公署の配置を比較する交通・接近条件で14%、周辺既存住宅地域等の性格・規模、市街化の進行程度及び上下水道設備等の有無を比較する環境条件で33.5%、これ

らの相乗積で75％上回っており、両者間には明白な地域要因格差が認められ、両者間に地域要因格差のないことを前提とする関係人土地単価は、不適正なものである。

## 土地所有者申立て

なし

## 関係人申立て

　農地を農地として利用する目的で売買する場合と、農地を宅地又は農地以外の用途に利用する目的で売買する場合とでは、価格が異なる。本件土地のように道路敷地として利用する場合には、当該宅地並の価格設定がなされるべきである。
　また、本件土地の近隣で、同じ市街化調整区域にある鶴見川対岸の現横浜市青葉区役所の敷地（以下「区役所敷地」という。）は、平成3年当時農地であったにもかかわらず1㎡当たり約50万円で買収されている。これを本件土地の見積時点で当該土地周辺地域の地価公示価格の変動の状況をもとに再評価すると1㎡当たり約35万円となり、近隣の市街化区域の宅地に相当する価格となる。
　さらに、区役所敷地と本件土地の地域要因などによる格差がほとんどないので、本件土地の価格は1㎡当たり約35万円とするのが相当である。
　しかし、より客観性を期するため、横浜市都市計画局が平成8年3月に作成した、「よこはまの地価」に記載された本件土地付近の平成8年地価公示標準地6か所（いずれも宅地で、第一種住居専用地域）の1㎡当たりの価格の平均、すなわち1㎡当たり337,000円（以下「関係人土地単価」という。）を本件土地の適正な単価とすることを求める。

## ●正常な取引価格を定めるに当たっては、特殊事情のある代物弁済による価格は資料とすべきではなく、既成市街地における既存宅地においては原価法は適用されないものとした事例

平成6年6月28日　愛媛県収用委員会裁決

### 裁決

　起業者は前記事実第1の4(1)のとおり申し立て、土地所有者兼関係人ならびに同代理人は前記事実第2の3のとおり申し立てているので、当委員会は次のとおり判断する。

(1)　土地に対する損失の補償は、法第71条により近傍類地の取引価格等を考慮して算定した相当な価格をもってなされるべきである。同条の相当な価格とは、土地について自由な取引が行われるとした場合に通常成立すると認められる価格、いわゆる正常な取引価格を意味するものである。

　代物弁済により本件土地建物を土地所有者兼関係人が取得した経緯に関する当事者の申立てについては正当なものと思料されるけれども、正常な取引価格を定める場合においては、義弟の経済的苦境を救うための特殊事情によりなされた代物弁済の取引価格は、到底資料とすべきものではない。

　また、代物弁済で本件土地建物を取得する際に要した不動産取得税、登記費用及び銀行借入金利については、いずれも土地の対価以外のものであり、損失補償金額として考慮することはできない。

(2)　土地価格については、法第71条に基づき次のとおり算定したものである。

　都市計画法第71条第1項により法第26条第1項による事業の認定の告示があったものとみなされる平成4年11月27日における土地価格について、当事者の申立て、起業者提出の諸資料、当委員会が新たに命じてなさしめた不動産鑑定士による鑑定評価額及び当委員会が実施した現地調査等から総合的に判断した結果、1㎡当たり750,000円をもって相当と認めるが、法第48条第3項により起業者申立額である1㎡当たり753,000円を採用する。

　したがって、土地に対する損失の補償は、上記において認定した1㎡当たりの土地価格に収用する土地の面積を乗じ、更に権利取得裁決時（平成6年

6月28日)までの物価の変動に応ずる修正率1.0080(別表第3のとおり)を乗じて得た額(55,689,591円)をもって相当と認める。
(3) なお、当委員会が命じた不動産鑑定士による鑑定評価額については、取引事例比較法及び収益還元法を適用し更に公示価格を規準として判断した結果、取引事例比較法により求めた価格の妥当性を裏付けたうえで決定されているものである。

　また、原価法については評価時点において当該宅地を新たに造成等により創造することを想定した場合に適用される方法であり、対象不動産が既成市街地の既存宅地である本件については、原価法は適用されないものと思料される。

## 起業者申立て

ア　土地所有者兼関係人に対し　金55,247,610円
イ　損失の補償内訳は、別表第2「起業者申立てに係る損失の補償」のとおりである。
ウ　損失の補償については、公共用地の取得に伴う損失補償基準要綱(以下「要綱」という。)及び愛媛県土木部の公共事業の施行に伴う損失補償基準(以下「基準」という。)等に基づき、都市計画法第71条第1項により法第26条第1項による事業の認定の告示があったものとみなされる平成4年11月27日現在の価格を適正に評価した。

　評価に当たっては近傍類地の取引価格、不動産鑑定士による鑑定評価額及び地価公示価格等を比較考慮のうえ総合的に判断した結果、不動産鑑定士による鑑定評価額を採用し、上記時点での裁決申請地の相当な価格を1㎡当たり753,000円と認定し見積もった。
エ　公共用地の取得に当たっては、要綱第7条に基づき、正常な取引価格をもって補償するものとされている。

　正常な取引価格の算定方法は、要綱第8条第1項により、近傍類地の取引価格を基準とし、当該土地及び取得する土地の位置、形状、環境、収益性その他一般の取引における価格形成上の諸要素を総合的に比較考慮して算定することが規定されており、また同条第2項においては、取引が行われた事情、時期等に応じて適正な補正を加えるものとされている。
オ　土地所有者兼関係人は、本件土地建物の取得原価(135,410,000円)が考

慮されていないと主張するが、近隣地域の価格水準と比較して2倍以上の開差があるため、土地評価の基準となるべき正常な取引価格とは認められない。
カ　不動産取得税、登記費用及び銀行借入金利（合計額10,261,707円）については、土地の対価以外のものであり、公共用地の取得に伴う損失補償基準細則第2別記「土地評価事務処理要領」第13条（事情補正）第6号の規定により、当該額を控除することとなるため、補償金額として考慮することはできない。

## 土地所有者申立て

(1) 物件移転補償金については不服はないものの、土地価格については不服がある。
　　補償金算定の根本をなしている法第71条によれば、補償金額の算定に当たって取引価格等を考慮して定めるとされているにも関わらず、本件補償金算定に当たっては、次に述べる事情は全く考慮されていない。
　ア　土地所有者兼関係人の義弟に当たる関係人甲が代表者である乙社に対し、50,000,000円を融資し、その見返りに同会社から手形（19通、額面合計47,410,000円）を受け取ったが不渡りとなった。
　イ　また、丙銀行及び丁に対する同会社の債務を立て替えるため、銀行から88,000,000円を借入れし、同会社に融資した。
　ウ　本件土地建物は、昭和58年6月2日に、同会社に対する手形貸付債権及び同会社の債務の立替金返還請求権の代物弁済として取得したものである。
　エ　加えて、本件土地建物取得時に不動産取得税が342,000円かかっており、所有権移転登記及び抵当権抹消登記に471,490円を要している。
　オ　同会社に融資するため戊銀行湊町支店から借りた50,000,000円の金利を、昭和58年度だけで2,408,217円支払っている。
　カ　丙銀行及び丁に対する同会社の債務を立て替えるため銀行から借りた88,000,000円の金利を、年間7,040,000円（年平均8％）支払っている。

(2) 起業者見積りの補償金総額は85,686,590円となっているが、現在の不動産価格低迷の時期になされた補償金算定では到底承服できる金額ではなく、本件土地収用がなければ不動産価格が高騰してくる時期まで保有していたほう

が得であるし、またそうすれば、本件補償金算定価格の低額な金額を甘受することもない。
　　本件補償金額については、少なくとも本件土地建物の取得原価135,410,000円に不動産取得税、登記費用及び銀行金利を加えた合計額145,671,707円を補償金額として配慮してほしい。
(3) 公共用地の収用に当たっては、任意買収の際の補償基準である要綱に準拠して補償価格が算定されるべきものであり、要綱第7条は法第71条にいう相当な価格と同意義の正常な取引価格をもって補償すると規定している。
　　正常な取引価格とは、原則的には、土地の客観的な取引価格をいうものと考えるが、要綱第8条第3項に「土地所有者が当該土地を取得するために支払った金額も正常な取引価格を定める場合において参考とする」と規定されており、本件土地建物を135,410,000円の有限会社乙社に対する立替金返還請求権の代物弁済として土地所有者兼関係人が取得した事情は、当該価格算定に当たり考慮されてよいはずであり、これらを全く無視する起業者の意見は不当である。
(4) 起業者の鑑定評価は、近傍類地の取引事例との比較において適正に算定されたものか明らかでなく、1㎡当たりの単価が著しく低い算定になっているとの疑問を払拭しえない。
　　土地価格の算定方法は、近傍類地の取引事例との比較により算定する方法のほか、原価法あるいは収益還元法によっても算定可能である。
　　原則として上記3方法を併用し、それぞれによって求められた価格（比準価格・積算価格・収益価格）を相互に関連づけて正常な取引価格を算定すべきであり、対象土地の種類や所在地の実情ないしは資料の信頼性に難点がある場合は、1つないしは2つの方法に寄らざるを得ないとされている。
　　本件の場合は近傍類地取引との比較方法しかとっていないと思われ、果たして、客観的に土地の価格を算定しているのか疑問である。
(5) 収用委員会において、本件土地建物の価格を鑑定され、正常な取引価格を算定されたい。

## ●土地価格につき土地所有者から申立てがないにもかかわらず裁決申請額を超えて裁決した事例

平成2年8月3日　北海道収用委員会裁決

### 裁決

　本件土地の補償額については、事業認定の告示の時における上記(2)の価格（注1㎡当たり51,000円）に、本件土地のそれぞれの面積を乗じ、これに法第71条に基づく権利取得裁決の時までの物価の変動に応ずる別表第5記載の修正率を乗じ、別表第1の1記載の価額を本件土地のそれぞれの補償額とした。

### 起業者申立て

　本件土地等は、いずれも、やや不整形で、一部崖地部分等を含む間口60m、奥行55m、面積3,609㎡の1画地であるところから、価格については当該標準価格（55,500円）を基準として、本件土地の個別的要因を検討し、その格差率を0.8740と認定し、1㎡当たり48,500円と決定し、別表第3の1記載のとおり見積もった。

### 土地所有者申立て

甲　審理欠席、意見書提出なし。
乙　意見を述べなかった。
丙　土地価格について判断できないと陳述した。

● 市街化調整区域内の土地価格の算定に当たっては市街化調整区域等の設定のない地域の取引事例をそのまま採用できないとした事例

昭和61年12月15日　香川県収用委員会裁決

## 裁決

　起業者は前記事実第1の4(1)のとおり主張し、事業認定の告示の時である昭和61年2月1日における収用する土地の価格は、1㎡当たり、1873番の土地及び1874番の土地はそれぞれ45,600円、1897番の土地は46,100円とする。
　これに対し、土地所有者は前記事実第2の3(1)のとおり主張し、1㎡当たり、1873番の土地及び1874番の土地はそれぞれ97,900円、1897番の土地は98,400円とする。
　土地所有者は、最高裁昭和48年10月18日判決を根拠とし、都市計画法第7条の規定による市街化区域及び市街化調整区域の区分の設定がない地域にある善通寺市原田町字〇〇1252番1外3筆の取引価格をその要求額の算定の基礎とする。
　この点につき判断するに、同判決は、都市計画事業のために土地を収用する場合、被収用者に対し補償すべき相当な価格を定めるに当たっては、当該都市計画事業のために課せられた建築制限を斟酌してはならないとするにすぎない。都市計画法第7条の規定による市街化区域及び市街化調整区域の区分の設定に伴う開発行為の規制等は、一般的な法規制である。このような一般的法規制は、地域要因として当然考慮すべき事項である。したがって、市街化調整区域にある本件土地の相当な価格を定めるに当たり、市街化調整区域等の設定のない地域にある上記取引事例地の価格をそのまま採用することはできない。

## 起業者申立て

　土地に対する損失の補償は、公共用地の取得に伴う損失補償基準要綱（昭和37年6月29日閣議決定）等に基づき、近傍類地の取引価格及び不動産鑑定士の鑑定等を比較考慮して、事業認定の告示があった昭和61年2月1日時点における相当な価格を見積もったものであり、その見積額及び内訳は、別表第5のと

おりである。

## 土地所有者申立て

　最高裁昭和48年10月18日判決は、「土地収用法における損失の補償は、……収用によって当該土地の所有者等が被る特別な犠牲の回復をはかることを目的とするものであるから、完全な補償、すなわち、収用の前後を通じて被収用者の財産価値を等しくならしめるような補償をなすべきであり、」とし、法第71条の解釈として、都市計画決定や都市計画事業の実施に伴う建築制限等さまざまな規制がなされている土地の価格の算定に当たっては、上記のような建築制限を受けていないとすれば、事業認定時において有するであろうと認められる価格で補償すべきであると判示した。

　起業者は、本件土地が市街化調整区域にあり、取引事例がないとするが、この判決に照らし、次のごとき近傍地の取引事例を用いず、低価格に強権をもって抑えるのは、職権の濫用である。

## ●市街化区域内土地については路線価式評価法により評価し、調整区域内土地については市街化区域との公法規制減価を15%として評価した事例

昭和59年7月12日　東京都収用委員会裁決

### 裁決

　事業認定の告示の時における土地価格について、起業者は市街化区域内については1㎡当たり81,600円、市街化調整区域内については1㎡当たり61,200円と見積もっているのに対し、土地所有者は1㎡当たり200,000円を要求している。

　そこで、本件土地の評価に当たっては、現地について調査し、路線価式評価法によることとし、本件土地（市街化区域内）の接面道路・八王子市道由井343号沿いに208㎡（間口13m、奥行16m）の標準画地を設定し、この路線価を近隣地域及び類似地域の取引事例、公示価格等を考慮して1㎡当たり121,000円とする。

　次に、本件画地（本件土地と残地を併せた画地）と標準画地を比準すると、奥行短小・不整形減価30%、傾斜及び低地減価15%が認められるから市街化区域については、1㎡当たり72,000円をもって相当とし、更に市街化調整区域については、市街化区域と比較して公法規制減価15%が認められ、また、原野及び山林地の取引事例と比準した結果、1㎡当たり61,200円をもって相当とするが、法第48条第3項の規定により起業者の見積りを採用する。

### 起業者申立て

　事業認定の告示の時における土地価格については、近傍類似地域内の取引価格から取引事例比較法により価格を求め、更に不動産鑑定業者三者の鑑定結果、世評等を参考にし、本件土地のうち市街化区域内の116.31㎡の部分については、1㎡当たり81,600円と見積もった。

　次に、本件土地のうち市街化調整区域内の24.35㎡の部分については、宅地

化を助長し又は阻害している公法上の措置又は規制、宅地にすることの難易、造成後における宅地としての利用度を勘案して求めた比率（0.75）に市街化区域内の上記価格を乗じて1㎡当たり61,200円と見積もった。

## 土地所有者申立て

　起業者は、本件土地及び残地が道路に面している好地形であることを考慮していない。
　土地価格については、1㎡当たり200,000円を要求する。

● 土地価格の決定に当たり、起業者及び土地所有者から提出された不動産鑑定士による鑑定評価書の評価額は重視した試算価格が異なるため開差が生じているが、その当否は一概には断じ難いとして、同等に尊重し、相加平均をもって補償額とした事例

平成元年8月25日　神奈川県収用委員会裁決

## 裁決

　本件土地に対する損失の補償について、起業者は、その土地価格を1㎡当たり1,720,000円と見積もっている。
　これに対して、土地所有者は、当該収用対象土地に係る自己の買入れ価格を基準にして、1㎡当たり2,847,000円が本件土地に係る最低限の損失補償であると主張し、仮にこの主張が認められないとしても、自己が依頼した不動産鑑定士の鑑定評価額に取得所要諸経費を加えた1㎡当たり2,575,000円で損失補償すべきであると主張する。
　起業者は、この土地価格の算定に際して、不動産鑑定業者に鑑定評価を依頼し、その結果を基にして、事業認定の告示の時における価格を1㎡当たり1,720,000円としており、その手法は、妥当であり、また、その鑑定評価にも格別な問題は認められない。
　これに対して、土地所有者は、先ず、自己の取引価格を基にして、その損失の補償額を算出し、要求しているものであるが、この補償要求額における土地評価額は、土地所有者から提出された不動産鑑定評価書の比準価格に比しても相当に高額であり、また、土地収用法上、土地に係る損失とは認められない取得所要諸経費を加えている等、補償要求額算出の過程に客観的合理性が認められず、適正な補償要求額としては認容することができない。
　しかし、自己が依頼した不動産鑑定士の鑑定評価額を基にして、補足的に主張している1㎡当たりの土地に対する損失の補償額、2,575,000円という額は、その一部を成す取得所要諸経費は前にも触れたように補償の対象にならないまでも、それを除いた2,103,000円という価額については、これが、内容的にも

適正、妥当な不動産鑑定評価書に基づいての主張であることから尊重すべきものと考える。

そこで、当委員会として、起業者及び土地所有者の双方から、それぞれ主張のあった土地に対する損失の補償の算定根拠となっている不動産鑑定評価書の内容を詳細に調査、検討したところ、前にも触れたように、何れのものにもその鑑定評価方式等に格別な問題等の存在は認められず、価格の調整に際して用いられた各試算価格も全て妥当なものと考えられる。

しかしながら、本件に限って、これら二者の鑑定評価額の決定方法を見ると、試算価格の扱いにおいて、一方は、手法としての取引事例比較法によって求めた試算価格（比準価格）を重視して評価額を決定しているのに対して、他方は、手法としての収益還元法によって求めた試算価格（収益価格）を重視して評価額を決定している点が、両者相違するところであり、これが、両鑑定評価額に開差を生じさせる大きな原因となっている。

この鑑定評価額の決定における試算価格の扱いに、鑑定評価者各自の専門的知識、見解等によって相違が生ずることはやむをえないことと思われ、その当否は、一概に断じ難いので、当委員会としては、それぞれの鑑定評価における比準価格等の試算価格を同等に尊重し、それらの相加平均をもって、適切、妥当な土地に対する損失の補償額と判断した。

すなわち、当委員会は、本件土地について、現地調査の結果などを総合的に勘案したうえで、起業者主張の土地価格の算定根拠となっている不動産鑑定評価書における比準価格（1,836,000円）、開発方式を採用して求めた価格（1,500,000円）ならびに土地所有者が補足的に主張する土地価格の算定根拠となっている不動産鑑定評価書における比準価格（1,999,000円）、直接法による収益還元法によって求めた価格すなわち収益価格（2,137,000円）を相加平均し、1㎡当たり1,868,000円を事業認定の告示の時における妥当な価格と判断した。

よって、本件土地に対する損失の補償は、上記の当委員会算定の価格に収用する土地の面積及び法第71条の規定による修正率、1.0330（別表略）を乗じて得た主文掲記の金額とする。

### 起業者申立て

土地所有者　甲社に対して、収用しようとする土地に対する損失補償とし

て、金33,763,600円を見積もった。
　これは、収用しようとする土地、19.63㎡について、不動産鑑定士による鑑定評価額を参考として、事業認定の告示の時における価格を1㎡当たり1,720,000円として算定したものである。

## 土地所有者申立て

　起業者申立ての額は、余りにも低額であり、少なくともその額は、合計55,886,610円が相当である。
　なぜなら、本件土地は、当社が、この事業の認定告示の日より以前に株式会社乙から、1㎡当たり2,375,000円で購入取得したものであって、その取得に要した諸費用を加えると、1㎡当たり2,847,000円で購入取得したことになる。
　したがって、当社は、起業者においても、この19.63㎡の土地について、最低限、この当社の取得原価で損失を補償することを主張する。
　また、仮にこの主張が認められないとしても、その後、当社の依頼した不動産鑑定士の鑑定評価額に加えて、本件土地の取得に要した諸費用を加えた総額50,544,725円（1㎡当たり2,575,000円）が補償されるべきである。

## ●土地の境界が未定である場合、当事者の主張が最大限に認められた場合の画地を想定して評価した価格をもって補償することが相当であるとした事例

平成8年3月27日　青森県収用委員会裁決

### 裁決

　起業者は、〇〇番、〇〇番、〇〇番及び〇〇番の土地が起業者の作成した収用対象地の測量図の境界で確定した場合を想定して各地番の土地評価を行っているが、これら各地番の土地の範囲について当事者間で争いがあるので、各地番の土地の範囲を特定して評価することはできない。

　よって、当委員会は、関係当事者の主張が最大限認められた場合に当たる画地を想定して評価した価格をもって補償することが相当と判断し、本件土地を含め一団の土地として利用されている画地を評価して得られた価格を争いのある部分とそうでない部分の面積にそれぞれ乗じて収用する土地に対する損失補償とする。

### 起業者申立て

　なし

### 土地所有者申立て

　なし

## ●起業者が宅地見込地として認定した苗木畑を畑地見込地であるとした事例

平成16年1月20日　宮崎県収用委員会裁決

### 裁決

　本件土地の価格について、起業者は手続開始の告示のあった平成12年6月5日時点の土地の評価地目を宅地見込地として1㎡当たり1,400円と見積もった。これに対して所有者は、評価地目を宅地見込地として1㎡当たり4,200円程度であると申し立てた。

　また、当委員会が審理において依頼した鑑定人は、評価地目を畑地見込地として1㎡当たり1,800円とし、審理において次のとおり陳述した。

ア　傾斜が45度ぐらいある山林であれば伐採しても山としてしか利用できないが、対象地のように以前は畑であった平地林の場合は、畑地見込地的な要素を加味するのが普通で、土地の形質が変化した場合に最有効使用の判定に影響がでてくる。

イ　都市計画区域外であれば宅地化の影響がある程度認められると判断できるが、市街化調整区域では原則として建物の建築はできない。また、仮に建物を建てるとして、開発行為を必要とする5haないし20ha以上の一団の土地であればある程度宅地見込地的要素を加味できるが、610㎡程度ではその可能性はほとんど認められず、宅地見込地という考え方には至らなかった。

　当委員会は、申請書等、意見書、審理における当事者の陳述、鑑定結果及び現地調査の結果等から総合的に判断して、評価地目を畑地見込地と認定し、1㎡当たり1,800円を相当とする。

### 起業者申立て

　本件土地の現況地目は手続開始の告示時点の状態で認定し、現に苗木を植栽しているため苗木畑として畑としたが、土地評価における用途的地域は、熟成度の低い大中規模開発地域の宅地見込地地域として捉え、宅地見込地として評価した。ただし、本件土地の現況は苗木の育成を主たる目的として粗削りしたものとなっており、菜園等の作物を成育させる土壌等を備えた土地ではなく、

粗削り後に設置した土留めは丸太を積み上げた簡易なもので、現に土砂の流出が続いている。
　また、起業地内はなだらかな坂で雨水による浸食跡が生じているなど安定的でない地盤の状況であり、時の経過とともに起伏を帯びた従前のような地形へと変遷していくことが十分に予期されるため、山林と同一視される程度の土地と考え、形質変更前の状態と実質的には同じと判断した。
　なお、本件土地が道路に接面していること等について、土地価格形成要因における土地の個別的要因として、特段の優位性は認めなかった。

### 土地所有者申立て

　本件土地は宅地見込地であり、未指定区域で建物の建築が可能であるので宅地並みに評価すべきである。また、道路に面しており、道路に対して高低差もないほぼ平坦な地形であり、道路に面していない土地と評価が同じということには納得できない。希望する価格は、坪当たり20,000円で購入していること及び隣の土地との比較から隣の土地の3倍、1㎡当たり4,200円ぐらいを考えている。土地を整地（伐採、伐根）するために2,000,000円の費用をかけており、それなりに評価すべきである。

## ●土地所有者の主張する特殊な条件の下での取引価格は、そのままでは相当な価格とはいえないとした事例

平成11年2月25日　愛媛県収用委員会裁決

### 裁決

　土地に対する損失の補償は、法第71条の規定により近傍類地の取引価格等を考慮して算定した相当な価格によってなされるべきである。同条の相当な価格とは、土地について自由な取引が行われるとした場合に通常成立すると認められる価格、いわゆる正常な取引価格を意味するものである。

　土地所有者兼関係人からは、本件土地を1坪当たり50,000円で購入したことを証明する売買契約書等の資料は提出されなかったが、本来、農家資格を取得するためというような特殊な条件の下での取引価格は、そのまま相当な価格の算定に当たって考慮することはできない。

### 起業者申立て

　1坪当たり50,000円の損失補償額の要求については、損失補償見積金額は不動産鑑定評価に基づいて算定しており、応じられない。

ア　土地の損失補償金は、現況（評価）地目と実測面積を基礎に、地価公示法の公示価格も参考にしながら、近傍類地の取引価格を基準として、土地の形状、環境その他土地価格形成上の諸要素を比較衡量して正常な取引価格を算定するものである。

　したがって、土地価格の算定に当たっては、実際の取引価格について取引事情や時期等に応じて適正な補正を加える必要があり、所有者兼関係人の主張するように取引価格をそのまま補償額とすることはできない。

イ　近隣の現況農地を宅地並の価格で買収している事例については、宅地の1画地内にある菜園畑であるから評価地目が宅地となるのであって、周囲も畑であるため評価地目も畑となる申請地と状況が異なる。

## 土地所有者申立て

　土地の損失補償額については、購入した時の価格１坪当たり50,000円で補償してほしい。
ア　本件土地は、農家資格を取得するために１坪当たり50,000円で購入したものであるから、損失補償額としてもそれだけを要求する。
イ　実際にも、近年の建設省の肱川改修工事に際して、近隣の現況農地を宅地並の価格で買収している事例があるはずである。

## ●所有者は自宅の建築予定地等であるとして宅地の評価を要求しているが、傾斜のある松林であること等により山林として評価することが相当であるとした事例

昭和62年8月28日　秋田県収用委員会裁決

### 裁決

　起業者は前記事実第1の4の(1)のア記載のとおり主張するのに対し、所有者は前記事実第2の1の(2)記載のとおり主張するので、当委員会は以下のとおり判断する。

　本件土地はJR羽越線〇〇〇駅の南方約1㎞の〇〇〇集落から鉄道敷を挟んで東側に位置した農林地域にあり、幅員4mの未舗装町道に接した傾斜15度〜20度の不整形な松林であり、造成工事及び造成後の宅地としての有効利用度を勘案すると、宅地化は明らかに不合理である。

　所有者は自宅の建築予定地であること等から宅地としての価格を要求しているが、それらの主張は主観的なものであり、当委員会の現地調査、当委員会が委嘱した鑑定人の鑑定評価（1㎡当たり990円）、裁決申請書及びその添付書類等を総合的に勘案して、本件土地は山林（農村林地）として評価するのが相当であり、主文のとおり決定した。

### 起業者申立て

　字〇〇18番及び同字〇〇79番の土地は、山林としての評価が相当である。

### 土地所有者申立て

　字〇〇18番の土地は、祖先とゆかりのある土地であり、自然環境、道路環境に優れ、自宅の老朽化に伴う新居の建築を予定していた土地である。したがって、本件土地は、宅地としての価値があり、坪30,000円を要求する。

　字〇〇79番の土地は、〇〇地区でも特に眺望が良く、又隣地に住宅が建って

いることから、電気、水道の設置も容易である。更に森林法に基づく秋田県知事認定の森林施業計画からも除外されていることから、林地としてではなく宅地として評価すべきである。
　〇〇地区の土地取引慣例では、宅地となるような土地は、その価格の3倍から5倍の対価を支払うことになっているので1㎡当たり30,000円を要求する。

● ゴルフ練習場敷地の土地価格の算定に当たり、該土地は会社更生法の手続により取得したものであるから、取得費用に諸経費を加算した額により補償してほしいとする要求を認めなかった事例

平成8年6月21日　福岡県収用委員会裁決

### 裁決

　土地所有者らが前記事実第2の2において申し立てている同人ら所有の土地35,123.87㎡（以下「所有者の全土地」という。）は、国道〇号に面する北東部分がゴルフ練習場等として利用されており、本件土地を含む県道に面する南西部分は、ゴルフ練習場の法面及び空地になっているが、それらは、一体として利用することが可能であると考えられるため、当委員会は、所有者の全土地を国道〇号に面する一団の土地と認定した。

　次に、所有者の全土地は、その近隣地域における標準的画地に比べて規模が大きいことから、その大規模土地を最有効使用することを前提とする評価方法としての区画割による開発方式によって評価することとした。

　なお、土地所有者らは、所有者の全土地について、会社更生手続において裁判所の許可を受けて購入したものであり、その価格は1㎡当たり金71,200円余りであったから、それにその取得に要した費用及び租税等の諸費用を加算した取得原価1㎡当たり金111,200円以上の価格で買収してほしい旨申し立てているが、土地の収用による損失の補償は、事業認定時におけるその土地の正常な取引価格に基づき算定されるものであるから、土地所有者らの主張は採用できない。

　以上のことから、事業認定時における本件土地の価格については、現地を調査し、更に不動産鑑定士による鑑定を徴してこれを総合的に検討した結果、1㎡当たり金37,000円とした。

## 起業者申立て

1　土地所有者らは、自らの判断により本件土地を購入しているものであり、その売買につき、裁判所の手続を経ているからといって、特別の取扱いが行われるべきものではない。
2　本件土地は、県道に面する画地として、標準地比準評価法により評価した。

## 土地所有者申立て

1　更生会社株式会社甲の所有する土地35,123.87㎡を、更生計画の一環として、国道〇号に面する一団の土地として評価された価格、総額25億円（1㎡当たり金71,200円余り）で、裁判所の許可を受け、その決定した価格にて購入したものである。
2　土地の評価については、起業者の申し立てる県道に面する画地としての評価ではなく、国道〇号に面する一団の土地としての評価をしてほしい。
3　取得価格に、取得に要した費用及び租税等諸費用を加算した取得原価（1㎡当たり約111,200円）以上で買収してほしい。

## ●収用する土地の価格を事業完成後の価格で補償するよう求められたのに対し、認めることができないとした事例

平成10年5月26日　広島県収用委員会裁決

### 裁決

　土地所有者甲は、○○線完成後の評価価格での補償を求めるが、収用しようとする土地の価格について、法第71条は「収用する土地又はその土地に関する所有権以外の権利に対する補償金の額は、近傍類地の取引価格等を考慮して算定した事業の認定の告示の時における相当な価格に、権利取得裁決の時までの物価変動に応ずる修正率を乗じて得た額とする。」と規定し、事業認定の告示の時点以後の地価変動及び起業利益（起業期待による地価上昇）は考慮しないこととしている。したがって、収用する土地を○○線完成後の評価価格で補償することはできない。〔中略〕

　その他、土地所有者甲は、○○線道路建設による住宅環境の悪化について申し立てており、これは道路完成後における騒音、排気ガス等による環境悪化について考慮をすることを求めていると判断されるが、これらは、法第88条で補償しなければならないこととされている土地を収用することに因って土地所有者が通常受ける損失には該当せず、土地に対する補償以外の損失として認めることはできない。

### 起業者申立て

　収用しようとする土地に対する損失補償の算定に当たっては、事業の認定の告示があったとみなされる平成9年4月9日時点における1㎡当たりの土地価格を不動産鑑定士の評価額を参考にして決定し、これに収用しようとする土地の面積を乗じて算定した。

### 土地所有者申立て

(1)　○○線道路建設により、交通増加により住宅環境は悪化し、住宅地として

の価値は低下する。
(2)　反面、商業地としての価格は上昇するのが通常であり、固定資産税等の税金が上がる可能性が十分あるので、土地に対する補償は、○○線完成後の評価格で補償して欲しい。

## ●旧市道敷として使用されている建設省所管の国有地の土地代をゼロ円とした事例

平成5年11月2日　兵庫県収用委員会裁決

### 裁決

旧市道敷（20.64㎡）については、土地所有者国が、起業者の申し立てる額に対し、異議を申し立てないので、0（ゼロ）円とした。

### 起業者申立て

権利取得に係る損失の補償として、土地所有者国は、損失の補償を要求しないので、見積もらなかった。

### 土地所有者申立て

(1)　土地所有者国（建設省所管国有財産部局長）が意見書及び審理で申し立てた要旨は、次のとおりである。
　ア　352番2土地及び353番2土地と362番土地及び363番土地の間には、旧市道敷として使用されている建設省所管国有地が存する。
　　神戸地方法務局伊丹支局に保管されている旧土地台帳法施行細則第2条の地図（字限図）には、362番土地及び363番土地の西側に、地番を付さず赤色をもって表示されている土地（里道）が存するが、この土地が建設省所管国有財産であり、国が地所名称区分改定（明治7年太政官布告第120号）により官有地（国有地）と民有地の区別を定めた時に、官有地第3種に分類され国有地とされたものである。
　　当該国有地は、国有里道を大正9年4月1日に旧道路法（大正8年法律第58号）の規定に基づき川西村道435号として認定したものであるが、昭和39年に廃止している。しかしながら、新道路法第92条（昭和27年法律第180号）の規定及び昭和43年4月1日付建設省道政発第19号建設省道路局長通達中第3⑶の不用物件の管理の規定は、所管大臣に返還の引継ぎをし、または譲与を受けるまでの間は、従前に引き続き不用物件の管理者に

おいて適当な管理を行うべきであるとしている。しかし、川西市は、返還または譲与の申請を行っておらず、当該国有地は、兵庫県知事にその事務が委任され、同知事は建設省所管国有財産部局長として、その管理及び処分を行う権限を有している。

なお、兵庫県知事は、地方自治法第153条第2項の規定に基づき、建設省所管国有財産部局長たる兵庫県知事の権限のうち、国有財産法第3章の2の規定に基づく立入り及び境界確定に関する権限を川西市に委任している。

## ●収用委員会が土壌汚染の有無及びその状態を調査したが土壌汚染の可能性を確認できなかったとして土地評価に当たって考慮外とした事例

平成15年6月10日　大阪府収用委員会裁決

### 裁決

　本件土地に関する土壌汚染の有無及びその状態についてであるが、有害物質使用特定施設の届出はなく、土地、建物の閉鎖登記簿謄本、昭和39年及び45年の住宅地図、地元精通者への聴取等の調査からは土壌汚染が存する可能性は確認できなかった。したがって、本件土地の評価を行うに当たり、土壌汚染に係る要因は考慮外とする。

### 起業者申立て

　なし

### 土地所有者申立て

　なし

## ●権利者多数の共有墓地について、祭祀相続人と祭祀相続の協議が調っていないものは法定相続人を土地所有者とし、墓地所有権価格と墓地使用権価格の割合を1対9とした事例

平成2年8月7日　徳島県収用委員会裁決

### 裁決

　起業者は、現に墓地区画を占有している者で土地共有権を有する登記名義人の相続人全員が祭祀承継者であると証明する者を土地所有者として申請したものであるが、共有墓地の土地共有権も墓石等と一体に墳墓たる祭祀財産であると解するのが相当であるから、民法第897条の規定による祭祀承継人を定め、その者を土地共有権を承継した土地所有者とする起業者申立ては相当であり、また、法定相続人間で祭祀承継人の選任がなされなかった場合、又は、相続協議の調わなかった場合は、法定相続人全員を土地所有者とすることもやむを得ない。

　本件土地は、起業者の申請時点において登記簿上63名の共有名義となっていたものであるが、相続登記の完了していた4名を除く者につき、当委員会の裁決手続開始の決定後起業者の代位登記等によりそれぞれ共有持分移転登記がなされ、裁決時点の登記名義人は甲ほか166名となったものである。

　なお、本件申請は、申請当初に土地所有者とした相続人に一部欠落があり、また、相続登記完了後に登記名義人となった者のうちに死亡した者や住所変更のあった者があるため、起業者によって補正がなされたものであるが、当委員会は補正を認め、新たな権利者を対象として審理を開催したが出席する者はなかった。

　よって、別表第1土地所有者欄記載（略）のとおり甲ほか164名をそれぞれの共有持分、法定持分についての所有権を有する土地所有者と認める。

　また起業者は、登記名義人乙死亡による法定相続人丙、丁、戊、己及び庚を住所不明としているが、当委員会の要請に応じ申請後も追跡調査を行っており、十分な調査がなされたものと認められ、当委員会も公示による通知等を行ったがその住所を確知できないため不明とする。

また、起業地内の墓地区画は空地部分1区画を除き44名の者が占有管理し、墓石については任意契約により移転済のものであるが、当事者間に争いもないことから、起業者申立てのとおり、これらの者を占有面積に応じて墓地使用権を有する関係人と認める。
　墓地所有権（底地権）価格と墓地使用権価格の割合については、起業者見積りのとおり、1対9とする。
　なお共有持分額（各63分の1）の法定相続人間の配分については、起業者申立てのとおり、法第69条の規定により法定相続分に応じ各人別に見積もることを相当と認める。

## 起業者申立て

　登記簿上は（亡）辛外62名の共有であり、いずれも持分63分の1である。また本件土地は96区画の共有墓地（うち2区画は空地）であり、登記名義人63名のうち墓地区画を有する者は54名、墓地区画を有しない者は9名である。墓地区画を有する者（54名）については登記名義人、家督相続人、他に相続人がいない者及び相続人全員が祭祀承継人であると証明する者（48名）を土地所有者として、また相続人間で祭祀承継の協議が調っていない者（6名）については相続人全員を土地所有者とした。
　墓地区画を有しない者（9名）については、相続人が確定している者（7名）と未確定の者（2名）があり、未確定の者については、相続人全員を土地所有者とした。以上全体の土地のうち収用しようとする土地の区域内に墓地区画を有する者（44名）については、その占有面積に応じて墓地使用権を有する関係人とした。
　また、申請後に相続人に一部欠落があったため、新たな権利者の追加補正を行っている。
　土地価格に占める墓地所有権（底地権）価格と墓地使用権価格の割合については、墓地は一般の土地と異なり市場性、担保性に欠け、また価格構成割合は底地価格の割合を10％、墓地使用権の割合を90％とした。
　墓地使用権の存する土地の面積に土地価格の10％を乗じた額と空地の面積に土地価格を乗じた額との合計額を土地所有者に対する、補償額として共有持分を決定した。

**土地所有者申立て**

なし

## ●登記簿に共有持分の記載がない墓地の所有者全員の住所が不明であるため、共有持分を明らかにすることが困難であるとして一括補償するのが相当であるとした事例

平成2年1月22日　愛媛県収用委員会裁決

### 裁決

　起業者は前記事実のとおり申し立て、土地所有者及び関係人は審理に出席せず、また意見書の提出もなく、何らの異議の申立てもなかったので、当委員会は次のとおり判断する。

　所有権に対する損失補償金については、土地登記簿に共有持分の記載がなく、また土地所有者全員の住所が不明であるため共有持分割合を明らかにすることは困難であることから、起業者申立てのとおり土地収用法第69条ただし書きの規定により、土地所有者全員に対して一括補償するのを相当とする。

### 起業者申立て

(1)　本件申請土地は、保存登記がなされておらず、土地登記簿表題部所有者欄に「甲、乙、丙、丁」と記載されているのみで、登記年月日、住所、各人の持分権等の記載はない。

　当該登記は明治32年の登記制度発足時にされたものと推定されるが、土地所有者を確定するため土居町役場に戸籍関係書類等の交付を依頼したが、住所が不明であるため、その交付を受けることができず、また、松山地方法務局伊予三島出張所備え付けの旧土地台帳の写し及び土居町役場備え付けの旧土地台帳も調査したが、氏名が記載されているのみで、住所の記載はされていなかった。

　そのため、地元古老等の聞き込み調査を行い、近隣のA寺の住職及びB寺の住職（C寺の住職を兼務）に過去帳の調査を依頼したが、判明せず、墓地使用権者である戊からも確たる証言を得ることができないことから、結局4名の住所を確知することができず、所有権移転に必要な法的手続ができない

ため止むを得ず、本件裁決の申請及び明渡裁決の申立てを行ったものである。
⑵　また、本件申請土地の墓地使用権者は現在管理使用している戊の証言及び使用状況ならびに近隣土地所有者の証言等から戊と特定したものである。
　　なお、戊は本件申請土地の所有権は主張しておらず、事業計画、損失補償その他何ら異議は主張していない。

## 土地所有者申立て

なし

## ●未契約敷地利用権者の共有持分を土地登記簿によることを相当とした事例

平成7年2月22日　大分県収用委員会裁決

### 裁決

　起業者は、前記事実1・4・(2)のとおり土地登記簿によった旨申し立て、それを前提とした起業者と各共有者等の協議経緯から、起業者の申立てをもって相当と認める。

　主文
　土地の所在　大分県別府市大字〇〇字〇〇

| 地番 | 地目 || 面積（㎡） || 収用し、明渡しを求める土地の面積（㎡） |
|---|---|---|---|---|---|
| | 公簿 | 現況 | 公簿 | 実測 | |
| 1,933番56 | 宅地 | 宅地 | 348.96 | 348.96 | 348.96 |

| 共有持分 ||
|---|---|
| 氏名 | 持分 |
| 甲 | 6,743,958分の54,000 |
| 乙 | 6,743,958分の54,000 |
| 丙 | 6,743,958分の54,000 |

（注）　地番は、裁決手続開始決定による分筆後の地番である。

### 起業者申立て

　土地登記簿に記載されている各人毎の共有持分とし、前記3記載のとおり（略）である。

● 土地所有者が異なる2筆の土地を借地人が一体利用しているときの土地評価について、一体利用による土地の効用増に伴う利益は一般には専ら借地人に属するものと考えられるにもかかわらず、起業者の見積額は、一体評価した土地価格に単独評価の場合の底地権割合を用いて算定していることに疑問があるとした事例

平成16年7月29日　神奈川県収用委員会裁決

## 裁決

　起業者は、前記事実1(4)ア(ウ)aのとおり、本件土地の価格を算定しているが、土地所有者及び関係人（借地権者）は、これに対して、何らの異議も述べなかった。起業者による本件土地の価格の算定のうち、〇〇番1、〇〇番2及び〇〇番3の土地のそれぞれを単独で評価してなされた算定については、特段の不合理は認められない。したがって、単独利用されている〇〇番1の土地については、起業者の見積りを相当と認める。
　また、関係人（借地権者）甲の借地に係る〇〇番2と〇〇番3の土地は、所有者が異なるにもかかわらず、起業者は、これら2筆の土地が上記関係人により同一の利用目的に供されていることから、当該土地の効用が増加しているものと認め、同人の借地権の正常な取引価格を算定する前提として、それらを一体評価していることも、妥当なものと認められる。
　もっとも、起業者は、これら2筆の土地に対する補償及び借地権に対する補償を見積もるに当たり、まず、単独評価によって得られた土地の価格に底地の権利割合及び当該土地の面積を乗じて得た価額と、一体評価によって得られた土地の価格に借地権割合及び当該土地の面積を乗じて得た価額とを合計して、土地に対する補償及び借地権に対する補償の総額を求めた上で、これに、一方で底地の権利割合を乗じて土地に対する損失補償の見積額を算定し、他方で借地権割合を乗じて借地権に対する損失補償の見積額を算定している。
　ところで、一体利用による効用の増加に伴う利益は、特段の事情のない限り、専ら借地権者に帰属すべきものと考えられ、土地所有者（底地人）に対し

ては、一体評価の考え方は適用しないものとされていることからすると、このような算定方法には疑問が存するところである。

　しかし、本件においては、土地所有者らも関係人も、起業者が前記のとおり算定した土地の価格に異議を述べておらず、また、多くの土地所有者のみならず、関係人（借地権者）も起業者の見積額をすでに受領していることなどに鑑み、起業者の見積りのとおりとする。

### 起業者申立て

a　平成14年7月9日の時点（以下「事業認定時」という。）における1㎡当たりの価格を、〇〇番1については412,000円、〇〇番2については294,000円、〇〇番3については168,000円とそれぞれ算定した。

　なお、関係人甲の借地に係る部分（〇〇番2と〇〇番3を合わせた2筆分）については、同一の利用目的に供されているので一体評価を行い、1㎡当たりの価格を386,000円と算定した。これにより、〇〇番2及び〇〇番3の土地の価格を別表2の2、同2の4及び同2の6の欄外（注）記載のとおりそれぞれ算定した。

c　借地権割合については、不動産鑑定士の鑑定評価及び諸事情に基づき、更地価格に対する借地権価格の割合を、〇〇番1については60.2%、〇〇番2及び〇〇番3については58.3%とそれぞれ算定した。

　この割合を求めるに当たって、不動産鑑定評価書では、借地権割合による価格と、賃料差額還元法により求められた価格とを双方均等に重視して本件の借地権価格を決定し、それぞれの更地価格に対する割合を算定している。

### 土地所有者申立て

なし

### 関係人申立て

ア　起業者から提示されている借地権割合には不満がある。知人の不動産業者などからは、70％程度が地域の慣行割合であると聞いており、本件については借地権70％を主張する。なお、補償見積額は既に受領しているが、起業者

提示の借地権割合を了承しているわけではない。

# ●残地に隣接する土地を替地として補償することを認めた事例

平成6年3月22日　大阪府収用委員会裁決

## 裁決

(1) 替地の要求の相当性等について

　土地所有者は、前記事実第2の3⑶のとおり、代替地がなければ曳家も建替えもできないとの理由から、箕面市〇〇660番の土地を替地として要求するので、以下判断する。

　第一に、残地は南側に行くほど狭小となっているため、残地のみにおいて土地所有者が従前と同程度の生活を保持することには困難が認められ、特に起業者の見積もる移転工法である曳家を残地において行うことは、壁面後退等を考慮すると、現実には、極めて困難であると言わざるを得ない。残地に隣接する替地を取得することにより、初めて曳家が可能となり、従前と同程度の生活を保持できるものと判断される。また、後記⑵のとおり、土地所有者の指定する土地は、単独での利用は困難であり、隣接地と一体となって初めてその効用を発揮しうるものである。したがって、当委員会としては、土地所有者の替地の要求は、土地所有者が従前と同程度の生活を保持するうえで必要であり、かつ社会経済的にも合理的であることから、相当であると判断する。

　第二に、土地所有者の指定する土地は、従前箕面市土地開発公社が所有していたもので、現在なお、単独利用困難な休閑地である。また、起業者も、替地による補償の裁決があればこれにしたがうと述べているので、起業者の事業、業務に支障があるものとは認められない。

　以上の理由により、当委員会は、本件については、法第82条第2項に基づく替地による損失の補償の裁決を行うことが相当であると判断する。

(2) 替地の単価及び面積等について

　土地所有者が替地として指定する、箕面市〇〇660番の土地は、本件土地と同じく前記1⑴ア及びイの事実が認められるほか、次の事実が認められる。

　ア　間口約2.6m、奥行き約16m、面積51.81㎡の地積過少の細長い帯状の画

地であることから、単独での利用は困難であり、隣接地との併合により有効な利用が可能となること
イ　北側で幅員4.6mの道路に10〜50cm低く接面すること
　　上記認定事実のほか、近傍類地の取引価格及び調査のための鑑定人の鑑定評価結果等を総合的に勘案し、裁決時における替地の１㎡当たりの価格は、317,000円をもって相当と認める。
　　替地とする部分の形状は、残地との境界線と、残地に隣接する都市計画道路瀬川新稲線に平行な概ね南北方向の直線で挟まれた相当部分とすることが、移転の実施及び土地利用上合理的である。また、その面積については、起業者は収用する土地の補償金に見合ったものであると主張し、土地所有者は全筆とするべきではあるが補償金に見合った部分になることは承知していると述べるので、前記１(2)の補償金額の範囲内で、上記の形状を有しつつ、上記認定の替地の単価に基づき算定し得る限りで最も広い面積とする。
　　したがって、別表第２替地目録記載のとおり、箕面市〇〇660番の土地の内、添付図面で示す部分40.38㎡をもって、替地による損失の補償を行うものとする。
　　そして、替地の価額は同表に示すとおり12,800,460円であり、土地損失補償額との差額2,649円が生じることとなるので、これについては金銭で補償するものとする。
　　建物の移転方法については、前記２のとおり、残地に隣接する土地をもって替地による損失の補償を行うため、曳家工法が可能でありかつ合理的な方法と認められるのでこれを採用し、建物移転料を算定する。

### 起業者申立て

　土地所有者が替地として指定する土地については、替地による損失の補償の裁決があればこれにしたがう。また、その面積については、土地所有者は〇〇660番の土地の全てであると主張するように受け取れるが、起業者としては、収用する土地についての補償金に見合う相当分と考える。ただし、替地を提供する場合、建物移転は曳家工法で十分従来の機能が達成できると考える。なお、土地所有者の指定する土地は、箕面市土地開発公社の所有地であったが、本事件に係る代替地として起業者名義に変更した。

## 土地所有者申立て

　上記(2)の理由から、残地の西側に隣接する箕面市〇〇660番の宅地を替地として要求する。面積は任意和解交渉の経緯から、全筆を替地とするべきであると考えるが、裁決では収用する土地の補償金に見合った部分とされることは承知している。

　替地の裁決であれば、建物移転工法は曳家でもやむを得ない。

## ●住宅敷地の替地要求に対し、起業者と土地所有者が合意したので替地による損失の補償をした事例

平成10年2月27日　兵庫県収用委員会裁決

### 裁決

　土地所有者甲から事実2⑵イのとおり、別表第4の土地を指定して替地による損失の補償の要求があり、起業者も要求に応じる意向を示したので、その要求が相当であると認め、起業者に替地の提供の勧告を行ったところ、事実1⑷のとおり、土地に対する補償金のうち金〇〇〇円に代えて別表第4の土地を替地として提供することに、起業者と土地所有者甲が合意したので、土地所有者甲の要求する替地による損失の補償を行うこととし、主文のとおりとした。

### 起業者申立て

　土地所有者甲から事実2⑵イのとおり替地による損失の補償の要求があり、土地に対する補償金のうち金〇〇〇円に代えて別表第4（省略）の土地を替地として提供することで、土地所有者甲と合意した。

### 土地所有者申立て

ア　起業者が事実1⑶アで申し立てる本件土地の価格については、異議はない。
イ　今後の生活再建を図るため、本件残地と隣接する別表第4の土地を住宅の敷地としたいので、別表第4の土地を替地として要求する。

● 替地による補償が相当であるというのは、替地による補償が行われなければ自己の今後の生活再建に重大な支障をきたすことについて合理的な理由が存する場合をいい、本件のごとく建物賃借人の営業を継続させるための要求は認められないとした事例

平成17年5月17日　大阪府収用委員会裁決

### 裁決

　土地所有者は起業者の所有する〇〇番〇の土地を替地として譲渡する方法で損失を補償することを要求しているが、以下の理由により認められない。
㈦　法第82条第2項の規定により替地による補償が認められるためには、①その要求が相当であり、かつ、②替地の譲渡が起業者の事業又は業務の執行に支障を及ぼさないという2つの要件を充たす必要がある。
㈑　替地による補償の要求が相当であるとの①の要件を充たす場合というのは、替地による補償が行われなければ自己の今後の生活再建に重大な支障をきたすことについて合理的な理由が存する場合をいうのであって、本件のごとく、単に建物賃借権者の営業を継続させるために替地による補償を要求するなどといった場合を含まない。
㈹　したがって、土地所有者の替地による補償の要求は、上記②の要件について判断するまでもなく、法第82条第2項に規定する要件を充たさない。

### 起業者申立て

　土地所有者が替地として要求する土地は、JR阪和線軌道下地下歩道（以下「地下歩道」という。）からの西側昇降施設（階段及び斜路付階段）の設置用地として利用する計画があるので譲渡できない。

## 土地所有者申立て

　本件土地に隣接する起業者所有の和泉市Ａ〇丁目〇〇番〇の土地のうちアンダーパス完成後の残地部分約150㎡（以下「〇〇番〇の土地」という。）に店舗を新築し、これを建物賃借権者に賃貸して、建物賃借権者が近隣地において店舗を確保することができるようにするため、当該土地を替地として譲渡することを要求する。

## (2) 権利価格

●公正証書により作成された土地賃貸借契約書において公共事業により土地が収用される場合には賃借人は速やかに土地を返還すべきものと定められているが、この賃借人に不利な定めは旧借地法11条の規定により定めがなかったものとみなされるため、賃借人に借地権消滅補償を要するものとした事例

平成18年1月31日　大阪府収用委員会裁決

### 裁決

本件画地の賃貸借契約については、関係人から提出された昭和19年5月15日、昭和39年5月22日及び昭和58年10月27日の「土地賃貸借契約公正証書」及び平成17年5月分以降の「地代金領収之通」によると、次の事実が認められる。

ア　まず昭和19年5月15日に、土地所有者を賃貸人、関係人の被相続人を賃借人、使用目的を木造家屋の敷地、期間を昭和19年5月1日から20年間、賃料を坪当たり月額21銭とする契約が締結されていること。

イ　次に昭和39年5月22日に、関係人を賃借人、期間を昭和39年1月1日から20年間、賃料を月額3,000円として合意更新され、更に昭和58年10月27日に、期間を昭和59年1月1日から20年間、賃料を月額20,000円として合意更新されていること。

ウ　昭和58年合意更新の契約書の期間満了後においても間断なく地代の授受が行われており（現在の賃料は月額45,600円である。）、法定更新されていること。

エ　昭和19年の契約書第6条及び昭和58年合意更新の契約書第14条には、本件画地が公共事業により買上げ又は収用される場合、関係人は契約上の権利を主張することなく速やかに土地を返還すると定められていること。

オ　昭和39年合意更新の契約書には前記エ記載と同様の条項は存しないこと。

これら賃貸借契約は、借地借家法が施行された平成4年8月1日より前に締結されていることから、同法附則第4条ただし書により旧法である借地法によ

り生じた効力を妨げないとされ、同附則第6条の規定によりその更新について従前の例によるとされている。

　ところで、借地法は、木造建物の所有を目的とする借地権存続期間について、契約においてその期間が定められてないときは30年、これが定められているときは20年以上（第2条）、合意による更新のときは20年（第5条）と規定し、これより短い期間を設定することは、一時使用のため借地権を設定したること明らかなる場合（第9条）を除き、借地権者に不利な契約条件として、定めざるものと看做す（第11条）と規定している。

　そこで、本件画地の賃貸借契約について検討すると、昭和58年合意更新の契約書第14条において、本件画地が公共事業等の実施により収用される場合、借地権存続期間にかかわらず、賃借人は速やかに本件土地を返還すべきものとされているが、この条項は借地法第2条又は第5条の規定に反する契約条件で借地権者に不利なものであり、同法第11条の規定により、これを定めなかったものとみなされる。

　また、本件画地の賃貸借契約が借地法第9条の規定にいう一時使用に当たるか否かについて検討すると、昭和58年の合意更新の時、当事者間で一時使用に関する協議がなされたと認定する資料も見当たらず、仮に協議がなされていたとしても、土地の利用目的、地上建物の種類等諸般の事情から当事者間に短期間に限った土地賃貸借とするとの合意が成立したと認められる客観的かつ合理的理由が存しない。したがって、本件画地の賃貸借契約は、一時使用のためのものとは認められない。

　なお、土地所有者は国が保護する公正証書に無効となる事項が存在するわけがないと主張するが、確かに、公証人は法令に違反する事項や無効の法律行為につき公正証書を作成することができない（公証人法第26条）とされているものの、訴訟手続における裁判官とは異なり、当事者双方の一致した陳述を録取して公証するにとどまり、その記載事項の有効性を担保するものではない。結局のところ、公正証書の記載事項の効力は関係法令に基づいて判断されるべきものである。

　以上のとおり、本件画地の昭和58年合意更新の賃貸借契約書第14条は借地法第11条の規定により定めなかったものとみなされ、関係人に対し借地権の消滅補償を要すると判断する。

## 起業者申立て

　本件画地の賃貸借契約書は、借地借家法が施行された平成4年8月1日前の昭和58年10月に公正証書として作成されているので、同法附則第4条ただし書により、旧法である借地法の適用を受ける。この契約書第2条で昭和59年1月1日から20年と定める期間満了後、現在に至るまで新たな契約書は作成されていないが、関係人は土地の使用を継続しており地代の授受が行われているので、借地法第6条の規定により、従前と同一条件にて更新されたものとみなされる。また、契約書については、最初に昭和19年に土地所有者と関係人の父親との間で、次いで昭和39年には土地所有者と関係人との間で作成されており、いずれも公正証書である。

　借地法では、借地権存続期間について、木造建物の所有を目的とする場合、第2条の規定で特約があっても20年以上とし、第5条の規定で更新にあっては20年とすると定められている。また、第11条の規定はこれらの規定に反する借地権者に不利な特約を無効とする強行規定である。

　昭和58年の契約書第14条には、公共事業のために土地を買上げ又は収用される場合には賃借人は権利を主張することなく土地を返還すると定めているが、これは借地権存続期間を短縮する特約であり、借地法第11条の強行規定に抵触し無効となる。

　なお、土地所有者は、公正証書に記載されているという事実のみをもってこの特約が絶対効を有するかのように主張するが、公証人は当事者間において合意した事項を確認して証書を作成するに過ぎず、その法的有効性を審査する職責を負っているわけではない。判例においても同様の特約を借地法第11条にいう借地権者に不利なものとして無効としている。

## 土地所有者申立て

　本件画地について、昭和19年5月15日に土地所有者を賃貸人、亡甲を賃借人、期間を同年5月1日から20年とする土地賃貸借契約を締結し、昭和39年5月22日に亡甲相続人である関係人を賃借人、期間を昭和39年1月1日から20年として更新し、さらに昭和58年10月27日に期間を昭和59年1月1日から20年として更新している。契約書上は平成15年12月31日をもって期間満了しているが、これは本件事業の用地買収が間近に控えているので契約書を作成していな

いだけであって、関係人との土地賃貸借契約は現在も引き続き存続している。
　これら土地賃貸借契約書はいずれも、公証人役場で公証人が作成した公正証書であり、昭和19年当初の契約書では第6条で「本契約存続中ト雖モ公共事業等ノ為メ本土地カ買上ケトナリ又ハ収用セラルル等ノ場合ニハ賃借人ハ本契約ノ権利ヲ主張スル事ナク速ニ賃借土地ヲ賃貸人ヘ返還スヘキモノトス」と、昭和58年更新の契約書では手書きで挿入した第14条で「賃借人に於いて本物件が公共事業等のため買収されるときは賃貸人の請求次第速に返還するものとする」という条項を設け、本件画地が公共事業のため買収される場合、関係人は自ら建物等を収去し更地にしたうえで、土地を土地所有者に返還することになっている。
　公正証書は国の指導で法律実務に精通した公証人が作成したものであり、その内容は国が保護している。そのような公正証書に無効となる条項が存在するわけがない。また、上記の公共事業実施時における条項についても、賃貸借期間中に発生する不測の事態に対応し財産を処理するための通り一遍の定めとして公証人が用意したものであり、関係人に対し特段に説明する必要はない。それを関係人が知らなかったとか、説明を聴かなかったとかというのはもってのほかである。

## 関係人申立て

　本件画地の賃貸借契約を締結するに当たり、土地所有者から公共事業の実施時の借地権の取扱い等の説明があったか否かについては、当初契約の時（昭和19年）は父親が賃借人として、第1回更新の時（昭和39年）は代理人として母親が契約を締結したので分からない。第2回更新の時（昭和58年）は自ら公証人役場に出向き署名押印したが、契約書第14条を手書きで挿入した記憶もなく説明もなかった。
　本件事業については、昭和30年代から地元でそのような噂があって、第2回の合意更新の際、事業が実施されることのおぼろげな記憶はあったが、本件画地が起業地にかかることは毛頭知らなかった。
　なお、契約書での期間は平成15年12月31日で切れているが、土地所有者から本件事業が近いので再契約しなくてよいと説明を受けた。改めて書面を取り交わしていないが賃貸借契約は継続しており、現在も毎月地代を支払っている。

## ●土地に関する権利が賃借権か使用借権か確認できず不明であるとした事例

平成8年1月18日　東京都収用委員会裁決

### 裁決

　起業者は、前記事実第1の4(2)アのとおり甲が本件土地を使用する権利はあるが、その権利の種類は借地権または使用貸借による権利のいずれか不明であると申し立てているのに対し、土地所有者は、前記事実第2の2(1)アのとおり借地権ではなく、本件土地のうち約5坪、仮に5坪が認められないとしても最大限100㎡の土地について使用貸借を許したことによるものであると申し立て、甲は、前記事実第3の2(1)アのとおり本件土地は賃借したもので借地権であり、仮にそうでないとしても使用貸借による権利であると申し立てている。
ア　そこで、当事者の申立て及び提出された資料を検討した結果、次の事実が認められる。
　(ア)　土地の使用に関しては契約書が作成されていない。
　(イ)　昭和45年頃、甲は乙工務店の下請業者であって、土地所有者の自宅の敷地の一部を使用して鉄工業を営んでいた。
　(ウ)　昭和47年頃、甲は近隣から騒音の苦情が出たため、本件土地に移転した。
　(エ)　昭和47年頃、本件土地には、所有権の帰属に争いがある6.62㎡の鉄骨造小屋（物件番号2の物件）が建築され、甲が現在まで使用してきた。
　(オ)　昭和49年頃、甲は、本件土地に、上記(エ)の鉄骨造小屋を包含する形で、108.19㎡の軽量鉄骨造平屋建建物（物件番号1の物件）を建築した。
　(カ)　平成5年1月19日分筆された本件土地は、土地所有者が甲の使用を黙認していた部分であることから、甲が、少なくともそれ以降、現在まで使用している。
　(キ)　土地所有者は、上記(オ)の軽量鉄骨造平屋建建物の撤去を求めたことがない。
　(ク)　甲が本件土地の使用を開始した昭和47年頃から、同人は土地所有者に1か月25,000円、昭和56年3月から30,000円の金員を支払っていた。
　(ケ)　甲が上記(エ)の鉄骨造小屋及び上記(オ)の軽量鉄骨造平屋建建物において使

用した電気代は、少なくとも平成２年10月から平成５年６月までの間、土地所有者が支払っており、同年７月からは甲が支払っている。

(コ)　上記(ク)の金員の領収証のただし書には、一様ではないが電気代、地代、その他などが記載されている。

これについて、土地所有者は、電気代、鉄骨造小屋及び動力施設の使用料を差し引けば地代の部分は極めて少なく賃料とはいえず、電気代を下請代金から差し引いたこともないと主張しているが、甲は、全て地代であり、電気代等は下請代金から差し引かれていたと主張している。

しかし、土地所有者は、甲が電気代を支払い始めた平成５年７月以降も同額の金員を受領していた。一方、甲は、電気代は下請代金から別途差し引かれたとの主張を証明する資料を提出していない。

イ　以上の事実から、甲が主張するように賃借したか否かは確認できなかった。しかし、昭和47年頃上記ア(エ)の鉄骨造小屋が、また昭和49年頃上記ア(オ)の軽量鉄骨造平屋建建物が建てられ、その時以降、甲はこれらの建物等を利用する限りにおいて土地を使用しており、本件土地が分筆された平成５年１月19日以降も明渡しを求められることなく、本件土地全体を使用してきたことが認められ、同人は本件土地を使用する何らかの権利を有するものと認めることを相当とする。

しかるに、甲が土地所有者に支払った金員の性格について上記アの事実からは賃料か否かいずれとも明らかにすることができないことから、同人の本件土地の使用に関する権利の種類は、有償を要件とする借地権であるか無償を要件とする使用貸借による権利であるか不明であり、起業者の申立ては相当である。

## 起業者申立て

土地所有者及び甲の主張ならびに証拠資料を検討した結果、土地に関する権利については、次の理由により権利はあるが、その種類は借地権または使用貸借による権利のいずれか不明とした。

(ア)　昭和47年頃から、甲が本件土地を使用するに至った経緯及び昭和49年８月、甲が法第47条の３第１項第２号に定める書類（物件調書の写し）記載の物件の番号（以下「物件番号」という。）１の軽量鉄骨造平屋建建物（面積108.19㎡）を建設して、現在まで土地所有者の異議もなく使用していた状況

から、甲は本件土地全体（面積208.62㎡）について、特定はできないものの借地権または使用貸借による権利のいずれかを有するといえる。
(イ)　本件土地の使用に係る契約の面を検討すると、甲が土地所有者の息子である丙の業務の下請をしていたということもあって、本件土地の使用関係の法的性格は不明な点も多く、同人の有する権利が借地権または使用貸借による権利であるかは断定することはできない。
(ウ)　甲から本件土地の使用に関して土地所有者に支払われている金銭の額の面から検討すると、土地所有者が昭和47年から平成5年6月まで負担したとする電気料を控除した残額は、社会通念上、地代となり得るかあるいは単に儀礼的なものであるかは即断できない。

## 土地所有者申立て

次の理由により、甲は本件土地について借地権を有していないが、そのうち約5坪は当方で使用貸借を許していた範囲である。仮に5坪の面積が認められないとしても、最大限100㎡である。
(ア)　昭和45年7月頃、自宅の通路部分約5坪を甲に使用貸借させていたが、近隣から苦情が出たため、昭和47年7月頃、本件土地の一部に丙がプレハブ作業所（物件番号2の鉄骨造小屋6.62㎡）を建て動力設備等も設置し、電気も引き、土地の使用貸借を許した。
(イ)　甲に貸した範囲は、従前と同じ約5坪であった。このことは、同人が従前から電気代や動力設備等の使用料と謝礼を含めて1か月25,000円支払っていたが、移転後も昭和56年まで同額を支払っていたことからも認められる。
　　仮に上記5坪の面積が認められないとしても、同人が東京都に提出した営業費用明細書の地代欄に100㎡と記載し、丁の押印があることから、最大限100㎡である。
(ウ)　甲は、昭和49年当方の知らないうちに工場を建てた。
(エ)　甲との間に賃貸借契約書を作成していないし、権利金等の金員も受領していない。
(オ)　甲との契約で、同人が昭和56年2月までは1か月25,000円、それ以降は30,000円支払っていたことは認めるが、同人が使用する電気代は、1か月平均16,919円になり、プレハブ作業所や動力設備等の使用料を差し引けば、地代の部分は極めて少なく、同人が主張する62坪とすれば到底賃料とみること

(カ) 甲が裁判所に提出した領収証には地代、電気代、その他の記載があるが、これは甲自身が書いたもので、これによると電気代は同人が負担していたことが認められ、当方が下請代金から差し引いたことはない。
(キ) 甲は、本件土地の賃借権の時効取得を主張しているが、これは有効に成立した賃貸借契約に基づいて、賃借人が平穏公然に土地の継続的な用益をしているときで、かつ適正な賃料を支払っていることが要件とされている。
　しかし、本件については、この要件を満たしていない。仮に電気代を支払わなくなった平成5年7月から受領した金員を地代と認めたとしても、この時からでは取得時効の期間が満了したとはいえない。

## 関係人申立て

次の理由により借地権を有するものである。仮に、借地権を有しないとしても、不法占有を続けてきたのではない以上、使用貸借による権利を有するのは当然である。

(ア) 昭和45年7月頃から、丙が経営する乙工務店の下請業者として、同工務店の作業場の一部を賃借して鉄工業を営んでいたが、騒音のため移転することとし、昭和47年5月末日、地代1か月25,000円、期間30年間の条件で、土地所有者から、日野市Ａ〇〇番面積137㎡、同〇〇番面積68㎡の土地を賃借した。
　なお、田であった本件土地を埋立てながら使用したことからいって上記地代は適正な額である。

(イ) 昭和47年6月、上記土地に〇〇ハウス製のプレハブ建築資材を購入して、12.97㎡（約4坪）（物件番号2の鉄骨造小屋6.62㎡を含む。）の営業所及び倉庫を建築した。

(ウ) 昭和49年10月、土地所有者の承諾を得て、鉄骨造鉄板葺平屋建工場、床面積115.8㎡（約35坪）を建築した。

(エ) 丙は、工場建築を見ており、また、下請仕事の打ち合わせ等でしばしばこの工場にきたが、本件収用問題が起こる前約20年間、このことについて異議を述べたことがない。

(オ) 土地所有者は、東京都が本件土地の権利関係を調査した際、手書きで借地面積「100」㎡と記入し、認め印を押している。

(カ) 昭和47年6月1日から平成7年4月末日まで約23年間、地代を支払っており、土地所有者は異議を述べることなくそれを受け取っている。平成7年5月からは供託している。

(キ) 電気代は下請代金をもらう際、差し引かれているのに、領収証は土地所有者の指示で電気代その他等と記入した。しかし、土地所有者は電気代の立替払いを拒否した平成5年7月以降も2年間にわたり30,000円を全額地代として受け取り続けた。

(ク) 次の事実関係から、念のため、予備的に賃借権の時効取得を主張する。

　昭和47年6月初め、本件土地約62坪に直ちに営業所と倉庫を、また、近い将来、鉄骨造の工場を建てることの承認を受け、土地所有者から賃借する意思で本件土地を借り受けたものである。昭和49年8月には、床面積約35坪の鉄骨造の工場を建築し、この土地の占有を平穏公然と20年以上にわたり継続してきた。また、昭和47年6月から平成7年4月まで23年間、地代の支払いを続けた。

● 親子で共有する土地に親が建てた建物の土地に対する権原を使用借権とし、この権利の消滅による損失を、親子であることを考慮してゼロを相当とした事例

昭和62年12月7日　大分県収用委員会裁決

### 裁決

　本件土地に存する土地使用借権の消滅に対する補償について起業者は零を主張しており、土地使用借権者甲は特に異議を主張していない。
　当委員会は、甲と乙が親子であることを考慮して、土地使用借権の消滅に対する損失の補償は零を相当と認める。

### 起業者申立て

　本件土地は、甲及び乙が共有しており、この土地の一部にある建物は甲が所有しているため同人による土地使用借権が存するが、甲と乙は親子関係であり特段の契約に基づく使用でないことを考慮して土地使用借権の消滅に係る補償金は零とした。

### 関係人申立て

　なし

# ●土地所有者と賃借権者たる法人の代表者が夫婦関係にあるため、補償額を分割するまでもないとして権利の消滅に対する補償を「なし」とした事例

平成7年8月4日　福岡県収用委員会裁決

## 裁決

　関係人株式会社甲観光ホテルは、前記事実第3の2記載のとおり申し立てたのに対し、土地所有者乙及び同丙は、同事実第2の1の(11)記載のとおり申し立て、起業者は、同事実第4の4記載のとおり申し立て、土地所有者丁は、審理に出席せず、意見書の提出もしなかった。

　当委員会は、この権利を土地賃借権と解したが、この権利の消滅に対する損失の補償については、通常、その権利がないものとして算定された土地の補償額からその一部の金額を割いてその補償額とするものであるところ、本事案の場合、建物の所有を目的とする賃借権ではなく、かつ、看板の所有者である関係人株式会社甲観光ホテルの代表取締役丙が土地所有者乙と夫婦関係にあり、このように補償額を分割するまでの必要は認め難いので、関係人株式会社甲観光ホテルに対する、この権利の消滅に対する損失の補償については、なしとした。

## 起業者申立て

　関係人株式会社甲観光ホテルの看板設置に伴う土地に対する賃貸借権については、夫婦間や姉弟間の法律関係であるということもあり、特に所有権以外の権利というほどの権利とは考えていない。

## 土地所有者申立て

(11)　関係人株式会社甲観光ホテルの看板については、その設置以降、土地の借賃として月5万円が、同ホテルから乙に対して支払われている。

## 関係人申立て

　関係人株式会社甲観光ホテルは、本件土地に看板を設置して以降、土地所有者の1人乙に対し、月5万円の土地使用料を支払っている。
　そこで、土地使用に対する損失の補償として何らかのものが得られるのであれば、相応の補償をしてほしいと考えている。

## ●耕作権割合について農事調停でも歩み寄りがみられず、本件土地が商業地域にあるため純農地の場合とは異なること等から、個別には見積もり難いとした事例

平成元年7月25日　宮城県収用委員会裁決

### 裁決

　起業者は、補償額を一括して見積もっているが、甲及び乙は個別見積りを希望しているので、個別払いができるかどうかについて検討する。

　この点につき、当収用委員会は、甲乙間には耕作権割合について争いがあり、また、当事者の意見書、審理等で明らかになった以下(1)から(5)までの状況があることから、これらを総合的に勘案し、補償額を個別に見積もることは困難であると判断した。

(1)　甲乙間には賃貸借契約書が存し、この権利内容が「賃貸権（賃借小作権）」であることは双方に争いがないが、乙に対する補償額につき、甲が1,500万円程度を主張しているのに対し、乙は、全補償額の4割（約1億3,000万円）を主張しており、両者の主張の間には大きな隔たりがある。

(2)　甲乙間の耕作権割合について、司法的手段である農事調停が昭和61年3月5日から2年10か月余りにわたってなされてきたが、双方の主張に歩み寄りがみられなかったため、解決には至らなかった。

(3)　本件土地は、地価上昇の著しい商業地域にあるため、耕作権割合の評価に当たっては、純農地の場合とは異なり、様々な要因を考慮しなければならず、適正な割合を求めることは元来極めて困難である。のみならず、本件土地に関しては、乙が本件土地を耕作するに至った経緯等について甲乙間に理解の相違があり、当収用手続において適正な耕作権割合を決定することは至難のことである。

(4)　甲の主張については、農地法第20条第2項第2号の規定に基づく許可が与えられた事実は、必ずしも甲が乙に支払うべき離作料の内容を決定するものではないから、このことのみをもって、直ちに当該主張の正否を判断することはできない。

⑸　乙の主張する耕作権割合は、純農地の場合の割合であり⑶で述べた事情から、これを本件土地に単純にあてはめることは難しい。

## 起業者申立て

　甲と乙は、耕作権割合をめぐって農事調停中であったが、甲は、平成元年1月末日に当該調停を取り下げた。一方、甲は、昭和63年6月15日付けで農地法第20条第1項の規定に基づく農地の賃貸借の解約の申入れの許可申請を宮城県知事に対して行っており、今後はこの許可を受ける方向で手続を進めると主張しているが、早急に解決する目途がない。
　関係人乙に対する補償は、個別に見積もることが困難なので、土地所有者甲に対する補償と一括して見積もった。

## 土地所有者申立て

　権利に対する損失補償について、起業者見積額に異議はない。
　耕作権割合に関しては、乙の取り分として、金額でいうと本件土地については1,500万円程度が相当と思う。その理由は、昭和63年6月15日に隣接地4,218㎡を対象として、宮城県知事あてに農地の賃貸借の解約の申入れの許可申請をし、平成元年4月24日に6,500万円の離作料を条件に許可されたが、この割合をあてはめると、だいたい1,500万円になるからである。

## 関係人申立て

　起業者見積額に異議はない。しかし、耕作権割合に関しては、甲とは親戚関係にあり、甲が幼少であったこと、自分の父親が婿養子であったことから甲から土地を借りて耕作をしたため、農地解放を免れ、農地の状態で現在の極めて高額な地価の利益を確保していることや、甲との農事調停の際に仙台市農業委員会が例示したものを参考にして、本件土地に対する補償額の4割を主張する。

● 底地権と耕作権との割合については、土地所有者が賃貸借契約の解除の手続を進めていること、当該地域においては耕作権の取引事例が極めて少なく適正水準の判定が容易でない等の事情から、権利割合を定めるのが困難であるとし、双方の協議等により解決するのが相当であるとした事例

平成17年3月9日　埼玉県収用委員会裁決

### 裁決

　底地権と賃借権（耕作権）の割合について、起業者は「事実」第1の6(1)のとおり、不動産鑑定士の意見を参考にして、前者を土地の価格の70％、後者を同30％と見積もっている。
　土地所有者は「事実」第2の(2)イのとおり、賃借権（耕作権）の権利性を否定しているが、契約当事者による相対の解決を希望し、謝金等の名目であれば相当額を支払う用意がある旨申し立てている。また、その観点から、同工のとおり、本件審理に併行して、本件賃貸借契約の解除に必要な手続を、代理人を選任のうえ進めている状況である。
　関係人は「事実」第3の(1)のとおり何ら申立てがない。
　一方、当委員会が委嘱した不動産鑑定士の意見によれば、本件土地の存する市街化区域内では、賃借権（耕作権）が取引される事例は極めて少ないうえに、乏しい事例間でも権利割合に大きな差が生じていて、適正水準の判定に苦慮するという特殊事情が認められる。
　当委員会としては、これらの事実、状況及び審理の結果ならびに不動産鑑定士の意見等を総合的に検討した結果、権利割合については各人別に見積もることが困難であり、双方の協議・裁判等によって確定するのが相当と判断した。

### 起業者申立て

　本件土地の価格を1㎡当たり125,300円と見積もった。

さらに、賃借権（耕作権）について不動産鑑定士一者から意見を求め、これを参考に賃借権（耕作権）割合を100分の30（耕作権割合）と判定し、これを差し引いた100分の70（底地権割合）を土地の評価格に乗じたものを１㎡当たりの底地価格とした。

## 土地所有者申立て

イ　土地賃貸借契約の解除等に伴う賃借権（耕作権）の取扱は、当事者の話し合いで決めるものと理解しているが、当然に補償を必要とするような権利ではないと考えている。ただし、近隣の事例に倣い、謝金等の名目で相当額を支払う用意はある。

ウ　この土地賃貸借契約については、被相続人甲の一代限りという約束があり、それに基づいて同人の死亡後、法定相続人らに解約を申し入れたが、断られた経緯がある。

エ　以上のことを踏まえ、弁護士に依頼して、土地賃貸借契約を解除するため所要の法的手続を進めている。

## 関係人申立て

(1)　関係人（亡）甲、法定相続人乙、同丙、同丁、同戊は、いずれも意見書を提出せず、審理にも出席しなかった。

## ●農地の賃借権割合については、取引事例から40％と認めるのが相当であり、この割合は県財産評価基準書の評価倍率表による借地割合が40％となっていることからも妥当であるとした事例

平成18年2月21日　島根県収用委員会裁決

### 裁決

　当収用委員会は、賃借権割合についての土地所有者の意思を確認するため、前記事実第4のとおり、土地所有者の甲に対して、平成17年12月28日付けで特別に意見照会を行ったにもかかわらず、本人からは何ら意思表示がなされなかった。

　そこで、賃借権の消滅補償については、次のとおり判断する。

　前記事実第7の2の起業者提出の資料によれば、本件土地周辺の地域では、本件のような賃借権付きの農地を売買する際には、賃借権者に対し、土地価格に賃借権割合を乗じて算出した金銭を補償することが概ね慣行化しているものと考えられ、その賃借権割合については、取引事例から40％と認めるのが相当である。因みに、前述のとおり関係人（賃借権者）の乙及び丙もこの点について異議がない旨申し立てている。

　なお、税務上、耕作権の評価については、財産評価基本通達（昭和39年4月25日付け国税庁長官名通達）42(2)において、「市街地周辺農地、市街地農地に係る耕作権の価額は、その農地が転用される場合に通常支払われるべき離作料の額、その農地の付近にある宅地に係る借地権の価額等を参酌して求めた金額によって評価する。」とされており、また、平成17年分の島根県財産評価基準書記載の評価倍率表（国税庁作成）によれば、本件土地の所在する益田市〇〇町の借地権割合は40％となっていることからしても、上記結論は妥当なものであると考える。

　よって、賃借権の消滅補償金は、収用する土地の事業認定告示の時における価格（前記(1)で認定した本件土地の単価に、収用する土地の面積をそれぞれ乗じて得た額）に権利割合40％を乗じ、さらに法第71条による別記1の修正率を乗じて得た額とする。

## 起業者申立て

　申請土地に係る賃借権の消滅補償金については、権利割合について不動産鑑定士から意見書を徴したところ、地域の特性、地元精通者の意見、耕作権割合の事例、宅地の慣行借地権割合等を総合的に比較考慮して40％と査定されており、妥当であると認め、土地価格に権利割合40％を乗じて算出した。

## 土地所有者申立て

　なし

## 関係人申立て

　関係人（賃借権者）の丙は、前記事実第3の意見照会に対し、平成17年12月2日付けで起業者の申立てに異議がない旨の意見書を提出した。

## ●法定地上権たる借地権であっても、賃借権たる借地権に比し、特別高い配分割合を認める根拠は乏しいとして、賃借権の場合と同じ割合とした事例

平成16年6月18日　群馬県収用委員会裁決

### 裁決

　起業者は前記事実第1の5ア(3)のとおり、配分割合を土地所有権50％対地上権50％と見積もったのに対し、関係人甲は前記事実第2の2ア(1)記載のとおり、自己の有する権利が法定地上権であることを理由に、上記配分割合を土地所有権40％対地上権60％とすべきであると主張するが、借地借家法は、賃借権たる借地権と地上権たる借地権を区別していないこと、不動産鑑定評価基準によれば、借地権の価格とは「借地借家法に基づき土地を使用収益することにより借地人に帰属する経済的利益」であるとされていること、本件土地附近の相続税財産評価基準も、賃借権たる借地権と地上権たる借地権を区別することなく借地権割合を50％としていること、起業者が徴した3名の鑑定士の意見も同様であったこと、関係人が有する地上権に特別高い配分割合を認めるに足る根拠に乏しいこと等を考慮すると、起業者の申立てどおり、土地所有権50％対地上権50％をもって適正であると判断する。

### 起業者申立て

　本件土地の底地価格と地上権価格との配分割合（以下単に「配分割合」という。）については、土地所有者と関係人との間で協議が調わなかったので、起業者において見積もることとし、鑑定機関三者から意見を徴した。
　鑑定機関三者の意見及び相続税財産評価基準の借地権割合ならびに本件土地における借地関係の個別要因を総合的に勘案し、土地所有権50％対地上権50％とした。
　起業者が見積もった配分割合は、本件土地の底地価格と借地権価格の配分割合である。

借地借家法第2条によれば、「借地権」とは「建物の所有を目的とする地上権又は土地の賃借権をいう。」と規定されていることから、法定地上権は地域社会で慣行的に成熟している賃借権たる借地権と同等な権利であるとみなすべきものである。
　よって起業者は、近隣地域の一般的借地権割合、相続税財産評価基準の借地権割合等を総合的に勘案して配分割合を見積もったのであり、適正なものであると考えている。

## 土地所有者申立て

なし

## 関係人申立て

　本件土地に成立している権利は、賃借権ではなく地上権である。一般的な借地権である賃借権が債権であるのに対し、地上権は物権であるので、配分割合は、土地所有権50％対地上権50％ではなく、土地所有権40％対地上権60％とするのが相当である。
　即ち、起業者見積りによる1㎡当たりの土地価格に、地上権の成立する面積及び上記配分割合60％を乗じて得た額をもって地上権に対する補償とするべきである。

## ●建物所有者の土地に対する権利を使用借権と認定し、これの権利割合については、使用権者が長期にわたり固定資産税等を負担し、店舗の営業を継続してきたこと等を勘案し、3割と認定した事例

平成16年7月27日　大阪府収用委員会裁決

### 裁決

　起業者は、乙の本件土地に対する権利を土地使用借権と認定し、その割合を2割と見積もる。甲ら3名は本件土地に関して、乙の使用借権は認めるが、土地に関する補償はすべて甲ら4名に対して行うべきであると主張し、乙は本件土地の権利割合について8割を主張するので、以下判断する。

　当委員会は、前記理由第2の1記載のとおり、乙の本件土地に関する権利は土地使用借権と認定する。

　その割合については、細目政令第5条の規定に基づき、平成8年度分までの本件土地の固定資産税及び都市計画税を使用借権者が負担して長期間店舗の営業を継続してきたこと、調査のための鑑定人の評価等を総合的に勘案し、3割をもって相当と認める。

### 起業者申立て

　本件土地上には、店舗兼居宅として使用されている建物（以下「本件建物」という。）が存し、その所有者は乙である。

　本件土地の権利関係については、まず、本件土地の登記簿上の所有者が甲ら4名であることを確認した。

　甲ら4名の父親である登記簿上の前土地所有者丙（以下「丙」という。）と、その姉であり乙の母親である前建物所有者丁（以下「丁」という。）との間で色々な経過があったことは聞いているが、乙が本件土地の所有者であると認定できる事実はなかった。したがって、甲ら4名を本件土地の真の所有者と認定した。

乙の本件土地に関する権利については、現実にこの土地に居住していること、借地契約は締結されていないこと、借地料の授受がないこと等から、使用借権と認定した。
　本件土地に関する損失の補償については、都計法第71条第１項の規定により、法第26条第１項の規定による事業の認定の告示があったものとみなされる平成15年１月22日（以下「事業認定時」という。）における１㎡当たりの本件土地の更地価格を400,000円と見積もった。
　また、本件土地についての使用借権割合については、不動産鑑定士が鑑定した割合により２割とした。

## 土地所有者申立て

　本件土地については、昭和21年12月26日に丙と丁が共同で購入したと聞いている。
　乙は丁が土地購入代金をすべて支払ったと主張するが、丙が代金の一部を支払ったから土地登記簿上の所有者になったのであり、現在の登記簿の記載どおり、その相続人である甲ら４名が本件土地の所有者である。
　乙の土地に対する権利は使用借権である。
　起業者は土地使用借権割合を２割と見積もっているが、土地に関しては甲ら４名に、建物等に関しては乙に補償すべきである。
　したがって、乙の土地に対する使用借権は認めるが、土地に関する補償はすべて甲ら４名に対して行うべきである。

## 関係人申立て

　本件土地の購入代金はすべて母親の丁が支払ったので、本件土地はその相続人である乙のものである。
　また、丙の名義にはなっているが、本件土地の権利証書（登記済証書）も丁から引き継いで乙が所持している。権利証書の入っていた封筒の表書きには「丁様」と書かれており、これは、昭和22年に所有権移転登記を依頼したＡ事務所が、本件土地を事実上丁の所有であると認めた証拠である。
　また、本件土地に係る固定資産税及び都市計画税は、本件土地を購入した昭和22年から甲ら４名が丙から土地を相続した後の平成８年までの約50年間丁及

び乙が支払っていた。
　土地の権利割合については、本来乙側が10割と考えるが、名義が違っている等の問題があるので、8割を主張する。
　土地の損失補償金額については、店舗としての立地条件の良さを考えると起業者見積額は低すぎる。

## ●トラスト対象立木の敷地に対する権利について、損失補償は要しないと判断した事例

平成7年11月1日　長野県収用委員会裁決

### 裁決

　起業者は、前記事実第1の9⑴カ記載のとおり、損失補償は「なし」と申し立てているのに対し、関係人は、土地に関する権利の有無及び損失の補償について、特に意見を述べなかった。

　そこで、当委員会は、裁決申請書及びその添付書類、起業者の審理における陳述ならびに関係人が補償を求めていないことを総合勘案し、土地に関する所有権又は賃借権以外の権利に対する損失の補償は、要しないものと判断する。

### 起業者申立て

　明認を施した立木の所有者は、それぞれ立木が存立する範囲の土地に限って転使用借権があると判断したが、立木売買契約に立木の管理育成は賃借権者が行うこと、立木に係る権利の譲渡の禁止、○○線の建設が中止となった場合の契約の失効があることから、立木が存立する範囲の土地に限って認められる転使用借権に対する補償は、なし、とした。

### 関係人申立て

　なし

## ●トラスト対象立木の存する土地の土地に対する権利の種類を使用貸借による権利とし、権利価格の割合は０％をもって相当とした事例

平成16年５月17日　東京都収用委員会裁決

### 裁決

　当委員会は、前記ア(ウ)の認定した事実のほか、現地調査の結果、審理及び鑑定の内容などを総合的に考慮した結果、土地価格に対する底地価格及び土地の使用貸借による権利の価格の割合は、それぞれ100％、０％をもって相当とする。

　前記(1)エで判断したところから、別表１の関係人それぞれに対する補償額は０円をもって相当とする。

### 起業者申立て

　別表１の関係人が有する土地に対する権利の種類については、当事者の明確な意思表示は確認できないが、立木の売買の際に、立木を存置させるとの黙示の意思が含まれていたと考えられることから、立木の存する範囲の土地に限っては何らかの権利があると判断し、賃料の支払の有無が確認できないため、土地の使用貸借による権利とした。

　土地の使用貸借による権利は極めてぜい弱なものと言えるもので、関係人それぞれに対し補償金は０円とした。

### 土地所有者申立て

　なし

## 関係人申立て

なし

# 採石を目的とする賃借権の消滅補償額をホスコルド方式に準じて算定した事例

昭和47年4月27日　鳥取県収用委員会裁決

## 裁決

ア　採石を目的とする賃借権の補償について、起業者は公共用地の取得に伴う損失補償基準の鉱業権の消滅に係る補償方式（ホスコルド方式）に準じてその補償額を算出しているが、この方式に対しては、権利者甲も同意しているので当委員会もこれを採用する。

イ　昭和44年、昭和45年における岩石の採取量、販売量について起業者の申し立てている量と、権利者甲が申し立てている量とを検討した結果、起業者の申立量を相当と認める。

ウ　昭和44年、昭和45年における売上額については、起業者と権利者甲の申立額は両年とも一致している。しかし、昭和46年における売上額（推計）については、両者の申立額に差異があるが、検討した結果、起業者の申立額を相当と認める。

エ　昭和44年、昭和45年における経費については、起業者と権利者甲の申立額とは一致しない。したがって、権利者甲が得たであろう収益の売上額に対する割合は起業者の申立てでは17.6％、権利者甲の申立てでは30.29％としている。

　当委員会は、両者の申立てを比較検討し、さらに該採石山の岩石の品質、採石の製品率、採石の難易ならびに昭和44年、昭和45年における権利者甲に課税された総合所得税額、採石業における収益率の全国平均等を総合勘案し、昭和46年において権利者甲が得るであろう収益の収益率は19.95％（償却後の収益率12.59％）とするを相当と認める。

オ　採石を目的とする賃借権の消滅に対する補償は、収用しまたは消滅を必要とする区域内に存する岩石量ならびに残存する賃借権の区域のうち、別添図面第3の斜線で示す部分、すなわち採石が事実上不可能もしくは企業経営上合理的な収益をあげ得ない部分、すなわち残存する賃借権の価格がそれだけ減ずると認められる部分の岩石量を対象とすべきであって、残存する賃借権の存する区域のうち、起業者ならびに権利者甲が申し立てている上記以外の

部分については認めることはできない。
- カ　岩石量の製品可採率について起業者は70%とし、権利者甲は、一部については起業者の申立てを認め、他の部分については、100%製品可能であると主張する。両者の主張について検討するに、その算出については特に根拠はないものと認められるため、当委員会において依頼した鑑定を中心として検討した結果、次の理由により製品可採率は60%を相当と認める。
  - (ア)　表土は尾根部に厚く、火山灰質で、剝土を必要とすること。
  - (イ)　安山岩は、地表から20m以上にわたって風化していること。
  - (ウ)　掘削にあっては、労働安全規則（昭和22年労働省令第9号）に定められた保安上の余地を十分に残さなければならないこと。
  - (エ)　崖錐たい積物が山ろく部（5m以内）に広く分布していること。
  - (オ)　断層に沿って風化が進み、シームが何本もはいっていること。

以上の諸元により当委員会は採石を目的とする賃借権の消滅に対する補償金は、別表のとおりとなるを相当と認めるも土地収用法第48条第3項の規定により主文の額のとおりとする。

## 起業者申立て

採石を目的とする賃借権に対する補償については、公共用地の取得に伴う損失補償基準の鉱業権の消滅に係る補償方式（ホスコルド方式）に準じて、その補償額を算定したものであり、その概要は次のとおりである。

起業地内外に設定してある賃借権については、現地の状況、所轄通商産業局長に相する届出等から判断し、着手済の採石山であるとし、昭和44年、昭和45年における砕石の販売実績、必要経費等を調査のうえ、昭和46年における売上額（推計）を70,400,602円、収益率を17.6%とし、12,390,000円を収益額と推計した。また報酬利率を15%、蓄積利率を6%、可採年数4.6年、今後投下されるべき起業費の現在価格を10,857,000円とし、以上の諸元により、算定して得た額を消滅および制限する賃借権の補償額とした。

## 土地所有者申立て

鳥取市〇〇字Ａ〇〇番地および同所〇〇番地の土地については、権利者甲に対して採石を目的とする賃借権を設定し、賃料は採石量1㎥当たり50円として

いる。これに対する補償額2,915,000円と土場の使用料750,000円の15.366336倍11,524,752円との合計額14,439,752円か、もしくは上記2,915,000円と該地の土地価格22,575,757円との合計額25,490,757円のいずれかを補償すべきである。

## 関係人申立て

(1) 起業者は、採石権、賃借権、土場等の損失を補償すべきである。

(2) 岩石の製品可採量は、保全区域予定地、付替道路敷、河川敷部分については、70％とする起業者の申立てを認めるが、その余の部分については100％製品可能であるから、これを基礎として算出した額を補償すべきである。

(3) 採石を目的とする賃借権の消滅、制限に伴う補償額の算出に当たっては、権利の消滅、制限される範囲に存する岩石量はもとより、別添図面第2に示す部分の岩石も、事実上採石不可能もしくは採石可能であっても企業経営上採算がとれないため、この部分に存する岩石量319,933㎥も対象として補償すべきである。

(4) 可採年数は、製品可採率70％の部分については39,610㎥を、製品可採率100％の部分については27,727㎥をそれぞれ年間可採量とし、次のとおり37.49年とすべきである。

| | | |
|---|---|---|
| 鳥取市○○字A○○番地および同所○○番地 | | 2.03年 |
| 〃 字B○○番地および同所○○番地 | | |
| （起業地、保全区域予定地） | | 4.68年 |
| 〃 （その他の部分） | | 11.16年 |
| 〃 字A○○番地 | | 19.62年 |
| 計 | | 37.49年 |

(5) 昭和46年における年間の生産量、売上高の算定に当たり、起業者は昭和44年、昭和45年の実績により算出しているが、昭和45年は不時の災害により11か月操業であったので、同年における生産量、売上高はその実績を12分の11で除して得た額をもって基礎とすべきである。

(6) 昭和46年における売上額（推計）は74,242,386円であり、これに昭和44年、昭和45年の平均収益率30.29％を乗じて得た額22,488,018円を同年における収益額とすべきである。

(7) 補償額算出の方式については、起業者の申立ての方式に異存はない。上記

の諸元により算出した採石権消滅に対する補償額は、131,806,000円となるが、すでに受領済の補償額20,300,000円を控除し、111,506,000円を補償すべきである。

● 採石権の評価に当たり、採石権の取得に多額の費用を要していても、採算上全く利益が見込まれない場合には、補償の要求は認められないとした事例

昭和61年6月7日　岡山県収用委員会裁決

## 裁決

　起業者は、前記事実第1・4・(2)記載のとおり見積もっているのに対し、関係人は前記事実第3・2記載のとおり申し立てるので、この点について判断する。

　まず、採石権に対する損失補償の当否について判断する。

　法第71条にいう「相当な価格」とは、客観的な社会的評価における価値を意味するものと解されている。これを採石権についていえば、その実施によって採算面からみて利益の計上が見込まれて初めて採石権としての社会的評価における価値をもつことになるのである。このことは、採石権の損失補償に関する「要綱」第10条、「建設省の直轄の公共事業の施行に伴う損失補償基準（昭和38年建設省訓令第5号）」（以下「基準」という。）第21条第1項及び第3項において準用される第2項ならびに「規程」第22条第1項及び第3項において準用される第2項に照らしても明らかである。

　したがって、採算面からみて全く利益の計上が見込めない経済的に無価値なものに対して、その取得にいかに多額の経費を投入していたとしても、その補償を請求することは認められないものと解される。

　次に、本件採石権に対する損失補償の当否について判断する。

ア　字Ａ○○番の土地について

　　本土地については、現在採石法の規定による岡山県知事の採取計画の認可を受けておらず、岡山県土木部長は当委員会からの照会に対し、同認可は国土の適正利用、公共の福祉等の観点から妥当でない旨回答していること、起業者提出の資料によれば採石に適した岩石が賦存しないことが認められること、参考人甲も本土地には採石に適した岩石が賦存していない旨陳述していること等から判断して、本土地においては採石行為により現実に利益をあげ

ることはできないと認められる。
イ 字Ｂ〇〇番及び〇〇番の土地について
　本土地についても、上記アと同様に岡山県土木部長は採取計画の認可は妥当でない旨回答していること、市道〇〇線の法面となっているため、市道の安全面から現実に採掘行為ができないと考えられること、参考人甲も本土地にも採石に適した岩石が賦存していない旨陳述していること等から判断して、本土地においても採石行為により現実に収益をあげることはできないと認められる。
　したがって、字Ａ〇〇番ならびに字Ｂ〇〇番及び〇〇番の土地については、いずれも採石行為により収益をあげる見込みがないのであるから、これらの土地にいかに多額の経費を投下したとしても、その補償の請求は認められない。
　よって、当委員会では関係人に対する補償額はなしとするをもって相当と判断する。

### 起業者申立て

　採石権の価格の算定は、「要綱」及び「本州四国連絡橋公団の事業の施行に伴う損失補償基準を定める規程」（以下「規程」という。）に基づき価格を求めるとともに、補償コンサルタントによる鑑定価格を求め、比較考量のうえ算定した。

### 関係人申立て

　採石権を設定して、今日までに投下した資本額は201,404,381円になるが、起業者は採石場の経緯、現況を理解せず、また、採掘準備期間の投資額を無視して損失補償額を計算している。
　そのうえ、字Ａ〇〇番の土地については、現状部分と土取り跡でほぼ平地状となっている雑種地部分が存在することを認めていながら、当社の出捐を全く評価せず、この土地を宅地見込地というあいまいな評価をし、利益をすべて土地所有者に帰属させるという誤った認定をしている。

## ●事業反対の看板の存する範囲の土地に土地所有権又は賃借権以外の権利があるとしても、これに対する補償を要しないとした事例

平成7年11月1日　長野県収用委員会裁決

### 裁決

　起業者は、前記事実第1の9(1)オ記載のとおり、損失補償は「なし」と申し立てているのに対し、関係人は、土地に関する権利の有無及び損失の補償について、特に意見を述べなかった。
　そこで、当委員会は、裁決申請書及びその添付書類、起業者の審理における陳述ならびに関係人が補償を求めていないことを総合勘案し、土地に関する所有権又は賃借権以外の権利に対する損失の補償は、要しないものと判断する。

### 起業者申立て

　賃借権の設定されていない土地にある看板についても、看板が存立する範囲の土地に限って、土地に対する使用借権があると判断したが、いわゆる立木トラスト運動のための便宜的な土地の使用であること、賃料が支払われていないことから、補償は、なし、とした。

### 関係人申立て

　なし

## ●抵当権に対する補償は、担保物である土地に対する補償と分別することは困難である等により、土地所有者に対する補償に含めるとした事例

平成7年12月18日　香川県収用委員会裁決

### 裁決

　起業者は、前記事実第1の5の(1)のとおり、土地に関する所有権以外の権利に対する損失の補償の見積りを土地所有者への補償に含めることとしている。
　これに対して、土地所有者及び関係人は前記事実第2のとおり何ら意見を述べていない。
　当委員会は、甲社を乙持分抵当権者として関係人と認めるものであるが、担保物権である抵当権の性質からすれば、当該権利に対する補償は担保物である土地に対する補償と分別することは困難であり、また、裁決手続き自体が配当を実施する構造となっていないこと等から、抵当権者に対する補償は法第69条但し書きの規定により、土地所有者乙に対する補償に含めるものとする。

### 起業者申立て

　収用する土地に係る抵当権者に対する損失の補償は各人別に見積もることが困難であるので、法第69条但し書きの規定により土地所有者への補償に含めたものである。

　収用又は使用しようとする土地の共有者の1人である乙の持分については甲社の抵当権が設定されており、当該抵当権の抹消の条件として乙に対する補償金の抵当権者への支払いを要求している。一方、任意交渉において乙は、抵当権そのものに異議があり、抵当権者に対して補償金を払い渡すことには反対である旨主張しているため、任意での用地取得は困難であると判断したものである。

## 土地所有者申立て

なし

## 関係人申立て

なし

## ●取得する立竹木に係る根抵当権、差押債権等に対する補償金は、個別に見積もることが困難なため、立竹木の補償金に含めるとした事例

平成8年4月22日　愛媛県収用委員会裁決

### 裁決

(2)　起業者は、物件（松、杉及び雑木等）の移転料が当該物件を取得するのに要する価格を超えるとの理由により、法第79条の規定に基づき物件収用の請求を行っている。

　当収用委員会は、起業者提出の諸資料及び現地調査等から総合的に判断して、起業者の物件収用請求を正当と認め、別表第3の立竹木補償金をもって相当とする。

(3)　立竹木に係る関係人甲信用金庫の根抵当権及び差押債権、同乙信用農業協同組合連合会の根抵当権及び差押債権、同丙株式会社の仮差押債権、同丁の仮差押債権、同戊農業協同組合の根抵当権ならびに同株式会社己銀行の根抵当権に対する損失の補償は、個別に見積もることが困難なため、法第69条但書により、立竹木補償金に含めるものとする。

### 起業者申立て

エ　物件収用の請求について

　立竹木補償金の見積り及び内訳は別表第6の4のとおりであるが、物件（松、杉及び雑木等）の移転料（移転補償額）と取得するのに要する価格（収用補償額）とを比較すると、物件の移転料が多額となるため、法第79条の規定に基づき物件収用を請求する。

オ　立竹木に係る関係人甲信用金庫の根抵当権及び差押債権、同乙信用農業協同組合連合会の根抵当権及び差押債権、同丙株式会社の仮差押債権、同丁の仮差押債権、同戊農業協同組合の根抵当権ならびに同株式会社己銀行の根抵当権に対する損失の補償は、個別に見積もることが困難であるため、法第69条但書により、立竹木補償金に含めるものとした。

## 関係人申立て

立木所有者
　なし
抵当権者等
　なし

## ●移転を要する建物に設定してある抵当権に対する損失は個別に見積もり難いので、当該建物の移転料に含めるものとした事例

平成17年5月17日　大阪府収用委員会裁決

### 裁決

抵当権者に対する明渡しに関する損失の補償は、個別に見積もり難いので、法第69条ただし書の規定により、土地所有者に対する物件移転料20,235,413円に含めるものとする。

### 起業者申立て

抵当権者は本件建物に関して抵当権を有しているが、その権利消滅補償は、個別に見積もり難いので、土地所有者に対する物件移転料20,235,413円に含めるものとする。

### 関係人申立て

なし

● 抵当権の担保のために設定された賃借権は、抵当権が実行された場合にその目的を失って消滅するため、収用により抵当権は対価を得て消滅し、賃借権も消滅すると考えるのが相当であるとした事例

平成8年9月12日　奈良県収用委員会裁決

## 裁決

　第四　2(1)のとおり関係人甲及び同乙の賃借権は抵当権の担保のために設定されたものであるが、このような目的で設定された賃借権は、抵当権が実行された場合にその目的を失って消滅するとされており（最判昭和52年2月17日民集31巻1号67頁）、抵当権の実行前に土地収用法に基づく収用裁決がなされた場合、抵当権は対価を得て消滅し、賃借権はその目的を失って消滅すると考えるのが相当である。

## 起業者申立て

　関係人甲の土地賃借権に対する補償については、当事者間で権利割合50％対50％で合意していることからそれにしたがって見積もる。

## 関係人申立て

甲
　ア及びウ区域について各土地所有者との間で賃借権を設定している。
乙
　B棟及びD棟に設定された抵当権を担保するため、甲とともに持分2分の1ずつの賃借権を設定している。登記簿上は手続開始の告示後に賃借権を設定したと記載されているが、賃貸借契約を締結したのは手続開始の告示前である。したがって、賃借権に対する補償を求める。

## ●抵当権者と土地所有者との間で補償金の一部を抵当権者に払渡すことにつき合意があるとして、個別払いを認めた事例

昭和52年10月24日　徳島県収用委員会裁決

### 裁決

　関係人甲信用農業協同組合連合会の抵当権に対する損失の補償については、残余債権額の範囲内において関係人甲信用農業協同組合連合会に個別支払いすることについて土地所有者との間で合意があり、起業者もこれに異議がないので、個別払いを相当と認める。

### 起業者申立て

　本件土地のうち163番3、164番4、163番2及び164番3（以下「163番3ほか3筆」という。）の土地に対する補償金については、関係人甲信用農業協同組合連合会から、昭和48年11月22日設定した抵当権に基づき、残余債権額の範囲内において同連合会に支払われるよう要求があり、土地所有者も異議がなく、これらのいずれの申立てについても起業者は異議がない。

### 土地所有者申立て

　163番3ほか3筆の土地に対する補償金については、関係人甲信用農業協同組合連合会に対し、その有する残余債券額13,086,027円の範囲内において支払われることに異議はない。

### 関係人申立て

　163番3ほか3筆の土地価格ならびに163番2及び164番3の土地の月間使用料単価については、土地所有者の申立てどおりで異議はない。
　163番3ほか3筆の土地については、前登記名義人乙に対し、昭和48年11月22日付けをもって設定した債権額32,500,000円（元本25,000,000円、利息

7,500,000円）の抵当権の担保物件の一部であり、昭和52年9月30日現在貸出金残高12,500,000円及び償還約定利息586,027円に対する償権保全措置として、163番3ほか3筆の土地に対する補償金は、全額当連合会に支払われるよう要求する。

## ●国税の差押えに優先する根抵当権の被担保債権額が極度額の限度内において収用地の土地価格を上回るとして、土地価格は根抵当権者に支払うとした事例

平成5年3月16日　広島県収用委員会裁決

### 裁決

　土地に関して権利を有する関係人甲信用組合（根抵当権者）及び関係人大蔵省（差押債権者）に対する補償については、前記事実第2の2のとおり、関係人甲信用組合は、根抵当権が差押えに優先する旨の意見を述べており、根抵当権の設定日である平成元年7月18日と国税の法定納期限である平成4年7月24日との前後から、当委員会も根抵当権が国税の差押えに優先するものと認める（国税徴収法第16条）。

　そして、当委員会の調査によれば、確定後、現在に至るまでの本件根抵当権の被担保債権額は、極度額の限度内において、収用する土地の土地価格を上回ることが明らかである。

　よって、土地に対する損失補償金はすべて根抵当権者である甲信用組合に支払うこととし、差押債権者である大蔵省に対しては金〇円、また、土地所有者乙に対しても金〇円として、主文のとおり判断した。

### 起業者申立て

　土地に関して権利を有する関係人（甲信用組合及び大蔵省）に対する補償は、その権利割合が不明なため、土地の所有権に対する補償金に含めた。

### 土地所有者申立て

　なし

## 関係人申立て

甲信用組合（根抵当権者）
(1) 当組合は、確定根抵当権に対し被担保債権を有しており、収用しようとする土地の補償金の交付（配当）については、根抵当権を第1順位にするよう要望する。
(2) 当組合の有する根抵当権は次のとおりである。
　① 根抵当権の設定は、平成元年7月18日（受付第7179号）であり、債務者は丙、極度額は金1,200万円、債権の範囲は信用組合取引、手形債権、小切手債権、保証取引及び保証委託取引である。
　② 本根抵当権は、納期限を平成4年7月24日とする滞納国税の差押え（差押権者大蔵省（広島国税局）、平成4年9月24日受付第9106号）により確定した。
　③ 丙に対する債権は、信用組合取引に基づく金銭消費貸借であり、平成元年7月17日融資、融資額は、金3,000万円、残額は金14,559,101円である。
(3) 以上のことから、大蔵省の納期限と当組合の根抵当権設定日では、根抵当権の設定日の方が早く、根抵当権が優先する。

大蔵省（差押債権者）
　なし

## ●土地に対する損失の補償は、最優先弁債権を有する順位1番の抵当権者に行うとした事例

平成9年5月6日　栃木県収用委員会裁決

### 裁決

　起業者は、土地所有者甲に対する損失の補償として377,508円を見積もり、関係人乙の抵当権及び丙の根抵当権に対する損失の補償は、個別に見積もり難いので土地所有者に対する損失の補償の見積額に含めたと申し立てている（前記事実第1の5）。これに対し、関係人乙は同事実第2の1のとおり、いずれも損失の補償は関係人に支払われるべきである旨意見を述べているので、当委員会は、関係人の主張及び本案件の特殊性ならびに法第69条本文の適用可能性等を慎重に検討することとする。

　まず、本件の事実関係について整理すると、土地登記簿、裁決申請書の添付書類及び起業者から提出された資料ならびに関係人乙及び丙の審理での陳述及び意見書から、以下の事実が認められる。

(1)　本件土地の所有者は、甲である。

(2)　関係人乙は、土地所有者甲に対して有する金銭消費貸借債権の担保として本件土地に順位1番の抵当権（昭和56年3月25日設定登記）を有し、その債権額は、平成8年12月20日現在、元金10,568,000円、利息1,911,330円及び平成4年3月20日までに発生した延滞利息2,664,677円の合計15,144,007円であり、しかも、昭和59年3月20日の返済の後ほとんど返済されていない状況である。

(3)　関係人丙は、保証委託取引の担保として本件土地に順位2番の根抵当権（極度額80,000,000円。昭和56年3月30日設定登記）を有し、当該保証委託取引に基づき代位弁済をし、その結果、平成9年2月5日現在198,976,349円の求償債権を有する。

　これらの事実から、土地所有者甲は、本件土地の収用によって、一応その価格に相当する額の損失を受けることとなるが、他方、関係人乙は、本件土地について、順位1番の抵当権者として最優先弁済権を有し、その被担保債権額は、本件土地の価格を大幅に上回り、しかも、昭和59年3月20日の返済の後ほとんど返済されてないことが明らかである。そして、関係人らは、い

ずれも損失の補償は土地所有者ではなく、関係人に支払われるべきであると主張し、これに対し、土地所有者甲は、審理に出席せず、何らの意見書も提出していない。

このような事実関係のもとでは、関係人乙は、収用によって本件土地に対する最優先弁済権を有する抵当権を喪失し、本件土地の価格相当額の損失を受けるものと認め、法第69条本文に従い、関係人乙に対し、損失の補償を行うのが相当である。また、この補償によって、当然、関係人乙の被担保債権額は、補償額に相当する額を減じることになるから、結局、土地所有者甲及び順位2番の根抵当権者である関係人丙に損失が生じることにはならない。

よって、当委員会は、関係人乙に個別払いを行うについて困難な事情はないので、法第69条本文に基づき、本件土地の事業の認定の告示の時の相当な価格377,508円に法第71条の規定による修正率1.0030（算出根拠は別表のとおり。）を乗じて得た額378,641円を関係人乙に対する損失の補償と認め、また、これにより、土地所有者甲及び関係人丙の損失の補償はなしとし、主文2の(1)のとおりとした。

### 起業者申立て

関係人佐野市（差押え及び参加差押え）、関係人乙（抵当権）及び関係人丙（根抵当権）に対する損失補償は、個別に見積もり難いので、それぞれ土地所有者甲に対する損失の補償の見積額に含めた。

### 土地所有者申立て

なし

### 関係人申立て

乙

関係人乙は、昭和56年3月23日、甲と金銭消費貸借契約（貸出金額13,530,000円、利息年4.6%、期限平成11年3月20日、返済条件は、元金については昭和56年6月20日から3か月ごとに187,000円、期限に253,000円を返済し、利息については元金返済の都度貸付残高に4.6%の12分の3を乗じて得た

額を支払うこと。)を締結し、同日、本件土地に抵当権を設定した。

　昭和59年3月20日の返済の後、返済が滞ったため、平成4年6月15日、上記金銭消費貸借契約の条件変更の契約(期限平成21年3月20日、返済条件は、元金については平成4年6月20日から3か月ごとに157,000円、期限に206,000円を返済し、平成4年3月20日までに発生した未収利息については平成4年6月20日から3か月ごとに39,000円を返済し、期限に90,677円を返済し、利息については元金返済の都度貸付残高に4.6%の12分の3を乗じて得た額を支払うこと。)を締結したが、平成4年6月22日に返済があったのみで、その後返済は滞っている。

　平成8年12月20日現在の債権額は元金10,568,000円、利息1,911,330円及び平成4年3月20日までに発生した延滞利息2,664,677円の合計15,144,007円である。

　関係人乙は、本件土地に対して順位1番の抵当権を設定しており、上記債権を有していることから、本件土地に対する損失の補償について、全額関係人乙への借入返済に充当されるべきである。

丙

　関係人丙は、昭和56年3月25日、甲との保証委託取引の担保として、本件土地に極度額65,000,000円の根抵当権を設定し、昭和57年10月30日、同根抵当権の極度額を80,000,000円に変更した。

　関係人丙は、昭和61年3月26日及び同年4月25日、上記保証委託取引に基づき代位弁済をした。その結果、関係人丙は、甲に対し、平成9年2月5日現在、求償権残高77,182,746円及び損害金121,793,603円の合計198,976,349円の求償債権を有している。

　収用に伴い、本件土地の根抵当権が消滅することから、本件土地に対する損失の補償について、関係人丙は一部配分の要請をする。

　個別の土地に対する損失の補償配分が困難で、丙に対する一部配分が不可能であれば、不動産競売等の配当に基づく配分を要請する。順位1番が乙、順位2番が丙であることから、乙より丙あてに、今後、残担保物件を任意又は法的に換価処分を行った場合は、乙の順位1番の被担保債権額(元金及び2年分の利息損害金)より今回の配分額を差し引く旨の念書等を提出していただくことで順位1番の乙への配分に応ずる。

　土地所有者甲への土地に対する損失の補償は、認められない。

市

関係人佐野市は、前記主文１の収用する土地に係る差押え及び参加差押えを平成９年２月27日に解除した旨の意見書を提出した。

## ●仮登記上の権利は停止条件の期日を徒過しているにもかかわらず放置され、事実上消滅していると判断し、これの権利に対する補償は「なし」とした事例

平成9年1月13日　青森県収用委員会裁決

### 裁決

　本件土地には、所有権移転請求権仮登記権（以下「本仮登記権」という。）が設定されているが、原因は「売買予約」、その内容は「昭和10年12月20日迄に金962円を提供したる時所有権移転登記を為す約」と登記簿に記載されている。

　本仮登記権は、停止条件付権利であるが、その条件の期日は既に徒過している。

　一般的に仮登記上の権利に対する補償は、その条件成就に本登記になるかどうかがかかっていることから、本権の補償と別に見積もることは困難であるとされているが、本仮登記権の場合、条件の期日である昭和10年12月20日が既に過ぎており、その条件の成否が確定していると考えられることから、以下のとおり検討する。

　本仮登記権者は、（亡）甲であるが、その当時の所有者（亡）乙は、その長男である。その後、（亡）乙から昭和35年10月1日の売買を原因として所有権移転している（亡）丙は、（亡）甲の三女であり、かつ（亡）乙の妹である。その後も本件土地の所有権は数名の親族に順次移転している経緯が登記簿に記載されている。

　起業者の調査によれば、本仮登記権は、（亡）乙が県議会議員をしながら事業を手広く実施していたため、（亡）甲が一時的な財産保全上の措置として設定したのではないかということであり、関係人の中には、起業者の調査に対し、「このような権利が設定されているとも思わなかったし、この権利があるのか、ないのかもわからないし、権利主張する考えももっていない」と言っている者がいるということであった。

　また、関係人丁は、前記事実第2で申し立てているとおり本仮登記権につい

ては、何もわからないとしている。

当委員会は、これらの事実に基づき総合的に勘案した結果、本仮登記権は、既に条件の期日が過ぎているにも関わらず放置されていること、本仮登記権に基づく占有が認められないことから、権利行使の実現性がなく、事実上消滅していると判断し、本仮登記権に対する補償はなしとする。

### 起業者申立て

関係人別表第1記載の者に対する損失の補償は、個別に見積もることが困難であるので、土地所有者戊に対する損失補償金に含める。

### 土地所有者申立て

なし

### 関係人申立て

本件土地に設定されている仮登記に係る権利については何もわからない。

## (3) 土地使用料

### ● 6か月間使用する土地の使用料の算定を、1㎡当たりの土地価格に年間借賃率5％を乗ずることを相当とした事例

平成8年4月22日　愛媛県収用委員会裁決

### 裁決

上記(1)において認定した1㎡当たりの土地価格に使用する土地の面積、年間借賃率（5％）及び使用期間（6か月）を乗じ、更に権利取得裁決時（平成8年4月23日）までの物価の変動に応ずる修正率0.9952（別表第7のとおり）を乗じて得た額（4,821円）をもって相当と認める。

### 起業者申立て

上記(ア)において認定した1㎡当たりの土地価格に使用しようとする各土地の面積、年間借賃率（5％）及び使用期間（6か月）を乗じて算定した。

### 土地所有者申立て

なし

● 米軍の土地接収から50年余を経ているため、米軍による土地の取り上げなかりせば現在どのような土地になっていたかの推測により土地使用料を算定することは、合理性も妥当性もないとした事例

平成10年5月19日　沖縄県収用委員会裁決

## 裁決

　土地所有者及び関係人は、前記事実第2の6において本件裁決申請対象土地の補償金について、契約により駐留軍用地として使用されている土地の賃料が1年毎に前払いされていること及び賃料が毎年上昇していることを考慮し、前記賃料の上昇率を加味したうえで補償すべきであること、また、本件裁決申請対象土地の最有効使用の判断は、「米軍による土地の取り上げなかりせば対象土地がどのような種別の土地となっていたか。」という推測を踏まえて行うべきであると主張するので、それについて判断する。

　土地収用法第72条は、同法第71条を準用し、「使用に係る土地の補償金の額は、その土地及び近傍類地の地代及び借賃を考慮して算定した事業の認定の告示の時における相当な価格に、権利取得裁決の時までの物価の変動に応ずる修正率を乗じて得た額とする。」旨定め、駐留軍用地特措法第14条によって土地収用法第95条第1項が適用され、権利取得の時期までに補償金を払い渡し又は供託しなければならないこととしている。

　また、土地所有者及び関係人が主張するように、契約により駐留軍用地として使用されている土地の賃料が過去において増額されてきた事実は認めることができ、今後も増額されることが推測されるが、確定されたものとは言いがたい。

　土地所有者及び関係人が主張する「米軍による土地の取り上げなかりせば」という想定により地域の状況等を想定し、土地の鑑定評価を行うことは、米軍の土地接収等から50年余を経た現在、合理性がなく妥当性を欠くものである。

　以上の理由により、土地所有者及び関係人の前記主張は、相当でないと思料する。

## 起業者申立て

不動産鑑定士に平成7年5月9日の使用認定時の土地の正常賃料の鑑定評価を依頼し、その評価額を地代単価とした。

## 土地所有者申立て

(1) 本件裁決申請対象土地の使用の対価は、使用期間内の各年毎に評価をすることとし、契約により駐留軍用地として使用されている土地の賃料の変動に基づき算出して補償すべきである。

(2) 本件裁決申請対象土地の評価及び最有効使用の判断は、米軍による土地取り上げ時の土地の現状を基本とし、「米軍による土地の取り上げなかりせば対象土地がどのような種別の土地となっていたか」という推測（想定）を踏まえて行うべきである。また、現況がこの「想定される最有効使用」よりも「より高い最有効使用の土地」になっている場合には、現況に即して判断されるべきである。

● 土地の使用料の算定に当たり、中間利息の控除方法を起業者は複利年金現価率を採用し、土地所有者はホフマン方式を申し立てたが、ライプニッツ方式により算定した事例

平成10年5月19日　沖縄県収用委員会裁決

### 裁決

　当収用委員会は、本件土地所有者及び関係人の補償金については、鑑定人の評価額、近傍類地の賃料、従前の使用裁決の際の補償金、現地調査の結果、近時の公定歩合、銀行預金利率、現在から近い将来にかけての経済情勢の客観的状況及び予測等を総合勘案し、中間利息の控除率については年0.25％と定め、ライプニッツ式算出方法により算出し、別表第1のとおり判断した。

### 起業者申立て

　中間利息控除については、5年の使用期間に係る年利率5％とする複利年金現価率を採用した。

### 土地所有者申立て

　中間利息の控除は、個々の土地所有者の実態を汲んでその採否を決めるべきである。また、計算はホフマン方式で行い、中間利率は金融機関の預金金利の平均利率を採用すべきである。

● 土地所有者は使用期間が5年以上になる場合の補償金収入が1年分の所得として所得税が課されるため課税相当額を損失として要求してきたが、使用期間の長短を補償金の算定において考慮することができないとした。また、中間利息の控除率は1％を相当と判断した事例

平成17年7月7日　沖縄県収用委員会裁決

## 裁決

　土地所有者は、前記事実第2の3のとおり、「本件裁決申請対象土地の補償金について、使用期間（暫定使用期間含む）が5年を超える場合は、一括払い方式で支払われるすべての補償金収入が1年分の所得として計上されるため、この課税増加分も損失に含めて裁決すべきである」、「中間利息の控除は現在の銀行利率を考慮して最小限とすべきであり、補償金額については起業者見積額の1.5倍とすべきである」旨主張するので、これについて判断する。

　本件土地の使用に対する損失補償の算定方法は、土地収用法第72条によって読み替える同法第71条に規定するとおりである。すなわち、使用に係る土地の「補償金の額は、その土地及び近傍類地の地代及び借賃を考慮して算定した事業の認定の告示の時における相当な価格に、権利取得裁決の時までの物価の変動に応ずる修正率を乗じて得た額とする。」とされているから、土地所有者が主張するように、使用期間の長短を補償金の算定において考慮することはできない。

　本件土地の使用に対する損失補償について当収用委員会は、土地収用法第65条による鑑定をさせたうえ、当該鑑定人の評価額と起業者の損失補償見積額とを比較検討した。その結果、価格形成上の諸要因をより合理的に考慮し算定しているのは鑑定人の評価額であると認めてこれにより（起業者見積額が当該評価額を上回るときは、土地収用法第48条第3項に基づき起業者見積額による）、これに面積及び使用期間を乗じた額を、土地収用法第72条の規定によって読み替える同法第71条の「相当な価格」と認定したうえで、当該額に修正率を乗じて得た額をもって、本件土地の使用に対する損失補償額として相当と判断す

る。ただし、修正率が1未満の数値であるために、修正率を乗じて得た額が起業者見積額を下回る場合は、土地収用法第48条第3項の規定により、修正率は考慮しないものとする。

中間利息の控除率については、従前の使用裁決における控除率、近時の公定歩合、銀行預金利率、土地その他の金融資産の利回り、現在から近い将来にかけての経済情勢の客観的情勢等を総合勘案し、年1％を相当と判断する。

また、本件土地の暫定使用に対する損失補償については、駐留軍用地特措法第16条による暫定使用の時期の価格を、本件土地の使用に対する損失補償に係る前記算定方法と同様に算定した。

### 起業者申立て

本件土地の損失補償金は、土地収用法第71条の規定に基づき、使用しようとするそれぞれの土地の面積に地代単価を乗じて算出した金額に、複利年金原価率7.7217を乗じて算出した。

なお、地代単価は使用認定時（平成13年4月13日）における正常賃料の鑑定評価額とし、複利年金原価率は使用期間（10年間）に係る年利率を5％として算出した。（内訳は別表第5記載のとおり）

### 土地所有者申立て

仮に本件土地について強制使用裁決がなされる場合、その使用期間は、暫定使用期間を含め、5年未満に限られるべきである。使用期間が5年を超える場合は、一括払い方式で支払われるすべての補償金収入が1年分の所得として計上され、土地所有者に多大な所得税が課税される。

したがって、仮に5年を超えて使用裁決がなされる場合には、この課税増加分も損失に含めて裁決すべきである。

なお、中間利息の控除は現在の銀行利率を考慮して最小限とすべきであり、補償金額については起業者見積額の1.5倍とすべきである。

## ●仮設土留構造物を設置する目的で15か月使用する場合において、土地の地番が確定しないまま所有者の双方から出された使用に代わる収用請求を認めた事例

平成9年6月24日　大阪府収用委員会裁決

### 裁決

対象地が〇〇〇番〇又は〇〇〇番〇の使用地

別紙図面中の部分については、甲と乙が当該部分の帰属につき争っているが、両者から使用に代わる収用の請求があり、また、起業者もこれに同意しているので、使用に代わる収用を相当と認める。

### 起業者申立て

〇〇〇番〇の使用地に係る使用に代わる収用の請求については、対象地の帰属を争っている甲及び乙から請求があるので使用に代わる収用に応じる。
（注）
土地の使用方法及び使用期間は、次のとおりとする。
(1)　使用方法
　　仮設土留構造物を設置するための一時使用
(2)　使用期間
　　権利取得の時期から15か月

### 土地所有者申立て

甲
　〇〇〇番〇の使用地である別紙図面中の部分の使用に代わる収用を請求する。
乙
　〇〇〇番〇の使用地である別紙図面中の部分の使用に代わる収用を請求する。

## ●特別高圧送電線の線下地の阻害率は、土地の利用に制限のない十分な空間が地表面から確保されているとして、過去の裁決例等を参考に25％を相当と判断した事例

平成 9 年 3 月12日　宮崎県収用委員会裁決

### 裁決

　阻害率について、起業者は25％を相当と申請し、土地所有者は50％を相当と申し立てた。

　本件事業による土地の上空の使用については、前記理由第 2 によって認定した使用方法によった場合、電線路の保安上必要な離隔距離を確保しても、土地の利用に制限のない十分な空間が地表面から確保されており、5 階建て程度の建物の建築も可能であり、土地の利用を著しく妨げるものではないと認められる。

　よって当委員会としては過去の裁決例等を参考に、本件土地の将来的な利用形態等を総合的に勘案して、本件の阻害率は起業者の申し立てた25％を相当と判断する。

### 起業者申立て

　阻害率について、省令に基づき線下の土地の利用に制限を課すことになるが、当該地については地表面と電線の間に十分な離隔があり電線路の保安上必要な離隔距離を確保しても、現況のままでの土地利用についてこれを妨げるものではないので、起業者内部の補償基準及び本件事業における近隣地域の補償事例等を勘案して、その率を25％とした。

### 土地所有者申立て

　送電線の線下の土地は、土地区画整理事業では通常の土地評価の50％しかみないので、起業者申立ての25％は低すぎる。

● 特別高圧送電線の線下地の使用に当たり、敷地の一部は住宅の建築が禁止されるが他の部分は住宅の建築は可能であるとして、使用に代わる収用の請求は認めないとした事例

昭和54年8月24日　福岡県収用委員会裁決

### 裁決

　土地所有者は、本件土地が送電線の設置によって宅地として利用価値のないものになるとして買収の要求をしている。これに対し起業者は任意交渉の段階では替地の斡旋をしてきたが、本申請では使用の裁決を求めている。

　この点について裁決申請書、審理及び現地調査等から判断するに、A地は352.44㎡のうち、153.195㎡が、B地は356.61㎡のうち、215.935㎡が省令第133条第3項により住宅の建築は禁止されるが、禁止部分はA地・B地とも画地の北側に片寄っており、禁止部分以外の土地において住宅の建築は可能であり、禁止部分の土地も車庫、倉庫の建築、また庭、畑としての利用は可能である。

　したがって、本件土地は本事業の実施によっても、なお宅地としての利用は可能で、「土地の通常の用法を妨げ」ているとはいえず、土地収用法（以下「法」という。）第81条ただし書の規定から判断して土地所有者の要求は、使用に代わる収用の請求の要件を欠いており、認められない。

### 起業者申立て

　なし

### 土地所有者申立て

　本件土地の補償については、任意交渉の段階から替地による補償を要求していたが、起業者が提示した替地は不当なものばかりであった。
　本事業によってテレビ等にも電波障害は生じるし、画地の真中に家が建てら

れないことになると隣接農地に日照阻害も与える。また過去には高圧線の切断事故もあったことを考えると宅地としての利用価値はなくなったものと思わざるを得ない。

　したがって、替地補償ができない以上、起業者による本件土地の買取りを要求する。その価格は坪当たり80,000円が妥当である。

## ●最有効階層の建物利用に阻害が生じないため、地下利用上の阻害として地下補償率を10％とした事例

昭和62年3月31日　東京都収用委員会裁決

### 裁決

　地下補償率について、起業者は、前記事実第1の8の(4)のエのとおり0.449と申し立てているのに対し、土地所有者は、同第2の6の(3)のエのとおり申し立てている。

　そこで、現地について調査し検討した結果、高度に開発された市街地においては、土地の最有効使用は最有効用途及び最有効階層の建物（最有効建物）を建築することによって行われているのが一般的である。したがって、地下補償率は主として最有効建物（最有効階層の建物）の建築ができるかどうか、できないとしたらその程度はどうかという利用阻害の問題と解するを相当とする。

　この点について、本件の場合、以下のとおり、本件土地の最有効建物と本件地下使用権の設定後の建築可能建物とを比較し、本件土地の利用阻害率を検討することとする。

ア　ところで、最有効建物を建築することによる土地の最有効使用は、最有効階層の建物自体の建築に伴う利用と、建物の上空や地下についてのその他利用とに区分した場合、土地の利用価値がより高度な地域ほど前者に利用価値が集中する傾向が大となり、それは借地権割合の変化の傾向に類似するものと推認するのが相当である。

　　この点について、調査によると、本件地域における借地権割合はおおむね8割と認められるので、最有効建物の建築により利用する割合を8割、その他利用に伴うものを2割と配分するのが相当である。

イ　また、最有効階層については、都市計画法、建築基準法等の公法上の規制の範囲内で、経済ベースで引き合う建物かどうか、建築技術上可能かどうかにより判断されるものである。公法上の規制については、法第72条において準用する法第71条の規定の趣旨から事業認定の告示の時における公法上の規制で判断するものと解するのが相当である。

ウ　本件画地は、建ぺい率が80％であるが、商業地域内で、かつ、防火地域内

にあるので、耐火建築物を建築する場合は、建築基準法第53条第4項第1号の規定によると、敷地一杯に建築しても差し支えないものである。このような場合には、経済的投資効率を考慮すると、敷地一杯に建築するものと判断するのが相当である。

　本件画地の容積率については、500％であるけれども、その接面道路の幅員が6mであるため建築基準法第52条第1項の規定により360％の容積率として扱われることとされている。そうだとすると、本件画地に、敷地一杯に建築して、その最有効利用を図ろうとすると3.6階となる。したがって、使用権設定前の建築可能階層は、4階に満たないものというべきである。

エ　ところで、建物の1階層の重さを1㎡当たり2tというのは、一般的にみれば建物の荷重としては重すぎるきらいはあるが、建物の本体以外の諸設備や広告塔などを含めて考慮し、この数値によることとする。

オ　構築物の耐力、地質条件等を考慮すると、地下使用権設定後であっても、上記第4の3の(3)のとおり損失補償算定の基礎数値として妥当と認めた1㎡当たり10tの荷重を有する地上4階、地下1階の5階層の建物の建築は、技術的には可能なものと判断できる。

カ　したがって、本件土地に地下使用権が設定されても、最有効階層の建物利用阻害は存しない。

　そうだとすると、その他利用のうちの上空利用阻害も生じることはないと解するのが相当である。

キ　上記のとおり、本件の場合、最有効階層の建物利用阻害及びその他利用のうちの上空利用阻害が生じることはないとしても、地下に使用権が設定されるので地下利用については阻害が生じることは明らかであり、また上記アのとおり本件土地の利用価値におけるその他利用による利用率は2割と認められるので、検討した結果、その阻害率は2割の2分の1の0.100をもって相当と認める。

ク　土地所有者は、階層別利用率について起業者がA群の指数を適用したことを非難し、D群を適用すべきこと等を申し立てているが、本件の場合、上記カのとおり地下使用権設定後も最有効階層の建物利用阻害が生じないのであるから、階層別別利用率を検討する必要がない。

　また、土地所有者は、担保価値の減少や騒音及び振動の影響による減価分として、建物利用阻害率及びその他利用阻害率だけでカバーしきれない阻害率として0.3を加算すべきであると申し立てているが、担保価値の減少につ

いては上記補償で十分カバーされるし、本件土地の騒音及び振動の影響を独立させて問題にすることは相当ではない。

　なお、都市高速鉄道の運行に伴う騒音及び振動が著しい場合は、不法行為として起業者に損害賠償を請求すべきものである。
ケ　以上のとおりであるから、本件地下補償率は、0.100をもって相当とする。

### 起業者申立て

　地下補償率については、建物利用阻害率とその他利用阻害率とで構成されており、次のとおり算定し、その合計0.449とした。
(ア)　本件画地の最有効階層

　本件画地を含む付近の公法上の規制は、商業地域、建ぺい率80％、容積率500％、防火地域であり、さらに、将来のことをも見込み、地上7階、地下2階を本件画地における最有効階層と判断した。
(イ)　建物利用の配分とその他利用の配分

　別添参考によれば、土地の利用価値に占める建物利用の配分とその他利用の配分は、一般的に借地権割合の変化の傾向に類似するとされている。そこで、本件画地に接面する道路の昭和59年相続税財産評価基準の路線価図に記載されている借地権割合0.7をもって、建物利用の配分とし、底地割合の0.3をもって、その他利用の配分とした。

　なお、土地所有者は、建物利用阻害率及びその他利用阻害率に含まれない損失があるとして、補償を要求しているが、起業者の地下補償率の見積りは、要綱等によっているので、適正なものである。
(ウ)　建物利用阻害率

　東京湾平均海面の上17.85mにおいて、1㎡当たり10ｔと制限されることにより、建物の1階部は1㎡当たり2ｔであるので、地上5階から7階まで及び地下2階部分が阻害される。そこで、別添参考の第1の4の第1表Ａ群を適用することとした。

　そして、建物利用の配分0.7に、阻害される階層の指数の合計143.1の、最有効階層における各階の指数の合計447.2に対する割合を乗じて得た0.224をもって建物利用阻害率とした。

　なお、土地所有者は、使用権設定後に建築可能な建物として起業者が想定した地上4階、地下1階の5階層の建物の建築が、使用の範囲の上限付近の

地質いかんによっては、不可能となることが考えられるとして、異議を述べているが、起業者の想定は、妥当なものである。すなわち、土地所有者が述べるように、本件画地のボーリング調査をしたうえで、建築可能な建物を判断することが望ましいということについては異論はないが、建物が連たんし、民地内において調査できないので、道路上に調査地点を選定し調査することとしたものであり、そのボーリング調査結果に、東京都総合地盤図等を参考に地形、地質学的考察を加えて、各調査地点付近及び各調査地点間の地質縦断図を作成し、判断したものであって、起業者の本件画地の地質についての判断は、極めて合理的であり、何ら不当なものではない。ちなみに、土地所有者が5階層の建築が可能か否か計算するに際して参考にしたとするAビルのボーリング調査結果と起業者のボーリング調査結果の地質の変化の傾向は、ほぼ同じとなっている。また、土地所有者は、起業者のボーリング調査地点から本件画地に向け、地盤が1m下がっているので、5階層の建築が不可能となることが十分考えられるとしているが、起業者のボーリング調査地点と本件画地との地盤高の差は、77cmであり、1mも差はなく、仮に77cm、本件画地の地層が、起業者のボーリング調査結果に比べ下方に傾斜していたとしても、起業者の計算によれば、5階層の建物は十分建築可能なものである。

　また、土地所有者は、上記第1表のD群を適用すべきであるとしているが、D群は、全階住宅に利用されていることが前提であるので、本件画地の実情にあわない。

(エ)　その他利用阻害率

　その他利用には、地下及び上空の利用があり、前記(イ)のその他利用の配分0.3の地下及び上空それぞれに対する配分は、鉄道補償基準によれば、平分が相当とされているので、これを二分し、地下、上空それぞれの土地の利用価値に占める割合を0.15とした。

　そして、地下については、そのすべてが阻害されるものと判断して、この0.15をもって地下の阻害率とし、上空については、その2分の1が阻害されるものと判断して、0.15の2分の1である0.075をもって上空の阻害率とした。上空の阻害率は、広告塔の利用等、減少する上空の利用価値を補償するものである。その他利用阻害率については、これらを合計して得た0.225とした。

## 土地所有者申立て

　起業者が見積もる地下補償率については、次のとおり異議がある。
(ア)　建物利用阻害率について
　ア）起業者は、荷重制限を設けた後、本件画地で建築可能な建物として、地上4階、地下1階建ての5階層の建物を想定しているが、この想定は、以下のとおり、妥当でない。
　　すなわち、〇〇2丁目9番18のAビル建設計画における同所のボーリング調査結果を参考に、本件画地に上記5階層の建物の建築の可能性につき、1級建築士に計算させたところ、一応可能と判断されたが、使用の範囲の上限付近のN値が大きく変動しているので、本件画地の地層がAビルの地層に比べ、仮に1m下方へ傾斜するなど、この使用の範囲の上限付近の地質いかんによっては、基礎ぐいの支持力が大きく変わり、5階層の建物の建築が不可能となることが考えられ、また、本件のような場合は、本件画地そのものをボーリング調査したうえで、建築可能な建物を判断することが望ましいとのことであった。
　　なお、起業者のボーリング調査地点から本件画地に向けて、地盤が現実に傾斜し、1m下がっているので、上記のとおり、5階層の建物の建築が不可能となることは十分考えられる。
　イ）起業者は、別添参考の第1表A群を適用しているが、この指数は、20年以上も前に定められた時代遅れなものであり、起業者自身、この数字の根拠が分からず、いい加減なものである。上記表を適用するにしても、各階層の指数に差のないD群が適用されてしかるべきである。
(イ)　その他利用阻害率について
　起業者は、土地の利用価値に占めるその他利用の地下及び上空に対する配分を2分の1ずつとしているが、地下に対する配分を増やすべきである。また、上空の配分のさらにその2分の1が阻害されるとしていることについては、これで補償として足りるかどうか疑問である。
(ウ)　建物利用阻害率及びその他利用阻害率に含まれない損失について
　本件の場合、地下補償率の算定に当たっては、事業損失も考慮されてしかるべきである。すなわち、構築物の設置により、本件土地の担保価値は下落し、騒音及び振動については、起業者は被害を発生しないとしているが、全くあてにならず、当方が、損失を被るのは明らかである。

そこで、建物利用阻害率及びその他利用阻害率だけではカバーしきれないこれらの損失について、地下補償率に含めて補償すべきであり、その率は、少なくとも0.3以上を要求する。

# ●道路トンネルのため山林の地下34m以下の使用につき、土地所有者の土地利用に格別の影響を与えるものではないとして、損失の補償を0円とした事例

平成7年5月22日　山梨県収用委員会裁決

## 裁決

　関係する書類等により、本件土地の使用範囲からの土被りは、最も浅い所で34.11m、最も深い所で70.94mであり、起業者のいう限界深度以上の区域である。

　土地所有者は、本件土地について温泉掘削のためのボーリングをする旨述べ、道路構造物の設置に伴い制約を受ける損失がある旨主張する。

　しかしながら、土地所有者が審理において主張した内容を検討しても、温泉掘削のためのボーリングが現実的計画として実行されるとは認め難い。また、本件土地に温泉掘削のためのボーリングをすることも可能であろうが、本件土地の自然的及び社会的立地条件や当委員会の調査等を、総合的に勘案すれば、現時点もしくは近い将来においても利潤を追求するために行い、経済的に採算ベースに乗り得るとは認め難い。

　したがって、当委員会は、本件土地の最有効使用は、公法上の規制、周辺地域の土地利用状況等や急峻な地形を考え併せれば、当面は、現況の山林と認めることが妥当である。

　そこで、本件土地の地下に道路構造物を設置することによって生じる最有効使用に対する阻害について検討するに、本件土地の最有効使用は山林であり、本件事業により土地所有者の土地利用に対し格別の影響を与えるものではないと思料されるので、本件土地の最有効使用に対する阻害はないものと判断する。

　また、仮に土地所有権の侵害の事実があるとしても、それは、社会通念上、受忍義務の範疇に属するものである。

　したがって、当委員会は、本件事業によって生じる土地の使用による損失の補償は、金0円とする。

## 起業者申立て

　使用しようとする本件土地は、都市計画上は用途地域の指定がない未線引き都市計画区域内に存し、森林法上の地域森林計画の対象となっている民有林に該当する。

　地下の使用に係る補償は、当該土地の正常な取引価格に相当する土地価格に、当該土地の利用が妨げられる程度に応じて適正に定めた阻害率を乗じて得た額をもって行い、土地価格は、近傍類地の取引価格を基準とし、不動産鑑定士二者の鑑定評価格を参考にして決定した。

　阻害率は、対象とする地域を地域的特性から区分し、立体利用阻害の程度を判断して、不動産鑑定士二者の意見を参考に決定した。

　当該地域の立体利用阻害については、地形が10～35度の北向傾斜の急峻な地形の山地で、現状が農村林地地域で、将来にわたり開発可能性の殆どない地域であり、不動産鑑定士の意見は、建物利用または土地利用の阻害範囲を限界深度20mとし、限界深度20mを超えた部分には立体利用阻害率はないとしている。

　これにより、本件土地の使用範囲の土被りが、最も浅い所で34.11m、最も深い所で70.94mであることから、限界深度以上の区域であり、その土地の使用収益に影響はないと判断されることから、補償すべき損失もないと判断をし、阻害率は０％とし、補償額についても０円と算出した。

## 土地所有者申立て

　土地所有者は、本件土地に温泉掘削のためのボーリングをする計画があると、発言をした。

## ●トンネル覆工部分から地表10.8mであるが、畑地としての利用に阻害がないと判断し、土地の使用による損失は認め難いとした事例

平成8年6月28日　長崎県収用委員会裁決

### 裁決

　土地所有者らは、地下使用について損失の補償を主張するが、裁決申請書及びその添付書類、起業者提出の本件事業に係る構築物の説明書、当委員会が委嘱した不動産鑑定士による鑑定結果ならびに当委員会の審理及び現地調査等により次のことが認められる。

ア　本件土地は現況畑（2512番は荒地）ではあるが、全体として約30度の傾斜の地形であり、南方に存する現市道より2512番の土地は約17m、2516番の土地は約47m高い位置にあって、接続する道路も幅約1mの里道しかなく、市街化調整区域でもあること、これらの事情に工事費等を含む採算面を考慮すると、将来における宅地としての開発の可能性は極めて低いことから、土地の利用方法を判断する場合、客観的にみて、合理的かつ合法的な使用方法が基準となること等を考慮すると本件土地の最有効使用は畑地であること。

イ　また、本件事業により設置するトンネルの各覆工部分から地表までの最短距離は、下り車線の測点№221付近で10.8m（ロックボルトの長さは最長4m程度が考えられているから、その先端から地表までの最短距離は約6.8mである。）程度であり、一方、樹木等の根茎の伸長する深度は、樹木及び農作物の根系深度に関する文献によると地下4～5m程度であるが、本件事業により設置する構築物はトンネルの各覆工部分から地表までの最短距離は10.8m、ロックボルトの先端から地表までの最短距離は約6.8mあり、樹木等の根株はもちろん、その根茎の伸長に阻害を与えるものではないこと。

　以上により、本件土地につき考えられる畑地としての土地利用の範囲での阻害はないものと判断されるので、本件土地の使用による損失は認め難い。

　よって、起業者の申立てを相当として、主文のとおり決定した。

　　　主文
2　使用の方法及び期間は次のとおりとする。
(1)　使用の方法

ア　本件事業に係る構築物（○○第2トンネル）設置のための地下使用とする。
　イ　使用する範囲は、上り線で（2516番の土地）、東京湾平均海面の上94.5m（地下42.7m）から東京湾平均海面の上107.4m（地下47.1m）までとし、下り線で（2512番の土地）、東京湾平均海面の上94.8m（地下21.0m）から東京湾平均海面の上106.5m（地下9.2m）までとする。

### 起業者申立て

登記名義人（亡）甲の法定相続人
土地所有者乙（持分5分の1）に対し地下使用に伴う補償金　　　　　　0円
　地下使用の話については、地下使用権の要求が出た段階で、山林、畑を含め将来の動向等を説明し、地表部を従来と同様に利用することに何ら支障はなく、地下使用補償零で使用をお願いしたいと、過去に2回申し出ている。

### 土地所有者申立て

　本件土地について、トンネルの地上権及び地下権の損失の補償交渉を請求し、土地の単価について、長崎市の住宅不足、周辺の宅地化の進行、都市計画事業を考慮して、畑45,000円／㎡を要求したが、起業者とは1度も交渉の場はなかったし、地下使用の話もなかった。
　また、本件土地が市街化調整区域であるため開発は見込めないとの話だが市街化調整区域であっても発展性がないとは言えない。

## ●地下使用を目的とする賃借権に対する補償額は、賃借権に基づき岩石を採取する権利の制限による損失の補償に含まれると解されるので、賃借権に対する補償は要しないとした事例

平成14年2月19日　岩手県収用委員会裁決

### 裁決

　当委員会において関係書類等及び審理の内容を検討した結果、本件賃借権は、原石採取場として使用することを目的とした権利であると認められ、起業者が申し立てている土地を使用する権利に対する損失の補償（土地の完全所有権価格に賃借権の割合5％を乗じて得た額）は、後記(イ)の賃貸借契約に基づき岩石を採取する権利の制限による損失の補償の中に含まれると解される。

　このことから、起業者が申し立てている土地の使用の制限による損失の補償という意味での、賃借権に対する損失の補償は要しないと判断した。

〔損失の補償の額〕

① 　起業者は、本件土地の使用によって制限される土量の算定に当たって、事業認定を受けたトンネル幅10.7mを基準に、本件土地の範囲内でEL172mから下の部分の岩石の採取制限をすることとし、実際の採石に当たってはEL172m以下の地表面から垂直に採掘するという考え方で算定したと申し立てている。（別図第1記載のとおり）

　これに対し、当委員会の審理の中で、関係人からは採石に当たってEL172m以下の地表面から垂直に採掘する考え方は、現実に不可能であるとの申立てがあり、このことは起業者も認めている。

　また、起業者が補償額の算定において、資料として使用した乙の平成7年度から9年度までの決算資料の写しの他に、新たな資料として、平成10年度から12年度までの決算資料及び採石法施行規則（昭和26年1月31日通商産業省令第6号）第11条の規定による平成10年から12年までの報告書の写しが乙から提出された。

　これらの事実を踏まえ、当委員会として、損失の補償の額算定の根拠となる制限される土量の算定に当たっては、本件土地の範囲内で、EL172mか

ら下の部分について岩石の採取制限をした上で、実際の採掘における通常求められる安定勾配に配慮するものとすること（別図第2記載のとおり）、及び純収益等の算定に当たっては、新たに提出された決算資料及び報告書に基づくこととし、損失の補償の額について新たに算定することとした。
② 関係人は、乙からの採取計画認可申請に対する、起業者のトンネル両側50m幅の採取制限を求める意見書により、計画どおりの認可がなされず、採石権の設定（延長）も無理となったため、補償は10.7mの幅ではなく110.3mの規制幅とすべきであると申し立てているが、このことについては、事業認定のトンネル幅を基準とした、使用し、明け渡すべき土地の範囲を超える部分に関することであり、当委員会で判断すべき事項ではない。
③ 補償については、賃貸借契約に基づき岩石を採取する権利である賃借権の一部消滅によって生じる損失に対する補償とすることが相当と判断した。

その算定方法について、起業者は基準規程及び取扱細則に基づき、採石権の一部消滅に係る補償方式により算定した額を補償額としているが、関係人から異議の申立てがなかった。

当委員会としては、岩石を採取する権利としての賃借権の補償に当たって、その実態は採石権と同一内容の権利と判断されることから、起業者が申し立てたものと同様の補償方式に準じることとし、収益還元方式（ホスコルド式）を採用して採石する権利としての賃借権の評価額を算定し、現在の賃借権の設定地の残存可能採取量に基づく賃借権の評価額から、鉄道構築物設置後の可能採取量に基づく賃借権の評価額を控除する方法によって行うこととした。

そして、当委員会が委嘱した鑑定人が前記①の考え方で行った鑑定の報告書の内容を検討した結果、その損失の補償の額を相当とした。

### 起業者申立て

昭和61年12月1日付けで、土地所有者甲と借主乙との間で、岩手県二戸郡○○町字○○の土地を原石採取場として使用することを目的に締結された土地賃貸借契約（以下「賃貸借契約」という。）に基づく賃借権に対する損失の補償の見積りは、別表第5⑴記載のとおりである。

なお、算定に当たっては、付近地に類似事例がないため、相続税法（昭和25年法律第73号）第23条を採用し、賃貸借契約における残存期間が10年以下とな

っていることを確認の上、土地の完全所有権に対する賃借権の割合を5％とし、それに土地利用制限率を乗じた額を本件補償額の単価として、使用する面積を乗じた額をもって補償金とした。

## 関係人申立て

③　賃貸借契約は、岩石の採取計画の認可を得るため必要なことから締結したもので、採石料として、この契約に基づいて年80万円を支払っている。
④　会社としては賃借権に基づき採石事業を実施しており、採石権は行使していない。
⑤　起業者の言う使用範囲の10.7m幅で地表面から垂直に切って採掘することは、現実に不可能で机上の空論である。
⑥　採取計画認可申請に対する、起業者のトンネル両側50m幅の採取制限の意見書により、計画どおりの認可がなされなかった。実質的に、その範囲は採石できず、採石業を廃業せざるを得ない。
　　また、補償は10.7mの幅でなく、110.3mの規制幅とすべきである。補償算定に係る土量計算に当たって、トンネル保安距離確保のための制限分は算定されていない。

## ●地下使用における建物等の荷重制限を1㎡につき2t以下の制限を課すに当たり、一律に地表面ではなく深度により区分して制限することを相当とした事例

平成14年2月19日　岩手県収用委員会裁決

### 裁決

　当委員会において関係書類等及び審理の内容を検討した結果、起業者申立てのうち、前記事実1、(4)、イについて、同アにおいて地下使用の範囲を東京湾平均海面の上172m（以下「EL172m」という。）までとするとしていることから、使用する土地に建物その他の工作物を設置する場合における荷重を、EL172mを超える地表面がある区域までも一律に、現在の地表面において1㎡当たり2t以下とする使用方法とすることは、必要とする地下使用の範囲を超えて制限することとなるため、地表面がEL172m以下の場合とEL172mを超える場合とに分けて制限することを相当とした。

　その他の土地の使用方法及び使用期間については、起業者の申立てを相当と認める。

　　主文
ア　鉄道構築物のための地下使用とし、その使用する範囲は、東京湾平均海面の上102.63mから東京湾平均海面の上172mまでとする。
イ　鉄道構築物を保全するため、使用する土地に建物その他の工作物を設置する場合は、地表面が、東京湾平均海面の上172m以下の場合は現在の地表面において、それを超える場合は東京湾平均海面の上172mの地点において、荷重を1㎡につき2t以下とする。

### 起業者申立て

ア　鉄道構築物のための地下使用として、その使用範囲は東京湾平均海面の上102.63mから東京湾平均海面の上172.00mまでとする。

イ 鉄道構築物を保全するため、使用する土地に建物その他の工作物を設置する場合は、現在の地表面における荷重を1㎡につき2t以下とする。

## 土地所有者申立て

なし

## (4) 残地補償等

● 残地の評価に当たり、道路整備計画が実施されることを前提として評価することが相当であるとした事例

平成10年5月29日　福岡県収用委員会裁決

### 裁決

　本件収用に伴い生じる残地Aについて、起業者は前記事実第1の4の(1)のウの(ア)記載のとおり申し立て、土地所有者は、同事実第2の4の(2)記載のとおり主張しているところ、当委員会は以下のとおり判断した。
ア　残地Aは、本件収用に伴い別添図面のとおり、南北約90m、東西約1～18m、面積1,043.87㎡のほぼ三角形状の画地となる。
イ　残地Aは、収用に伴い東側約90mが本件事業用地に、南側約1mが未舗装市道に接面する土地となる。
ウ　起業者は、本件事業用地について、上空部分を高架道路として、高架下を井尻姪浜線と接面する緑地帯として整備する計画である。
エ　起業者は、緑地帯の一部について、井尻姪浜線から残地Aに出入可能な幅員約6m、奥行約4.5m及び14mの通路（2か所）の整備を計画している。
オ　本件事業用地は、緑地帯及び通路を含め自動車専用道路であって、建築基準法第43条第1項に規定する道路には当たらない。
　以上のことから、一団の土地は井尻姪浜線に接面していたが、当該残地は、事業の施行に伴い井尻姪浜線から1～21m西側に位置し、上記エの通路を介して当該路線道路と出入りする以外は、南側約1mが未舗装市道に接面する土地となる。したがって、この残地の評価に当たっては、上記ウ及びエの整備計画が実施されることを前提として評価を行うことが相当であると判断した。
　そこで、当委員会は、現地調査を行い、更に不動産鑑定士による鑑定評価を得てこれらを総合的に検討した結果、当該残地は井尻姪浜線に接面しているとは認められないものの、通路による出入りは可能であることから、路線商業地域に位置する中高層店舗共同住宅用地が当該残地の最有効使用と判断し、接面街路条件、環境条件、画地条件及び行政的条件の減価率を求め、残地の価格は34％減じると認められる。
　したがって、残地の減価額については、一団の土地と残地Aの1㎡当たりの

価格の差額を金102,000円とし、この差額に残地面積を乗じて得た別表3の2記載の額、金106,474,740円と認定した。

### 起業者申立て

　本件事業の施行に伴い、一団の土地が2つに分断され残地が2か所生じることとなる。当該残地は一団の土地に比べ利用価値が減少し、価格の低下が認められる。

　残地の評価に当たっては、街路条件は従前と同じとし、事業施行後の橋脚等の設置は減価の要因とはせず、一団の土地とそれぞれの残地の画地条件を比準し、更に不動産鑑定士の意見を参考に、残地補償を次のとおり見積もった。

　また、分筆後の地番A番1、A番6及びB番1からなる画地（以下「残地A」という。）は、奥行短小及び不整形地の画地条件の格差率を求め、これに残地が建物の合理的移転先とならない補正率を相乗し減価率を19%とし、1㎡当たりの価格を金356,400円と算定した。

　そこで、残地Aの補償額については、一団の土地の価格と残地Aの価格の差額を1㎡当たり金83,600円と算定し、これに残地の面積を乗じた別表1の2記載の額、金87,267,532円と見積もった。

### 土地所有者申立て

　残地Aについては、従前はほぼ長方形であった画地が、本件事業の施行に伴い井尻姪浜線側の開口全面を斜めに収用され、三角形の不整形地となる。

　起業者はこの本件事業用地について、従前の機能回復として幅員6mの通路を2か所、その他の部分を緑地帯として整備するとしているが、この残地は、土地の形状及び通路等の整備計画から、現在の不動産市場では一括売却が困難であり形状の良い部分しか売却できないものと考える。

　そこで、当該残地を評価するに当たり、分筆後地番B番1（以下「1号地」という。）は南北約42m、東西最長約19mの台形状の面地とし、分筆後地番A番1及びA番6の面地（以下「2号地」という。）は、南北約42m、東西最長約13mのほぼ三角形の不整形の面地に分割して評価を行った。

　1号地は、形状及び通路の長さ等から十分店舗立地は可能であり、近隣地域の状況等から判断して、低層店舗又は中層店舗付共同住宅等の敷地として利用

可能であるが、２号地は、土地の形状及び通路整備計画から、井尻姪浜線の車道部分から20ｍ以上奥に位置する土地、いわゆる裏地となることから、低層倉庫付事務所等の敷地としての利用が考えられ、２号地が井尻姪浜線に接面しているとは言い難く価格の低下が著しい。

　そこで、残地Ａに対する補償額は、１号地及び２号地の各々の価格を基にこれらを一括して売却する前提で評価した不動産鑑定評価書の鑑定評価格を基礎として、残地の減価格を１㎡当たり金198,000円とし、これに残地Ａの面積を乗じた別表１の３記載の額、金206,686,260円を主張する。

● 細目政令１条３項に定める「一般の取引における通常の利用方法」とは現在の利用方法ではなく最有効使用をいうものと解するのが相当であるとし、本画地の最有効使用を開発後の中小規模一般住宅敷として残地補償をした事例

平成17年３月22日　大阪府収用委員会裁決

## 裁決

　残地補償については、法第74条の規定に基づき補償金の額を算定するものであるが、これについては同条第２項で第71条の例によると定められている。
　ところで、法第71条の相当な価格について、細目政令第１条第３項第３号は収用する土地を一般の取引における通常の利用方法にしたがって利用するものとして算定すると定めているところ、ここでいう「一般の取引における通常の利用方法」というのは現在の利用方法ではなく最有効使用をいうものと解するのが相当である。したがって、本件残地については、本件画地の最有効使用である「開発に必要な通路の幅員等を確保するための用地を取得し、造成、分割したうえでの中小規模一般住宅の敷地」を前提として残地補償を算定する。
　上記観点に立って、裁決申請書の添付書類、現地調査の結果、調査のための鑑定人の評価等を検討すると、次のとおり本件残地の価格が減じ、損失が生じるものと認める。

## 起業者申立て

　残地補償が必要か否かについては、法第74条第１項により定められるものであり、同条項に規定する価格の減少ないしは損失が生じたか否かを判断するに当たっては、現況の利用状況を前提として判断がなされるものである。そうでなければ、土地所有者に本来存在しない利益を与えることとなって不当であるし、そのように解する方が残地収用に関する法第76条第１項の解釈とも整合する。
　本件画地は貸駐車場として利用されてきたものであり、本件残地Ａ及び本件

残地B（以下これら2つの残地を「本件残地」という。）においても、駐車場としての利用を継続することは可能であって、利用価値の減少は認められず、本件残地について価格の減少ないしは損失はない。

また、本件土地において本路線が整備された場合には、幹線道路に接する駐車場としての需要も期待できる。

### 土地所有者申立て

残地補償については、残地の不整形な程度やその広さなどから、残地自体の利用価値が減じるものであるか否かによって判断すべきであり、土地の最有効使用を前提として算定するものである。

本件残地については、土地評価は最有効使用である分譲住宅用地を前提とすべきものであり、本件残地の利用価値は著しく減じるものであるので、残地補償を要することは明らかである。

● 借地権が消滅した残地の残地補償について、当該残地に隣接する父親所有の土地と一体利用が可能になるため、残地の利用、保有の価値に低下が生じないとした事例

平成8年9月30日　東京都収用委員会裁決

### 裁決

　起業者は、前記事実第1の4(5)のとおり、残地についての損失は生じないので、損失補償は行わないと申し立て、土地所有者は前記事実第2の2(3)のとおり、残地はほとんど利用価値を喪失するので補償すべきであると申し立てているが、以下の理由により、残地補償は行わないとする起業者の申立てをもって相当とする。

(1)　本件残地のうち借地部分の土地は、本件土地収用によって、単独での宅地利用が困難となる結果、関係人は、従前と同様の建物所有の目的で利用する利益を有しない客観的状態に置かれ、移転先確保の必要に迫られる一方で、従前、底地として保有する利益しか有せず当該残地の利用ができなかった土地所有者は、その有する権利の内容を事実上回復し、新たに、当該残地そのものを利用する可能性を取得しうるのみならず、当該残地と土地所有者の父親である前土地所有者が所有する背後地との一体利用の可能性が生ずるため、当該残地の利用ないし保有の価値が、少なくとも現状より減ずるものではないことは客観的に明らかである。

(2)　本件残地のうち借地部分以外の残地についても、従前と同様の目的の利用には支障がないだけでなく、単独では若干の価格の低下が認められるとしても、借地部分の残地と併合して背後地との一体的な利用の可能性が生ずるなど、現状より利用ないし保有の価値が減ずることはないと考えられる。

(3)　土地所有者は、本件土地の残地の一部、土地調書添付地積測量図の(G)の区域の土地をAビルの正面通路敷地の一部に供して、現に両土地の一体的な利用関係を実現しており、また、本件残地の位置、面積及び形状の客観的状況、さらに社会通念からも、本件収用後における本件残地のみの具体的な処分の可能性は少ないと考えられる。

(4)　以上のことから、収用後における本件残地の最も有効な利用は、背後地との一体的な利用を図ることであると考えられ、起業者もこれを前提として残地補償を行わない旨申し立てているが、土地所有者は、それぞれの土地の所有名義が異なることなどを理由に起業者の申立ては単なる憶測にすぎないものとしてこれを否定している。

　しかしながら、本件残地は、本件裁決申請時においては、背後地の所有者である父親の所有に属して管理、運用されてきた経緯を有しており、裁決申請後に所有名義が異なることとなったのは、単に租税対策上の配慮に基づいて行われたものと考えられ、両土地の利用関係は、実質的に従前と変更がないと認められる。

　したがって、本件残地補償の要否の判断に当たっては、名義変更の前後を通じて両土地の管理、運用に特段の変更はなく、一体的な利用が可能な土地と考えるのが相当であり、土地所有者の主張は認められない。

### 起業者申立て

　残地補償については、通常、土地の一部が収用されることによって残地の面積が狭小となったり地形が悪くなるなど、残地の利用価値や交換価値が減少する場合に、従前の土地と残地の価格の差額を補てんするために行うこととしており、本件のように残地に隣接する土地が異なる名義の家族所有である場合には、将来、両土地の同一利用が行われ得るか否かを客観的に検討して、その要否を個別に判断することとしている。

　本件残地及び本件土地（以下「残地等」という。）とこれに隣接する前土地所有者の所有地である渋谷区〇〇23番の土地（以下「背後地」という。）は、以下のとおり、客観的に一体利用が前提とされているものと考えるので、残地についての損失は生じないと判断して、損失補償は行わないものとした。

ア　背後地が明治通りに接面するか否かは、容積率に限らず、背後地の財産価値そのもの、利用価値や利用勝手に多大な差異を生じさせることから、背後地が明治通りに接面しなくなるように残地等の所有権を第三者へ移転することは、社会通念上考えられない。

イ　残地等は、前土地所有者が背後地とともに所有していたものを、本件裁決申請後、交換により同氏の長男及び長女である本件土地所有者へ名義変更されたもので、この名義変更は、土地所有者自らも認めるとおり単に租税対策

上の配慮から、相手方が家族であること及び変更後も背後地との一体利用が可能であることを前提として行われたものと判断できる。
ウ　前土地所有者は、本件契約において、背後地の通路として本件借地権の及ばない土地をわざわざ確保しており、この事実は、残地等と背後地の一体利用の意思の一端を表すものと判断できる。
エ　前土地所有者が設定した残地等の利用関係や根抵当権設定登記等は、名義変更後も従前と同様であり、前土地所有者が、名義変更の前後を通じて本件土地の実質的な管理を行っているものと判断できる。
オ　残地等は、背後地と同一筆に属していたものを、利用状況を変えないまま現在のように分筆され、その一部は、現在、背後地にある前土地所有者が所有するテナントビル（以下「〇〇ビル」という。）正面通路敷地の一部として利用されており、当該土地の利用に全く影響を与えないという土地所有者の主張は理解できない。

## 土地所有者申立て

　本件借地権は、残地部分も含めてすでに消滅し、あるいは、本件収用により消滅することになるが、残地の面積はわずかでほとんど利用価値を喪失することになるので、これについても補償すべきである。
　なお、残地に隣接して土地所有者の親族名義の土地があるが、以下のとおり、この一事をもって起業者が残地補償をしないでよい理由とはならない。
ア　親族であることと土地の一体利用とは何の必然性もなく、まして、次世代、次次世代にあっては、なおさら一体利用が可能になるような必然性は存在しない。
イ　親族といえども権利主体は別人格であり、残地の有効利用に常に協力する法律上の義務はなく、現実的にも、権利主体それぞれが所有地を自由に、他に拘束されることなく使用、収益、処分できる。
ウ　背後地には、Ａビルが残地とは別個独立に利用計画を立案して平成３年に建設され、すでに600％の容積率限度一杯使用していることから、更地としての一般論ならともかく、本件残地は、背後地と一体利用することは物理的にも不可能であり、本来の宅地としての利用価値は皆無に等しく、同ビル敷地にとり何の経済的メリットも与えない。
　したがって、残地の一部がビルの正面通路敷地の一部として使用されて

も、ビル敷地に何らの影響もなく、一体利用する意味はない。
エ　Ａビルは、現在、テナントに賃貸中であり、今後、この利用状況は相当長期間継続するから、明治通りに接面しなくなってもその利用価値に何らの影響もなく、売却に当たってもビルと共には売却対象にならないと考えるのが正しい。
オ　本件土地交換は、本件土地の収用を契機として行ったものではなく、所有権移転と利用形態の変更には何の必然的関連性もないもので、起業者の主張は単なる憶測にすぎない。
カ　抵当権が設定されたままであるのは、この担保は共同担保で他に十分な担保が設定されているため実質的にないに等しいからであり、一体利用と担保の設定とがなぜ結びつくのか理解できず、根拠のない主張である。
キ　前土地所有者は、土地所有者が不動産管理に不慣れなため用地折衝等を代理したもので、本件土地の法律的な管理権を有するものではない。
ク　通路部分の残地は、Ａビルのために残しておいたものではなく、同ビルの敷地とはなっていない。また、現在のビル敷地にとって必要不可欠な土地でもなく、一体利用できる土地でもない。

●使用借権者に対しては、従前有していた使用借権の存続自体が事実上不可能になるので残使用借権の消滅に相当する額を補償することを相当とし、土地所有者には、土地が返還され利用ができることになることから残地補償額から残使用借権の消滅に対する補償額を控除することが適当であるとした事例

平成16年6月18日　群馬県収用委員会裁決

## 裁決

　起業者は前記事実１の５イ⑶②のとおり見積もったのに対し、土地所有者甲からは前記事実第２の１のとおり異議の申立てがなく、前記事実第２の２のとおり、関係人乙は前記事実第２の２ウのとおり異議がない旨申し立てている。
　当委員会は、本件土地の利用状況、本件残地の価格形成上の諸要因、裁決申請書の添附書類及び現地調査の結果を総合的に検討し、以下のとおり判断する。
　本件収用によって生ずる残地のうち、○○○番については、従前建物所有の目的に供されていたところ、本件収用により面積13.91㎡、奥行約30cmの不整形地となり、単独では建物敷地としての効用を喪失することから、従前と同様の目的に供することができなくなるのは明らかである。即ち従前成立していた使用借権の存続自体が事実上不可能となるのであって、残使用借権に対する補償は、使用借権の消滅に相当する補償額とすることが適当である。
　また、残使用借権消滅に対する補償額は、土地を利用する権利の回復として土地所有者に還元されることとなるから、土地所有者に対する残地補償額から、当該残使用借権の消滅に対する補償額を控除することが適当である。

## 起業者申立て

　上記⑵で算定した１㎡当たりの残地補償額98,215円に、実測による残地面積13.91㎡を乗じて得た額を残地に対する損失の補償として見積もった。

ただし、残地の一部に使用借権が成立しているため、当該権利が成立している部分については、その実測面積0.64㎡に、１㎡当たりの残地補償額及び使用借権の配分割合30％を乗じて得た額を残使用借権に対する補償として見積もり、当該金額を土地所有者に対する残地補償から控除した。
　土地所有者甲に対し　金1,347,314円
　関係人　　乙に対し　金　 18,857円

## 土地所有者申立て

なし

## 関係人申立て

起業者の申立てに異議はない。

# ●本件借地権の存する残地と隣接地の借地を合わせた利用が可能であるとして、残地の減価率を軽減することは、それぞれ別個の権利として存続することから採用し得ないとした事例

平成9年2月17日　東京都収用委員会裁決

## 裁決

　上記(1)ウの残地補償単価1㎡当たり275,000円に上記(1)ア(ウ)の残地面積20.90㎡、上記(2)で相当とした底地価格の配分割合30%を乗じて得た額1,724,250円をもって相当とする。

　なお、起業者は前記事実第1の4(2)オ(ア)②のとおり隣接地も借地させており本件残地の価値減が緩和されるとするが、当該隣接地及び本件残地にはそれぞれ別個の借地権が権利取得の時期以後も存続するものであり、減額補正は採用できない。

## 起業者申立て

　土地所有者は本件土地の西側隣接地も本件裁決申請外の者に借地させており、本件残地は当該隣接地と合わせて将来の一体利用の可能性があり、残地の価値の減少が軽減されることから、減少分の80%を補償することとした。

　したがって、残地補償については、上記イの残地補償単価1㎡当たり316,000円に残地面積20.90㎡、上記エの底地価格の配分割合30%及び補正率80%を乗じて得た額1,585,056円を見積もった。

## 土地所有者申立て

　なし

## ●事業の完成により残地に存する牛舎周辺に通風阻害等の環境の変化が生ずることが予測されるが、これは収用による損失とは認められないので判断しないとした事例

平成3年5月22日　愛媛県収用委員会裁決

### 裁決

　本件事業の完成により牛舎周辺の環境が変化することは予測されるものの、牛舎は本件申請地に存するものでなく、更に、本件の土地の収用による損失とは認められないので、当委員会は判断しない。

### 起業者申立て

　土地所有者は、本件事業が完成すれば本件申請地に存しない牛舎への通風阻害及び騒音等の発生により乳牛の飼育が不可能になるとして牛舎の移転に要する費用（事業損失の補償）を要求している。

　起業者は、本件事業が完成した場合の自然環境条件の変化及び酪農経営に与える影響等について財日本気象協会及び愛媛大学等の専門機関で調査等を行った。その結果、乳牛は温度の上昇に伴い乳量が減少するという性質を持つものの、本件事業の完成が牛舎内温度に与える影響は予測不可能であり、どの程度の乳量が減少するか具体的かつ客観的な被害の程度を予測することができなかった。

　また、当該調査では、本件事業の完成に伴い牛舎への風量が6％減少することが予測されたが、当該減少では牛舎内温度の上昇を防止するスプリンクラー及び自動換気装置が有効に機能しなくなるとは考えられない。

　前示専門機関の調査等によれば、車両騒音、熱射（輻射熱）による被害は、道路完成後でないと明確な判断はできないとしている。更に、粉塵排気ガスによる被害は、道路完成後でないと予測できないと考えられる。

　したがって、被害の程度を量的に推定把握できない状況において、事前の被害防止措置を内容とする補償に応じることはできない。

## 土地所有者申立て

　当方は、本件事業の起業地の直近に牛舎を所有し、牛の飼育及び搾乳の仕事を行っている。

　乳牛は、牛舎内の温度等の上昇により多大なストレスを生じ、乳量が減少する等暑さと湿度に極端に弱い動物である。

　本件事業が施行されるとすれば、自然の通風が道路により遮られ大幅に減殺されるため牛舎内の温度が上昇するとともに、温度上昇防止のためのスプリンクラー及び自動換気装置の機能も全うすることができない。更に、本件事業の完成により車両騒音による被害が深刻な問題となり、しかも、相当量の粉塵排気ガスが牛舎内に流入する。加えて、熱射による上昇した道路上の空気が牛舎内に流入して牛舎内の温度が大幅に上昇する。

　本件道路が建設されることにより牛舎の環境が悪化し、乳牛を飼育することができず酪農の続行が不可能となるので、道路位置の変更ないしは牛舎の移転に要する補償を要求する。

　本件事業が酪農経営に深刻な打撃を与えることは明白であり、これにより発生する被害は事後的な補償で回復し得るものではない。

　なお、専門家の調査によれば、本件事業の施行による損害は、生産の減少率で少なくとも20％を下らず、試算によれば損害額は207,378,400円となる。起業者は当該損害を賠償すべき義務を負っている。

● 特別高圧送電線が農地の中央を斜めに横切ることになるが、線下用地及びその残地の一体的利用を妨げることにならないので、残地補償を必要としないとした事例

平成9年3月12日　宮崎県収用委員会裁決

### 裁決

　法第74条により、一団の土地の一部を使用することによって、残地の価格が減じ、その他残地に関して損失が生ずるときは、その損失を補償しなければならないことを定めている。

　本件土地の場合、土地所有者の申立てどおり土地のほぼ中央を斜めに線下用地部分が横切ることになるが、本件事業による使用は、土地の上空の使用であり、その内容は前記理由第5の1(2)でも述べたとおりであり、線下用地及びその残地の一団、一体としての利用を妨げるものではないので当委員会としては残地補償の必要はないと判断した。

### 起業者申立て

　なし

### 土地所有者申立て

　土地が分断されることによって、残地についても利用価値がなくなるのでその補償も行うべきである。

# ●進入路の設置により農地の有効利用面積の減少に伴う損失は、受忍の限度内であるとして補償を要しないとした事例

平成 8 年 8 月20日　兵庫県収用委員会裁決

## 裁決

　土地所有者は、事実2⑸イのとおり進入路敷となる部分の有効利用面積が減ることに伴う損失の補償を要求するのに対し、起業者は、事実1⑸ウのとおり主張するので、以下判断する。

　前記⑴で判断した本件残地への進入路の設置によって生じる農地としての収益の減少等について検討したが、進入路の敷地部分の利用が制約されることによる損失は、受忍すべき限度内であるので、特に補償を要するものではないと判断した。

## 起業者申立て

　土地所有者は、事実2⑸イのとおり、進入路の設置によって生じる有効利用面積減に係る補償を要求するが、起業者が施行する公共事業に係る補償の取扱い上は、係る補償をすることとはしておらず、その補償は要しないものと考える。

## 土地所有者申立て

　本件残地への進入路の設置によって進入路敷となる部分ができるために、有効利用面積が減ることに伴う損失の補償も併せて要求する。

## ●区分所有建物敷地の一部が取得されることにより建替え時に現在の容積の建物を残地に建てられなくなるとの不利益は、土地の所有権に内在する制約というべきものであるとした事例

平成4年8月7日　兵庫県収用委員会裁決

### 裁決

　土地所有者甲、同乙、同丙、同丁、同戊は、事実2のとおり、マンションの敷地のうち1,072.72㎡の土地が減少すると、建替え時に、現在の容積の建物を残地に建てることができなくなると申し立てるが、本件収用により敷地面積が減少するのであるから、建替え時に、建築基準法で定める容積率及び建ぺい率の制約を受けるのは当然のことである。

　これは、公共の福祉のために受忍すべき制約で、そもそも土地の所有権に内在する制約というべきであるから、この点についての土地所有者甲らの主張は採用することができない。

### 起業者申立て

　土地所有者甲、同乙、同丙、同丁、同戊は、事実2のとおり、マンション敷地のうち1,072.72㎡の土地が減少すると、建替え時に、現在の建物を建てることができなくなると主張する。

　たしかに、土地の面積が減少すれば、減少分に相当する土地の利用ができなくなり、上記土地所有者の主張は心情的に理解できるものであるが、適正な公共補償の観点からすれば、この主張を受け入れることは非常に困難である。

### 土地所有者申立て

甲

　本件土地が収用されると、現在存するマンションの容積は、都市計画で定められた容積率を超過し、不法建築物になるので、マンションの財産価値が低下

する。
　現在の容積率を満たすには、マンション30数戸を市営住宅にし、建替え時になくせば、不法建築を回避することができる。
乙
　本件収用により、現在の敷地面積の10分の1に相当する土地が減少し、建替え時に、現在存する容積の建物を建てることができなくなる。
　マンションの場合、土地と建物は一体であるから、10分の1に相当する建物を買い取ること。

● 区分所有建物の一部が支障となる区分所有者から残地持分の買取り要求に対し、残地は収用後においてもマンション敷地等として利用されるため、同人の残地持分は従来利用していた目的に供することが著しく困難になることはないとした事例

平成11年2月22日　東京都収用委員会裁決

## 裁決

　甲は、前記事実第3のとおり残地（持分）補償に異議はないが、残地権利すなわち残地持分については起業者が買い取ってほしい旨を述べている。それに対して、起業者は、前記事実第1の4(6)のとおり残地持分は買い取ることができないので、残地（持分）補償を見積もったと述べている。
　そこで検討したところ、甲の述べるところは、残地持分に関する法第76条に基づく収用の請求とも、起業者に対して任意による買収りを望む趣旨とも解されるところであるが、本件残地は、本件収用後においても、従来どおり10階建てのマンションの敷地及び私道として利用され続けるのであるから、本件収用によって残地及び同人の残地持分（残地に係る共有持分権）についても従来利用していた目的に供することが著しく困難となることはない。甲の残地持分については、確かに本件土地の収用により建物の建替えまでは権利行使に制限を負うことになると認められるものの、その点については金銭による補償がなされれば足りると言うべきであり、起業者は前記事実第1の4(4)のとおり残地（持分）補償を見積もっている。したがって、甲の上記の要求を、残地持分に関する法第76条に基づく収用の請求であると解したとしても、認めることはできない。

## 起業者申立て

　本件土地の収用により区分所有建物の一部の除却が必要となり、自己の専有部分が滅失することになる土地所有者については、残地にある持分権を収用後

も所有することになり、残地の建物が取り壊され、更地になるまでの間、使用収益が阻害され、売却が現実のところ困難となるという損失が生ずると認められるので、32番12のうちの宅地部分及び32番10とを合わせた137.74㎡について残地（持分）補償を行うこととした。

　残地（持分）補償の単価は、宅地部分の残地の持分の価値は宅地部分の価格の20％の価値があるので、損失となる80％を補償することとし、宅地の単価1㎡当たり9,981,300円に80％を乗じて得た額1㎡当たり7,985,000円と見積もった。

　本事業においては、公共事業であるという性格上、原則的には、事業の用に供する残地でなければ買収することができないので、残地の共有持分権（残地持分）については買収せず、その代わりとして、上記(4)のとおり残地（持分）補償によって収用の前後の価格の差を損失として補償することとし、その補償金として上記(5)ア(イ)のとおり見積もった。

### 土地所有者申立て

　残地（持分）補償以外の点には起業者の申立てに異議がない。

　残地（持分）補償については、起業者の残地（持分）補償についての見積りには異議はないが、そのこととは別に残地権利を買い取ってほしい。

　収用後は利用もできないし、固定資産税を払わなければならない。相続が発生した場合等、後が困る。非立退者全員が立退者の土地権利を買い取るのが理想であるが、なにせ多人数のため意見がまちまちとなり、話が先に進まないと思うし、また困難だと思う。双方が後々までトラブルの原因を残すことになる。この際、すべて後日の権利関係のトラブル等を残さないように起業者側が非立退者に代わって立退者の残地権利を買い取るべきである。

## ●土地所有者は残地補償の申し出を取り下げているが、土地所有者の主張する土地価格を認められない場合でも放棄する趣旨とは解されないとして残地補償を認めた事例

平成10年10月15日　佐賀県収用委員会裁決

### 裁決

　起業者は、本件残地について1㎡当たり43,600円の価値減を認め、これに残地面積32.33㎡を乗じた1,409,500円（100円未満切捨て）をもって、土地に対する残地補償と申し立てるのに対し、土地所有者は意見書により残地補償の申し出を取り下げる旨申し立てるので以下判断する。

　最初に、残地補償の要否であるが、当委員会は残地の面積、形状の状況から残地補償をすべきと判断する。

　また、土地所有者は残地補償の申し出を取り下げる旨申し立てているが、これは土地に対する補償が土地所有者の申し出のとおりになることを前提に申し立てていると推定され、土地所有者の申し立てた損失補償額が認められない場合でも残地補償を放棄する趣旨とは解されないので、本件の場合、残地補償をしない合理的理由は存しない。

　当委員会は、残地の面積、形状等を総合的に検討した結果、事業認定の告示のときにおける残地の価格を131,300円とするのが相当であると判断する。

　したがって、土地に対する残地の補償額は、収用しようとする土地と残地の価格差の1㎡当たり49,700円に、残地面積32.33㎡及び事業認定時から本裁決の時までの法定修正率（附表修正率算式）0.997を乗じて得られる額1,601,981円とする。

### 起業者申立て

　本件土地の価格の算定に当たっては、土地の位置、形状等を考慮し近傍類似の取引き事例等を参考とし、事業認定の告示日における1㎡当たりの更地価格を180,300円、残地補償額の算定に当たっては「佐賀県公共用地の取得に伴う

損失補償規程」、「同土木部関係運用方針」及び関係資料に準拠し、事業認定の告示日における1㎡当たりの残地価格を136,700円と算定した。

## 土地所有者申立て

　当人は、収用しようとする土地の隣接地を、平成6年の裁判所の競売において35,000,090円で落札した。この土地は、当人にとって替地であり、この競売落札額が補償されるべきである。

　また、競売物件を取得するに当たり金融機関から融資を受けた借入金の金利も補償してもらいたい。

　当人は、残地を売却する意思はなく、残地補償の請求については取り下げることとする。

## ●建物全体を構外へ移転することが妥当であるとして、残借地権補償を認めた事例

平成15年6月10日　大阪府収用委員会裁決

### 裁決

　〇〇番の土地賃借権者である甲は、〇〇番について残借地権補償が必要であると主張するが、起業者はこれを見積もらないので、以下判断する。

　〇〇番及び〇〇番上には、2筆にまたがって甲と乙の親子が居住する建物が存する。

　今回収用に伴い建物を移転することになるが、残地の面積は95.10㎡であり、床面積約155㎡の建物を構内再築することはできない。また、当該建物は居住用として一体利用されており、収用部分のみを切り取る除却工法では従前の利用形態を維持できず、移転方法として適当ではない。よって、移転方法としては、建物全体を構外再築することが妥当である。

　収用の結果、残地上には、建物のない状態で甲の有する土地賃借権のみが存することとなる。借地法の適用を受ける借地上の建物が滅失した場合、土地賃借権者は、期間満了時に土地賃借権を請求更新することができず、正当事由のない土地所有者の異議だけで法定更新もできない。さらに土地賃借権の譲渡又は転貸借をするために必要な土地所有者の承諾に代わる許可を裁判所に申し立てることもできないため、土地賃借権の換価もできないことになる。

　したがって、甲の有する土地賃借権は、更新も換価もできない土地賃借権となってしまい、その経済的価値は事実上なくなるものと判断する。

　よって、収用の前後で同等の経済的価値を補償するためには、〇〇番上の土地賃借権についてすべて補償する必要があり、その事業認定時における補償額は以下のとおりである。

　画地Aの更地価格（円／㎡）×〇〇番の面積（㎡）×借地権割合（％）＝
178,600（円／㎡）×95.10（㎡）×50（％）＝8,492,430（円）

### 起業者申立て

　甲は、〇〇番について残借地権補償を求めるが、当該残地は従前の土地より

は狭小になるが近隣の宅地状況に劣るとは考えられず、建物敷地としての利用が可能である。したがって、残地における借地の継続が可能と考えられるため残借地権にかかる補償は見積もらない。

## 土地所有者申立て

甲は、〇〇番に建物が存しなくなることによる残借地権の減価に対する補償を求める。

● 残地部分に事業の施行により高低差が生ずるが、取付階段を設置することにより従前と同じ利用ができると認められるので、残地の減価は生じないとした事例

昭和63年3月9日　沖縄県収用委員会裁決

### 裁決

　残地部分の土地所有者甲は、残地部分について、事業の施行により残地の価格が減少するとして残地補償を要求するが、残地の部分については、従前の残地部分の利用状況及び当委員会の現地調査等の結果、新設道路への取付階段を設置することにより従前と同じ利用ができると認められるので、残地の減価は生じないものと判断する。

### 起業者申立て

　残地部分の土地は従前から車の利用や、駐車等は国際通りのＡ店横からの既設道路を生活道のメインとしており、Ｂ小学校側の道路とのつながりの通路は高低の差が大きく、幅も狭く不特定のため、人の通行のみが可能な通路であった。したがって、残地部分の利用について、従前の機能回復を図るためには、本事業による新設道路との取付階段の設置により従前と同程度の利用は可能であると考えている。このため起業者としては、法第84条第1項の規定により既通路部分に長さ4.7m、幅1m、高さ1.5mの新設道路への取付階段の設置を昭和63年7月末日までに道路工事と併せて施工したい。

### 土地所有者申立て

　本件土地は乙の経営する「乙駐車場」として賃貸しているが、本事業計画の結果、公道（車道）より本件残地に車両乗り入れ、車両進行に関して営業上死活に係わる問題である。自動車運行を不可欠とする営業環境としては、極めて劣悪になり、著しく制限を受けることになる。また、敷地に建造物を造る場

合、大型車両の進入、進行は本件土地以外になく、事業後の地形では、著しく不都合、不利益は免れなく、残地の有効利用、地価に価格低下を及ぼすことは明白である。

このように、本件事業計画により本件残地の環境が劣悪化するため本件残地を他に売却するにしても、その対価は著しく減額されることは明らかであり、その損失は、社会通念上容認すべき範囲を超えるものである。

残地価格の減少による損失とは、土地所有権の剥奪、制限そのものより生じた損失（いわゆる収用損失）に限るべきでない。土地収用は一定の事業の用に供するためになされるものであり、土地の収用とそれの一定の事業への供用と不可分のものであって、被収用地を使用して行われる事業の種類、性質、規模等の如何によっては、その残地につき単なる形状の変化、面積の縮小等収用そのものに基づく価格の減少以外に、更に残地の価格ないし利用価値の減少を招来する場合が存することは明らかである。このような場合における残地価格ないし利用価値の減少による損失（いわゆる起業損失）は、密接不可分の関係にあり、これを収用に起因する損失というを妨げない。このような損失についても補償するものでなければ、土地収用における損失の完全性を期するということはできないというべきであるから、残地につき生じたいわゆる起業損失についても、これを補償すべきものと解するのが相当である。

以上により、本件残地に生じた損失補償金額の算定は、残地を道路面と同じ高さまで嵩上げする以前の価格に減価率を乗じ、面積を乗じた額をもって補償されなければならない。

また、前記損失は、盛土費用とは別に補償されなければならないと考える。

● 高速自動車道の上り線と下り線に挟まれた土地について、残地収用の請求を認めた事例

平成元年7月11日　大阪府収用委員会裁決

## 裁決

　土地所有者泉南市及び甲らは、本件土地の収用に伴って生ずる残地のうち、近畿自動車道松原海南線の上り線と下り線に挟まれた部分について、残地収用を請求するので、以下検討する。
　審理及び調査の結果に徴すれば、次の事実が認められる。
1　残地収用の請求に係る土地は、泉南市の請求に係る面積が149.35㎡、甲らの請求に係る面積が111.95㎡であって、いずれも高速道路の橋梁に挟まれた土地となり、本件土地が収用されるとその単独利用は著しく困難となること。
2　残地収用の請求に係る土地は、既に土地所有者らの施工承諾を得て近畿自動車道松原海南線の橋梁設置のために粗造成が施され、排水路が設置されていること。
3　なお、残地収用の請求に係る土地は、本件土地の収用に伴って生ずる残地の一部であるが、残地収用の請求に係る土地以外の残地については、利用が可能であること。
　以上の事実及び前記事実第1の4の(3)記載のとおり起業者も同意している事情を考慮して、土地所有者らの残地収用の請求を認め、収用する土地の区域は、別表第1記載の区域（以下「本件収用土地」という。）とする。

## 起業者申立て

　起業地である近畿自動車道松原海南線の上り線と下り線とに挟まれた土地は、従来から取得の意思をもって交渉してきた経過があるので、土地所有者の残地収用の請求に応じるつもりである。

## 土地所有者申立て

　泉南市〇〇461番の土地のうち、近畿自動車道松原海南線の上り線と下り線に挟まれた部分について、残地収用を請求する。

## ●残地は面積が狭小となり、かつ、形状も著しく不整形になることから、土地所有者が従来と同様に建物敷地として賃貸することが著しく困難になるとして、残地収用を認めた事例

平成18年2月14日　大阪府収用委員会裁決

### 裁決

　裁決申請書の添付書類、審理における陳述及び現地調査の結果等によると、本件残地部分は本件土地とともに甲ら5名に賃貸され、これら5名の共有する建物の敷地として一体利用されていること及び本件土地の収用の結果生じる残地は面積が43.22㎡と狭小なうえ、その形状も著しく不整形なものとなることが認められる。このような面積、形状では、土地所有者が従来と同様に建物の敷地として賃貸することが著しく困難となることは明らかである。

　したがって、本件残地収用請求は法第76条第1項に規定されている「同一の土地所有者に属する一団の土地の一部を収用することに因って、残地を従来利用していた目的に供することが著しく困難となるとき」の要件に該当するので、本件残地の収用を認める。

### 起業者申立て

　残地の取得については、補償基準第54条の2第1項第1号「当該残地がその利用価値の著しい減少等のため従来利用していた目的に供することが著しく困難になると認められるとき」及び同項第2号「当該残地を取得しないことが土地所有者の生活再建上支障になると認められるとき」の両方に該当することが必要である。

　起業者としては、本件残地の形状や地積等を勘案すれば、補償基準第54条の2第1項第1号に該当することは認めざるを得ないが、本件残地を隣接地主等の第三者へ売却することが必ずしも不可能であるとまではいえないことから、同項第2号には該当しないと判断し、土地所有者の残地収用の請求に応じることはできない。

## 土地所有者申立て

　本件残地はもともと本件土地と合わせて１筆の土地であったが、起業者の働きかけを受けて土地所有者が分筆した経緯があり、本件土地を収用することは法第76条第１項の「同一の土地所有者に属する一団の土地の一部を収用すること」に該当する。

　起業者は残地収用には応じられないと主張するが、土地所有者は本件土地及び本件残地を一括して建物所有を目的とする第三者への賃貸地として利用してきたものであり、本件土地のみを収用することになれば本件残地は著しく不整形で地積狭小な土地となり、法第76条第１項の「残地を従来利用していた目的に供することが著しく困難となるとき」に該当するため、本件残地の収用を請求する。

## 関係人申立て

　「残地の収用が認められない場合」及び「残地の収用が認められる場合」のいずれについても、起業者の見積金額に同意する。

● 残地に従前の建物に近い機能を有する建物を再築することが法76条１項に規定する「従来利用していた目的に供することが困難とまではいえない」うえ、残地が売却可能な場合は残地の価格低下及び売急ぎによる損失を補償することにより残地の売却代金と被収用地の補償金を合わせれば代替地を取得することができるので、残地収用を認めないとした事例

平成17年３月28日　福岡県収用委員会裁決

## 裁決

(1)　本件土地の収用により、間口約５ｍ、奥行き約８ｍの約42.78㎡の残地（建ぺい率80％、容積率400％、防火地域）が発生する。

　本件残地上の建築可能面積は前記建ぺい率により34.22㎡となり、現在１階に存する店舗及び厨房の延床面積は47.20㎡であるので、本件残地の１階部分に従前と全く同規模の作業スペース及び同様の作業効率を確保することは困難であるといえるが、通路や踏み込み部分を割愛したり、厨房機器を小さくすることなどにより、大幅な変更をすることなく従前の用途に供することは可能であると考えられることから、法第76条第１項に規定する「従来利用していた目的に供することが著しく困難となるとき」とまではいえない。

(2)　ところで、甲は、起業者が構外再築工法を認定していることをもって起業者自身が「従来利用していた目的に供することが著しく困難なとき」と認めていると主張するが、構内再築が可能であってもそれに伴う移転補償費が構外再築に伴う移転補償費を超える場合は、構外再築工法による移転補償がなされるのが通常であるので、残地を従来利用していた目的に供することが著しく困難ではなくても、構外再築工法を認定することは十分あり得ることであり、構外再築工法による移転補償をするからといって、必ずしも法第76条第１項の「著しく困難であるとき」に該当するとはいえない。そして、前記のとおり、甲が本件残地上に従前の建物に近い機能を有する建物を再築することは全く困難とはいえないが、その場合の補償は構外再築工法による補償

額を明らかに超えることが見込まれることから、構外再築工法による補償が通常の補償として妥当である。

(3) なお、土地収用による補償は、公共事業のために特定の権利者に犠牲を強いるものであるから、その補償は完全な補償でなくてはならず、収用の前後を通じて財産的価値が等しいこと、金銭補償の場合は、被収用者の生活再建ができるように被収用者が近傍において被収用地と同等の代替地を取得することを得るに足りる金額を補償しなければならない。残地収用もこの完全な補償を行なわせるための制度である。したがって、残地が、面積狭小となったり、著しく不整形となるなどにより利用上の制限が生じ、市場取引によって売却できないようなときは、被収用者は代替地を取得することができないので残地収用をしなければ完全な補償をすることにならないが、残地が市場取引によって売却が可能な場合、残地の価格の低下及び売急ぎによる損失を補償することにより、残地の売却代金と被収用地の補償金と合わせて代替地を取得することができるので、完全な補償がなされたこととなり、それ以上に残地を収用する必要性はない。

このように、残地に利用上の制限が生じることから残地を処分することが困難となり、生活再建上支障となるときに残地収用を認めるとすることは、土地収用法による補償の制度上当然の要件であって、これが法第76条第1項による残地収用の要件を加重したものであるとする甲の主張は採用できない。

そして、本件残地が存する地域は不動産市場も成立しており、現実に本件残地と面積形状をほぼ同じくする両隣接地が居住用地として利用されていることから、本件残地は処分が可能であって、甲は、残地収用によらなくても、後記のとおり、残地補償をすれば、本件残地を処分して金銭によって代替地を取得することは十分可能であると認められる。

よって、残地収用の請求は認めないこととした。

### 起業者申立て

本件土地の収用に伴い42.78㎡の残地(別紙実測平面図KO1、543、542、KO2、KO1を順次結んだ直線で囲まれた区域。以下「本件残地」という。)が発生するが、本件残地は奥行短小な画地となり、従前の土地と比較して利用価値が減少し価格の低下が認められる。

そこで、残地評価格を1㎡当たり○○○,○○○円と評価し、さらに売却損率20％を減じて残地価格を○○○,○○○円と認定し、残地の補償額は土地評価格○○○,○○○円から○○○,○○○円を減じ1㎡当たり金○○,○○○円と算定した。
　これにより本件土地の収用にかかる残地に対する損失の補償は、この算定価格に残地の面積42.78㎡を乗じて、別表第1のアのとおり金○,○○○,○○○円を見積もった。
　福岡市損失補償基準では、残地を従来利用していた目的に供することが著しく困難となるとき、かつ残地に利用上の制限が生じることから残地を処分することが困難となるため生活再建上の支障となるときは、残地を取得できると規定している。本件残地は中高層の共同住宅、事務所ビル及び店舗等が混在する地域にあり、さらに、本件残地と同程度である両隣接地が居住用地として利用されており、本件残地の処分は可能であると考えられる。また、本件残地については奥行短小となること及び売急ぎ損が生じることを鑑み、前記事実第1の4の(1)ウ記載のとおり残地補償を見積もっているので、生活再建上の支障となるとはいえない。よって、残地収用の請求には応じられない。

## 土地所有者申立て

　収用により、本件残地は奥行きが短小な土地となり、従来と同じ目的である仕出し屋兼住居を建てることは著しく困難であり、起業者も補償金総括表に記載のとおり「法制的に機能回復が不可能である」ことを理由に構外再築工法を認定しているのだから、法第76条第1項に規定する「従来利用していた目的に供することが著しく困難となるとき」に当たるのは明らかである。よって同項に基づき残地の収用を請求する。
　また、残地の収用については、法第76条第1項においてはその要件を「残地を従来利用していた目的に供することが著しく困難となるとき」と掲げるのみであるのにもかかわらず、この他に福岡市損失補償基準においては「残地に利用上の制限が生じることから残地を処分することが困難となり、生活再建上支障となるとき」との要件が必要と定めており、これは明らかに要件を加重するものであって、後記第3の2記載のとおり本件残地が処分可能であることを理由に残地収用に応じないことは正当な補償から乖離している。

## ●不在者のいる土地の残地収用請求に対し、共有者全員からなされなかったとして認めなかった事例

平成9年3月18日　奈良県収用委員会裁決

### 裁決

　土地所有者兼関係人甲外11名は、前記事実第2(1)1のとおり残地収用の請求をするので、以下判断する。
　共有地における残地収用の請求は共有者全員からなされるべきところ、本件土地及び残地の所有者のうち2名が所在不明であり、同人らの意思を確認できないことから、法第76条第1項の規定に基づく請求があったとはいえないので、残地収用の請求は認められない。

### 起業者申立て

　土地所有者兼関係人A、B、C、D、E、F、G、H、I、J、K及び甲（以下「甲外11名」という。）の残地収用の請求については、応じる意思がある。

### 土地所有者申立て

土地所有者兼関係人甲外11名
　本件土地の収用により生じる残地（起業者による分筆後の地番89番1の土地。以下「残地」という。）は狭小であり、従来の利用目的に供せなくなるので、残地収用の請求を行う。
土地所有者兼関係人乙及び丙
　いずれも審理に出席せず、意見書の提出もなかった。

● 残地収用の認否の判断は、残地の価値の程度によるのではなく、従前の利用や維持管理の可能性等によりなされるものであり、また、土地の所有権の帰属をめぐって争いがある場合には、帰属が確定している部分についてのみ対象となるとした事例

平成7年1月24日　大阪府収用委員会裁決

## 裁決

　甲社は、前記事実第2の1⑵のとおり主張し、起業者は、これに対し前記事実第1の6⑴のとおり反論しているが、当委員会としては、次のとおり判断する。

1　収用請求のある残地は、その所有権が請求権者である甲社に確定している部分とそうでない部分すなわち乙等との間で土地所有権の帰属をめぐって係争中の部分がある。

2　係争当事者の一方の乙等は、法第76条第1項に基づく請求を行っていないので、係争中部分の土地の収用を認めると、その効果の発生が条件付きのものとなり、このようなことは、法第101条第1項の規定に明らかに抵触することとなる。

　したがって、甲社の請求は、土地所有権の帰属が同社に確定している部分についてのみ判断せざるを得ない。

3　残地収用についての認否の判断は、一般的に、残地の価値の程度によるものではなく、従前の利用や維持管理の可能性等によりなされるものと解されている。

4　収用請求のある残地の内、西側の別紙図面A土地は傾斜地であり、そのうえ袋地となることは明白である。

5　一方、収用請求のある残地の内、東側部分については、道路構造が橋梁（橋長52.0m、幅員23.1m、中心桁下高7.0m）になっており、橋梁下を通行することができる。

　なお、起業者は、当委員会に対し、残地所有者の便宜に供するため、橋梁

下に横断通路を設置する旨回答している。
6　以上のことから、別紙図面A土地（面積1,310.12㎡）についてのみ法第76条第1項にいう「従来利用していた目的に供することが著しく困難になるとき」に該当するものと認める。

## 起業者申立て

　法第76条第1項にいう「従来使用していた目的」とは、本件収用土地の場合、山林であり、残地が山林として利用することが著しく困難になるとは認めがたい。
　なお、甲社の主張によると同社の所有する土地において、何らかの事業計画を有しているとのことであるが、単に将来予定している目的に供し得ないというにすぎないときは、この請求は認められるべきではない。
　また、残地の一部については、その所有権の帰属について争いが存する。
　以上の理由により、残地収用の請求は認められるべきではない。

## 土地所有者申立て

　本件収用土地を含む当社所有の一団の土地の登記簿上の面積は、220,562㎡であり、ゴルフ場等のレジャー施設の建設を目的として取得したものであるが、本件事業の施行によって、この一団の土地は南北に分断される。
　この内、南側の残地は、奥行き最低7m、傾斜角度最大約60度、面積概算9,849.58㎡の不整形かつ袋地となり、単独で土地利用を図ることは不可能で事業用地としての価値は皆無となる。
　したがって、法第76条に基づき残地の収用を請求する。

## ●車両の進入のため、残地を本路線の歩道部分と同じ高さまで切土する工事費用を積算した起業者の見積額を相当であるとした事例

平成16年4月9日　愛知県収用委員会裁決

### 裁決

　本件残地に対する工事費の補償について、起業者は前記事実１(6)イ(イ)のとおり見積もり、これに対して、土地所有者兼関係人甲は前記事実２(8)のとおり、工事の代行による補償の要求に終始し、この見積額については何ら意見を述べていない。

　当委員会は、審理、提出された意見書及び現地調査の結果ならびに起業者による本路線の歩道部分についての施工計画等を総合勘案して、本件残地全体を本路線の歩道部分と同じ高さまで切土するものとして工事費用を積算した起業者の見積額89万6499円を相当と判断する（内訳は別表３－２のとおり。）。

### 起業者申立て

　本件事業の施行に伴い、本件残地は幹線道路の交差点部分に接面することとなり、現在の接面道路からの車両の乗入れが不可能となる。そのため、本件残地への車両進入の確保を図るため、起業者施工の工事の中で、本路線の歩道部分に車両乗入れ口を設置する。

　しかし、本路線の歩道部分と本件残地との間に高低差があり、車両進入のためには、さらに本件残地内の工事が必要となることから、法第75条の規定に基づく残地の工事補償費を、本件残地全体を本路線の歩道部分と同じ高さまで切土する工事費用として89万6499円と見積もった（内訳は別表６のとおり。）。

### 土地所有者申立て

　残地工事については、本件残地への車両の出入りを確保するため、本件残地内にスロープを設置する工事を起業者が代行することを要求する。

## ●残地工事を起業者の工事との一体性のものとして施工する必要があること等から、起業者による工事の代行を相当と認めた事例

昭和61年6月7日　岡山県収用委員会裁決

### 裁決

　本件事業の施工により、宇○○1145番の残地については出入道がなくなるため、県道へ通ずる出入道を設置する必要を認める。これに伴い、収用地外にも出入道を設置する必要が認められる。このことから、本件残地工事は起業者の工事との一体性のもとに施工する必要があること及び工事経済上の理由等を総合的に勘案して、法第84条第2項の規定により、起業者において工事の代行をすることを相当と認める。

　なお、工事の内容は起業者申立てのとおり、別表第3「残地工事の内容及び工事費明細」によることを相当と認める。

　工事を完了すべき時期は、残地工事が本件事業と一体のもとに施工されるのであるから、本件事業の収用地付近の工事が完了する予定の日とすることが相当である。

### 起業者申立て

(1)　宇○○1145番の土地については、本件事業の施行により出入道が潰れるため、残地への出入道を設置するものとし、これに要する工事費等を別表第3のとおり見積もった。

(2)　しかし、上記工事については、起業者が施工する法面と連続した法面を施工することを内容としているため、掘削、排水工、法面保護工等起業者の施工する工事と連続し、かつ、一体のものとして施工することが合理的であり、また、起業者の工事と重なるため安全性の見地から土地所有者の工事施工にはかなりの困難が伴うことならびに本件工事完了後は道路から出入して工事施工する方法及び起業者が施工したカルバートボックスを利用して施工する方法が考えられるが、当該道路が自動車専用道路に指定されること及びカルバートボックスの残地側出口は空間がほとんどなく、建設機械、土砂搬

出用車両の出入りが困難なことから法第84条第1項の規定により、上記補償を代えて起業者において次のとおり当該工事の代行をすることを要求する。
　なお、工事期間中も出入道の確保をする。
ア　工事の内容
　　本件道路を横断するカルバートボックスから続く道路（幅員4.0m）を本件道路の西側に延長77.3m（うち、残地部分は24.8mである。）設置し、山側には、U写型側溝（幅0.3m、深さ0.3m、延長41m）及びコンクリートわく工を設置し、切土法面の安定を図る。小さい切土法面については、種吹付工で植生する。
イ　工事を完了すべき時期
　　裁決の日から15か月を経過した日
　　ただし、森林法第33条に規定する告示の日を裁決の日から6か月後とした場合の時期である。

## 関係人申立て

起業者が申し立てたとおり、残地工事を代行することをお願いする。

● 駐車場の残地工事費として盛土費用の要求に対し、新設道路への階段を取り付けることにより従前の機能が維持できると判断し、起業者が申し立てている工事の代行を相当と認めた事例

昭和63年3月9日　沖縄県収用委員会裁決

## 裁決

　土地所有者は、残地について、1.5m嵩上げする盛土費用を要求するので以下判断する。
　当委員会の現地調査の結果、残地部分は本件事業の施行により新設道路と1.5mの高低差ができ、新設道路との出入について不都合が生じることは認められるが、従前の残地の利用状況を勘案した結果、新設道路への取付階段を設置することにより従前の利用状況を維持できるものと判断する。
　よって、土地所有者甲の盛土費用の要求は、土地の改良に要する費用の要求であり理由がない。
　前記の取付階段を設置する残地工事は、新設道路工事と一体として施工する必要があること及び工事経済上の理由等を総合的に勘案し、法第84条第2項の規定に基づき起業者が代行することならびに工事内容については、起業者申立てを相当と認める。
　工事を完了すべき時期は、道路工事と関連して行う必要があること及び工事の緊急性等を考慮し、主文のとおりとする。

　　主文
　残地工事費の補償に代えて、起業者が当該工事を行う。
ア　工事の内容
　　長さ4.7m、幅1m、高さ1.5mの新設道路への取付階段を設置する。設計は、別表第2記載のとおり
イ　工事を完了すべき時期
　　昭和63年9月30日

### 起業者申立て

　残地部分の土地は従前から車の利用や、駐車等は国際通りのA店横からの既設道路を生活道のメインとしており、B小学校側の道路とのつながりの通路は高低の差が大きく、幅も狭く不特定のため、人の通行のみが可能な通路であった。したがって、残地部分の利用について、従前の機能回復を図るためには、本事業による新設道路との取付階段の設置により従前と同程度の利用は可能であると考えている。このため起業者としては、法第84条第１項の規定により既通路部分に長さ4.7m、幅１m、高さ1.5mの新設道路への取付階段の設置を昭和63年７月末日までに道路工事と併せて施工したい。

### 土地所有者申立て

道路築造後、残地面との高低差1.5mを嵩上げする費用を要求する。

## ●残地に行う土留等の工事の代行を、使用土地の原状回復工事と関連させて行うことを相当と認めるとした事例

昭和52年11月8日　大阪府収用委員会裁決

### 裁決

　残地における工事のうち、A画地の残地（裏門付近）における工事が土地の使用部分にわたるため、土地の使用部分の原状復旧工事と併せ、本件残地工事を行うことが、現場の状況、本件橋梁設置工事の施行計画及び土地所有者の意見等から判断して必要であり起業者の要求する工事の代行を法第84条第2項の規定により認めることが相当である。

　工事の内容は、起業者が意見書において提出した別表第2－2の設計書によることを相当と認める。

　工事を完了すべき時期は、土地の使用部分の原状復旧工事と関連して本件代行工事を行うことを相当と認めるものであり、土地の使用期間の満了日とすることが相当である。

　　主文

　共有地の部分（別添図面の④の区域）にかかる補償については、補償金に代えて起業者が当該工事を行う。
(1)　工事の内容

　　通路の入口で橋梁に接する部分に土留工として、幅3.5m、高さ1.4mのコンクリート製重力式擁壁を設置し、通路上に奥行8m、幅2.5m、高さ0.5mのスロープ状の盛土法面張芝工による通路を設け、下部に排水管を敷設することとし、その設計は、別表第2－2－(2)A画地における残地工事設計書のとおりとする。
(2)　工事を完了すべき時期

　　昭和53年5月12日

## 起業者申立て

　残地における工事費用の補償のうち共有地（裏門付近）にかかる補償については、補償金に代えて、起業者が当該工事を行う。
(1)　工事の内容
　　共有地における通路の入口で橋梁に接する部分に土留工として幅3.5m、高さ1.4mのコンクリート製重力式擁壁を設置し、通路上に奥行８m、幅2.5m、高さ0.5mのスロープ状の盛土法面張芝工による通路を設け、下部に排水管を敷設することとし、その設計は別表第２－２－(2)Ａ画地における残地工事設計書のとおりとする。
(2)　工事を完了すべき時期
　　明渡しの期限から５か月目とする。

## 土地所有者申立て

　起業者の裁決申請及び明渡申立てにかかる主張ならびに意見書に異議はない。

## ●起業者が収用する土地と残地との境界の段差を解消するための工事を代行したいとの要求があったので、この要求を認めた事例

平成17年6月10日　福岡県収用委員会裁決

### 裁決

　　主文

　収用する土地と残地との境界の段差(約40cm)を解消するため、収用する土地の工事に併せて、残地の奥行き3.56mの地点から10%勾配で掘り下げ、残地を、収用する土地に段差なく接続させる。

　掘り下げる区間はアスファルト舗装(路盤10cm、表層4cm)を施し、また残地内の側溝については、既設の部分(収用する土地との境界から4.1mまでの部分)を撤去し、新たに同様の側溝を設置するものとする。

　甲が持分6分の1を有する本件残地における工事の代行による補償について、前記事実第1の4の(3)記載の起業者の申立て、その申立てに対して甲は同事実第2記載のとおり特段意見を述べていないこと及び当委員会の現地調査の結果から判断して、起業者の申立てを認め、主文記載のとおりとした。

### 起業者申立て

　本件事業の施行により、収用しようとする土地と本件残地に40cmほどの高低差が生じるため周辺居住者の日常生活に著しい不都合を生じさせることから、この高低差を解消する必要がある。そこで、法第75条の規定により、残地の工事費用を合計金240,450円と見積もったが、本件事業の工程から考えると、残地工事を行う必要性、緊急性があるため、補償金の全部に代えて法第84条に規定する起業者による工事の代行を要求するものである。

### 土地所有者申立て

　なし

### ●農地の残地を道路面まで造成する費用の要求に対し、進入路の設置で足るとし、起業者の工事代行の要求に対しては相当でないとした事例

平成8年8月20日　兵庫県収用委員会裁決

## 裁決

(1) 本件残地の造成及び進入路の設置

　土地所有者は、事実2(4)及び(5)アのとおり、本件残地を本町道の道路面と等高にまで造成する費用を要求し、本件残地を造成する補償が認められない場合の予備的請求として、本件残地2筆の土地それぞれの進入路の設置工事に要する費用の補償を要求するのに対し、起業者は、事実1(5)ア及びイのとおり、本件残地を造成する補償の要求には応じられず、本件残地に設置する進入路は1か所で十分に効能は果たせると主張するので、以下判断する。

　本件残地を造成する工事費用の補償の要否は、従前の用途にしたがった残地の利用価値を維持するためには工事を必要とするか否かの観点から判断すべきであり、また、その工事の内容は、従前の用途にしたがった残地の利用価値を維持するものに必要な範囲に限られるのであって、改良に及ぶ工事までもが認められるものではない。

　分筆前の2238番土地及び分筆前の2239番土地の現況は、農地であり、本件残地の農地としての利用を維持するためには進入路を設置すれば足り、造成するまでの必要性はない。

　なお、当委員会が現地調査を行った結果、分筆前の2238番土地及び分筆前の2239番土地は2筆一団の土地として利用されており、進入路を1か所設置すれば、本件残地の従前の用途にしたがった利用を維持できると認められる。

(2) 工事の代行の要求の相当性

　進入路の設置に係る補償について、起業者は事実1(5)イのとおり進入路の設置工事の代行を要求するが、土地所有者は、事実2(5)アのとおり、金銭による補償を要求するので、以下判断する。

　進入路の設置工事の代行については、起業者が代行により設置しようとしている進入路は、起業者が代行しなければできない工事とは言えず、また、

土地所有者における工事の施行の希望もあり、工事を代行することに必ずしも相当性を認めることができないので、金銭によることとした。

### 起業者申立て

ア　本件残地の造成

　　土地所有者は事実2⑷のとおり、本件土地の収用により生ずる残地（以下「本件残地」という。）を本町道の道路面と等高にまで造成する費用を要求するが、分筆前の2238番土地及び分筆前の2239番土地に連絡する里道は、幅員約1m、里道に沿って流れる水路の幅を含めて1.5m弱である。本事業の完成により本件残地が、新設道路に接面することになることを考えれば、社会通念上、造成までの必要性は認められず、土地所有者の要求には応じられない。

イ　本件残地への進入路の設置及び工事の代行

　　分筆前の2238番土地及び分筆前の2239番土地は進入路のない屋敷田であったが、本件土地収用後、本町道の開設に伴う沿道の利便性向上のため、本件残地に、起業者の設置基準により進入路を設置することとし、工事費用の補償に代えて、工事の代行による補償を行いたい。

　　なお、工事の代行による補償を要求する理由については、以下のとおりである。

　㈎　道路工事と同時に施行することにより工事費の無駄を省くことができる。

　㈏　道路法第24条申請や公安委員会への道路使用申請等の事務手続上、土地所有者に便宜である。

　㈐　道路工事と同時に施行することにより工期を短縮でき、工事中の安全を図ることができる。

　　工事の内容については、最大幅員は4m、取付延長は道路と本件残地との高低差1.55mの4倍、設置位置は交差点等を避けた安全な位置である本件残地の南端とし、工事の設計は別表第3の2のとおりとしたい。工事を完了すべき時期は、裁決があった翌日から起算して90日目とされたい。

### 土地所有者申立て

(4) 分筆前の2238番土地及び分筆前の2239番土地と同土地の西側で接面する里道・水路とは、ほぼ同じ高さになっていたので、里道・水路を使って分筆前の2238番土地及び分筆前の2239番土地に農業用トラクターを安全に乗り入れできた。本件収用によって、本町道の道路面と本件残地とに著しい高低差が生じ、本件残地への進入ができなくなるので、将来の土地利用を考慮して、本件残地を本町道の道路面と等高にまで造成する費用を要求する。
(5) 前記(4)で要求する本件残地を造成する費用が認められないのであれば、次の補償を要求する。
　ア　本件残地2筆の土地それぞれへの進入路の設置に要する工事費用に係る補償を要求する。

　　　なお、進入路の設置に要する工事費用に係る補償は、工事の代行によらず、金銭によることを要求し、分筆前の2238番土地及び分筆前の2239番土地の土地所有者は同一人であるが、あくまでも別個の土地であるので、それぞれに幅員4m、勾配15％以内の進入路を設置することを前提にその補償額を積算するよう要求する。

## ●地下の使用に際し、土地に建物利用阻害が生じないため残地補償の必要はないとした事例

昭和62年3月31日　東京都収用委員会裁決

### 裁決

　残地補償について、起業者は、前記事実第1の8の(4)のオのとおり申し立てているのに対し、土地所有者は、同第2の6の(3)のオのとおり申し立てている。

　本件土地については建物利用阻害がないのであるから、残地が利用しにくくなるという問題は生じない。また、残地については、使用権は設定されてないのであるから、その他利用についての阻害も生じない。すなわち、本件は、残地補償の必要のない場合である。

　したがって、土地所有者の申立てについて判断するまでもなく、法第48条第3項の規定により起業者の見積額を採用する。

### 起業者申立て

　土地所有者は、残地においても、その他利用阻害について、補償すべきであるなどとして、増額を要求しているが、残地については、使用権を設定するものではなく、建物利用以外の利用は可能であるので、その他利用阻害については補償の必要はないものである。

### 土地所有者申立て

　残地には構築物は設置されないが、残地と一体として利用される本件土地が、その他利用の阻害を受ける以上、残地においても、全くその他利用の阻害がないとはいえず、その他利用阻害率を加えるべきである。

　また、地下補償率には、上空阻害に対する補償が含まれ、残地は、本件土地と一体として利用されるのを前提としているのであるから、残地の建物の高さは本件土地と同一になるはずであり、残地も、上空阻害があるというべきであって、上空利用阻害率を加えるべきである。

さらに、起業者の見積りには、限定価格減価、事業損失、残地の工事費のいずれも含まれていない。
　したがって、残地補償率は、建物利用阻害率に、限定価格減価及び事業損失等による減価としての3割と、上空利用阻害率0.05を加えたものとすべきであり、また、残地が生じるため増加する工事費として、建物建築工事代金の少なくとも1割は補償すべきである。

## 【参考判例】

### ●都市計画法上の建築制限されている土地の収用による損失補償額は、当該建築制限を受けていないものとしての価格をいうものと解すべきとした事例

昭和48年10月18日　最高裁判所判決

### 判決

　おもうに、土地収用法における損失の補償は、特定の公益上必要な事業のために土地が収用される場合、その収用によって当該土地の所有者等が被る特別な犠牲の回復をはかることを目的とするものであるから、完全な補償、すなわち、収用の前後を通じて被収用者の財産価値を等しくならしめるような補償をなすべきであり、金銭をもって補償する場合には、被収用者が近傍において被収用地と同等の代替地等を取得することをうるに足りる金額の補償を要するものというべく、土地収用法第72条（昭和42年法律第74号による改正前のもの。以下同じ。）は右のような趣旨を明らかにした規定と解すべきである。そして、右の理は、土地が都市計画事業のために収用される場合であっても、何ら、異なるものではなく、この場合、被収用地については、街路計画等施設の計画決定がなされたときには建築基準法第44条第2項に定める建築制限が、また、都市計画事業決定がなされたときには旧都市計画法第11条、同法施行令第11条、第12条等に定める建築制限が課せられているが、前記のような土地収用における損失補償の趣旨からすれば、被収用者に対し土地収用法第72条によって補償すべき相当な価格とは、被収用地が、右のような建築制限を受けていないとすれば、裁決時において有するであろうと認められる価格をいうと解すべきである。なるほど、法律上右のような建築制限に基づく損失を補償する旨の明文の規定は設けられていないが、このことは、単に右の損失に対し独立に補償することを要しないことを意味するに止まるものと解すべきであり、損失補償規定の存在しないことから、右のような建築制限の存する土地の収用による損失を決定するに当たり、当該土地をかかる建築制限を受けた土地として評価算定すれば足りると解するのは、前記土地収用法の規定の立法趣旨に反し、被収用者に対し不当に低い額の補償を強いることになるのみならず、右土地の近傍にあ

る土地の所有者に比しても著しく不平等な結果を招くことになり、到底許されないものというべきである。

## 【参考判例】

### ●土地収用法71条にいう事業認定の告示の時における相当な価格とは、この時点における完全な補償となる額でなければならず、近傍で同等の代替地を取得しうるに足る額とすべきであるとした事例

昭和57年3月4日　最高裁判所判決

### 判決

原審の土地収用法第71条の規定の解釈適用に関する判断は正当として是認することができ、原判決に所論の違法はない。

## 【参考判例】

### ●同　件

昭和54年5月30日　大阪高等裁判所判決

### 判決

土地収用法第71条にいう「事業の認定の告示の時における相当な価格」とは、右時点（本件では都市計画法第70条第1項により都市計画決定認可告示の時）において完全な補償となる額でなければならず、収用土地の所有権に対する補償の場合には、その額は被収用者が右時点において近傍で被収用地と同等の代替地を取得することをうるに足る額でなければならないと解される（最高裁昭和46年(オ)第146号、昭和48年10月18日第一小法廷判決、民集27巻9号1210頁参照。右判例は昭和42年法律第74号による改正前の土地収用法に関するものであるが、右改正後の土地収用法による収用土地所有権の補償については右判例は右記の趣旨で参考とすべきである。）。したがって、近傍同等の土地の価格を算定するについて、従前の価格に土地の価格上昇率を乗ずるのではなく、消費者物価、卸売物価上昇率や預金金利率の加わった比率を乗じて求める方法は

当を得た方法とは言えない。特に右期間における地価上昇率は消費者物価、卸売物価上昇率又は定期預金利率よりはるかに高かったことは前記乙3号証により明らかである本件においては、右の方式を採用することはできない。

## 【参考判例】

### ●土地収用法71条の規定は、被収用者は収用の前後を通じて被補償者の有する財産価値を等しくさせるような補償を受けられることとしているので、憲法29条3項に違反するものではないとした事例

平成14年6月11日　最高裁判所判決

### 判決

(1)　憲法第29条第3項にいう「正当な補償」とは、その当時の経済状態において成立すると考えられる価格に基づき合理的に算出された相当な額をいうのであって、必ずしも常に上記の価格と完全に一致することを要するものではないことは、当裁判所の判例（最高裁昭和25年(オ)第98号同28年12月23日大法廷判決・民集7巻13号1523頁）とするところである。土地収用法第71条の規定が憲法第29条第3項に違反するかどうかも、この判例の趣旨にしたがって判断すべきものである。

(2)　土地の収用に伴う補償は、収用によって土地所有者等が受ける損失に対してされるものである（土地収用法第68条）ところ、収用されることが最終的に決定されるのは権利取得裁決によるのであり、その時に補償金の額が具体的に決定される（同法第48条第1項）のであるから、補償金の額は、同裁決の時を基準にして算定されるべきである。その具体的方法として、同法第71条は、事業の認定の告示の時における相当な価格を近傍類地の取引価格等を考慮して算定した上で、権利取得裁決の時までの物価の変動に応ずる修正率を乗じて、権利取得裁決の時における補償金の額を決定することとしている。

(3)　事業認定の告示の時から権利取得裁決の時までには、近傍類地の取引価格に変動が生ずることがあり、その変動率は必ずしも上記の修正率と一致するとはいえない。しかしながら、上記の近傍類地の取引価格の変動は、一般的に当該事業による影響を受けたものであると考えられるところ、事業により近傍類地に付加されることとなった価値と同等の価値を収用地の所有者等が当然に享受し得る理由はないし、事業の影響により生ずる収用地そのものの

価値の変動は、起業者に帰属し、又は起業者が負担すべきものである。また、土地が収用されることが最終的に決定されるのは権利取得裁決によるのであるが、事業認定が告示されることにより、当該土地については、任意買収に応じない限り、起業者の申立てにより権利取得裁決がされて収用されることが確定するのであり、その後は、これが一般の取引の対象となることはないから、その取引価格が一般の土地と同様に変動するものとはいえない。そして、任意買収においては、近傍類地の取引価格等を考慮して算定した事業認定の告示の時における相当な価格を基準として契約が締結されることが予定されているということができる。

　なお、土地収用法は、事業認定の告示があった後は、権利取得裁決がされる前であっても、土地所有者等が起業者に対し補償金の支払を請求することができ、請求を受けた起業者は原則として2か月以内に補償金の見積額を支払わなければならないものとしている（同法第46条の2、第46条の4）から、この制度を利用することにより、所有者が近傍において被収用地と見合う代替地を取得することは可能である。

　これらのことにかんがみれば、土地収用法第71条が補償金の額について前記のように規定したことには、十分な合理性があり、これにより、被収用者は、収用の前後を通じて被収用者の有する財産価値を等しくさせるような補償を受けられるものというべきである。

(4)　以上のとおりであるから、土地収用法第71条の規定は憲法第29条第3項に違反するものではない。そのように解すべきことは、前記大法廷判決の趣旨に徴して明らかである。

【参考判例】

●歴史的、学術的価値を有していても、土地の不動産としての経済的価値を高めるものでないものについては、文化財的価値として経済的評価にはなじまないため、損失補償の対象にはなり得ないとした事例

昭和63年1月21日　最高裁判所判決

## 判決

　右土地収用法第88条にいう「通常受ける損失」とは、客観的社会的にみて収用に基づき被収用者が当然に受けるであろうと考えられる経済的・財産的な損失をいうと解するのが相当であって、経済的価値でない特殊な価値についてまで補償の対象とする趣旨ではないというべきである。もとより、由緒ある書画、刀剣、工芸品等のように、その美術性・歴史性などのいわゆる文化財的価値なるものが、当該物件の取引価格に反映し、その市場価格を形成する一要素となる場合があることは否定できず、この場合には、かかる文化財的価値を反映した市場価格がその物件の補償されるべき相当な価格となることはいうまでもないが、これに対し、例えば、貝塚、古戦場、関跡などにみられるような、主としてそれによって国の歴史を理解し往時の生活・文化等を知り得るという意味での歴史的・学術的な価値は、特段の事情のない限り、当該土地の不動産としての経済的・財産的価値を何ら高めるものではなく、その市場価格の形成に影響を与えることはないというべきであって、このような意味での文化財的価値なるものは、それ自体経済的評価になじまないものとして、右土地収用法上損失補償の対象とはなり得ないと解するのが相当である。

【参考判例】
● 鉱業法64条に定める制限は、公共の福祉のためにする一般的な最小限度の制限であり、何人も当然に受忍すべきものであるとした事例

昭和57年2月5日　最高裁判所判決

## 判決

　鉱業法第64条の定める制限は、鉄道、河川、公園、学校、病院、図書館等の公共施設及び建物の管理運営上支障ある事態の発生を未然に防止するため、これらの近傍において鉱物を掘採する場合には管理庁又は管理人の承諾を得ることが必要であることを定めたものにすぎず、この種の制限は、公共の福祉のためにする一般的な最小限度の制限であり、何人もこれをやむを得ないものとして当然受忍しなければならないものであって、特定の人に対し特別の財産上の犠牲を強いるものとはいえないから、同条の規定によって損失を被ったとしても、憲法第29条第3項を根拠にして補償請求をすることができないものと解するのが相当である。

【参考判例】

● 事業の施行により残地の価格に及ぼす影響のうち利益と損失とを明確に区分することができない場合に、それらを総合勘案して補償することは、土地収用法90条に規定する相殺禁止に抵触しないとした事例

昭和55年4月18日　最高裁判所判決

## 判決

　本件に適用された土地収用法旧第71条及び第74条（昭和42年法律第74号による改正前のもの）のもとにおいて、残地補償の額は、収用裁決の時における当該残地の価格によって算定すべきものであるところ、当該事業の施行が残地の価格に及ぼす影響のうち利益と損失とを明確に区別することができない場合に、それらを総合的に勘案することは、同法第90条の相殺禁止規定に抵触するものではないと解するのを相当とする。右と同旨の原審の判断は、その適法に確定した事実関係のもとにおいて、正当として是認することができ、原判決に所論の違法はない。

【参考判例】

● 同　件

昭和53年2月27日　仙台高等裁判所秋田支部

## 判決

　残地価格の低下の有無につき残地の受ける利益を考慮しているが、この点は、土地収用法第90条の起業利益との相殺の禁止の規定に抵触するものではないと解すべきである。けだし、一般に事業の施行により残地について利益と損失とが同時に発生する場合において、残地価格の減価分を利益を度外視して損失分のみを計算することによって算定することは、事実上不可能といわざるを

得ない。したがって、残地の価格が減じたか否かは、実際問題として利益と損失とを総合して判断する以外に方法はなく、その結果利益と損失とは相殺されざるを得ないことになるが、土地収用法第90条の規定が、このようないわば観念上の相殺まで禁止し、右の不可能な損失の算定を強いる趣旨とは解されないのである。

# 第2章

## 通常生ずる損失の補償

## (1) 建物等移転料

● 建物移転料の算定の前提条件となる移転先を同一市内の工業地域又は工業専用地域を想定するのが相当とした事例

昭和57年7月13日　大阪府収用委員会裁決

### 裁決

　起業者が、事実第1・5の(3)記載のとおり、近傍類地又は同一需給圏内の類似地域を想定するのに対し、事実第2・4の(3)及び第6・1の(4)記載のとおり、甲社及び甲社労組が具体的に明示することを要求する移転先地について、起業者ないし収用委員会が実際の移転先地を決定するものではないから、具体的に明示する必要性は認められないが、補償金の算定の前提条件となるので、以下検討する。

　そもそも、収用における移転補償は、起業者が主張するように、相手方の主観的な事情によらず、社会通念上普通一般人が移転するとすれば採用するであろう場所を想定するのが通例である。

　審理及び調査の結果、次の事実が認められる。

a　甲社工場は住居地域に存するが、その性質上、移転先としては工業地域又は工業専用地域が妥当であること
b　甲社工場の所在する大阪市の市域21,492haのうち、上記の用途地域に属する地域は3,145ha存し、大阪府下の両用途地域の約37％を占めていること
c　起業者は、事実第1の7記載のとおり、甲社の要求する条件をほぼ満たすような候補地が大阪市内に2、3か所あるから、収用手続外における行政的配慮により、土地を斡旋する意思がある旨主張していること
d　大阪市内に工場を建設する場合には、近畿圏の既成都市区域における工場等の制限に関する法律の適用の問題が生ずるが、同法は既成都市区域への産業及び人口の過度の集中を防止することを目的として定められたものであるから、現工場と同程度の工場を建設する場合には、同法第4条の許可を受ける支障となるものとは認められないこと

　これら認定事実を総合勘案して、本件甲社工場の移転補償にかかる移転先地（以下「想定移転先」という。）については、大阪市内に存する工業地域又は工業専用地域を想定するをもって相当と認める。

## 起業者申立て

　甲社の意図する移転先は不確知であるが、補償要求項目から推察すると、主観的な事情で遠隔地への移転を計画していることが認められる。しかし、本来、移転補償とは、相手方の主観的な事情によらず、客観的に合理的な移転先に合理的な方法で移転させる費用を補償する、すなわち、社会通念上普通一般人が移転するとすれば採用するであろう場所及び方法を想定して補償するものであり、本件においても、近傍類地又は同一需給圏内の類似地域に移転するのが妥当であり、個々具体的な移転先を前提として算定するものではない。

## 関係人申立て

　起業者は、具体的に工場の移転先の候補地の条件を示すことなく、現実を無視した机上の空論を振り回し、自ら原因を作りながら、その結果責任を一方的に被収用者に転嫁するもので、憲法及び収用法の立法趣旨に反する主張をしている。
　要は、薬事関係法規の下で、現有工場の機能を再現することであるから、起業者はこれに必要かつ実現可能な条件を客観的に具備した移転先地を具体的に教示し、例示的に明示されたい。

● 特定の製品や用途に不可欠な薬剤等を独自の技術により製造している工場の移転料の算定に当たり、長期間の休業は回復し難い損失を被ると認められることから、生産能力、製造工程等を総合的に検討し、再建工法と移築工法とを組み合わせた工法を採用した事例

昭和57年7月13日　大阪府収用委員会裁決

## 裁決

　甲社の事業内容を検討したところ、同社の事業規模は決して大きくはないものの、特殊な製品も多く、また、試薬など製造品目も多種である。
　これらの製品のうち、モリブデン酸ソーダ（利益寄与率19.6％）、63剤（利益寄与率17.7％）、テルル（利益寄与率15.2％）、高純度薬品（利益寄与率31.5％）は、同社独自の技術に基づいて製造しており、特定の製品や用途に不可欠の薬剤や金属であったり、また、特定の研究機関に納入している物質であるなど、取引先が他に容易に転換できない実態にあり、一方、甲社としてもこれらの部門は利益寄与率も高く事業の柱となっている部門であるため、甲社と取引先とは相互に強い依存関係にある。
　すなわち、仮に甲社が移転に伴い休業（移築工法を採用するとすれば9か月程度必要）するとした場合には、多方面に重大な影響を与えることとなる一方、これらの製品が汎用品ではなく特定の用途に不可欠の薬剤等であるため、取引先は可能ならば自ら設備を新設したり、同部門を廃止したり、或いは他の代替品に転換して対処することになろうが、一旦、設備を新設したりしてしまえば、甲社が移転を終えた場合に取引の再開ということは考えられず、長期間の休業は甲社としても廃業ということになるが、回復し難い損失を被ることになるものと認められる。
　したがって、本件の場合企業の存続も図り、できるだけ生産活動の低下を防いで2次的3次的影響も小範囲にとどめるよう、合理的に移転することが最も妥当であると考えられる。具体的には、工場・事務所等の建物（付属施設を含む。）については再建工法によることとし、機械設備については各製造品目ご

とに生産能力、製造工程、生産実績、稼動状況、他の企業等との関係などについて総合的に検討した結果、以下のとおり再建工法と移築工法とを組み合わせた工法を採用することが相当であると判断した。

特にモリブデン酸ソーダ、63剤、テルル、高純度薬品については、移転先においてこれらの生産に必要な基本施設を再建し、正常な操業に向けて調整を行いつつ、残余の機械設備を移築していくものとする。この場合、装置や部品の組み合わせや調整に特別の技術が要求され、同社自ら組立て等をしなければならないものと認められる。このような移転過程にしたがうことに伴い生ずる生産効率の低下・生産ロス等についても裁決に当たって考慮した。

ア　メタバナジン酸ソーダ製造設備

　　メタバナジン酸ソーダに係る設備の移築に要する期間は1か月程度と認められるが、生産量に幅があり設備の平均稼動率は低いので、移転に当たっては、事前に造り溜め等の種々対応策を講ずることによって影響を最小限にとどめることができるものと認められる。

　　したがって、同設備の析出槽、貯液槽、ポンプ、反応槽等については、移築工法によるものとする。

イ　モリブデン酸ソーダ製造設備

　　日本における照明ランプメーカーは5社に限定されており、そこから排出される廃酸液（モリブデンを含む硫酸と硝酸の混酸液）を原料として一手に引き取り（月当たり約16,000ℓ）、これからモリブデン酸ソーダを製造している。

　　その生産量は月平均3.5tであり、生産能力3.7tと比較すると100％近い稼動状況であり、同社の事業の大きな柱の1つであると認められる。また、原料も大量であり、長期間貯蔵しておくことは困難である。

　　よって、これらの事情を総合的に勘案し、当製造部門の機械設備のうち、沪過槽、貯液槽、廃ガス処理設備等については再建工法によることとし、仕込槽、遠心分離機等については移築工法によるものとする。

ウ　60剤、63剤製造設備

　　60剤、63剤は、圭素鋼板の表面処理剤として使用される薬品であり、当該薬品の品質如何が圭素鋼板の品質を左右するものであるので、圭素鋼板メーカー（日本では数社のみ）にとっては優秀な表面処理剤の開発ないし確保が重要な問題である。

　　そして、60剤、63剤は、某圭素鋼板メーカーの依頼により甲社が独自に開

発したもので、配合割合等は企業秘密とされているのであり、同社にとって大きな利益を上げている部門である。また、63剤については月当たり26tもの生産量があり、貯蔵しておくには大きな施設・スペースが必要となるので、事実上、貯蔵は困難であると認められる。

　よって、63剤の製造設備（反応槽、貯液槽、ポンプ等）は再建工法によることとし、60剤については生産量が僅か（月当たり2.2t）であり、その製造設備（反応槽、貯液槽、ポンプ等）は移築も容易であると認められるので、当該設備は移築工法によるものとする。

エ　テルル製造設備

　テルルは、鉄・非鉄金属の添加剤等として幅広い用途を持つ金属であり、乙社がユーザーに対し長期安定供給を行っているものである。他にテルル製造メーカーはあるが、生産量は少なく、乙社自体では製造設備を有していないため、甲社が製造を休止した場合には広範囲に影響を与えることになる。また、原料は乙社から供給を受けているため造り溜めもできないこと、テルル製造設備の稼動率は70～90％余りと高いこと、当部門の利益は甲社の事業に大きな比重を占めていること等が認められる。

　よって、テルル製造設備のうち、ミキサー、フイルタープレス、廃ガス処理設備等については再建工法によるものとし、真空乾燥機、反応槽、貯液槽等については移築工法によるものとする。

　また、テルルの生産に併せてセレンの生産も行っているが、これはテルル生産の際の副生品の形で抽出されるものでその量も少なく、移築に大きな支障は認められないので、セレン生産に関する単独の設備（反応槽、遠心分離機、中和槽等）は移築工法による。

オ　高価金属製造設備

　高価金属の生産については、生産力の変動幅が大きく最高と最低で4倍程度の開きが認められ、絶対量も少ない（月当たり3～8kg）ため、生産計画等を合理的に行うことにより、1か月程度の休止であれば影響も最小限にとどまるものと認められる。

　よって、同生産設備のうち、1か月を超える移築工事期間を必要とする抽出塔については再建工法によることとし、その他還元槽、貯液槽、ポンプ等については移築工法によるものとする。

カ　試薬・高純度薬品製造設備

　これら試薬・高純度薬品は、甲社の独自の製品で特殊の用途に使われるも

のも多く、その種類も数百種に及んでおり製造工程も多様である。これらの製造設備は、台数も多いため移築には約１か月半程度必要であるが、この間、完全に休業することは他への影響も大きすぎるものと認められる。
　よって、同製造設備のうち、廃ガス処理設備、濃縮槽、濃縮釜等の共通の設備については再建工法によるものとし、その他分析装置などの実験装置等については移築工法によるものとする。
キ　廃水処理設備等
　　廃水処理設備は、事業活動に伴って排出される重金属含有の廃水その他工場全体の廃水を処理しているものであるが、前記のとおり再建工法による部門があるため、本設備は再建工法による。
ク　配管・配線設備については再建工法による。

## 起業者申立て

ア　本件土地上に甲社（以下本項において「関係人」という。）が所有する物件の移転料については、対象物件の構造、用途、工費その他の条件を考慮して、建物については再建工法により、また、機械設備等については移築工法により見積もった。すなわち、物件移転料の算定に当たっては、ａ全移転工法、ｂ完全再建工法、ｃ建物再建・機械移築工法の各工法について比較検討した結果、経済的に最も合理性の認められるｃの工法を採用したものである。
イ　現行の補償体系上、関係人が主張するような建物も機械も全て再建工法によって移転補償をなし得るのは、いわゆる公共補償にいう機能補償が認められる場合が考えられる。
　　これは補償対象施設が学校、病院など公共性が強く、機能を停止することによって国民生活に重大な影響を及ぼすおそれがある場合に限り認められるのである。
　　ただ、関係人から、本件の場合の如く、工場の操業休止ができないと主張される場合について、一私人であっても特定の製品の製造休止が国民生活への影響上無視できないと考えられるときに、当該製造機械について限定的に公共補償的な考え方を採用できないかどうかである。
　　しかし、仮にこのような考え方が採用できる場合があり得るとしても、本件の場合については、休業することにより生ずる影響は一部企業にとどまる

ものであり、不特定多数の一般社会へ及ぶものとは認め難いと考えている。
ウ　原材料や製品の流通過程、製品の製造工程や用途、継続的取引関係にある企業への影響等について、関係人が何らかの形で社会的に貢献していることを全て否定するものではないが、社会的貢献ということを理由に再建工法を一般化することは、現行の補償体系を乱すことになり認められない。
エ　しかし、最終的には上記のような点を含め、本件移転に係る補償の対象・範囲については、収用委員会の公正な判断に委ねるものである。

## 関係人申立て

　起業者の明渡しに伴う補償見積りは、当社の実態を熟知することなく行われたものであり、大いに不満である。当社としては今回の収用による移転に当たっては、以下に説明する当社の業務内容、又は理由から、基本的に建物・機械設備については再建工法による補償を、更に当社が移転を予定している中島工業団地で地盤強化等に要する経費をも当然補償されるべきものと考え、次のとおり要求する。
1　補償要求額
　(1)　建物関係（撤去費別）　　　　　　　　　　　　　　　104,410,050円
　(2)　機械設備関係（主としてパーツ代）　　　　　　　　　183,930,454円
　(3)　営業補償　　　　　　　　　　　　　　　　　　　　　30,000,000円
　(4)　パイル工事費　　　　　　　　　　　　　　　　　　　30,000,000円
　(5)　上下水道関係工事費　　　　　　　　　　　　　　　　12,212,500円
　以上の要求額をふまえ、移転に伴い要するその他の経費については相応の額を考慮して欲しい。
　なお、現有の機械設備は、再建工法を採用することによって不用となるが、これらには劇毒物が付着しており一般には売却できないけれども、当社において将来の取替用として使用可能なものもあるので、それらを引き取らせて貰えるならば、その対価として600万円を上記要求額から減じてもらって差支えない。
2　事業内容について
　当社の事業内容は、大きく分けて(1)数社の特定企業と長期にわたる継続的契約を結び、委託を受けて稀少金属や特殊な薬品の精製加工等を行い、利益の大半をあげている部門（以下「長期契約部門」という。）、(2)取引先の要請

等により開発した高純度薬品（JIS 以上或いは特別の規格を備えたもの）の製造販売を行い売上高で大きな比重を占めている部門（以下「高純度薬品部門」という。）及び(3)主として将来の発展に備え技術の蓄積を図るための試薬の製造販売部門（以下「試薬部門」という。）の３部門がある。

　長期契約部門については、取引先の要求する物理的、化学的或いは経済的な基準に合致する品質の製品を精製・加工・抽出或いは製造する技術を当社独自のいわゆる「ノウハウ」として所持している関係もあって、取引先とは強固な結びつきが成立しており、当社の作業工程が取引先の製造工程に事実上組み込まれた形となっている。したがって、原料ソースや品質保持の点などから造り溜めができないこと等もあって、長期にわたり休業することは、取引先に多大の影響を与え、引いては社会的にも影響が重大であることは勿論、取引先が他の企業と新たな取引関係を結んだり、当該部門を廃止してしまうような場合には、当社の利益の大半を失うことになり廃業に追い込まれることは必至である。

　次に高純度薬品部門については、需要家の要求する規格品質（純度、結晶構造、電気特性等）に適合する製品を製造し得る技術（ノウハウ）を有しており、この部門についても固定した取引先を確保している。このような高純度の薬品については、物理的・化学的性質等について長期にわたる経時変化のテストを行ったうえ合格した場合に納入することとなるので、一旦、休業して取引関係が途切れると操業を再開した場合に再度取引してくれることは殆ど考えられない。

　前記のとおり、休業することは廃業ないし回復し難い損失を被るおそれがあるので、再建工法による移転が必要である。

　以下、具体的に取引先企業や製品品目等について説明すれば、（略）

3　機械設備について

　前記のとおり、当社の製品は独自の技術・ノウハウに基づいて製造しているものであるが、これに対応して機械設備についても各種装置等の組合せ・配列等にも種々ノウハウを有しており、各種の装置・部品を個別に発注し、自社で組み立てるとともに色々な改造・改良を加え、手造りのプラントを作りあげている。

　したがって、工場を移転するとした場合、各種装置の微妙なバランスの組合せと工夫のうえに１つのプラントができあがっているのであるから、単に現在の装置を分解し移転して組み立てても従前の機能を発揮できるか否か疑

問であるとともに、組立て・組合せ等にノウハウがあるので自らの手で設置する必要がある。
　よって、機械設備についても再建工法による移転が必要であるし、自社で組み立てる必要があるところから、その経費を営業補償として要求する。
4　なお、当社の要求が全て認められたとして、移転期間は少なくとも１年程度は必要である。

● 工場の倉庫等が支障となるため、工場全体を構外へ移転することとしたが、寄宿舎は移転対象とせず代わりに宿直室の新設費用を補償した事例

昭和57年7月13日　大阪府収用委員会裁決

### 裁決

　本件土地の収用に伴う地上物件の移転について、起業者が、事実第1の3・(2)及び5・(2)記載のとおり、移転補償の対象範囲については、起業地外の物件を含め、寄宿舎を除く〇〇工場全体を構外に移転するものとし、移転工法については再建工法を採用すると主張するのに対し、甲社は、事実第2・2の(2)記載のとおり、移転先地において寄宿舎を含む〇〇工場の全機能の再建を図るための建築費を要求すると主張するので、以下検討する。
　申立書付属書類、意見書及び調査の結果等に徴すれば、次の事実が認められる。

a　本件土地及び残地の上に存する物件（以下「本件土地上の物件」という。）は、別表第2・3の(1)・ア記載のとおり、その用途、構造等の上では〇〇工場の従たる部分であるが、起業地外のB土地上に存する製造工場等の物件（以下「B土地上の物件」という。）と一体利用されており、両者は密接不可分の関係にあるので、前者を移転することにより、〇〇工場の機能に重大な支障を与えること

b　B土地の周辺は、幅員6mの道路を隔てて南側に存する幅員約10mの〇〇電鉄廃線敷を除いては、利用中の土地又は本件道路予定地であり、本件土地に代わる土地は存しないこと

c　〇〇工場は、甲社従業員の半数近くをもって構成する同社の主工場であり、長期間の操業停止により医薬品の供給ができない場合には、製薬会社としての社会的機能を果たせなくなるばかりか、企業の存立問題に発展する虞があること

d　A画地に存する生物試験室・飼育室のうち、2階南側部分のプレハブ造33.12㎡（以下「増築部分」という。）は、事業認定時以後に増改築されたも

のであり、当該増改築については収用法第89条による大阪府知事の承認を得た事実が認められないこと
e　B土地の東端に存する鉄筋コンクリート造4階建て寄宿舎については、そのすべてが○○工場と密接不可分の関係にあるものではないが、交替制により2名が時間外の管理業務を行うほか、工場の操業上臨時に深夜作業を行う2名程度の宿舎にも利用されていること
f　B土地に存する井戸2基のうち、1基については使用されておらず、また、使用中の1基についても、現在地においてはその機能を果たしているが、移転先地によっては地下水の汲上げ規制によりその再建が困難であり、かつ、工業用水等により代替できること

　これら認定事実を総合勘案し、本件土地の収用に伴う物件の移転補償の対象範囲及び移転工法については、次によることをもって相当と判断する。
a　物件の移転補償の対象範囲は、B土地上の物件の関連移転を含め、原則として○○工場全体とする。
　　ただし、
　(a)　増築部分については、収用法第89条第1項の規定により補償の対象としないものとする。
　(b)　寄宿舎については、移転補償の対象とせず、これに代えて、時間外の管理業務及び深夜作業用の宿直室の新設費用を補償の対象とする。
　(c)　B土地に存する井戸については、移転補償の対象とせず、後記エのその他の補償の項において代替措置を講ずるものとする。
　　なお、甲社は、昭和56年5月頃から同57年2月頃までの間において、B土地上に相当数の新規機械を設置して、移転補償の対象とするよう申入れがあったが、物件の確認及び補償金の算定には相当の期間を要し、一定の限界が存するので、補償対象とする物件については、当委員会の委嘱した鑑定人が同56年8月13日から同16日までの間（以下「調査時点」という。）に現地においてその存在を確認したものに限るものとする。
b　物件移転の工法は、建物、機械、試験機器等については、原則として再建工法とし、家具、什器等の動産については、原則として移設とし、規模及び設置の状況等により移設に長期間を要するものは再建工法とし、物件移転料に含めるものとする。

## 起業者申立て

　本件事業の支障となる要移転物件は、甲社〇〇工場の従たる部分で、木造建物の倉庫等が存在するのみであるが、起業者としては、同工場全体の利用目的及び機能に照らし、隣接地に存する主たる部分である生産部門をも含めて、全部移転をしなければ従前の機能回復が困難であると判断し、工場全体を他の場所で新設するに要する費用を見積もった。

　しかるに、甲社の要求は、その規模において、工場敷地は現工場の約7倍、建物延床面積は約4倍に達し、更に機械設備に至っては、現工場に存在しないものが多数含まれている。公共事業による工場移転を契機に一大飛躍を図らんとする企業努力には敬意を表するが、甲社の意図する最新鋭工場の建設及び省力化等の計画は、本件収用事件との直接の関連性が乏しく、明らかに財産価値が増加するものであるから、当然甲社が負担すべきものである。

## 関係人申立て

(1)　移転に当たっては、現工場で製造承認を得た全品目が新工場で製造できるよう、新設備基準による生産機能の完全な回復と移転による一切の損失の補償を要求する。
(2)　製薬業の性質上、生産を中止して移転することは不可能である。
(3)　以上の条件が整っても、移転には長期間を要する。

● 豪雪地における雪処理のために必要な空地面積は、空地に落とされる雪をのせている屋根部分の水平投影面積と当該空地面積との比率から認定するのが妥当であるとし、必要とする空地面積から建物の移転工法を判断するものとした事例

昭和63年6月30日　秋田県収用委員会裁決

### 裁決

　建物の移転工法は、支障物件となっている建物が移転後においても、従前の価値及び機能を失わないよう、敷地内における建物の位置、建物の構造、従来の利用目的、工費、法令上の規制等を考慮して、妥当な工法を判断すべきである。Aは当該倉庫部分を土蔵への通路として存続するべきであり、かつ、その一部を空地面積に算入するのは不適当である旨主張するが、現在、土蔵は第三者の住居として、当該建物は店舗として使用されており、移転後も土蔵と該当建物は個別の利用目的に供されるものと判断するのが妥当であり、当該倉庫部分を切取改造することによって生じた空地を雪処理をするための空地の面積から控除すべき理由はないものと認められる。

　土地調書、物件調書及び起業者提出資料によれば、現状のままでは、当該建物の一部が乙社所有地に建っているため乙社所有建物が支障になり、単純な曳家はできないが、当該建物の外壁及び庇等切取補修することにより、主要構造部分については、隣接地を侵害することなく曳家移転することが可能であると認められる。

　次に当該空地面積について検討する。甲及び起業者提出の資料ならびに当収用委員会の調査によっても、鹿角市花輪地区では平均積雪深が90cm内外、昭和49年の豪雪においては最大130cmの積雪深が確認された。このような豪雪地帯においては、雪対策上、雪処理スペースの確保が望ましく、当該空地に堆積した雪を敷地外へ搬出することは困難であるので、当該空地の面積はでき得る限り確保すべきものと認められるが、単純に当該建物の移転前と移転後の当該空地面積を比較すべきではなく、当該空地に落とされる雪をのせている屋根の部

分の水平投影面積と当該空地面積との比率を算出することにより、当該空地の雪処理能力を把握し、移転後の条件がいかほどに悪化するかを認定することが妥当であると判断される。

　調査のための鑑定人の鑑定評価によれば、当該建物のうち事務所、当該倉庫部分及び便所等を合理的に切取改造した場合は、移転後においても移転前に比べて当該空地に落とされる雪をのせている屋根の部分の水平投影面積と当該空地面積との比率の差はほとんど見られず、著しく条件を悪化させるものとは認められない。

　これら認定事実及び鑑定人の鑑定評価等を総合的に検討した結果、当該建物の移転工法は、起業者の主張する当該倉庫部分の切取改造のほか、事務所及び便所等の切取改造を含めた曳家切取改造とすることが妥当であると判断される。また土蔵を関連させて移転させる必要はないものと認められる。

## 起業者申立て

　当該残地の建蔽率等の法的規制、建物が店舗として使われていることなどから、建物の機能が移転後においても維持できる合理的かつ経済的な移転工法を曳家切取改造工法と認定し、補償額を算定して、明渡裁決を申し立てたが、審理において、一部切取補修が必要であることが判明し、その費用を加算した補償額（別表第5）を意見書により申し立てた。

　支障となる建物（以下「当該建物」という。）の屋根から落とした雪の捨場となる空地（以下「当該空地」という。）の面積と当該建物の建築面積との比率の移転前と移転後における差は小さく、雪処理が従来に比べてさほど困難になるとは認められず、雪処理のための空地を確保するため、当該建物を解体移転すべきだという甲の主張は認められない。

　また、同一敷地内にある土蔵（以下「土蔵」という。）を雪処理対策のために建物に関連させて移転させるべきだという甲の主張も同様の理由により認められない。

## 関係人申立て

　建物の一部が隣接の合資会社乙社洋品店所有の土地の上に建っていることについて乙社と、交換条件として自分の土地を通路として使用させる等の内容の

取り決めを結んでいるが、建物が移転することに併せて乙社の土地を使用している状態を解消するという暗黙の了解があり、起業者が主張する曳家切取改造工法では、依然として、乙社所有地を使用することになり、容認できない。

　当該建物は建築後、1.4世紀以上を経ており、曳家工法により移転することは可能であろうが、新築する場合と同様の費用がかかる。当該建物のうち、現在倉庫として使用されている部分（以下「当該倉庫部分」という。）は、本来は土蔵への通路として使用される部分であるので、その部分を切取改造して土蔵から離した形態にすることはできない。

　当該空地は昭和39年丙が増築をする前から面積が小さく、雪処理が困難であるのに対し、起業者申立てのとおり曳家切取改造をすると空地はますます狭くなり雪を敷地外へ搬出することも困難な現況では、雪処理をすることが不可能になる。また、降積雪への対処の方法については平年値ではなく、最大降積雪量で計算しなければならない。

　当該倉庫部分は、本来は土蔵への通路として使用される部分であるので、この部分の一部を空地面積の計算に組み入れるべきだという起業者の主張は容認できない。

　以上の理由から、建物の移転工法を解体移転とすることを求める。

● 建物の移転先は残地を除き具体的に特定すべきではなく、建物の従前の価値及び機能を失わないため再築することが必要であるとしても、建築後の経過年数等を考慮することなく再築費用を補償することは社会通念上容認できないとした事例

平成3年1月22日　愛媛県収用委員会裁決

### 裁決

　建物の除却工法及び移築工法は、前記(1)の規定に適合するとともに、建物移転期間は、起業者申立ての建物移転工事期間に準備期間を加えた7か月間を適正なものと判断する。したがって、建物の移転に要する損失補償は、当事者提出の諸資料、要綱及び基準等ならびに当委員会が命じた専門業者の調査結果から総合的に判断して、別表第1の4の「建物移転料内訳」をもって相当と認める。

　関係人甲は、鉄筋コンクリート造2階建て店舗兼倉庫の従前の価値及び機能を失わないため建物の再築が必要である等と主張する。しかしながら、当該主張は、再築費用の補償を認めるに足る経済的かつ合理的な理由に乏しく、新たに建設を要するとしても移転に要する建物の経過年数等を一切考慮することなく、再築費用を補償することは、社会通念上、容認できるものではない。

　なお、損失補償上、建物移転先地は、一般普通人が社会通念に基づき合理的かつ客観的にとるであろう一定の移転先地、すなわち、通常妥当な移転先地を想定するもので、残地が通常妥当な移転先地となる場合を除き具体的に特定するものではない。

### 起業者申立て

　建物移転料の算定に当たっては、専門業者の調査算定を基にそれぞれの建物移転工法を検討した。

　鉄筋コンクリート造2階建て店舗兼倉庫は、構造上解体移築が不可能である

と判断して除却工法を採用し、新築費用に建物経過年数に応じた非木造建物現価率を乗じて得た費用（建物の現在価格）及び建物取壊し費用等を見積もった。

　鉄骨造平屋建倉庫兼事務所は、解体移築工法を採用し、解体材の一部再利用による新築費用及び建物取壊し費用等を見積もった。

　木造厚型スレート（着色）葺平屋建住家は、解体移築工法を採用し、新築費用に建物経過年数に応じた移築補償率を乗じて得た額を見積もった。

　なお、建物移転期間は、建物移転工事期間に準備期間を加えた7か月間とした。

## 関係人申立て

　建物移転料は、建築専門業者の見積りにより算定した。従前の機能を回復し生活を復元するためには、近似の機能を有する建物が必要である。鉄筋コンクリート造2階建て店舗兼倉庫は新旧にかかわらず新たに建設しなければならないのは明白であり、従前の価値及び機能を失わない方法は近似の機能を有する建物の再築である。また、当該建物は、本件事業がなければ今後何十年でも機能を果たすことができるものである。

　なお、起業者の建物移転料算定の単価は、当方の見積金額に比べ大幅に異なり低くなっている。安い単価を使用して悪いものができたのでは何の意味もなさない。

● 木造2階建て住宅の移転につき、建物所有者は残地に3階建て建物を再築するに当たって気密性の高いものとする必要がある等としてこれらの費用をも請求したが、残地の形状、面積等から残地を合理的な移転先地とすることは妥当でないとして構外再築工法による移転料を補償するとした事例

平成7年12月15日　京都府収用委員会裁決

## 裁決

　起業者は、建物移転料について残地では現在の建物を再築することは困難であるとして、残地以外の土地を移転先と想定し、構外再築工法により移転に要する費用13,672,000円を見積もっている。
　一方、甲は、前記事実第2の1(4)のとおり主張するので、この点について判断する。
　建物移転料の算定に当たっては、被収用者の個別の主観を斟酌すると、相等しい物件に対して被収用者の各人の主観により移転料を異にする結果となるので、衡平を旨とする損失補償制度の趣旨に鑑み一定の移転先地と移転方法を想定することにより算定すべきものである。
　もちろん、想定に際しては、客観的にみて、社会通念上、普通一般人のとると考えられる合理的な移転先地と移転方法が考慮されるものである。
　そこで、本件建物の移転先地を判断するに当たって、残地の位置、形状及び面積ならびに建物の用途及び利用状況、さらに鑑定人の鑑定結果等を総合勘案した結果、残地を合理的な移転先地とすることは妥当ではなく、起業者の申立てのとおり、構外再築工法により移転料を算定することが最も合理的であると判断する。
　以上のことから、建物移転料について、当委員会は、現地調査、鑑定人の鑑定結果等を総合勘案して算定し、別表第3に掲げる額をもって相当と認める。

## 起業者申立て

　甲が所有する木造2階建て住宅の移転については、補償基準に基づき、土地と建物の関係、位置、構造、用途、その他の条件を考慮して、当該土地以外の土地を移転先地と想定し、構外再築工法を採用した。

## 関係人申立て

　残地に3階建ての建物を再築した場合、残地が道路の交差点に面して位置することから、自動車の騒音、排気ガス等を考慮すると、防音、防塵、防光性能を備えた高気密住宅にならざるを得ず、また、庭も縮小されるので、スカイガーデンを設置する必要も生じ、外構の規模や内容も従前と異なってくる。
　したがって、起業者が見積もった補償額では到底納得できない。

● 建物の移転に当たり、起業者は構内再築工法により移転に要する費用を見積もっているが、残地に従前建物に照応する建物を建築しようとすれば３階建て以上の建物とならざるを得ないので、残地外を合理的な移転先と認め、構外再築工法を採用して補償額を算定することとした事例

平成16年９月22日　京都府収用委員会裁決

## 裁決

　起業者は前記事実第１の５⑵アのとおり、本件建物の移転に当たっては、残地内に従前建物と照応する建物が再築可能であるとして、構内再築工法により移転に要する費用を見積もっている。これに対し、物件所有者からは移転工法に関する具体的な主張はないものの、補償額について争いがあるため起業者主張に異議があるものと判断する。
　このため、当委員会は、鑑定人の鑑定結果や現地調査等を総合的に考慮した上で、次のとおり判断する。
　当該残地は、宅地面積が37.36㎡と狭小となるため、この敷地に従前建物と照応する建物を建築しようとすれば、３階建て以上の建物とならざるを得ないため通常一般的でないことや、現存する駐車場敷地の確保ができなくなることなどから、残地を本件収用に伴う支障物件等の通常妥当な移転先とすることは困難であり、残地外を合理的な移転先として認め、これに従前の建物と同種同等の建物を再築する構外再築工法を採用することが合理的かつ妥当であると判断する。

## 起業者申立て

ア　建物の移転工法について
　甲ほか３名が所有する木造２階建て住宅（以下「本件建物」という。）の移転については、残地への構内再築を行うことが妥当であると判断した。

### 土地所有者申立て

　建物が古いことを理由に補償額を下げられたのでは、家を建て替えられない。起業者の方で建てて返して欲しい。

● 本件建物での営業は廃止することになっても除却工法を採用せず構外再築工法により補償するのが相当であるとし、建物の建材にアスベストを含有しているものが使用されていることから建物解体費用に所要経費を計上して補償額を算定した事例

平成18年1月31日　兵庫県収用委員会裁決

### 裁決

　鑑定評価の結果、本件建物にはアスベスト（青石綿）を含有した吹付建材の使用が確認されたので、アスベストの除去及び処分費を建物解体費用に計上し、建物移転料に含めて見積もった。
　また、本件建物の移転工法について起業者は、仮に営業廃止の補償を行うのであれば、事実1⑹アのとおり除却工法による補償が妥当であると申し立てるが、経済的価値を有する建物は、従前の価値及び機能を失わせないように移転させるのが基本であり、このことは本件においても当てはまるので、本件建物も営業補償の種別にかかわらず構外再築工法により補償するのが相当であると判断した。
　本件建物については、当委員会による建物鑑定の結果、前記4⑴アで述べたとおり、アスベストの中でも有害性の高い青石綿を含有した吹付建材が使用されていることが判明したので、その除去に要する期間として、通常の解体期間に加えてさらに15日間程度必要になると考えられる。

### 起業者申立て

ア　関係人甲外1名は、営業廃止の補償を求めるが、営業を廃止するのであれば、実態が店舗である本件建物はその再築の必要性がなくなるので、同建物の移転工法は除却工法を採用するのが妥当である。その場合には、現在、営業休止を前提に構外再築工法を採用した場合の補償額を算定しているものを、営業廃止を前提に除却工法を採用した場合の補償額に算定し直すことが

必要となる。

## 関係人申立て

イ 本件建物の移転料についても、現在建替えを行うのに要する補償額を要求する。

●本件建物の移転工法としては、起業者は構外再築工法を選択して建物補償額を見積もったが、残地において、従前の建物と同等の規模で従前の建物に照応する建物を再現し、従前の生活又は営業の継続が可能であると認められるので、構内再築工法を採用するとした事例

平成16年5月31日　福岡県収用委員会裁決

## 裁決

　起業者は、前記事実第1の4の(3)ア及び第3の1記載のとおり、構外再築工法としているのに対し、土地所有者甲は、同事実第2の1の(2)記載のとおり、構内再築工法を採用すべきであると申し立てているところ、次のとおり判断する。

　本件土地の収用により、第3の1(3)のとおり、間口約14m、奥行き約16mの約224㎡の残地が残る。

　また、本件建物の1階は、店舗、台所、洋室、和室、寝室、子供部屋等があり、床面積は169.74㎡で、2階の床面積は、13.68㎡である。このうち、1階の店舗、台所、洋室等及び2階の全てが起業地内に存する（別図第1）。

　当委員会は、現地調査を行い、裁決申請書、明渡申立書及びこれらの添付書類、当事者から提出された意見書及び鑑定人の意見等を総合的に勘案した結果、当該残地については、従前の建物と同種同等の建物をそのまま再現することは困難であるものの、従前の建物の機能を確保するために必要と認められる最低限度の建物階数の増加又は建物の形状の変更ならびにこれらに伴う床面積の増加により、本件残地上に従前の建物と同等の規模で従前の建物に照応する建物（別図第2）を再現し、従前の生活又は営業を継続することは可能であると認められるので、当該残地を合理的な移転先と認定したうえ、本件建物の妥当な移転工法として、構内再築工法を採用する。

### 起業者申立て

　本件土地上には、収用に伴い移転を要する物件として、甲が所有する住宅・店舗等の建物、門扉・ブロック塀等の工作物及び立木が存していることから、従前の機能回復を図るため、建物の移転工法を「構外再築工法」と認定したうえ、これら建物等の物件の移転に伴う損失の補償として、別表第１(イ)から(ヘ)までに記載のとおり建物移転料、工作物移転料、立竹木移転料、動産移転料、家賃減収補償及び移転雑費補償の各項目についてそれぞれ補償金を算定し、合計、金43,739,500円を見積もった。
　残地を移転先とするためには、現在の建物を収容できるだけの余地があることが絶対条件であり、本件建物については、別表第１の物件番号１の住宅を立体集約し、改造を伴う構内再築工法も考えられるが、構内再築工法と構外再築工法を客観的かつ合理的、経済的に比較検討した結果、構外再築工法を選定した。

### 土地所有者申立て

　本件建物の移転工法については、用対連基準第28条及び同細則第15に示されているように、「従前の機能を確保するため必要と認められる最低限の建物階数の増加、構造の変更又は設備の設置を行うこと」により、従前の建物に照応する建物を本件残地に再築でき、経済的にもその方が廉価であるので、構内再築工法を採用すべきである。

● 残地に存する庭木、庭石等は、建物と一体不可分の関係にあり、全部を移転しなければ従来利用していた目的に供することができないとして、移転料を補償するとした事例

平成7年12月15日　京都府収用委員会裁決

### 裁決

　立木及び工作物のうち一部分は、残地上に存するが、これらは、庭木、庭石及び建物の附帯工作物であり、本体建物と一体不可分の関係にあり、全部移転によらなければ従来の用法による利用価値を失い、従来利用していた目的に供することが著しく困難になると判断される。

　したがって、甲が主張する前記事実第2の1⑷を踏まえ、法第77条後段の規定を適用し、立木及び工作物の全部について補償することを相当と認める。

### 起業者申立て

　なし

### 関係人申立て

　起業者は、本件収用土地上の立木のみならず、残地上の立木についても移植補償を見積もっているが、これは、残地に移転することをも否定しようとするものであり、納得できない。

● **建物の合理的な移転先を残地以外の土地と判断した場合、残地と隣接地との境界に設置してある共有のフェンスについては、土地の境界を明示するために必要なものとして移転補償の対象から除くとした事例**

平成7年12月15日　京都府収用委員会裁決

## 裁決

残地内に存する甲及び乙の共有のフェンスについては、機能上隣接地との境界を明示するものであり、収用後も残地と隣接土地との境界を明示するために必要なものと認められるので、移転補償の対象からは除く。

## 起業者申立て

なし

## 関係人申立て

甲と私宅との間にあるフェンスの所有権は、自分と甲との2分の1ずつの共有である。

## ●区分所有建物の移転方法として構外再築工法を採用し、区分所有者に対する移転料は、この工法による移転料に共用部分の持分を乗じた額を相当とするとした事例

平成3年2月26日　大阪府収用委員会裁決

### 裁決

　起業者は、物件移転料については前記事実第1の3⑵記載のとおり、補償基準に基づく除却工法に準拠して算出した金額を見積もったと主張し、これに対し土地所有者は、総体として起業者の補償に不満である旨を主張するので、以下判断する。

　本件建物は、次表のとおりの構造・規模を有し、築後約25年を経過した区分所有建物であり、専有部分、土地所有者の持分に係る共用部分及び増築部分は、これらを本件建物の本体からそれぞれ切り離して移転することは極めて困難であると認められる。

| 建築年月日 | 昭和41年2月15日 |
|---|---|
| 構造 | 鉄骨造防水陸屋根3階建て |
| 種類 | 店舗用区分所有建物 |
| 規模 | 延面積　　　　　　　565.38㎡<br>専有部分延床面積　　482.02㎡<br>共用部分延床面積　　 83.36㎡ |
| うち<br>本件土地所有者の所有部分 | 専有部分の床面積　　　　19.86㎡<br>共用部分の共有持分割合　1986／48202 |
| 増築部分 | 4.23㎡ |

　したがって、本件における合理的な移転方法としては、近傍類地に従前と同種・同程度の区分所有建物の1区画を取得して従前の機能を回復することを想定し、これに要する費用を構外再築工法により算定することとした。そして、

補償金の額は、当該工法による土地所有者の専有部分の移転費、共用部分の移転費に土地所有者の共用部分の持分割合を乗じて得た額及び増築部分の移転費を合算することによって算出し、9,663,600円をもって相当と認める。

## 起業者申立て

建物の移転補償については、本件建物が区分所有に係る非木造建築物であり解体移転することが困難であるため、除却工法に準拠して費用を算定することとし、土地所有者の専有部分価額、土地所有者の共有持分に係る共用部分の価額及び増築部分の価額を加えた額とした。

## 関係人申立て

本件土地及び本件建物の共有持分割合については、異議はない。

## ●吟味された材料、木造の伝統的技法等により建築された町家の評価に当たっては、現在では入手困難な資材の値入れ、工数等客観的な経済的損失を把握する必要があるとした事例

平成8年7月19日　京都府収用委員会裁決

### 裁決

　起業者は、本件建物は、希少材や特殊な技法、入念な施工方法は用いられているが、文化財的価値を有するとは認められず、また、残地では再築することは困難であるとして、構外再築工法により移転に要する費用を見積もっている。

　一方、物件所有者は、文化財的価値を評価することは求めていないが、前記事実第2のとおり主張するので、この点について判断する。

　本件建物は、明治末期における、いわゆる町家建築として吟味選択した材料や木造の伝統的な技法、更に、一部には入念な施工がなされた建物であることから、従前の建物の価値及び機能を評価するに当たり、補償基準に基づき土地と建物の関係、位置、構造、用途等の条件を考慮するだけではなく、現在では入手困難な資材の値入れ、工数の査定等客観的な経済的損失を把握する必要があると判断する。

　そこで、本件建物の移転料を算定するに当たり、残地の位置、形状及び面積ならびに建物の用途及び利用状況のみならず現状の価値及び機能に配慮し、更に、鑑定人の鑑定結果等を総合判断して、残地外の他の土地に従前の建物と同種同等の建物を再築する構外再築工法を採用し、移転料を算定することが最も合理的であると判断する。

　以上のことから、建物移転料について、当委員会は、現地調査、鑑定人の鑑定結果等を総合勘案して算定し、別表第5に掲げる額をもって相当と認める。

### 起業者申立て

　木造日本瓦葺2階建て住宅及び木造日本瓦葺2階建て土蔵2棟（以下「本件

建物」という。）は、希少材や特殊な技法、入念な施工方法は用いられているが、文化財保護法等で指定された建物ではなく、また、文化財的価値を有するとは認められないため、復元工法は採用できない。

　本件建物の移転については、補償基準等に基づき土地と建物の関係や位置、構造、用途、工事費、その他の条件を考慮して、当該土地以外の土地を移転先地と想定し、移転先地に建物を再築し、その完成後に移転する工法、すなわち構外再築工法とした。

## 関係人申立て

　本件建物と全く同じ質の家を建てることまでは求めないが、比較的近い品質の国産材を使用し、すべて在来工法に基づいた施工で、最低でも300年はもつ家を建てたいと考えており、注文建築の専門業者の意見等を参考にすると、総額約22億円必要となる。

　なお、当方は文化財的価値を評価することを求めていない。

(1) 建物移転料について

　　本件建物は現在の建築基準法に基づいて建てられた家ではなく、在来工法で建てられた家であり、柱１本、板１枚ずつ値段を付けて積み上げないと、正確な補償金額が分からない。また、通常の注文住宅の場合、材木に要する費用が上がると、それに比例して人件費ならびに壁、屋根及び仮設費等その他の費用も上がる。

　　本件建物は、銘木、造作材、構造材等の材木、また、壁土、漆喰、和釘、倉の留金、建具の文様ガラス、網代、瓦等現在では入手困難な材が使用され、かつ、入念な技法が施された戦前の普請道楽の建物であり、現在同等の建物を再築するならば、それに要する労務費等も含め膨大な補償金額となるが、起業者は補償基準、つまり建築基準法に則り、本件建物をごく一般の木造建築物として積算しているため、補償基準からはみ出る物件については評価がなされておらず、最終的な補償金額に大きな開きが生じているので、在来工法に則った積算をするよう要求する。

## ●文化財級の建物について、軒のひさし部分を切り取っても文化的遺産としての重要性を失うものでなく、ひき家に耐えられるか疑問であるので、ひき家補償を認めなかった事例

昭和53年11月16日　愛媛県収用委員会裁決

### 裁決

　関係人甲は、前記「事実2(2)イ(イ)」記載のとおり申し立てているのに対し、起業者は前記「事実1(3)イ(ウ)」及び「事実3(1)」記載のとおり申し立てているが、当委員会は次のとおり判断する。

　関係人の申立ては、文化財級の建物の保存伝承を図るため、切り取り工法をひき家工法に変更するとともに、これに要する補償を要求するものと解するが、当委員会が調査確認した限りでは、当該建物は現在のところ文化財保護法及び条例等に基づく文化財に指定されていないことは明らかであり、また「文化財級」なる概念を認めることは、公共の利益の増進と私有財産の調整を図ることを使命とする当委員会としては容認し難く、ともに認めることはできない。

　当委員会としても、この建物が文化的遺産であることを認めるにやぶさかでないが、起業者の計画による切り取り部分が建物裏側の軒のひさし部分及び物置の土間部分であって面積も僅少であるため、この建物の利用目的、機能維持にほとんど影響はなく、文化的遺産として重要性を損なうことにならないと認められる。

　また、この建物の建築年代や現状を考慮すると、ひき家に耐えられるかどうか疑問である。この点について関係人は専門家の意見を聞いたうえでひき家に耐えられる旨申し立てているが、かりに耐えられたとしても各部に大補修を要することとなって、かえってこの建物の保存伝承にとりマイナスになるとも考える。

## 起業者申立て

　関係人甲は、本件住家及び物置は文化財級の建物である旨主張しているが、愛媛県教育委員会及び松山市教育委員会に対し文書で確認したところ、文化財保護法に基づく文化財としての指定は一切なされていない旨の回答を得たので、純粋に一般住家としての観点から補償方法及び補償額を決定したものである。また、「文化財級」なる概念は、本人の主観的価値判断に基づくものであり、社会的にオーソライズされたものでなく、起業者としては到底このようなあいまいな概念を認める訳にはいかない。

　更に付言すれば、本件住家及び物置は長年月を経て極めて老朽化しており、これをひき家すれば各所に大修繕を要することとなり、建物の現在の状態を保存するうえからは、かえってマイナスになると考える。

## 関係人申立て

　松山市〇〇町〇〇番及び〇〇番に所在する木造日本かわら本ぶき平家建住家及び附属の物置については、安永10年ごろ（推定）の建築に係る県下に唯一の〇〇屋（江戸中期から末期における庶民の伊勢信仰の地方における拠点で、伊勢神宮の御師が布教活動を行った家）遺構として、貴重な民俗学的文化遺産であり、文化財級の建築物であるので、起業者の計画による切り取り工法では十分な保存伝承ができないから、同地内にある納屋も含め南側へ数mひき家とし、これに要する費用の補償を次のとおり要求する。

| 区　分 | 面　積 | 単　価 | 金　額 |
|---|---|---|---|
| 住　家 | 237.507 ㎡ | 75,000 円 | 17,813,025 円 |
| 神　殿 | 26.55 | 45,000 | 1,194,750 |
| 納　屋 | 15.534 | 35,000 | 543,690 |
| 計 | 279.591 |  | 19,551,465 |

● 築後300年以上経過している古民家の移転料算定に当たり、一般の建物として評価するのを相当とした事例

平成14年9月30日　東京都収用委員会裁決

### 裁決

　起業者は、前記事実第1の5⑶ア(ア)のとおり、6,258,700円を申し立てているのに対し、甲は、前記事実第2の5⑵アのとおり、異議を申し立てている。

　そこで、現地調査の結果及び鑑定の内容などを総合的に考慮した結果、本件土地にある建物については、一般の建物として評価し、また、移転工法については、本件土地に十分な残地が生じないことから、構外再築工法とすることとし、補償額は7,355,752円をもって相当とする。

### 起業者申立て

　本件土地には十分な残地が残らないことから、構外再築工法を採用し、建物移転料を見積もった。移転先としては、被収用地と同種同等の近傍の代替地への移転を想定している。

　なお、甲の旧宅については、有形文化財として何らの指定もされておらず、その指定を行うのは、国、東京都あるいはあきる野市の判断であり、起業者はその判断について言及する立場にはない。

　したがって、建物の補償は、一般の住宅と同様に、「建設省の直轄の公共事業の施行に伴う損失補償基準」及び「同運用方針」に基づいて算定した。

### 関係人申立て

　建物は、300年以上経過している古民家である。その歴史的、学術的な価値を損なわない形で移転して保存するために必要な費用としては低額過ぎる。

● 老朽化した建物の移転方法として、構造材に腐食がなく移築可能なものは解体移築工法により、移築に耐えられないものは除却工法を採用することが妥当であるとした事例

平成3年12月10日　大阪府収用委員会裁決

## 裁決

1　物件の状況

　申立書附属書類、現地調査及び調査のための鑑定人の鑑定評価結果等を総合勘案すると次のとおり認められる。

　本件土地上の建物8棟はいずれも昭和44年頃に建設された未登記の工場用建物で、別表第3の2の記載に即していえば、AないしEの5棟は、外観上一体化しているが、Fの事務所、Gの浴室、Hの倉庫は別棟となっていること。A棟は木造・石綿スレート葺・平屋建であり、B、C、D棟は軽量鉄骨造・石綿スレート葺・平屋建、E棟は木造・日本瓦葺・2階建、F棟は軽量鉄骨造・石綿スレート葺・2階建、G棟は木造・亜鉛鉄板葺・平屋建、H棟はコンクリートブロック造・石綿スレート葺・平屋建である。また、A、B、C、D及びE棟の1階は一体化して作業場として使用され、E棟とF棟の2階部分は、休憩室として利用されていたと考えられる。

　本件土地上の建物は、いずれも耐用年数を経過してはいないものの長期間にわたって十分な補修・手入れがなされておらず、作業場の亜鉛鉄板壁、窓には随所に破損が目立っている。また建物内部も、一応最低限の補修をしながら使用してきた形跡は認められるものの、主要構造部分が破損、欠落しているもの、雨漏りにより木材部分が腐食してしまっているもの等通常の移転工法を採用することが適当でない建物も存在した。

　また、建物内に残存する機械設備は長期間使用されないまま錆び付いてしまっており、再度の利用に供することができないと判断した。

2　建物の移転工法及び移転料

　建物全般の状況は、前記の通りであるが、まず、H棟はコンクリートブロック造であるから除却工法を採用し、A棟及びC棟は比較的傷みが少なく、

構造材にも腐食がなく解体移築が可能であるから、起業者申立てどおり解体移築工法を採用することが妥当と認める。B、D、E、F及びG棟は主要構造部の損傷が激しく、解体移築には耐えられないと認められるので、建物を再現する必要がない場合に適用される除却工法を採用することが妥当であると認める。

### 起業者申立て

本件土地上には、別表第3の2物件移転料明細のとおりAないしHの8棟の建物があるが、そのうちH棟はコンクリートブロック造りであるので移転工法として除却工法を採用し、他の建物は、木造又は鉄骨造りであるので解体移築工法を採用することとした。

### 関係人申立て

なし

## ●住居地域内にある食品工場の移転方法として、建築基準法上の制約があることから、切取工法、移築工法等のいずれの工法も採用できないため、除却工法を採用した事例

昭和58年3月14日　大分県収用委員会裁決

### 裁決

(1) 起業者は切取改造工法によるべきであると主張し、土地所有者甲社は構内再建工法によるべきであると主張している。しかし、当委員会は、いずれの主張も採用せず除却工法による移転が相当であると認定した。その事由は以下のとおりである。

(2) 本社工場の所在地は、豊後高田市の都市計画により住居地域に指定されている。住居地域は、主として住居の環境を保護するため定められるものであるから、住居の静ひつ安全を害するおそれのある建物の新築、改築、大規模の修繕又は大規模の模様替を禁止している。本社工場は、原動機を使用し作業場の床面積が50㎡を超える工場であるから、建築基準法第48条第3項別表第2(は)項に掲げる建築物に該当し、新築、改築、増築、大規模の修繕又は大規模の模様替を禁止されている建物である。したがって、本社工場を切取改造工法により移転するとすれば、建築基準法第48条第3項ただし書に定める特定行政庁の許可を受けなければならないが、同条所定の許可条件が極めて厳しいので、特定行政庁の許可を得ることができるかどうか当委員会において判断することができない。

建物移転の費用はその工法如何により大きく変動するものであるから、実行できるか否か不明の工法を採用して補償額を認定することは、土地収用制度の性質上許されないとみるべきである。

(3) 本社工場の登記簿謄本、当事者の提出した本社工場の設計図書、当委員会が求めた乙社の鑑定結果及び現地調査の結果によれば、本社工場は昭和43年1月に新築され、新築当時の床面積は1階1,032.91㎡ 2階325.80㎡であったが、その後増築され床面積1階1,459.59㎡ 2階457.73㎡になっていること、1階の約3分の2（約750㎡）を1区画の製めん工場として使用し、同所に

製めんプラント3レーンを設置していること、本社工場の柱及びはりは鉄骨、屋根はスレート葺、外壁は石綿スレート張、階段は鉄骨鉄板造、1階の床はコンクリート張であるが、2階の床は木造であること、以上の事実が認められる。

　本社工場を切取改造工法により移転するとすれば、切取改造工事が建築基準法第3条第3項第3号所定の増築、改築及び大規模の模様替に該当するので、残存部分についても現行の建築基準法及びこれに基づく命令若しくは条例に適合するよう改善しなければならなくなる。この点は土地所有者甲社の主張するとおりである。そこで、残存部分を現行の建築基準法及びこれに基づく命令若しくは条例に適合するよう改善することができるか否かを検討してみることにする。

　本社工場は延べ面積1,000㎡を超える建築物であり、耐火建築物若しくは簡易耐火建築物ではないから、建築基準法第26条の規定に基づき耐火構造とし、かつ自立する構造（施行令第113条）の防火壁を設けなければならない。しかし乙社の鑑定の結果によれば、本社工場を解体しないまま、その内部に自立する構造の防火壁を設けることは不可能であると認められる。

　防火壁の設置が不可能であるとすれば、本社工場を建築基準法第26条ただし書の簡易耐火建築物に改造し、同条本文の防火壁設置義務を免れる以外に途がないことになる。幸い、本社工場の主要構造部である柱、はり、屋根、外壁、階段及び1階の床は、前示認定のとおり不燃材料造りであるから、2階の床の木造を不燃材料造りに改造することにより容易に簡易耐火建築物に変更することができそうである。

　ところが、乙社の結果によれば、現状の1次設計においてさえ構造部材に作用する応力が許容応力度を超えているものがあり、2次設計についても層間変形角の規定値を満足していないと認められるので、その上に2階の床を不燃材料に変更して固定荷重を増加させ、本社工場の安全を損なうことは許されないというべきである。

　本社工場は、現状においてさえ、現行の建築基準法及びこれに基づく命令若しくは条例に適合していないのであるから、これを切取改造し、簡易耐火建築物に変更するとすれば構造部材の殆どを取り替え又は補強しなければ、構造の安全を確保することができないとみるべきである。しかし乙社の鑑定の結果によれば、本社工場の構造部材を取り替え、或いはこれを補強して、適法な建築物に改善することは、事実上不可能であると認められる。のみな

らず、仮に可能であるとしても、その費用は本社工場の価格をはるかに上まわるものと推認しなければならない。

　以上いずれの点からみても起業者の主張する切取改造工法は失当である。

(4)　土地所有者甲社の主張する構内再建工法には、本社工場の除却を求める主張と、工場新築費用の補償を求める主張が含まれている。そのうち、本社工場の除却を求める主張が相当であることは、前示認定のとおりである。しかし、工場新築費用の補償を求める主張は、新築費用が法令改善費用に該当するので、失当である。よって土地所有者甲社の主張する構内再建工法は採用できない。

(5)　本社工場は、前示認定のとおり建築基準法上の制約があるので、切取移転工法によって移転することができないのみならず、移築工法、切取補修工法又は改造工法のいずれの工法を採用してみても移転することのできない建物である。本件建物は除却する以外に移転の方法はない。

(6)　以上の事由により、当委員会は、除却工法（建物の現在価値を補償して除却する工法）により、本社工場を移転するのが相当であると認めた。

### 起業者申立て

　甲社は、A地とこれに隣接する1177番3、1178番3及び1179番1の宅地を一団の土地として使用し、同所に家屋番号1179番1鉄骨造スレート葺2階建て工場1棟実測床面積1階1,459.59㎡、2階457.73㎡（以下本社工場という。）を所有し、同工場において即席めん等のめん類を製造している。

　本社工場はA地とその隣地にまたがって建設されている。しかしA地に建設されている部分は工場全体の約4％（延床面積約71㎡）程度であるから、同工場の移転は、A地建設部分を含め1階約430㎡、2階128㎡を切り取り、残存部分に1階約8㎡、2階約370㎡を増築し、従前の機能を維持するために必要な内部の改造、模様替を施す方法（切取改造工法）により行うべきである。

　本社工場が住居地域内の工場であること及び同工場が昭和43年に建設されたものであることは認めるが、切取改造工法によることができない旨の主張は否認する。仮に構内再建工法によらなければならないとしても、そのために増加する経費は所謂法令改善費用であるから、補償すべき損失ではない。

## 関係人申立て

　起業者は、本社工場の移転は切取改造工法により行うべきである旨主張している。しかし、(1)本社工場は住居地域内の工場であるから、増築、改築、大規模の修繕又は大規模の模様替を行うことを禁止されている。(2)本社工場は昭和43年に建築された建物であり、その後建築基準法及びこれに基づく命令の改正が行われているので、切取改造工法を採用すれば、残存部分についても現行の建築基準法及びこれに基づく命令に適合するよう改善しなければならなくなる。しかし残存部分を現行の建築基準法及びこれに基づく命令に適合するよう改善することは技術的にみて困難である。仮にそれが可能であるとしても、多額の費用を要するので合理的でない。(3)本社工場には、原料の投入から製品の梱包まで一貫して流れ作業のできる製めんプラントが3レーン設置されているが、切取改造工法を採用すれば、その一部を2階に移転しなければならなくなり、従前の製めんプラントの機能を維持することができない。(4)切取改造工法を採用すれば、従前の駐車場スペースがなくなり、原料の搬入、製品の搬出に支障を生ずる。以上(1)ないし(4)の事由があるので、起業者の主張する切取改造工法は失当である。

　本社工場を移転することは事実上不可能である。そこで移転不能の本社工場を除却し、同一の機能を有する新工場を構内に建設する方法（構内再建工法）により、移転の目的を達成すべきである。

　新工場の建設場所を構内に限定したのは、起業者が構外移転を認めない旨主張していたのでこれにしたがったものであるが、甲社の本意ではない。

● 起業者は本件建物の用途を住宅として構内再築工法を採用して補償額を見積もっているが、老朽化が進み損傷も著しく修繕が講ぜられた形跡が認められないため、移転工法として除却工法を採用することが妥当であるとした事例

平成16年11月18日　和歌山県収用委員会裁決

## 裁決

　建物移転工法については、以下の理由により除却工法を採用し、建物及び工作物の移転補償を算定する。建物及び工作物移転補償の総額は1,283,840円をもって相当と認め、関係人甲に対し、1,283,840円（別表第2）とする。
　上記現地調査等によれば、本件建物は長年放置され老朽化がかなり進んでいるうえ、損傷も著しく維持修繕等の措置が講じられた形跡は認められないため、当委員会は建物を再現する必要がない場合に適用される除却工法を採用することが妥当であると認める。
　なお、関係人は前記事実第3の6のとおり、隣接者の補償額と同額以上の補償を要求するが、当委員会が算定する損失補償は、本件土地を収用することによって土地所有者及び関係人が受ける損失に基づくものに限られ、その補償額は当該物件を通常妥当と認められる移転先に、通常妥当と認められる移転方法によって移転するのに要する費用であり、本件建物等についてはその構造、規模、用途、耐用年数及び経過年数等個別要件に基づいて算定されるものである。

## 起業者申立て

　本件建物の用途は住宅であり、構造は木造カラー鉄板波板葺平屋建と判断する。移転工法は、構外再築工法を採用し、移転補償は補償基準要綱等により再築補償額及び本件建物を解体する費用を算出する。

## 関係人申立て

　本件建物は登記上の用途は物置になっているが、現況は住居であり、補償も住居として算定されるべきである。また、補償総額としては、最低限、起業者が隣接者に提示した金額（平成16年8月5日付けで関係人が提出した意見書に添付された資料により、13,689,000円）と同額を要求する。

## ●残地及び隣接地に存する建物についても移転料を補償することを相当とした事例

平成2年8月6日　山口県収用委員会裁決

### 裁決

　甲を除く他の土地所有者は、事実第2－2のとおり、残地及び隣接地に存する物件については、全部移転しなければ従来利用していた目的に供することが著しく困難になるとして全部の移転料の請求をするが、起業者も別表第3－2のとおり全部の移転料を見積もっており、現地調査の結果等から全部の移転料の補償を相当と認める。

### 起業者申立て

　なし

### 関係人申立て

　残地及び隣接地に存する建物及び物件については、全部移転しなければ従来利用していた目的に供することが著しく困難になるので全部の移転料を請求する。

● 自動車教習所の取水施設について、打ち込み井戸の新設ではなく、当該施設のライフラインとしての機能、水道に関する行政指針等を考慮して、水道管の布設に配慮した補償を相当とした事例

平成7年1月24日　京都府収用委員会裁決

## 裁決

① 当事者主張に対する評価
　ア　起業者が主張する補償の内容について
　　起業者は、前記事実第1の7⑵のとおり、本件取水施設に対する補償としては、近隣地において、申請外〇〇郡衛生管理組合が開さくし、現在使用している井戸を唯一の根拠として、深度10m程度の井戸の新設による補償を主張しているが、
　㈠　井戸の開さくによって、将来的にも安定した必要水量が確保できるという根拠が示されていない。
　㈡　仮に必要水量が確保できたとしても、その井戸水が安心して飲用できる水質であるかどうか不明である。
　㈢　また、水質検査の結果、水質の改良が必要になった場合の考慮がされていない。
　等自動車教習所の経営存続に関わる事情に対する配慮が不十分と認められる。
　イ　甲等が主張する補償の内容について
　　甲等は、前記事実第2の2⑶㈡のとおり水道料金の負担に関する補償を主張するが、本件事業が行われず本件取水施設を移設する必要がなかったとしても、自動車教習所の経営維持のためには、水質管理や施設の保守点検等に要する費用は当然に甲等が負担すべきものであるから、水道料金を新たに負担することになったとしても、これらは差し引きされるべきであり、その算定については直ちに採用し難い。
　　また、甲等が主張する補償内容は、本件取水施設の推定再建設費や残存

耐用年数ならびに取水機能の安定性等から判断して著しく財産的価値が増大するものと認められる。
② 水道行政の現状
　ア　水道行政については、近年多種類にわたる有害物質等による地下水汚染の拡大や施設の不適切な管理等がみられることから、本件取水施設のような水道法（昭和32年法律第177号）やその他の法令の規制対象とならない井戸等については、「飲用井戸等衛生対策要領の実施について」（昭和62年１月29日衛水第12号各都道府県知事あて厚生省生活衛生局長通知）が定められ、これに基づき指導することとされている。
　イ　京都府内においては、公共井戸取締条例（昭和24年３月京都府条例第14号）の施行と併せ、飲料水確保について、次の行政指針が示されている。（平成４年４月３日京都府保健所長あて京都府保健環境部長通知）
　　(ｱ)　飲料水については、水道水の使用を基本として、水道未普及地域等やむを得ない場合に限り井戸等を利用するものとすること。
　　(ｲ)　市町村においては、水道未普及地域（給水区域内未普及地域も含む。）の早期解消及び給水区域内にあって水道未加入者の水道加入の促進を図ること。
　　(ｳ)　公共井戸の所有者又は管理者にあっては、給水区域内においては、水道の加入による水道水への転換を図るものとし、飲料水の確保手段が井戸等に限られる地域においては、水質検査の励行による飲料水の安全確認及び施設の適正管理に努めるものとすること。
　ウ　本件取水施設を使用している有限会社〇〇自動車学校の存する地域は〇〇郡〇〇町が経営する水道事業の給水区域内にあり、一般的には水道法第15条によって需用者から給水の申し込みがあれば、水道事業者は正当な理由がない限りこれを拒否できないこととされている。
③ 補償の方法
　本件取水施設に対する補償については、甲等が経営する自動車教習所のライフラインとして、その機能に十分配慮し、前記水道に関する行政指針も考慮に入れ、水道の給水管の布設に配慮した補償を相当と認める。

## 起業者申立て

　甲等は、後記事実第２の２(3)②のとおり主張するので次のとおり反論する。

第２章　通常生ずる損失の補償―(1)建物等移転料　　249

現存の取水施設は自然流水又は地下水を利用したものであり、現在の機能に着目すれば、打ち込み式井戸を新設する費用が適正かつ妥当であると思慮する。

なお、井戸の新設に当たっては、甲等所有地の東側に位置する場所で深さ約10m程度で取水している実績がある。

## 関係人申立て

ア　取水施設に対する補償として、水道水の利用に要する費用を基に、次のとおり要求する。

| 区　　　　　　　　　　　　　　　　　　　分 | 金額（円） |
|---|---|
| 公営水道の申込みに際して負担しなければならない工事費用 | 3,741,000 |
| 水道水の利用に伴う水道料金の負担額 | 10,332,180 |
| 計 | 14,073,180 |

（注）※　水道料金の負担額は、水使用量1か月当たり300㎡とした場合の年間水道料金（586,080円）に物件所有者の平均余命から勘案した補償期間によって算出されるホフマン係数（17.6293）を乗じて計算した。

　　　※　水道料金は〇〇郡〇〇町の料金表によった。

　　　※　物件所有者の平均余命は、平成5年簡易生命表（厚生省編）により、約29年とした。

　　　※　ホフマン係数とは、生命侵害による逸失利益を算定する場合などに用いられる単利年金現価率であり、29年間、法定利率5％で算定した場合、そのホフマン係数は17.6293になる。

イ　水道水の供給が許可されない場合は、自動車学校敷地内に井戸を開さくし、地下水を利用するほかないが、敷地の南側を流れる河川水が汚染されていることから、飲料水として使用するためには、少なくとも50m掘削し、かつ濾過装置を設ける必要がある。その工事費用は金14,730,000円であり、補償額は少なくとも上記金14,073,180円とされるべきである。

## ●撤去命令を無視した違反工作物に対し移転料の補償を否認することは許されないとした事例

昭和59年5月26日　岡山県収用委員会裁決

### 裁決

　起業者は前記事実第1・4(2)及び第1・6(5)記載のとおり、昭和54年3月22日都市計画事業認可以降の昭和56年8月から昭和57年1月の間に、本件土地上の一部に建設された都市計画法第65条の規定に違反する工作物であり、再三再四にわたる撤去命令を無視しており、移転料の補償を見積もることは、違法を認めることになり補償の対象としないと主張するので、この点について判断する。

　本件倉庫は、事業認定の告示があったとみなされる日（昭和57年3月24日）以前の昭和56年8月から昭和57年1月の間に、本件土地の一部に建設されていることが認められる。

　法第77条本文は「収用する土地に物件があるときは、その物件の移転料を補償して、これを移転させなければならない。」旨規定している。そして、移転料の補償を受ける者は、法第68条の規定する関係人であり、法第8条第3項に規定する「その土地にある物件に関して所有権その他の権利を有する者」である。

　したがって、公用制限に違反して建築された工作物についても、所有権その他の財産権の成立を認め得るものである限り、法第77条本文に規定する移転料の補償を否認することは許されない。

### 起業者申立て

　本工作物は昭和54年3月22日の都市計画法に基づく事業認可後、昭和56年8月から昭和57年1月にかけて建設されたものであり、その間再三にわたり撤去通告をしたが、それを無視して建設した。

　このような不法工作物に対し補償をすることは不法行為を正当化するものであり、そのようなことはとうてい容認できない。

　また、緊急に事業着手する予定地において工作物を新築することは、もっぱ

ら補償の増額のみを目的とする行為とみざるを得ない。

## 関係人申立て

本件倉庫は補償の対象にならないとしているが、いかなる理由からか。

## ●都市計画法所定の許可を得ていない違法建築物であっても、公用制限違反の工作物の移転に対しても移転料を補償すべきとする法制局の見解を相当と認め、これに対する補償が必要であるとした事例

平成17年7月26日　茨城県収用委員会裁決

### 裁決

土地所有者は、都市計画法所定の許可を得ていない違法建築物に対して補償金を認定し、及びこれを支払う行為は違法となる可能性がある旨主張するが、当収用委員会は、公用制限違反の工作物の移転に対しても移転料を補償すべきとする内閣法制局の見解（昭和33年8月13日付け建設省計画局長あて内閣法制局第一部長回答）を相当と認め、本件土地及び残地にある建物が違法建築物であるとしても、これに対する損失の補償は必要であると判断する。

### 起業者申立て

土地又は土地に関する所有権以外の権利に対する損失の補償以外の損失の補償については、茨城県施行の公共事業に伴う損失補償基準、同細則及び関東地区用地対策連絡協議会発行の損失補償算定標準書（平成16年度版）に基づき算定し、別表第5記載のとおりとする。

### 土地所有者申立て

(2)　仮に、本件土地及び残地につき甲に賃借権が認定されるようなことがあっても、あくまで甲の所有する建物は都市計画法所定の許可を得ていない違法建築物であるから、これに対して補償金を認定し、支払う行為自体が違法になる可能性がある。

### 関係人申立て

(5) 土地所有者側は、「本件建物は違法建築物であり、これに対する補償金支払が違法になる可能性がある」と主張するが、「法令違反の物件又は営業等も補償の対象になる」ことは、内閣法制局の見解も判例も一致している。

## ●起業者の申し立てる建物の移転工法は相当であると認めたが、補償単価は正当でないとして単価修正をして移転料を算定した事例

平成2年12月11日　兵庫県収用委員会裁決

### 裁決

　起業者は、事実1(4)アのとおり別表第2の2記載の物件の番号①の建物については、改造工法（関係人甲使用部分は構内で改造し、貸店舗部分は構外へ改造して移築する。）、別表第2の2記載の物件の番号②の建物については、曳家工法、別表第2の2記載の物件の番号③の建物については、改造工法、別表第2の2記載の物件の番号④の建物については、除却工法によって補償金を見積もるのに対し、関係人甲は、事実2(3)のとおり上記建物の全部を残地内で新設する費用を要求する。

　当委員会は、現地について調査した各建物の状況、物件調書その他の起業者提出の資料及び土地所有者兼関係人（物件所有者）甲の所有する土地の利用状況を総合勘案し、本件各建物の移転工法については、起業者が申し立てる工法によるのが相当であると認めるが、建物移転料に係る起業者申立額は、補償単価の把握が正当ではないので、これを採用することはできない。

　そこで、起業者申立ての補償単価の更正を行い、別表第1の2記載のとおりとした。

　なお、本件土地にある物件の所有者に対する損失の補償としては、当該物件を通常妥当と認められる移転先地に通常妥当と認められる方法により移転し、従前の使用目的に供することが可能なように再現する費用を補償すれば足りるのであって、関係人甲が申し立てるように、上記建物全部を残地内で新設する費用を補償する必要性はなく、また、起業者申立ての工法により上記建物を移転することによって、空地が減少し、従来の使用目的に供することが、不可能になるとも認めがたく、また、別表第2の2記載の物件の番号①の建物について、貸店舗部分を構外へ移転することによって、関係人甲にとって、特段、不利益が生ずるとは認められず、別表第2の2記載の物件の番号②の建物を曳家することによって劣化すると思料する損失分は、損失の補償額を積算する際に計上しており、関係人甲の主張は採用できない。

### 起業者申立て

別表第2の2記載の物件の番号①の建物について、関係人（物件所有者）甲使用部分は構内改造費用、貸店舗部分は構外移築改造費用を見積もり、物件の番号②の建物について、残地への曳家移転費用を見積もり、物件の番号③の建物について、構内改造費用を見積もり、物件の番号④の建物について、構内移築費用と取壊し費用を見積もった。

### 関係人申立て

明渡しに係る損失の補償に関し、起業者は建物の移転料として、別表第2の2記載の物件の番号①の建物について、関係人（物件所有者）甲の使用する建物部分を構内で改造する費用及び貸店舗部分を構外へ改造して移築する費用を見積もっているが、貸店舗部分を構外へ移転するための用地は、起業者から代替地の提供がなく、地価高騰のため価格が合わず、取得することは、不可能である。

また、起業者は、別表第2の2記載の物件の番号②の建物について、曳家移転の費用を見積もっているが、当該建物を曳家工法で移転すると、建物が傷み、耐用年数を縮め、残地内に空びん置場、自家用車等の車庫及び駐車場に充てる空地を確保して、従来利用していた機能を回復することは、不可能である。

したがって、従前の機能を回復し、かつ、安定した家賃収入を確保するためには、別表第2の2記載の物件の番号①、②、③及び④の建物全部を、残地内で新しく建て替える必要があり、そのための費用として、建物解体撤去工事費及びそれに伴う工作物撤去等の費用8,143,200円と建物新築工事費及びそれに伴う造園工事費等の費用115,310,000円を要求する。

## ●すでに協議が調っている電力会社の物件移転料について、補償は「なし」とする起業者の申立てに異議がないとするので、これを採用した事例

平成14年9月30日　東京都収用委員会裁決

### 裁決

東京電力は、損失の補償はなしとする起業者の申立てに異議がないので、これを採用する。

### 起業者申立て

東京電力については、既に起業者との間で物件の移転に関する協議が調っているので、損失の補償はなしとした。

### 関係人申立て

起業者の申立てに異議がない。

## ●移転料多額として収用請求のあった給油施設につき、当該施設の各設備は別個の物件として判定すべきであるとした事例

昭和63年12月20日　高知県収用委員会裁決

### 裁決

　起業者は、事実第1の4記載のとおり、当収用委員会に対して、本件ガソリンスタンド内にある給油施設（①地下オイルタンク2基、②油配管工事一式及び③オートリフト）について、移転料多額による収用請求を行っているので検討するに、まず、起業者は、上記3物件の合計金額で移転料と取得価格を比較した上で移転料多額を判定しているが、①及び②は機能上一体として合算する余地はあるとしても、③と①及び②では明らかに別個の物件であり、したがって、別個に両金額を判定すべきであると思われる。

　そうであるとすれば、事実第1の4記載の一覧表で明らかなように、③のオートリフトは取得価格の方が移転料より多額であり、したがって、法第79条前段の請求要件を欠くものである。

### 起業者申立て

　本件土地にある給油施設（機械工作物）については、移転料が移転しなければならない物件に相当するものを取得するのに要する価格を超えるため、その価格を見積もったものであり、土地収用法（以下「法」という。）第79条の規定により物件の収用を請求する。なお、この給油施設の移転料及び当該施設に相当するものを取得するのに要する価格は次のとおりである。

所　在　高知県高知市〇〇町〇〇番　地内

| | 物件名（機械名） | 数量 | 取得価格<br>（補償額） | 移転料 | 物件所有者 |
|---|---|---|---|---|---|
| 給油施設 | 地下オイルタンク<br>（10kl） | 2基 | 1,904,799円 | 3,218,950円 | 甲社 |
| | 油配管工事 | 一式 | 689,520円 | 1,020,000円 | |
| | オートリフト | 1台 | 393,601円 | 267,750円 | |
| | 合計 | | 2,987,920円 | 4,506,700円 | |

## 関係人申立て

なし

## ●権利者不明の物件の移転代行の請求に対し、権利者全員の同意が得られないため認め難いとした事例

昭和59年10月31日　高知県収用委員会裁決

### 裁決

　起業者による移転の代行については、物件の所有者の同意が必要であるが、本件の場合については、当事者の同意が得られないことから認め難い。

### 起業者申立て

　本件の場合、物件移転に対する補償金は、所有権の帰属について争いがあるため供託になる可能性が高いと考えられる。供託となった場合、移転に要する費用が支払われないことから、関係人にとって移転が非常に困難になる、あるいは、そのことから代執行による移転ということも予測されるので、それらの事態を避けるために、また経済面さらに事業の円滑な執行のうえからも有利であるとの判断から物件の移転の代行をお願いする。
(1)　代行により移転する物件
　　移転物件（別表第3記載）のうち収用地又は使用地に係る物件及び物件内の動産
(2)　代行の方法
　　前記(1)の物件のうち建物については、解体撤去のうえ残地に資材を保管、工作物については解体撤去、立木については残地に移植、又建物内の動産については、建物及び工作物の解体撤去に伴って搬出し、残地に保管場所を定め保管する方法によりたい。なお、代行については、土地所有者及び関係人の意見を聴きながら実施することとする。

### 関係人申立て

甲
　起業者の移転代行については、同意できない。

乙
　起業者の移転代行補償については同意する。

## ●起業者による移転代行について、緊急性がある等の事情があっても、工作物の撤去のみでは法に定める移転代行には該当しないとした事例

昭和60年12月4日　高知県収用委員会裁決

### 裁決

起業者による移転代行の申立ては、次の理由により認め難い。
1　事実第3記載のとおり、本件土地については既に緊急使用の許可を行っている。
2　現在の状況から判断して、移転の代行については、物件所有者の協力を得られる見込みがなく、また工作物の移転代行については、撤去のみでは、土地収用法第85条の移転代行に該当しないと判断する。

### 起業者申立て

本件土地に係る工事については、緊急に施行する必要があるが、物件所有者との今までの交渉経過からして、物件所有者による物件移転の可能性が少なく、また起業者による移転の方がより合理的なことから土地収用法第85条の規定による移転の代行による補償を要求する。
(1)　代行により移転する物件
　　別表第2の3に掲げる全ての物件（以下「本件物件」という。）
(2)　移転代行の方法
　　本件物件のうち、看板については、本件土地より撤去させることとする。
　但し、物件所有者の要求がある場合は物件所有者の所有地へ移設する。
　　立木については、伐採し起業者所有地へ保管する。
(3)　移転代行に要する費用
　　起業者見積補償金額　429,363円（内訳は別表第2の3記載のとおり。）の範囲内

### 関係人申立て

　本件土地上の工作物は、○○○町○○字○○の奥にあるA神社の土を持って来て設けた祭壇である。
　工作物の移転については、関係地区7か所に鎮山防災祈願遥拝殿（以下「遥拝殿」という。）を建立奉斎し毎月1回以上（高速道路建設工事中は数回）専門家を招き四国地区防災研究懇談会をかねての祈願をする事に地権者一同の同意を得たため遥拝殿を建立するに必要な次の経費を請求する。

　遥拝殿建立経費総額　　　　　7,140,000円
　内　訳　敷地購入費　　　　　218,020円
　　　　　　　　　　遥拝殿建立経費　　801,980円
　1か所当たり　――――――――――――――――――
　　　　　　　　1,020,000円×7か所＝7,140,000円

◎　本件土地の緊急使用について

　昭和60年10月16日付けで起業者より土地収用法第123条の規定に基づく緊急に施行する必要がある事業のための土地の使用の許可の申立てがあり、当収用委員会において検討した結果、昭和60年10月16日本件土地について緊急使用の許可を行った。

● 鉄骨造 3 階建ての従前建物に照応する建物として、残地に 4 階建ての建物を再築することが可能であると認め、エレベーターと身障者用トイレの法令施設改善費用の運用益相当額を本件収用に伴う損失と認めた事例

平成17年11月24日　東京都収用委員会裁決

## 裁決

　起業者は、前記事実第1の4⑶ア㈠のとおり申し立てているのに対し、甲は、前記事実第2の2⑵アのとおり、残地について、住居系と商業系の用途地域がまたがるため、日影規制等により5階建てとならざるを得ず面積も単価も増えるはずであり、また、再築補償費の見積額が低く、法令改善費用については、新築費を補償すべきであると申し立てている。
　上記㈠で確認した事実及び上記㈢の鑑定の内容などを総合的に考慮した結果、照応建物については、4階建ての建物で再築が可能と認められる。
　上記㈢の鑑定の内容及び上記㈣の認定を踏まえ検討した結果、以下の①から④の合計額から⑤を控除した255,954,806円を相当とする。
① 　再築補償費
　　従前建物の推定再建築費165,613,109円に裁決時における再築補償率95％を乗じて得た額157,332,454円
② 　照応建物の推定再建築費と従前建物の推定再建築費との差額
　　照応建物の推定再建築費174,587,641円と従前建物の推定再建築費165,613,109円との差額8,974,532円
③ 　法令改善費の運用益損失分の補償額
　　法令改善に要する費用の運用益損失分の補償については、20,287,340円
　　なお、エレベーター及び身障者用トイレに関する法令改善費については、将来においてその負担が予定されているところであり、法第88条の2の細目等を定める政令第17条第2項に定められているとおり、補償を要しない。
　　ただし、その費用について前倒しして支出を要することによる運用益損失分については、本件収用に伴う損失と認められる。

④　解体費

解体費については、建物の解体費のほかアスベストの処理費用等を含んだ額70,433,525円
⑤　発生材の価額

建物の取壊しの際に生ずる発生材の価額は1,073,045円

## 起業者申立て

　移転対象となるAビル（以下「従前建物」という。）（注・鉄骨造3階建て店舗兼事務所）の補償を見積もるに当たり、高さ制限や日影規制等について検討した結果、従前建物と同種同等の建物を残地に再築することが可能であるため、構内再築工法を採用した。

　建物移転補償費として、以下の再築補償費、改造費、取壊し費及び法令改善費用の運用益相当分の補償額の合計額から発生材価額を控除した額の円未満を四捨五入して得た額227,182,919円を見積もった。

　再築補償費は、同種同等の建物を建築するとした場合に要する費用である推定再建築費141,092,000円に、建築後の経過年数26年を勘案した再築補償率0.976を乗じた額137,705,792円を見積もった。

　改造費は、推定再建築費141,092,000円を従前建物の延べ床面積1,941.82㎡で除して得た1㎡当たりの推定再建築費72,659円に、階数増に伴う階段分の増面積105.39㎡を乗じた額7,657,532.01円を見積もった。

　取壊し費は、従前建物の取壊し工事に要する費用46,389,000円及びアスベストの除去工事に要する費用18,539,000円の合計額64,928,000円を見積もった。

　なお、協議の経過の中で従前建物の転出した各占有者の造作についての撤去費は、甲に見積もることで了解を得ている。

　法令改善費用の運用益相当分の補償額は、エレベーター設置等に伴う法令改善に要する費用である18,785,000円に運用益損失率0.907を乗じた額17,037,995円を見積もった。

　建物の取壊しの際に生ずる発生材価額として146,400円を見積もった。

　また、再築に要する期間は、純工期、解体工期、準備期間及びアスベスト除去の工期を勘案した13か月とした。

## 土地所有者申立て

　構内再築工法による算定であるが、当該地は住居系と商業系にまたがり、住居系は、高さ制限、日影規制を受け、当社算定では5階建てとなる。

　5階建てによる階数増及びエレベーターの設置により起業者の算定面積より増加となるはずである。

　同種同等の建物を建築する場合、当社の取得している見積りでは再築費は202,020,000円であり、これに起業者の経年補償率0.976を乗じた額197,171,520円が妥当である。

　階数増に伴う再築費用の算定において起業者は、従前建物の建設単価を増面積に乗じて価格算定をしているが、階数が増えれば設備関係、重量等及び工期も変動し、建築単価も上がるはずである。

　エレベーターの補償について、法令改善の運用益相当でなく、設置費相当を補償すべきである。

　再築に要する期間は、起業者は13か月と算定しているが、再築建物の階高は5階を要することから、14か月が相当である。

　解体費については、起業者の申立てに異議はない。

● 明渡しの期限前に法令制限の適用の猶予期間が徒過していること及び法令費用の出捐は補償の原因たる特別の犠牲に当たらないと判断したことから、法令費用について補償の対象としないとした事例

昭和57年7月13日　大阪府収用委員会裁決

## 裁決

　甲社は、事実第2・4の(1)記載のとおり、主として、次の理由により、法令費用を要求する。
ア　最高裁判例にいうところの「被収用者が被る特別の犠牲」については憲法第14条の平等の原則を基底として解すべきであるから、特別の犠牲に該当するかどうかの判断基準は、損失補償制度の目的に照らし、収用を受けない者との具体的対比に基づいて決定されるべきであろうこと
イ　甲社の被る特別の犠牲とは、適法に許認可を受けて営業を継続してきた医薬品の製造・販売の既得権益の源泉たる工場施設を喪失することであり、工場施設の機能を維持回復するためには、移転先の工場において薬事関係法規に適合することが必須の要件であること
ウ　高松地裁昭和54年2月27日判決によれば、単に物理的障害だけでなく、法規制上の障害に基づく損失もまた補償の対象に含まれるものと解すべきであるとして、消防法違反の故をもって土地所有者が移設した旧タンクの移設費用を損失補償の対象と認定していること
　これに対し、起業者は、事実第1の5・(1)及び6記載のとおり
ア　法令費用は、財産権に内在する社会的拘束のあらわれであり、また、財産価値が増加するものであるから、自己の費用において負担すべきものであること
イ　工場立地法や各種公害規制法等による法令費用は、周囲の環境に悪影響を及ぼす虞のある企業の存立と地域社会との調和を図るために企業に課せられた義務に関するものであること
ウ　甲社が列挙する判例は、従前の財産の復元に要する費用、いわゆる「特別

> の犠牲」が生じた場合に補償請求権を認めているもので、同社の要求する財産の価値増や設備の改善に要する費用の補償請求を是認したものではないこと

と主張し、法令費用は補償の対象としないと反論するので、以下検討する。

　まず、甲社の主張する法令費用のうち最も代表的なものは、薬事関係法規、なかんずく、GMPに関するものである。GMP（医薬品の製造及び品質管理に関する基準）は、Good Manufacturing Practicesの略称で、優れた品質の医薬品を製造するために必要な製造所の構造設備や製造管理及び品質管理の全般にわたって製造者が守るべき要件を定めたもので、「GMPに合致していない医薬品は不良医薬品とみなす。」という思想の下に、WHO（世界保健機構）の勧告に基づき、日本においても厚生省の局長通達により昭和51年4月から実施され、その後3年間の猶予期間の経過した同54年10月に薬事法が改正され、これに伴い、通達であったGMPは、厚生省令の「医薬品の製造管理及び品質管理規則」ならびに「薬局等構造設備規則」に盛り込まれて、同55年9月に施行され、現時点においては、本件土地の明渡期限前の同58年9月30日までその適用を猶予されている極く一部の規定を除いて完全実施されているので、GMPに関する限り、甲社の主張は理由がない。また、甲社が事実第2・5の(3)記載のとおり、現工場はGMPに適合しているが、既設の場合と新設の場合とでは規制の態様・方法が異なると主張する点についても、薬事関係法規に照らして理由がない。

　次に、薬事関係法規以外の法令費用に関し、その出捐が特別の犠牲に当たるかどうかの問題については、法令費用という場合の法令として、建築基準法、消防法、工場立地法等がこれに該当するものと考えられるが、これらの法令は、国民の生命、身体、健康若しくは財産の保護、防災又は環境保全の見地から、いずれも公共の福祉のために定められたものであるから、たとえ収用を契機とするものであっても、当該法令費用の負担は憲法第29条第2項に基づいて定められたこれらの法律によって財産権に付着せしめられた一般的な制約であり、かつ法令に適合するよう措置することは、単に公共の福祉の増進に資するのみでなく、個々の財産及びその所有者ないし利用者にとっても、安全性及び良好な環境保全の面からみても有益なことであり、法令費用の出捐は補償の原因たる特別の犠牲に当たらないものと判断する。

　よって、当委員会は、法令費用については補償の対象としないものとする。

　これは、前記最高裁第1小法廷判決の完全補償の考え方（収用の前後を通じ

て被収用者の財産価値を等しくならしめる補償）と矛盾しないものであり、これとは逆に法令費用を補償するとすれば、憲法第14条に照らし、逆の意味で、収用される者とされざる者との不平等の問題が生じよう。

　なお、甲社が法令費用の補償要求の根拠の一つとして援用する前記ウの高松地裁判決は、その後高松高裁においても支持され、現在最高裁において審理中であるが、当該事例は、従来適法に存在していたガソリンの貯蔵タンクが地下道の新設によって違法状態になり移転を余儀なくされたものに関するものであり、本件とは全くその性質を異にする。

## 起業者申立て

　甲社は当初から一貫して法令に基づく設備改善に要する費用（以下「法令改善費用」という。）を要求しているが、公共用地の取得に伴う損失補償基準要綱（昭和37年6月29日閣議決定、以下「基準要綱」という。）第24条第2項に「建物等の移転に伴い建築基準法その他の法令の規定に基づき必要とされる施設の改善に要する費用は補償しない。」旨の規定がある。本件の場合においても、法令改善費用は、関係法規に適合すべく必要な措置を自ら講ずべきものであり、また、財産価値が増加するものであるから自己の費用において負担すべきものである。更に、工場立地法や各種公害規制法等による法令改善費用は、周囲の環境に悪影響を及ぼす虞のある企業の存立と地域社会との調和を図るために当該企業に課せられた義務に関するものであって、いずれの場合においても財産権に内在する負担として通常受忍すべきものであり、損失補償の対象とならないものである。

　事実第2の4記載の甲社の主張については、次のとおり反論及び釈明する。

　基準要綱は、全国の公共用地の取得のすべてに適用されているもので、甲社の主張するように、憲法にも違反していないし、その運用も誤っていない。

　薬事関係法規により企業に課せられた義務は、収用の有無に拘らず遵守すべきものであるから、収用による損失補償の対象にはならない。すなわち、現工場が薬事関係法規に適合していれば、その機能と同等のものを他に移転しても許認可は受けられるものであり、仮に一部適合していない場合には当然当該改善費用は企業の負担となる。

　したがって、薬事関係法規により改善を要する費用は「特別の犠牲」とはいえず、むしろ収用を受ける者と受けざる者との公平の原則を貫くため、現状有

姿のものをそのまま補償することは、現行の損失補償の考え方からしても当然である。

甲社は、起業者に法令解釈上の誤りがあると称し、憲法第29条第3項の規定を論拠に、膨大な補償を要求している。

なるほど憲法第29条によれば、財産権は不可侵であるが、その内容は公共の福祉に適合するように法律で定めることになっており、広汎な立法的裁量に委ねられている。したがって、ある財産に加えられた法的規制は、当該財産の取得と立法化の先後関係は一切問わず、その財産の権能を限界づけるものであり、法的規制の結果、財産権を持つ者に損失が生じたとしても、財産権の内容が公共の福祉のために定められた結果に基づき、財産権に内在する社会的拘束のあらわれであって、それは原則として受忍する義務がある。

本件の場合、薬事関係法規は、保健衛生上重要不可欠である医薬品をより有効に国民に供給するという社会的要請に応えるため、公共の福祉の見地から定められたものであり、収用されるか、否かを問わず、製薬業者に等しく適用されるものであり、たとえ、法的規制によって従前の機能回復を図るための出費を要したとしても、いわゆる「特別の犠牲」に当たらず、収用による損失ではない。

## 関係人申立て

起業者の意見は、閣議決定を憲法の上位概念であるかの如く位置づけた法令解釈の誤りと、薬事関係法規の規制による必要費を単なる法令改善費として一蹴した事実誤認の、2つの誤りを犯している。

ア　起業者は行政内部の内規的基準にすぎない閣議決定による基準要綱の規定を援用して法令改善費用に関する要求を拒否する根拠としているが、起業者の主張は法理論的に背理しているというほかはない。

　　元来、財産権の不可侵は憲法第29条第1項の規定によって保障されており、同条第3項に例外的に正当な補償がある場合に限り公共のために用いることができる旨規定し、収用法は憲法の趣旨を受けて定められた法律であるが、収用法その他の法律によって正当な補償が確保されないときは、憲法第29条第3項に基づき直接その補償請求が許されるという考え方が判例上確立されている（最高裁昭和43年11月27日大法廷判決、最高裁昭和48年10月18日第1小法廷判決、広島高裁松江支部昭和49年7月31日判決、高松高裁昭和49

年7月31日判決)。上掲の判例によれば、被収用者の受ける損失の補償について、憲法にいう「正当な補償」とは、「完全な補償」を意味する。また、最高裁判例にいうところの「被収用者が被る特別の犠牲」とは、憲法第14条の平等の原則を基底として解すべきであるから、特別の犠牲に該当するかどうかの判断基準は、損失補償制度の目的に照らし、収用を受けない者との具体的対比に基づいて決定されるべきであろう。

これを本件についていえば、当社の被る「特別の犠牲」とは、適法に承認・許可を受けて営業を継続してきた医薬品等の製造・販売の既得権益の源泉たる工場施設を本件収用により喪失することであり、当該工場施設の機能を維持回復するためには、移転先の工場において薬事関係法規に適合することが必須の条件であるから、当社の被る特別の犠牲の回復のため最小限度必要な工場施設は薬事関係法規上要求される規格基準に適合しなければならず、これを否定することは憲法第22条違反のそしりを免れ難い。

イ 元来、薬事関係法規は、国民の健康等の維持増進に資することを目的とするものであるから、その規制を受ける工場施設は公害等の社会的害悪を発生せしめる企業のように予防措置を講ずる義務がその財産権に内在する場合とは本質を異にする。したがって、当社の要求する薬事関係法規に適合した工場施設の再現に要する費用を目して、起業者が閣議決定にいう法令改善費用と同視することは誤りである。

要するに、当社の要求する薬事関係法規によって、規制を受ける医薬品等製造工場施設に要する費用は、本件収用と相当因果関係にあるものであるから補償されなければならない。

ところで前記4判例の延長線上に位置づけられ、かつ明確化したものとして、高松地裁昭和54年2月27日判決がある。同判決は道路法第70条に関する判例であるが、「道路の新設等により土地所有者に損失を与えた場合、その損失が道路新設等と相当因果関係にあり、かつ本人に損失を負担させることが受忍限度を超えていると認められるときは、道路新設等に起因する損失として単に物理的障害だけでなく法規制上の障害に基づく損失もまた補償の対象に含まれるものと解すべきである」と説示し、消防法違反の故をもって土地所有者が移設した旧タンクの移設費用を損失補償の対象と認定しているのである。

同判決の趣旨を更に積極的に把握して、本件事案に比照すれば、薬事関係法規に適合するため必要な経費は本件収用なかりせば何ら出捐すべき要をみ

ない費用であるから、その新たな出費は当然本件収用による工場の移転と相当因果関係にあることは明らかであり、起業者が負担すべき損失の補償といわなければならない。

## ●防火地域内にある本件建物はいわゆる既存不適格建物であり、残地内に建て替えるに当たっては耐火構造にする法令上の義務があるが、法令に基づく改善費用の出捐は特別の犠牲に当たらないので、改善費用は補償しないとした事例

昭和63年7月29日　福岡県収用委員会裁決

### 裁決

　本件建物の移転工法について、起業者は、構外移転（解体移築工法）が最も妥当な工法であると主張し、建物所有者は、解体改造により残地において従前と同一規模の耐火構造建築物を建築できる補償を要求している。これは、建築基準法により義務付けられた耐火建築物を建築できる補償金を要求する趣旨、いわゆる法令改善費用を要求する趣旨と思われる。

　この点について判断するに当たって、当委員会に提出された資料及び当委員会の調査の結果、登記簿によると、本件建物は昭和5年頃建築された木造2階建て建物であること（建築当初の用途は店舗であり、延べ床面積106.3㎡であったが、その後延べ床面積351.4㎡と登記簿上の床面積が書き換えられている。）、及び昭和33年に前所有者から甲が本件建物を譲り受け、医院兼住宅として増築を行い、延べ床面積が428.35㎡となったことが認められる。

　また、本件土地は、現在防火地域に指定されていることが認められる（指定年月については確知できなかったが、現存する記録によれば昭和34年には指定されていたことが認められる。）。

　ところで、建築基準法第61条に「防火地域内においては、階数が3以上であり、又は延べ面積が100㎡をこえる建築物は耐火建築物とし、……なければならない。……」と規定されており、本件建物は、いわゆる既存不適格の状態であり、現在地で建て替えるに当たっては、耐火構造とすべきことが義務付けられている（建築基準法第3条第2項）。

　憲法第29条第1項は財産権の不可侵性を規定するが、これも無制限なものでなく、その財産権の内容は公共の福祉のため一定の制約を加えられる場合のあることは、憲法第29条第2項の規定からも明らかである。建築基準法第61条に

基づく耐火建築物の設置義務は住宅密集地における火災の延焼の防止という公共の福祉のために課せられたものであり、当該地域に同種の財産を有するものに一般的に定められたものである。また、法令に適合するよう措置することは、単に公共の福祉の増進に資するのみならず、個々の財産の所有者等にとっても、安全性及び良好な環境保全の面等からみても有益なことであり、法令に基づく改善費用の出捐は補償の原因たる特別の犠牲に当たらないものと判断する。

さらに、本事業によって建築基準法第61条に基づく耐火建築物の設置義務が顕在化するに至ったものであるとしても、上記事実のもとで本件建物の所有者にいわゆる法令改善費用の補償をすべき格別の事情が存すると認めることはできない。

よって、当委員会は、本件建物について、いわゆる法令改善費用の補償はしないものとする。

当委員会は、本件建物の移転工法につき、残地における木造3階建てによる解体改造工法、起業者の主張する構外移転（解体移築工法）、その他の工法及び補償方法を総合的に検討した結果、起業者の主張する構外移転（解体移築工法）が相当であり、建物移転料は57,272,900円をもって相当と判断する。

### 起業者申立て

本件土地上には、木造瓦、スレート及び鉄板葺き2階建て医院併用住宅（以下「本件建物」という。）が存在している。本件建物の延べ床面積は438.01㎡で、その内居住の用に供されている部分が184.74㎡、営業の用に供されている部分が253.36㎡となっている。

本件建物の移転工法については、まず残地が合理的な移転先となり得るかについて検討した。解体改造工法により3階建てにすれば従前の床面積は回復されるが、当該地域は防火地域に指定されているため、木造の建物は建築できないこと、また建築基準法その他の法令に基づく改善費は補償の対象にならないこと等から、妥当な移転工法は構外移転とし、その工法は、解体移築工法が最も妥当な工法であると認定し、53,357,400円をもって建物移転料とした。

物件所有者は、現在地で建物を再建築できる金額を要求しており、これは鉄筋コンクリート等の耐火構造の建物を建築できる補償金を要求する趣旨と思われるが、補償基準では「関係法令に基づく改善費は補償しない」となってお

り、物件所有者の要求に応じることはできない。

## 関係人申立て

　建物移転料と工作物移転料を合わせて110,000,000円要求する。建物移転料は、現在使用している医院兼住宅と同じ坪数の建物を残地に建築するに当たって必要な建築費を要求する。

## ●防火地域内にある木造建物の移転方法として構内再築工法と認定し、耐用年数を満了していない増築部分について法令施設改善費の運用益損失分の補償を認めた事例

平成15年7月24日　東京都収用委員会裁決

### 裁決

　起業者は、前記事実第1の4(3)イ(イ)のとおり21,722,894円を申し立てているのに対し、関係人は、前記事実第3の3(2)イのとおり、木造ではなく非木造の建物による再築費の補償を求めている。

　そこで、調査し、検討した結果、移転工法については、本件建物の構造、経過年数を考慮し、構内再築工法と認定し、再築補償費を推定再建築費に延べ面積及び再築補償率を乗じた次の①ないし③の計算式によって得た額の合計17,199,506円とする。

（明治45年建築部分）
　　161,900円／㎡×121.93㎡×60.5％＝11,942,982.54円…①
（昭和3年増築部分）
　　161,900円／㎡×6.44㎡×60.5％＝630,794.78円…②
（昭和35年増築部分）
　　161,900円／㎡×44.16㎡×64.7％＝4,625,729.08円…③

　この再築補償費に、取壊し費2,589,751円、法令改善費の運用益損失額114,715円及び消費税相当額989,462円を加えて得た額20,893,434円をもって相当とするが、起業者が21,722,894円を見積もっているので、法第49条第2項において準用する法第48条第3項により、当事者の申立ての範囲内で起業者の見積額を採用する。

　なお、土地収用法第88条の2の細目等を定める政令第17条第2項に定められているとおり、法令改善費は補償の対象とならない。

## 起業者申立て

建物移転補償の算定に当たっては、移転工法は構内再築工法を採用し、再築補償費として推定再建築費に延べ面積及び再築補償率を乗じた次の①ないし③の計算式によって得た額の合計17,034,796.18円を見積もった。

(明治45年建築部分)
　159,500円／㎡×121.93㎡×60.7％＝11,804,835.84円…①

(昭和3年増築部分)
　159,500円／㎡×6.44㎡×60.7％＝623,498.26円…②

(昭和35年増築部分)
　159,500円／㎡×44.16㎡×65.4％＝4,606,462.08円…③

この再築補償費に、取壊し費3,518,797.5円、法令改善費の運用益損失額134,877円及び消費税相当額1,034,423円を加え、円未満を四捨五入して得た額21,722,894円を建物移転補償として見積もった。

なお、関係人は、本件土地は防火地域に指定されており、既存建物と同種同等の建物を再築するには耐火建築物としなければならないので、非木造による建物の再築費の補償を行うべきであると申し立てているが、東京都の事業の施行に伴う損失補償基準によれば、法令の規定に基づき必要とされる既設の施設の改善に要する費用(以下「法令改善費」という。)は補償しないものとなっている。ただし、建替え時期が早まったことにより、耐用年数満了までに積み立てた法令改善費を運用できたであろう損失(法令改善費の運用益損失額)は補償するものとしている。

当該物件は、標準耐用年数を48年としたため、明治45年建築部分及び昭和3年増築部分については耐用年数を満了し、損失はないものとみなし、耐用年数を満了していない昭和35年増築部分について、法令改善費の運用益損失額を見積もった。

## 関係人申立て

本件土地がある地域は、防火地域となっており、木造の建物が建築できないため、非木造の建物による再築費の補償が相当である。

● 立入り調査ができなかったため農業用物置等の補償額の算定に当たっては、隣接地及び建物外部からの目視調査、建物登記簿等の資料に基づいていること、農業用物置としての機能回復などの配慮がされていることから、起業者の見積りは適切に行われていると認めた事例

平成17年3月9日　埼玉県収用委員会裁決

## 裁決

　起業者は、「事実」第1の6⑵アのとおり、土地に対する補償以外の損失の補償について、総額で金11,598,334円と見積もっている。
　これに対して、農業用物置等の所有者である甲は、「事実」第2のとおり、何ら申立てをしていない。
　そこで、提出された意見書、資料及び審理の結果等を総合的に検討した結果、まず、「事実」第1の6⑵アのとおり、本件農業用物置等について起業者が立入り調査ができず法第37条の2の規定により物件調書を作成したことはやむを得ないことであったと認められ、また、当該物件調書の内容についても、公道等の隣接地及び建物外部からの目視調査ならびに建物登記簿等関係資料に基づく調査を行った上で作成していること等から許容できるものであると認められ、さらに、補償金額の算定方法も農業用物置としての機能の回復などの点に配慮がなされていること等から適切であると認められるので、起業者の見積額である金11,598,334円をもって相当であると判断する。

## 起業者申立て

　上記5のとおり物件について立入り調査を行うことができなかったので、補償の対象とすべき農業用物置2棟等の補償金額の算定に当たっては、公道等の隣接地及び建物外部からの目視調査ならびに建物登記簿等関係資料に基づく調査を行い、また、農業用物置としての従前の機能回復が図れるよう十分な配慮をした上で、「埼玉県の土木事業の施行に伴う損失補償基準」、「埼玉県の土木

事業の施行に伴う損失補償基準細則」、「埼玉県の土木事業の施行に伴う損失補償取扱要領」等に基づき、損失補償金の総額として別表1のとおり金11,598,334円と見積もった。

## 土地所有者申立て

　土地所有者である乙の法定相続人は、いずれも意見書を提出せず、審理にも出席しなかった。

●階段及び共用通路の一部が支障となる賃貸用建物の移転補償額の算定に当たり改造工法を採用することが妥当と判断するとともに、道路により建物の一部が半地下状態になり家賃収入の減少が生ずると考えられることから、建物の価値減補償をすることが相当であるとした事例

平成16年8月3日　兵庫県収用委員会裁決

## 裁決

　本件建物の移転工法について、明渡裁決申立書の添付書類ならびに審理及び現地調査の結果等に基づき検討したところ、本件土地が収用されることによって、階段及び共用通路の一部が支障となるが、曳家をしなければ従来利用していた目的に供することが著しく困難になるとは認められず、起業者が申し立てるとおり、階段を残地内に再築し、共用通路の一部を切取り改造することによって、残地内で機能回復できる改造工法が妥当であると判断し、建物移転料は10,682,084円、工作物移転補償は20,810,093円及び移転雑費は2,102,706円が相当であると判断した。

　道路の建設に伴い、本件建物の敷地は建設される道路の道路面より約1.8m低くなり、また、本件建物と道路の側面（擁壁）との間隔は、約0.2～1mになることから、1階の共用通路側は半地下状態に、2階の共用通路側は道路からみて、ほぼ1階の高さになることが認められる。ところで、本件建物は、賃貸を目的とした収益物件であるため、道路建設による相対的な上記建物位置の変化は、少なからずその収益性の低下、すなわち家賃収入の減少を惹起すると考えられることから、収益物件としての建物の価値の減少は避けられないと考える。

　そこで、当委員会が徴した不動産鑑定士の鑑定評価、当委員会が現地について調査した本件建物の価格形成上の諸要因等を総合勘案した結果、本件建物の評価額は、道路建設後においてその建設前と比較し13,541,000円減少すると現時点において認められたので、この額をもって建物の価値減補償とすることが相当であると判断した。

なお、土地所有者兼関係人は、事実2(1)オのとおり家賃減収補償を求めるが、家賃相場が経済状態によって変動し、将来にわたって適正な家賃を現時点において予測できないことから、予測が可能である収益物件としての建物の価値減の補償をすることとした。
　また、振動、騒音、埃、排気ガスの発生等による住環境の悪化については、当委員会において現時点では確実にその損害の発生を予測することができないので、当委員会の判断の限りでない。

### 起業者申立て

　本件建物において支障となるのは、階段及び共用通路の一部であることから、通常妥当と認められる移転工法について、残地を利用する曳家、改造及び構内再築の各工法を機能面、法制面及び経済面から検討した結果、階段は残地内に再築し、共用通路の一部は切取り改造することによって、残地内で機能回復できる改造工法が妥当であると認定し、これに要する費用を見積もった。
　なお、改造工事期間中も居住者の日常生活に必要な階段については、仮設階段を設けて通行を確保した上で、既設階段を撤去し、残地内に新設の階段を設置するので、居住者の日常生活に支障はない。
　また、共用通路については、北側部分の切取り後も有効幅90cmが確保でき、門扉を設置して北側の居住者の専用通路とすることによって、建築基準法上の問題はなく、機能的にみても受忍の範囲である。
(ア)　住環境の悪化を原因とした入居率の低下又は家賃の減額については、補償の対象とはならない。

### 土地所有者申立て

ウ　道路が本件建物に近接して建設されることから、起業者認定の建物の移転工法では、1階部分が地下のようになり、さらに振動、騒音、埃、排気ガス等によって住環境が悪化し、本件建物の資産価値が著しく減少する。また、工事期間中の騒音等で居住者が退去してしまうことも考えられる。したがって、これらの損失が生じないよう建物の移転工法は、曳家工法とすべきである。
オ　前記ウのとおり、道路が本件建物に近接して建設されると住環境が悪化

し、賃貸住宅としての価値が減少するので、家賃を値下げしなければ居住者がいなくなってしまう。道路建設後の家賃を見積もったところ、道路建設前の家賃と比較して1か月当たり合計152,000円の値下げが必要となることから、家賃減収補償として、152,000円に平成16年3月から借入金の償還期限の平成39年9月までの282か月（23年6か月）を乗じた、42,864,000円を要求する。

● 都市計画決定後に計画線を避けて建てた建物の前面駐車場敷として使用していた土地が収用される場合に、建物の建築時において前面駐車場敷が将来使用できなくなることが予測できたこと等のほか、起業者が自動車保管場所の確保のための補償額を見積もっていることを考慮すると、権利者の被る損失は社会生活上受忍すべき範囲内と認めるとした事例

平成17年6月30日　岡山県収用委員会裁決

## 裁決

　関係人甲は、前記事実第2の2の(2)記載のとおり、店舗前駐車場用地の買収により店舗前駐車場の便益は完全に喪失してしまい、本件建物の生命線たる利便性はほぼ絶滅する、これを回復するにはどうしても敷地内において建物を移動して再築し確保するしかない、起業者の提案したとおりの同一敷地内再築費をもって本件建物の損失補償とするべきであると申し立てている。

　これに対し、起業者は前記事実第3の2の(2)記載のとおり、本件建物は昭和62年に建設されており、都市計画決定の幅から控えて建ててあることから、将来前面駐車場がなくなることは建築確認申請の際十分承知していたものと思われる、適正な補償として工作物移転料、移転雑費補償金、自動車保管場所補償金を見積もっていると申し立てている。

　当委員会は、次の理由により起業者の申立てを相当と認め、本件建物の再築の損失補償を行う必要はないものと判断した。

ア　本件建物は、起業地外に建築されているため、本事業の施行上は移転の必要はない。

イ　前面駐車場が本事業によって使用できなくなることの損失が本件建物を再築する補償を行うまでの損失額になるとは認められない。

ウ　前面駐車場用地が使用できなくなることによって、本件建物の使用価値に影響を与えることは見込まれるが、①本件建物の建築は、都市計画決定後になされており、関係人甲は本件建物建築時において、前面駐車場用地が、道

路拡幅工事により将来使用できなくなることを予測できていたこと、⑵道路拡幅工事後は前面駐車場がない状態での本件建物による営業が予測できたこと、⑶起業者が、本件土地が前面駐車場として使用できなくなることの対策として、2年間にわたり近隣に前面駐車場部分に相当する自動車保管場所の確保ができる補償を算定していること等を考慮すると、関係人甲に財産上の特別の犠牲を強いたとはいえず、関係人甲が被る損失は社会生活上受忍すべき範囲内と認められる。

### 起業者申立て

　収用し、明け渡すべき土地が、自動車保管場所として使用されていることから、自動車保管場所の補償を別表2の2の⑵のウ記載の金額とした。
　本件建物は都市計画決定後の昭和62年3月に建設されており、都市計画決定の幅から控えて建ててあることから、関係人甲は、将来、本件建物前部の駐車場用地がなくなることを建築確認申請の際、十分承知していたものと思われる。前面駐車場がなくなることに対しては、適正な補償金として、工作物移転料、移転雑費補償金、自動車保管場所補償金、計2,901,600円を見積もっており、建物の再築に要する補償は認められない。

### 土地所有者申立て

　本件土地を含む敷地にある本件建物は、乙が1階を店舗、2階及び3階を本部事務所として利用するために自ら設計し、これにしたがって関係人甲が建築して、以降乙に賃貸していたものである。店舗前の本路線に接した駐車場からすぐ店舗に入れる便利さと効率の良さが本件土地を含む敷地の特徴であった。
　ところが本件土地の買収で、この店舗前駐車場用地は全て買い上げとなり、本路線と本件建物との間に空き地は全くない状況に至る。すなわち、店舗前駐車場利用の便益は完全に喪失してしまい、本件建物の生命線たる利便性はほぼ絶滅する。
　現に、本件土地の買収があることを知った乙は、平成15年7月末日、用地買収を待たずに本件建物の賃貸借契約を解約して撤退した。以降、新規入居者を募集しているが成約に至らない。しかもその状況が2年も続いている。
　店舗用商業ビルとしての機能を回復するには、どうしても敷地内において建

物を移動して再築し、前面駐車場を確保するしかない。起業者の提案したとおりの同一敷地内の再築費をもって、本件建物の損失補償費とすべきである。

● アスベストを含む下地材等が使用されている建物の解体費については、周囲の建物の状況、前面道路の交通量から解体工事は人力による作業が主体となること、作業期間中は警備員の配置が必要となること等を考慮して補償額を算定したとする事例

平成18年2月28日　大阪府収用委員会裁決

### 裁決

　建物解体費については、周囲の建物が密集し前面道路は交通量が多いことから、解体工事はガス溶断やハンドブレーカー等による人力の作業が主体となり、作業期間中は警備員を配置する必要が認められる。また、本件建物にアスベストが使用されているか否かについては、鉄骨造躯体には発塵性が高いとされる耐火被覆は認められなかったものの、外壁の下地及び仕上げ材にアスベストが含まれるケイ酸カルシウム板の使用が認められた。発塵性は比較的低いとされるものの、その撤去作業は原則として湿式作業により防塵マスクの着用も必要となる。これらの点については補償の算定に考慮されるべきであり、建物解体費は7,259,176円をもって相当と認める。

### 起業者申立て

　建物解体費用は取り壊し工事費から発生材価額を控除した額であり、補償基準要綱等に基づき、共通仮設費、解体直接工事費（直接仮設、上部躯体解体、内部造作解体等）、廃材運搬費、廃材処分費及び諸経費ならびに発生材価額を積算し、積算に当たって考慮すべき要素はすべて織り込み、建物の現況に即して適正に算定した額である。

### 土地所有者申立て

　本件建物の解体工事は、接面道路の交通量や周辺建物の状況から工事車両の

駐車や工事用機械の搬入ができず手作業によらざるを得ないので、起業者の見積額6,221,100円では困難であり、解体業者の見積書による9,800,000円を求める。

● 移設が不可能な工作物の補償に当たっては、新設に要する費用から経過年数に応じた減耗分を控除して積算するのが妥当であるとし、減耗により控除される費用は、耐用年数満了時に買い替える場合に備え当然に所有者が負担すべき費用であるとした事例

平成17年3月28日　福岡県収用委員会裁決

### 裁決

　工作物移転料は、移設可能な工作物については取り外し、運搬及び据付けに要する費用を積算し、移設不可能な工作物で新設によるべきとされるものについては、新設に要する費用から経過年数に応じ減耗分を控除して積算することが妥当である。

　移設可能な工作物の移転料の積算は、起業者は対象物件がないとして見積もっていないが、当委員会の調査により、業務用の流し台のように工作物の移転料として積算することが妥当であると認められるものについては、動産の移転料ではなく、工作物の移転料として積算し、これを補償額に加えることとした。

　また、移設が困難であると認められる冷凍庫及び冷蔵庫については、新設によるべきものであると認められるが、この場合においても、前記アと同様に、収用の前後を通じて財産価値が等しくなるように経過年数による減耗分を控除している起業者の算定方法は、妥当であると認められる。

　これらを踏まえて、当委員会が委託した鑑定人の意見を参考に、独自に工作物移転料を算定し、金〇,〇〇〇,〇〇〇円とした。

　なお、減耗により控除される費用は、耐用年数満了時において買い替える場合に備え、当然に所有者自身が負担すべき費用であり、減耗分を補填する資力がなければ営業が不可能となるため新設に要する費用をすべて補償すべきであるとする甲の主張は妥当とはいえない。

## 起業者申立て

　これら建物等の物件の移転に伴う損失の補償として、福岡市損失補償基準に基づき、別表第１のイの旧見積額のとおり建物移転料、工作物移転料、動産移転料、営業補償及び移転雑費の各項目についてそれぞれ算定し、合計、金〇〇,〇〇〇,〇〇〇円を見積もった。

## 土地所有者申立て

　起業者の資料によると、工作物の新設に要する費用をもって補償する場合は、当該工作物の経過年数を考慮し減耗分を控除するとされているが、控除する場合に被補償者に補填するだけの資力がなければ実質的に営業を継続することができなくなる。

　冷凍庫及び冷蔵庫の大半は、床面に固定されているため破損しなければ移設が困難であることや、冷凍庫等の冷媒にフロンガスが使用されているため修理が困難であることなどの理由により、新規に購入し設置する方が低廉となるため、移設が困難なものは購入を前提に算定し、金〇,〇〇〇,〇〇〇円を要求する。

● 営利法人が所有するブロック塀等は、営業用工作物であるとして新設に要する費用に減価償却費を考慮した再設補償率を乗じて見積もり、解体された建物の残存する土間コンクリート叩きは、機能が全くないとはいえないのでその価値を見積もったとする事例

平成16年12月7日　大阪府収用委員会裁決

### 裁決

　裁決申請書及び現地調査の結果によると、裁決申請者は、区画整理法第77条第2項及び第7項の手続を経て、本件従前地において本件直接施行を実施したこと、その結果、本件ブロック塀等及び本件土間が除却され、移植した立木4本が枯損したことが認められる。したがって、本件直接施行により相手方に損失を与えたことは明らかである。

　裁決申請書、現地調査の結果、調査のための鑑定人の評価等を総合的に勘案し、区画整理法第78条第1項の規定による通常生ずべき損失の補償は、別表の委員会認定額欄に記載のとおり、地上物件補償費168,745円と移転雑費43,400円を合計した212,145円をもって相当と認める。

　なお、補償の算定に当たっては、本件ブロック塀等は営利法人が所有する営業用工作物であると認められるので、新設に要する費用に減価償却分を考慮して再設補償率を乗じて見積もり、また、本件土間は機能が全くないとは断じえないので、その価値を認めて同様に見積もった。

### 起業者申立て

　本件直接施行により、化粧コンクリートブロック塀、雨水会所3か所及び排水管（以下「本件ブロック塀等」という。）を除却し、移植した立木4本が枯損するという区画整理法第78条第1項の損失を相手方に与えた。

　なお、庭石、ネットフェンス及び立木6本については、本件仮換地に移転したので損失がないとした。また、土間コンクリート叩き（本件仮換地に存する

ものを除く。以下「本件土間」という。）については、過去に解体された建築物の残存物であり、除却したが機能回復の必要はなく価値的な要素もないと判断した。

　地上物件補償費のうち、除却した本件ブロック塀等は新設に要する費用により算定し、枯損した立木4本は樹価と伐採に要する費用を合わせた金額により算定したものである。

### 土地所有者申立て

　本件直接施行は違法な仮換地の指定を実現する違法なものであること、ブロック塀を何ら移転せずすべて除却したことが不法工事であること、また、仮換地の指定後7年2か月の間、本件仮換地を使用収益できなかった損失を補償する義務があることなどを裁決申請者が承認すれば協議に応ずる旨、平成15年10月6日付けの内容証明郵便で裁決申請者に回答している。

## ●明渡裁決前に台風により倒壊し撤去されている広告塔に対する損失については補償の必要はないと判断したが、起業者が補償対象として補償額を見積もっているので、起業者見積額を採用したとする事例

平成17年6月30日　岡山県収用委員会裁決

### 裁決

　当委員会は、広告塔については、明渡裁決前に倒壊し、本件土地外に移転されたものであり、これを明渡裁決に伴う損失と認めることはできないので、補償の必要がないと判断し、明渡裁決時における工作物の取得補償費を、別表第3の1記載のとおり2,280,167円と算定した。これに対し、起業者は前記事実第1の9の(2)記載のとおり申し立てて、別表第2の2の(2)のア記載のとおり3,588,000円と見積もっているので、法第49条第2項において準用する法第48条第3項の規定により、起業者見積額を採用し、各人に対する損失補償額は別表第1の2の(2)のアの(イ)記載の金額とする。

### 起業者申立て

　工作物のうち、別表第2の2の(2)のアの(ア)記載の物件番号⑬の広告塔（以下「広告塔」という。）については、平成16年8月30日の台風16号により倒壊したが、原因が自然災害であること及び土地所有者の要望により、補償対象としている。

### 土地所有者申立て

　なし

## (2) 動産移転料等の補償

● テレビ、食器等の屋内動産移転料について、居住面積、家族構成等を考慮した標準的概数で算出したものを相当とした事例

平成4年12月11日　秋田県収用委員会裁決

### 裁決

　土地所有者甲は、前記事実第2の3の(2)のとおり、テレビ、ステレオ及び食器類が物件調書に記載がなく、補償の対象となっていない旨申し立てるのに対し、起業者は、前記事実第1の4の(2)イのとおり、テレビ、ステレオ、食器類等の屋内動産については、居住面積及び家族構成等を考慮して標準的な概数で算出しており補償の対象となっている旨主張するので、当収用委員会は次のとおり判断する。

　屋内動産移転料については、居住面積及び家族構成等を考慮して標準的概数で算出しているものであり、本件の場合、テレビ、ステレオ及び食器類の移転料は補償の対象となっていることが認められるから上記(1)のとおり判断する。

### 起業者申立て

　テレビ、ステレオ及び食器類等の屋内動産については、居住面積、家族構成等を考慮して標準的概数で算出しており、損失補償の対象となっている。

### 関係人申立て

　その他の物件に対する損失補償については、テレビ、ステレオ及び食器類が物件調書に記載がなく、損失補償の対象となっていないので納得できない。

## ●建物内部の調査ができなかった動産の移転料を外部調査等から判断して算定した事例

平成6年3月23日　島根県収用委員会裁決

### 裁決

　起業者は、甲に対する補償について事実第1の6(2)イのとおり動産移転料補償として152,337円、借家人補償として475,200円及び移転雑費補償として301,409円を見積もっているのに対し、甲は審理に出席せず意見書の提出もなかった。

　これに対して、当委員会は次のとおり判断する。

　当委員会が平成5年11月26日及び12月7日に実施した現地調査において、建物賃借権者甲が立ち会わなかったため、当該建物内部の調査ができなかったが、外部調査及び本件明渡裁決申立書ならびに当委員会が命じた鑑定人の鑑定結果等から総合的に判断した結果、別表第2(2)のとおり動産移転料補償として152,337円、借家人補償として492,072円及び移転雑費補償として301,409円を相当と認める。

### 起業者申立て

　甲に対する補償は別表第5(2)記載のとおりであり、動産移転料補償として2t積貨物自動車3台分を要すると認定し152,337円、借家人補償として標準家賃と現在家賃との差額の24か月分475,200円ならびに移転雑費補償として移転先選定に要する費用、その他の雑費及び就業できないことにより生ずる損失額とを合わせて301,409円を見積もった。

### 関係人申立て

　なし

## ●家財、店頭商品等の動産移転料の算定に当たり、使用するトラックの所要台数に梱包、運送等に要する費用を乗じて求めた事例

平成９年３月27日　東京都収用委員会裁決

### 裁決

　起業者は前記事実第１の４⑷ウのとおり239,820円を申し立てているのに対し、甲は前記事実第５の１⑶のとおり472,500円を申し立てている。

　そこで、現地を調査し、検討した結果、使用するトラックは４ｔ車、所要台数は２台とし、梱包、運送等の費用は１台当たり90,200円に台数を乗じて得た額180,400円に消費税相当額9,020円を加えた額189,420円をもって相当とするが、起業者が239,820円を見積もっているので、法第49条第２項において準用する法第48条第３項により当事者の申立ての範囲内で起業者の見積額を採用する。

### 起業者申立て

　居住用家財、店頭商品その他の屋内動産にかかる移転料を算定した。移転にかかるトラック所要台数を４ｔトラック１台、２ｔトラック１台とし、移転回数は１回とし、合計額228,400円に消費税相当額6,852円を加え、235,252円を見積もった。

### 関係人申立て

　起業者の申立てに異議がある。
　梱包、運送等一式450,000円に消費税相当額を加え、463,500円要求する。

● カラオケ設備等の新店舗への移転に当たっては、新品購入費と現在使用物品との差額ではなく、屋内動産として地域における標準的な一般貨物自動車の運賃により補償額を算定すべきものであり、建物の前面道路の交通量を考慮し積載量2tの車両を用いることとして算定した事例

平成18年2月28日　大阪府収用委員会裁決

## 裁決

カラオケ設備等の動産移転料について、甲は新店舗ではすべて新品を設置する必要があるとして新品購入費から現在使用物件の時価との差額相当分の補償を求めるが、これらは屋内動産であり、地域における標準的な一般貨物自動車の運賃により補償を算定するものであり、また、その算定に当たっては移転に用いる貨物自動車については本件建物の接面道路の交通量を考慮し最大積載量2tの車両とし、カラオケ設備についてはその据付調整費を加えることが相当である。よって、カラオケ設備等の動産移転料は531,816円をもって相当と認める。

## 起業者申立て

カラオケ設備（機械本体、テレビ等）については、冷蔵庫等の電気機器と同様、容易に移転が可能な動産であることから、補償基準要綱等に基づき、動産としての移転料を補償すべきものである。

## 関係人申立て

新店舗に移転するに当たり、現在使用中のカラオケ設備、ネオンサイン等を移設するわけにはいかない。新品を設置してオープンする必要があるので、新品購入費相当額と現在使用中の中古品の時価との差額分として次の補償を求め

る。
㋐　カラオケ設備については、起業者の見積もる動産移転料282,500円でなく業者の見積書による36,868,000円を求める。

● 販売用の庭石の移転に当たっては、一般に造園業者が庭石を移転する場合に通常妥当とする方法がクレーン等を用いることとしているので、この移転方法を用いて補償額を算定した事例

平成16年7月15日　沖縄県収用委員会裁決

### 裁決

　収用対象地に存する販売用の石に係る移転料について、起業者は前記事実第1の8(1)エ記載のとおり1,277万2,000円と見積もるのに対し、関係人甲は前記事実第6の1(2)ア記載のとおり9,522万9,047円が相当な補償である旨主張するので、当収用委員会は次のとおり判断する。

　物件の移転料について、土地収用法第88条の2の細目等を定める政令（以下「細目政令」という。）第17条は「法第77条の物件の移転料は、当該物件を通常妥当と認められる移転先に、通常妥当と認められる移転方法によって移転するのに要する費用とする」と定める。

　すなわち、移転料の算定における移転方法については、物件所有者の主観的事情によらず、社会通念に照らし、客観的にみて合理的かつ妥当な方法を選定しなければならないと解されているところである。

　そこで当収用委員会は、造園業者数社に対し当該石を調査させたうえ、カンファレンス方式の審問を実施したところ、その意見はおおむね次に掲げる点に帰結した。

ア　一般に、造園業者が当該石を移転する場合に通常妥当と考えられる方法は、1個ずつクレーン等で吊り上げて移転する方法である。

イ　また、起業者が物件調書等において「雑割石」と記載している石の中にも「脇石」や「添石」といった、庭石として十分機能する石が多数含まれているから、一概に「雑割石」として取り扱うべきではないと考えられる。

ウ　しかし、上記ア及びイの点を考慮しても、当該石の移転に要する費用は、起業者見積額と近似の額となり、少なくとも関係人の主張する移転料見積額は過大と考えられる。

エ　1個ずつクレーン等で吊り上げて移転する方法による場合、当該石が破損

する可能性は当然に少ない。
オ　当該石の移転料が取得価格を上回ることは考えられない。
　これらの意見ならびに起業者及び関係人の申立てならびに提出された資料等から総合的に判断して、当収用委員会は、販売用の石の移転料について1,300万円を相当と認める。
　なお、当該石については前記事実第1の9記載のとおり、起業者から法第79条の規定による収用の請求及び法第85条の規定による移転代行の要求がなされているが、収用請求については起業者から当該石の移転料が取得価格を超えることを説明する具体的な資料の提出もなく、また、移転代行については関係人甲がそれを拒否することは明らかであるので、起業者の上記請求及び要求は不相当である。

### 起業者申立て

　販売用の石の移転料については、沖縄県用地対策連絡会の発行する損失補償標準書により難いことから、庭石の取扱いを専門とする造園関係業者の見積書等を参考にし、1,277万2,000円と算定した。
　本件販売用の石について、関係人甲の主張する移転料は多額であることから、移転料が取得価格を超える場合は法第79条の規定により当該石の収用を請求する。また、関係人が起業者の移転代行を受け入れる場合は、法第85条の規定による移転代行を要求する。

### 関係人申立て

ア　収用予定地に存する販売用の石は、庭石として用いるものであり、砕石や割石などとは用途も取扱いも異なるものである。
　庭石として用いることができる石は、限られた場所でしか採取できない貴重なものであり、移動の際は傷が付いたり破損したりしないよう1個ずつ梱包しクレーンで吊り上げるなどして丁寧に扱わなければならないものであるが、起業者は、当該石の移転料を砕石や割石等と同様な扱い方で算定しており、到底納得できない。
　なお、当方で造園業者に依頼して調査するなどした結果、9,522万9,047円を移転に係る損失補償として請求する。

## ●裁決申請前に退去した借家人に対する家賃欠収補償は、明渡裁決に伴う損失とは認められないとした事例

平成6年11月9日　福岡県収用委員会裁決

### 裁決

　家賃欠収補償について、起業者は、前記事実第1の4の(2)のエ記載のとおり金891,000円を見積もっているのに対し、土地所有者兼建物所有者は、前記事実第2の1の(2)のオ記載のとおり借家人が退去した翌月から本件明渡裁決の決定により移転が完了するまでの期間すべての欠収について補償を求めている。

　当委員会は、裁決の申請前に借家人が退去したこと及び裁決手続開始後に借家人が本件手続によらず退去したことによる家賃の欠収については、これを明渡裁決に伴う損失と認めることはできない。しかし、本件については、起業者が家賃欠収補償として金891,000円を見積もっているので、これを採用することとした。

### 起業者申立て

　エ　家賃欠収補償

　　建物所有者の移転契約に先立ち、起業者がその建物の借家人との間に移転契約を行ってあらかじめ建物の明渡しを行わせたことにより、建物所有者が得ることのできなくなった家賃の欠収に対する補償として、従前の家賃から管理費相当額（家賃の0.1か月分）を控除した額に欠収となる期間（6か月）を乗じて得た額、金891,000円を甲に対する補償金とした。

6　Ａビルの2階及び3階の部屋を借りていた3名の借家人を立ち退かせたことに対する補償は、建物所有者と移転補償契約を締結する前に、借家人と移転補償契約を締結し、借家人に建物の明渡しを行わせることにより得ることのできなくなる家賃の欠収に対する補償として、従前の家賃から管理費相当額（家賃の0.1か月分）を控除した額に公共用地の取得に伴う損失補償基準の範囲内である6か月を乗じて得た額、金891,000円を甲に対する補償金とした。Ａビル1階を借りていた最後の借家人を立ち退かせたことに対する補

償については、最後の借家人と移転補償契約が成立した後は、建物所有者と建物の移転補償契約を締結できる状態になっているので、家賃の欠収ということが起こり得ないと考え、補償しないこととした。

　また、土地所有者兼建物所有者は、前記事実第2の1の(2)のオで申し立てた家賃欠収補償について、1か月の家賃の100％を算定基礎としているが、起業者は、公共用地の取得に伴う損失補償基準にしたがい、本件の場合は1か月の家賃から管理費、修繕費等とし家賃の10％を差し引いた額を算定基礎としている。

### 関係人申立て

オ　Aビルの家賃欠収補償について、欠収が始まったときから新しい建物を建てて家賃収入を得ることができるまでの期間すべてについて補償してほしい。

　その家賃欠収算定の基礎となる家賃等は、以下のとおりである。

　1階については、借家人が1名で、1か月の家賃は金182,000円であり、家賃の欠収期間の始期は、その退去の翌日である平成6年2月16日である。

　2階については、借家人が1名で、1か月の家賃は金100,000円であり、家賃の欠収期間の始期は、その退去の翌月である平成3年8月である。

　3階については、借家人が2名である。うち1名については、1か月の家賃は、金50,000円であり、家賃の欠収期間の始期は、その退去の翌月である平成4年12月である。他の1名については、1か月の家賃は、金35,000円であり、家賃の欠収期間の始期は、その退去の翌月である平成5年3月である。

● 家賃減収の補償期間は、借家契約は裁決後も建物が取り壊されるまでは継続することは可能であるが、借家人の早期移転を考慮して定めるのが相当であるとした事例

平成6年2月9日　兵庫県収用委員会裁決

## 裁決

　起業者が、家賃減収補償として1か月の家賃減収期間を基に補償額を見積もっているのに対し、関係人（物件所有者）甲は、10か月程度の家賃減収期間を基に補償額を見積もるよう求める。

　ところで、裁決の法的効果として、直ちに建物賃貸借契約が消滅するわけではなく、賃貸建物の取壊しに伴って、建物賃貸借契約が当然に消滅するまでは、賃貸借契約を継続させることは可能であるが、裁決がなされたことを契機として、借家人が早期に移転準備を調え、移転可能となった時点で移転を開始するであろうことは十分考えられるところであるので、借家人が建物の取壊しの直前まで賃貸借契約を継続することを当然の前提として、家賃減収の補償対象期間を1か月とし、それ以前の契約解除に伴う家賃収入の喪失を収用に伴う損失ではないとすることは、家主に対してやや酷に過ぎると言わざるを得ない。

　よって、当委員会は、借家人の早期移転に伴う家賃収入の喪失の可能性も考慮し、家賃減収期間を3か月として家賃減収補償を行うのが相当と判断した。

## 起業者申立て

　関係人（物件所有者）甲は、事実2(1)エ(ウ)のとおり、家賃減収補償は、家賃減収期間10か月を基に見積もるよう要求するが、起業地から建物を撤去する期間（準備期間も含めて1か月）に生じる家賃収入の喪失分が、建物所有者の通常受ける損失である。

　どの時期に建物の賃貸借関係を清算するかは、本来賃貸借契約の当事者である家主及び借家人の自由であり、起業者の関与するところではない。

仮に、借家人との現賃貸借契約の解除が明渡し期限内の早い時期に行われ家賃収入がなくなるとしても、当該家賃収入の喪失は、当事者間の賃貸借契約の解除によって生じる損失であり、収用に伴い建物所有者が通常受ける損失ではない。

## 関係人申立て

　家賃減収補償は、家賃減収期間10か月を基に見積もられたい。
　裁決の日から、30日以内に借家人にも補償金が支払われるので、借家人は、支払われた日から移転先を物色し始め、早い者なら補償金を貰って1週間で出ていく可能性があり、決して全員が150日目まで入居を継続するわけではなく、借家人が早く出たからといって、あと新しい借家人を入居させることはできないので、家賃の減収は、借家人に補償金が支払われた時点から徐々に始まる。
　さらに、土地購入から建物の設計施工完成までには、購入した土地が更地で、整地などの必要がないと仮定しても、建築計画開始後、建築確認に要する時間などを含めると、建物完成までに最低でも7か月、一般的には10か月必要である。
　土地購入にしても、物色から契約締結までに、少なくとも2か月は必要である。
　そして、建物完成後、すぐに満室になることは期待しえないこと等を勘案すると、家賃減収期間は10か月程度が妥当である。

## ●補償契約により転居済の居室に対する家賃欠収について、家賃欠収が生じたときから明渡しの期限までの間の家賃減収補償を認めた事例

平成15年11月4日　兵庫県収用委員会裁決

### 裁決

　当委員会が調査したところ、物件番号1の建物について、土地所有者兼関係人（物件所有者）甲が賃貸していた102・103号室、301号室、303号室、401号室及び403号室の借家人は、それぞれ起業者との間に移転補償契約を締結して退去したことから、土地所有者兼関係人（物件所有者）甲に、102・103号室については平成14年12月から月額250,000円、301号室については平成12年12月から月額62,000円、303号室については平成15年1月から月額62,000円、401号室については平成15年3月から月額61,000円及び403号室については平成14年11月から月額60,000円の家賃欠収がそれぞれ生じている事実が認められ、かかる損失は、本件土地の収用によって通常生じる損失に該当すると判断した。

　上記家賃欠収が生じたことによる損失の補償の期間は、家賃欠収が生じたときから明渡し期限までとし、102・103号室については19か月、301号室については43か月、303号室については18か月、401号室については16か月及び403号室については20か月とするのが相当であると判断した。

　また、土地所有者兼関係人（物件所有者）甲が関係人（建物賃借権者兼物件所有者）乙に賃貸し現在も月額105,000円の家賃を得ている101号室については、物件番号1の建物の取壊し工事期間である1か月を補償期間とするのが相当であると判断した。

　よって、当委員会は、上記各部屋の家賃月額から管理費及び修繕費相当額として10％を控除した額に各部屋の補償月数を乗じて得られる額の合計額である9,731,700円を家賃減収補償とした。

### 起業者申立て

　建物移転の前後各1か月、合計2か月を家賃減収期間と認め、既に退去した借家人の家賃も含め、従前の家賃月額から管理費及び修繕費相当額10％を控除

した額に上記月数を乗じた額を見積もった。
　土地所有者兼関係人（物件所有者）甲は、後記2(1)イのとおりいわゆる家賃欠収補償を求めるが、補償基準に基づき補償できるのは家賃減収補償2か月分である。
　なお、確約書は、起業者と借家人との契約に対して家主の同意を求め、新たな借家人の入居による二重補償を防止するためのものであり、家賃欠収補償を確約したものではない。

## 土地所有者申立て

　平成8年に事業説明を受けて以後事業に協力し、借家人が退去した部屋には、新たな借家人を入居させなかったので、家賃の減収により建物維持費の資金繰りに大変苦しい思いをしてきたのに、起業者が家賃収入の2か月分しか補償しないのは納得できない。よって、平成8年10月から平成17年12月までの家賃減収分32,101,650円の補償を要求する。
　なお、平成14年7月1日に起業者からの要望に応じ、借家人が起業者との補償契約により退去した部屋には、新たな借家人を入居させない旨の確約書を提出したが、家賃の減収補償が2か月分のみであるとの説明はなく、家賃の減収補償が2か月分しかないと分かっていれば、確約書は提出しなかった。

## ●賃貸借契約の解約申入れをした後の終了するまでの期間を、民法617条の規定の趣旨を勘案して1年間であると判定した事例

平成10年3月9日　東京都収用委員会裁決

### 裁決

昭和59年の契約書の契約期間を「都道拡幅まで」とする記載があるが、「都道拡幅」が具体化した時点以降も甲社による本件土地の使用が継続しているため、本契約が実質的には期間の定めのない契約となっている。したがって、本契約の残存期間については、期間の定めのない賃貸借契約解約の申入れをした後の終了に至るまでの期間についての民法第617条第1項第1号の規定の趣旨を勘案して、1年間であると判定した。

### 起業者申立て

次の事実及び理由から、甲社の土地に関する権利はあり、その種類は、借地法の適用のない民法第601条以下における賃貸借による権利であると判断した。
(ア) 本契約の内容について
　① 契約上の使用目的については、当初から一貫して「車両置場」と記載されており、「その他の目的での使用を認めない。」との記載にも変化はない。
　② 本契約は、「車両置場」を主たる使用目的とした賃貸借契約であり、建物については、主たる使用目的を果たすための従たる使用目的にすぎないものと考えられる。したがって、借地法第1条に規定する建物所有を目的とする賃借権には該当しない。
　③ 土地の賃借料について、契約当初の昭和48年で月額7,500円、昭和59年には月額3万円の支払がなされていることから、使用貸借とも異なる権利である。
　④ 使用期間について、契約上半年あるいは1年という短い期間での更新をしているが、これは主に賃料の改定を目的としていると考えられ、甲社が営んでいる事業の公益性を勘案すれば、ある程度継続性のある事業である

ことが予見できることから、借地法第9条の一時使用目的の借地権とすることも妥当性を欠くと考えられる。
(イ) 本契約の存続性について
① 昭和59年の契約書では「都道拡幅まで」とされ、期限付契約と解されるので、賃貸人が任意に解約できない。
② 甲社は、昭和63年9月30日以降も引き続き本件土地を車両置場として使用を継続している。
③ 乙社は、賃料の受領拒否を事由として、昭和63年7月14日以降賃料の供託を開始し、甲社へと商号を変更した後も平成6年6月分まで賃料の支払を継続している。
④ 賃貸人による賃料受領拒否の状態が継続している場合には、賃借人が賃貸人の解約を認めたとか、賃借人が賃借権を自ら放棄したとかという意思表示とみられる事情のない限りは、供託の中断をもって賃貸借関係が当然に終了したとはいえないと解される。
⑤ 本契約に、賃料不払を理由とする当然解約の規定がない。
⑥ 平成9年9月3日に、土地所有者が甲社等に対し、本件土地について、工作物収去土地明渡等請求の訴えを提起したことをもって、直ちに賃貸借関係の消長に影響をきたすことはないと解される。

## 土地所有者申立て

次の理由から、本契約は終了している。
(ア) 本契約の内容について
　昭和59年の契約書は、「土地一時使用賃貸借契約書」であり、借地権を設定したものではない。
(イ) 本契約の解除について
① 昭和63年6月、6月分の賃料支払いにきた丙に口頭で、「本契約を終了し、9月30日で明け渡してもらいたい。」と伝え、丙は承諾した。本契約は、同年9月30日で終了している。
② 平成6年5月分の賃料は、4月末日までに供託するのが通常であり、同年8月4日供託では3か月の賃料の滞納であり、当然催告を要せずして契約解除になる。
③ 平成6年7月分以降は供託がない模様で供託通知書の送付はない。1年

## ●建物の賃貸人は賃借人の取締役であること等から、移転先においても賃貸借契約が継続することが通常であるとし、家賃減収補償は生じないとした事例

平成10年3月9日　東京都収用委員会裁決

### 裁決

　起業者は、前記事実第1の4(3)ウ(ウ)のとおり、家賃減収補償を見積もっていないのに対し、甲は、前記事実第4の2(2)イのとおり、異議を申し立てている。

　そこで調査し検討した結果、次の理由により、家賃減収補償は必要としないことをもって相当とする。

(ア)　起業者、建物移転補償について、構外再築工法を採用し補償を見積もっている。

(イ)　本件建物の賃貸人甲は賃借人乙社の取締役及び経理責任者であること、本件土地のうち本件建物の敷地部分を甲が乙社から無償で借りていること、本件建物が車両置場の付帯施設にすぎないこと及びその構造を勘案すると、移転先においても従来と同様の賃貸借関係を継続することが通常であると認められる。

### 起業者申立て

　本件建物の賃貸人甲は、賃借人乙社の取締役及び経理責任者であり、会社の100％出資者でもあると聞いているので、同族関係にあると認定し、移転先においても、現在と同様の権利関係が継続するものと想定した。

　したがって、甲所有の建物については、移転先において一定期間の空き家状態が存在することはないと判断したので、補償を見積もらなかった。

### 関係人申立て

　起業者の申立てに異議がある。
　乙社が独り立ちできれば、移転先で個別に建物を借りることができる。移転先に甲がまた建物を建てて、その建物を乙社が賃借するという考えには無理があるのではないか。賃貸物からの収入が途絶えるのだから、補償が一切ないのは納得できない。

● 家賃減収補償額の算定に当たり、建物所有者が10年以上も修繕していなかったこと、管理は業者に委託していなかったことから、管理費及び修繕費として賃料の8％を控除した額を基礎額とすることが妥当であるとした事例

平成17年9月27日　福岡県収用委員会裁決

### 裁決

　家賃減収補償は収用により通常生じる損失補償の一つであり、通常は建物の賃貸に当たっては何らかの管理や修繕が必要であり、立ち退きが前提であったため10年以上修繕もしていないというのは通常の行為ではないから、管理費や修繕費を控除することなく賃料全額を通常生じる損失とすることはできない。また、賃料の一定割合を管理費、修繕費等とすることは公共工事に伴う補償実務や不動産鑑定における賃料評価の際の必要経費として通常に認められていることであるから、当委員会は、甲が管理を業者に委託していないことも考慮して、賃料から8％を管理費や修繕費として控除した金額を家賃減収補償の基礎額とすることが妥当と判断する。

　また、すでに退去している乙の立ち退きにかかる家賃減収補償については、当委員会は、裁決申請前に借家人が本件手続によらず退去したことによる家賃の欠収は収用に伴う損失には当たらないと判断する。

　現在入居中の丙分の退去にかかる家賃減収補償は、現行家賃月額〇〇,〇〇〇円から管理費及び修繕費相当として8％を差し引いた〇〇,〇〇〇円の2か月分である金〇〇〇,〇〇〇円をもって妥当であると判断する。

### 起業者申立て

　本件土地上には、前記アに記載のとおり建物所有者が所有する建物が存しているが、家賃収入は甲の収入であるとの建物所有者の申立てにより、甲に対し、福岡市損失補償基準に基づき別表第2の2のとおり家賃減収補償として金〇〇〇,〇〇〇円を見積もった。

### 関係人申立て

イ　家賃減収補償については、建物所有者ではなく甲に対する補償であり、起業者の見積りのほかに、平成15年4月末日に乙が立ち退いたのに伴い家賃欠収が生じているので、1か月につき〇〇,〇〇〇円に24か月を乗じて、金〇,〇〇〇,〇〇〇円を求める。

　なお、起業者は家賃月額の10%相当額は管理費及び修繕費であるとして家賃減収補償から控除しているが、本件建物は管理を業者に委託もしておらず、立ち退きが前提であったため10年以上修繕もしていないので、この10%は根拠がなく、控除されるのは不当である。

## ●移転部分を再築後に建物の切取り補修を行う移転工法を採用するので、家賃減収は生じないとした事例

平成9年1月10日　山口県収用委員会裁決

### 裁決

　起業者は、建物の切取り補修工事に伴い、一時的に使用が不可能となる部分の面積を、576㎡と主張するのに対し、建物所有者は、当該部分を720㎡と主張し、また、建物のうち、移転部分に係る家賃減収の期間を4年として算定した補償をあわせて求めている。

　そこで、当委員会が実施した現地調査及び起業者提出の資料等により検討した結果、切取り補修工事に伴い、一時的に使用が不可能となる部分の面積については、起業者の主張を相当と認める。

　また、起業者が認定した移転工法は、建物のうち、移転部分を構外に再築した後に、建物の切取り補修を行うことを想定した工法であるため、建物の移転に伴い、家賃減収が生じる期間はないものと認める。

　以上から、家賃減収補償については、起業者見積額をもって相当とする。

### 起業者申立て

　当方が認定した建物の移転工法は、移転部分を再築後に、建物の切取り補修を行うものであるため、建物の移転に伴い、賃料を得ることができないと認められる期間はないものである。

### 関係人申立て

　家賃減収補償としては、上記アの移転工法に基づく構外への移転部分を対象とし、補償期間を4年として算定した額57,000,000円及び工事期間中使用が不可能となる面積（720㎡）の部分を対象とし、補償期間を3.5か月として算定した額1,400,000円を求める。

## ●移転先の建物では現在ほどの高家賃収入を得ることができないとして、標準家賃を上回る超過利益の補償要求に対し、収用に伴い生ずる損失とは認められないとした事例

平成10年5月29日　福岡県収用委員会裁決

### 裁決

　起業者は前記事実第4の3記載のとおり申し立て、関係人は同事実第3の7記載のとおり申し立てているところ、委員会は次のとおり判断する。
　関係人は、本件収用に伴い土地及び建物を移転した場合、一団の土地に相応する移転先の土地の面積では十分な遊技場施設を設けることができず、将来にわたり月額390万円の高水準な家賃収入が得られないと主張し、この家賃と標準家賃との差額は確実な期待利益であるとして超過利益（営業権）の補償を要求している。この家賃収入を得ることができる理由として、借家人が本件土地建物と隣接地に借家人自ら所有している土地建物の合計2店舗を設け、この2つの画地の間に第三者の土地を賃借して駐車場を設置し、これら全体が一体となって営業の相乗効果を生み借家人が高利益を得ているからこそ高家賃を支払えると主張するが、この家賃収入は、借家人の営業努力によるものであり、関係人が賃貸する土地建物について特別な財産的価値があるものではなく、関係人の主張する超過利益なるものは、収用に伴い生ずる損失とは認められない。

### 起業者申立て

　関係人は、前記事実第3の7記載のとおり超過利益の補償を主張するが、本件の場合、関係人は土地及び建物を遊技場として賃貸しているもので、この遊技場は他の場所に移転可能であること、また、営業の権利も資産から独立して取引される慣習もないので、損失補償基準第43条の規定に基づく補償には該当しない。
　また、借家人が本件土地建物と隣接地に借家人自ら所有している土地建物の合計2店舗を設け、この2つの画地の間に第三者の土地を賃借して駐車場を設

置し、これら全体が一体となって営業の相乗効果を生み高利益を得ているとしているが、この利益は借家人自らの企業努力によるものであり、関係人が主張する諸要素の独立した財産的価値との判断は主観的なものである。

さらに、近隣地を含む土地の利用形態が将来にわたり継続するという主張についても、借家人は平成7年6月末に当該土地及び建物での営業を廃止し、平成9年8月末に賃貸借契約を解約し移転済みであることから、将来的に超過利益が生じるという主張は実情に合わず、確実な期待利益とはいえない。

なお、月額390万円の家賃収入は、敷地面積1,787.49㎡を含めた遊技場の家賃としては、特に高額であるとは思われない。

## 関係人申立て

営業規模や営業努力が他の同業者と格別異なるほどのこともないのに、通常の水準を超える高利益を継続してあげている場合、この水準を超える利益を超過利益という。この利益を上げる要素は、通常、得意先関係、立地、仕入先関係、販売の機会、営業の名声、営業上の秘訣及び営業の組織などが考えられ、これらの諸要素の一部又は全部が結合し一体として営業の重要な部分を構成し、独立の財産的価値を持つものである。

当社は、土地及び建物を借家人に対し遊技場及び寄宿舎として平成9年8月31日まで賃貸し、年間家賃、金46,800,000円もの高額な家賃収入を得ていた。この高額な家賃収入は、借家人が本件土地建物と隣接地に借家人自ら所有している土地建物の合計2店舗を設け、この2つの画地の間に第三者の土地を賃借して駐車場を設置し、これら全体が一体となって営業の相乗効果を生んでいるからこそ得られるものである。今回、収用に伴い土地及び建物を移転したのでは、同等の家賃収入を将来にわたり継続して得ることができない。

したがって、近隣地域の年間標準家賃、金26,370,000円と上記の年間家賃との差額を年利回り4％で割り戻した金510,750,000円を補償として要求する。これは確実な期待利益であり客観的にも算出できるものである。

## ●事務所用、倉庫用の仮住居について、近隣の賃貸事務所の最小規模、倉庫部分の保管機能を考慮して床面積を定め、6か月間の補償期間を認めた事例

平成6年3月17日　東京都収用委員会裁決

### 裁決

　起業者は前記事実第1の5⑷エ㋒のとおり46,386円を申し立てているのに対し、甲は前記事実第6の2⑶のとおり異議を申し立てている。
　そこで、現地を調査し、検討した結果、次のとおり677,427円をもって相当とした。
㋐　賃料及び倉庫保管料について
　　近隣の移転先における事務所用の賃貸建物の新規賃貸借条件及び倉庫保管料の実態を調査したところ、標準的な賃料及び倉庫保管料は、賃貸借事例の新規契約の賃料支払実態、世評及び動向から、いずれも1㎡当たり月額2,000円であり、礼金、敷金はいずれも家賃の3か月分であることが認められた。
㋑　補償期間について
　　起業者は前記事実第1の5⑷エ㋒のとおり2か月としているのに対し、甲は前記事実第6の2⑶のとおり2か月としたことに不満があると申し立てているが、乙の建物移転のための建築工事等に要する期間を考慮して、本件については補償期間は6か月をもって相当とする。
㋒　仮住居を要する部分の床面積について
　　現在の事務所部分の床面積（14㎡）、工場兼倉庫部分の床面積（62㎡）、近隣の賃貸事務所の最小規模及び倉庫部分の保管機能を考慮し、仮住居を必要とする事務所部分の床面積は20㎡、倉庫部分の床面積は31㎡とした。
㋓　補償額について
　　家賃差額については、上記㋒の合計の床面積51㎡について補償するものとし、甲の自用部分の賃料月額13,452円と新たに賃借する事務所及び倉庫の賃料月額102,000円との差額88,548円に補償期間6か月を乗じ、さらに、消費

税相当額を加えて得た額547,227円をもって相当とする。

　また、礼金相当額については、上記(ア)の賃料の事務所部分（20㎡）相当額月額40,000円の3か月分に消費税相当額を加えて得た額123,600円、敷金の借入れに要する支払利息相当額については、上記賃料月額40,000円の3か月分120,000円に複利現価率を乗じて得た額6,600円をもって相当とする。

### 起業者申立て

　本社機能維持のための仮事務所及び動産保管のための仮倉庫を賃借することが必要と判断し、周辺の賃貸事例を調査した。仮事務所の一時賃借に要する権利金等の費用として、新たに賃借する建物の家賃の2か月分相当額、仮事務所及び仮倉庫の家賃差補償として、上記家賃と現在家賃との差2か月分相当額を補償することとし、46,386円を見積もった。

### 関係人申立て

　仮事務所及び仮倉庫について、補償期間を2か月としたことは不満である。

## ●仮設住宅を仮住居として提供したが現実は他に仮住居を求めている場合には、仮住居補償を必要と認めた事例

平成4年10月19日　愛知県収用委員会裁決

### 裁決

　裁決申請者は、仮設住宅を提供したから補償はしないとしているが、相手方は現実には仮設住宅を使用せず他に仮住居を求めていること及び本件直接施行に伴い相手方が現実に仮住居を必要とした期間は昭和60年1月から3月までの3か月間であることが認められるので、算定基準により算出した当時の標準的借家料相当額152,000円を相当と認める。

### 起業者申立て

　裁決申請者において仮設住宅及び仮設車庫を提供したので、補償しないものとする。

### 関係人申立て

　なし

## ●研究所の移転に伴い研究開発が一時中断することにより発生する余地のある損失について、将来受ける惧れのある損失を最小限に止めるべく仮住居補償及び明渡しの期限に留意したとする事例

昭和56年12月18日　大阪府収用委員会裁決

### 裁決

前記事実第1、4の(2)記載のとおり、本件建物の移転に伴い関係人が研究開発を一時中断することにより発生する余地のある損失について、起業者は補償の要否を収用委員会の判断に委ねると主張するので、調査検討したところ、関係人はこれまで約15件の特許権を取得し、更に少なくとも4件の発明特許を出願手続中の優れた発明研究者であることが認められるが、出願中の発明について、仮に極く近い将来において法律の保護を受ける出願公告がなされ、引き続いて特許権設定登録がなされるとしても、現段階において新製品の需要予測を行ったうえで損失を算定することは不可能であると判断する。そこで、当委員会としては、関係人が将来受ける惧れのある損失を最小限に止めるべく、前記理由第3、2の(2)、イ、(イ)記載の仮住居補償、及び後記理由第4記載の明渡しの期限の認定に当たって留意したところである。

（仮住居補償）

起業者が5か月分の889,300円を見積もるのに対し、関係人は1,327,324円を要求するので、前記事実第2、2の(4)、ア、(ア)記載のとおり、同人の希望する研究開発活動等の継続を仮住居兼研究所においても可能ならしめるよう配慮しつつ検討した結果、5か月分の1,317,016円をもって相当と認める。

### 起業者申立て

事実(3)のキ記載の発明特許の逸失利益に関する不満については、移転に伴い研究を一時中断することによって損失が発生することはあり得るとは思われるが、特許は将来の利益につながるものであり、程度の大小があるので、その損

失を客観的に把握することは困難であり、別表第4記載の関係人が要求するとおりの補償をすることは過大補償となる。また、具体的な経済価値の損失を補償するという現行の補償基準体系の枠をこえることになるので、補償の要否は収用委員会の判断に委ねる。

## 土地所有者申立て

　関係人が打ち込んでいる新製品の研究開発は、現時点で利益を生ずるものではないが、将来において産業の発展と国民の福祉に貢献する結果として還元される利益につながる先行投資活動であって、本件収用により、関係人の研究開発にとって理想的な環境を奪われる莫大な損失と機会的な損失を招来し、もって新製品開発の意義を失わせ、商品化の実現が危機に瀕することを考慮していない。

　本件土地の収用により、従来どおりの研究開発が不可能となるとすれば、過去4年間に費された研究開発費は将来利益により還元されることがなくなるので、完全な損失額として計上されるべきであり、更に希望失墜による将来損失、科学技術と産業の発展に寄与する機会の喪失による国家的社会的損失は莫大なものとなる。

　仮に関係人が移転先において従来どおりの研究開発を行うことができたとしても、昭和49年8月26日以降の交渉過程において、関係人の研究開発と特許開発新製品の実施化計画を拘束した結果による損害と機会の損失による損害は免れない。

　本件土地の収用は関係人の精神状態に悪い刺激を与え、発明特許活動に悪影響を及ぼすが、起業者にはこの点に関する配慮がない。

● 周知の埋蔵文化財包蔵地に構内再築をするに当たっての仮住居補償期間を、残地において埋蔵文化財の試掘、調査を行うに要する期間を加えるものとした事例

平成15年7月24日　東京都収用委員会裁決

## 裁決

　起業者は、前記事実第1の4⑶イ㈱のとおり2,406,106円を申し立てているのに対し、関係人は、前記事実第3の3⑵ウのとおり、補償期間を埋蔵文化財の発掘調査に必要な期間を考慮し12か月程度とすることを申し立てている。

　本件土地を含む地域は、文化財保護法第57条の2第1項に規定されている「周知の埋蔵文化財包蔵地」に該当しており、東京都教育委員会、東京都埋蔵文化財センター及び府中市教育委員会における当委員会による調査、本件土地の近隣で行われた発掘調査の実態などを検討した結果、本件土地の収用による建物移転（残地に従前と同程度の建物を構内再築）に伴い、残地において埋蔵文化財の試掘調査を行わなければならないものと認められる。

　そこで、仮住居等補償期間は、従前と同程度の建物を再築するために要する期間に、埋蔵文化財の試掘調査に要する期間等を加えて、6か月を相当とする。

　補償額については、仮住居の権利金の差し入れに伴う補償額341,325円、敷金の差し入れに伴う補償額14,266円、賃料相当額1,638,360円、仮倉庫の賃借に伴う補償額270,000円及び荷扱料等に伴う補償額176,000円に消費税相当額22,300円を加算した額2,462,251円をもって相当とする。

## 起業者申立て

　当該地域における建物の1㎡当たりの比準額をもとに算定し、仮住居及び仮倉庫に関わる権利金等の一時金相当額、家賃相当額を見積もった。補償月数は純工期と解体工期及び準備期間を考慮して5.5か月とし、各補償内訳の合計額2,391,570.49円に消費税相当額14,535円を加え、円未満を四捨五入して得た額

2,406,106円を見積もった。

　補償内訳は、仮住居補償については、権利金等の一時金相当額464,529.74円、家賃相当額1,634,633円、仮倉庫補償については、権利金等の一時金相当額64,707.75円、家賃相当額227,700円である。

　なお、関係人は、埋蔵文化財の発掘調査の期間も補償すべきと述べているが、文化財保護法第4条によると、一般国民は、この法律の目的を達成するために行う措置に誠実に協力しなければならないと明記されている。埋蔵文化財の発掘調査は、その土地の所有者等の協力を求めるものであり、残地における発掘調査のための工事延長等による損失は、起業者の土地の収用により通常生ずる損失には当たらないため、補償の対象とはしていない。

## 関係人申立て

　本件土地がある地域は埋蔵文化財が残っている可能性があり、建物の再築の際に文化財が出てくると、その発掘調査があるので、補償期間が5.5か月では短く、12か月程度が相当である。

以上の賃料滞納は一般の土地賃貸借契約においても契約解除となり得る。
④　丙死去後に、建物の登記名義を丙から丁に変更したのは、故意的なルール順守の意識欠如の疑義があり、土地所有者に対する背信行為である。
⑤　起業者は、昭和63年10月から平成4年度までは、一貫して、借地権はなく、賃貸借契約は終了していると確認してきたのに態度をひょう変するのは信頼関係を悪化させるだけである。

### 関係人申立て

次の理由から、借地権であり、契約は継続している。
(ア)　本契約の内容について
　①　契約書には「一時使用」とあるが、これは名目だけであり、公共性のある事業を営んでいるだけでなく、事業の内容から移転先を見つけるのも容易ではない。
　②　昭和48年の契約当初から本件建物は建っていた。本件建物を登記する際にも、土地所有者から本件建物のあることを証明する書類をもらっている。
(イ)　本契約の存続性について
　賃料は供託している。途中、2年近くは中断したが、平成9年10月23日現在、同年10月分まで供託をしている。

## ●駐車場敷地の工事期間中の自動車を保管する場所を確保するための費用は、工事に含まれるとして補償した事例

昭和58年9月29日　東京都収用委員会裁決

### 裁決

　申請者は前記事実第1の3の(2)のウのとおり申し立てているのに対し、相手方は同第2の4の(2)のウのとおり申し立てている。
　そこで検討した結果、前記1のとおり、法第70条第1項の補償の対象は工事に要する費用に限られ、営業上の損失などの通常生じる損失は同項の補償の対象とはならないが、区道の工事の完成時に現に駐車場を利用している自動車を駐車場の工事期間中保管する場所を確保するための費用は工事に含まれるものであるから、これを補償するのを相当とする。

### 起業者申立て

　前記(1)から、直接工事費以外の営業補償等は認められず、申請者が見積もる駐車場対策費は認められない。しかし、盛土型駐車場の工事に伴って必要となる間接費用として、駐車場借主の車を工事期間中保管する場所を確保するための費用は、法第70条第1項の工事に要する費用に含まれるものとして補償する。

### 土地所有者申立て

　2段駐車装置の設置工事期間中の得べかりし利益の喪失として工事期間が1か月で1か月当たりの収益が181,000円であるので181,000円、現に駐車場を賃借している者に対する協力要請費、すなわち、駐車場借主に工事期間中一時的に他の駐車場を借りてもらい、工事後の契約の継続を要請するための謝礼及び工事後、契約を継続しない分についての新規の駐車場借主との契約を不動産業者に仲介してもらう費用として500,000円、その他連絡等諸費用として19,000円の合計700,000円を要求する。

## ●建物の移転方法に構外再築工法を採用し、建物を再築するに当たって十分な期間として明渡期限を定めているので、仮住居補償の必要は認めないとした事例

平成 7 年12月15日　京都府収用委員会裁決

### 裁決

甲は、仮住居補償を要求するが、当委員会は、建物移転については、構外再築工法を採用し、残地以外の土地に建物を建築するのに十分な期間として明渡期限を定めているため、仮住居補償の必要は認められないものと判断する。

（注）権利取得の時期　平成 8 年 1 月29日
　　　明渡しの期限　平成 8 年 8 月12日

### 起業者申立て

甲が現在地において居住しながら、他の移転先地に建物等を再築し、その完成後に移転することを想定しているため、仮住居補償は必要ないものとした。

### 関係人申立て

残地に建物を再築する場合、工事期間中、住替えが必要となるので、その期間に応じた住替費用についても補償されたい。

## (3) 借家人補償

### ●転借家権の存否については判断せず、現に居住している者に借家人補償をした事例

平成元年3月27日　東京都収用委員会裁決

### 裁決

(1) 転借権の存否について

　甲の転借家権について、起業者及び甲は存すると申し立てているのに対し、乙社は存しないと申し立てている。

　しかしながら、転借家権自体を収用の対象とするものではなく、その存否については判断の必要がないので、しない。

(5) 乙社に対する補償について

　ア　家賃減収補償について

　　当事者間に争いがないので、起業者の見積りを採用する。

　イ　建物の賃借権者に対する補償について

　　無断転貸を理由として、甲に対する補償は、乙社に対してなされるべきである旨の同社の申立てについては、同人が現に本件建物を使用していることから、その移転に要するための費用を補償するものであり、同社は建物を使用していないのであるから、その申立ては認められない。

(6) 甲に対する補償について

　(エ)　借家人補償について

　　起業者が69,668,555円見積もっているのに対し、甲は111,676,448円を下らない額を要求している。

　　借家人補償は、従前の建物と同程度の他の建物を賃借りするために必要な費用である権利金等の一時金相当額及び家賃差額について補償するものである。

　　そこで、本件建物の状況等を考慮して、権利金等の一時金相当額として52,778,205円、家賃差補償額として17,020,704円、消費税相当額として2,093,967円、計71,892,876円をもって相当とする。

　　なお、甲は契約時に必要となる保証金を根拠に一時金相当額を要求しているが、保証金には前払的性格のもののほか、預り金的性格のものが含まれており、後者は財産的性格を有することから、その元本全額が損失とな

るものとはいえない。そこで、償却分については全額を、非償却分については運用益相当を補償対象とし、上記の補償額を算定した。

## 起業者申立て

イ 転借家権の存否について

甲の転借家権について、乙社は無断転貸を理由に同人との建物転貸借契約を解除したので存しないと申し立て、甲は無断転貸はしておらず存すると申し立てている。

起業者としては、保健所の飲食店営業許可、ガス、水道、電気の名義がいずれも甲であること等から同人の転借家権が存するものと判断した。

エ 乙社に対する補償について

家賃減収補償として756,000円を見積もった。

なお、同社は、甲は転借家権を失ったものであるから、甲に対する補償は同社に対してなされるべきであると主張しているが、甲に対する補償は借家人補償であり、現認主義により、現に本件建物において営業している同人を関係人として補償を見積もったものである。

㈣ 借家人補償について

現在と同程度の店舗を借りる場合の権利金等の一時金相当額として47,962,926円及び家賃差補償額として19,676,448円、計67,639,374円を見積もった。

## 関係人申立て

乙社

(1) 家賃減収補償について

起業者の申立てには異議がない。

(2) 建物の貸借権者に対する補償について

昭和62年11月21日に甲に到達した書面にて、無断転貸を理由に同人との本件建物の転貸借契約を解除した。よって、同人は建物に対する転借権を失ったものであるから、建物の貸借権者に対する補償は、当社に対してなされるべきである。

甲

乙社は、無断転貸を理由に、当方との本件建物の転貸借契約を解除したと申し立てているが、無断転貸はしていない。
　なお、借家人補償は、賃借権の存否にかかわらず現に賃借人として建物を使用している者に対する補償であるので、仮に将来裁判において当方の賃借権が否定されるような事態が起こったとしても、何らの影響を受けるものではない。

## ●大学いも製造販売業を営む高齢の零細経営者の借家人補償について、近隣の借家条件、営業に必要な面積等を考慮して新規借家面積を定め、60か月分の家賃差補償を認めた事例

平成 6 年12月22日　東京都収用委員会裁決

### 裁決

　借家人補償について、起業者は前記事実第1の4⑷ウ㋐のとおり758,762円を申し立てているのに対し、関係人甲は前記事実第4の2⑴のとおり異議を申し立てている。

　そこで、現地を調査し検討した結果、次のとおり家賃差額相当額、礼金等相当額及び敷金等の差し入れに伴う損失相当額の合計2,545,552円をもって相当とする。

㋐　移転先について

　　関係人甲は、昭和20年代から現在地で、主に学生及び近隣の住民を顧客とする大学いも製造販売業を営む高齢の零細経営者である。同人の営業の実態、年齢等を考慮すると他の地域での移転先選定、営業の継続が困難であると認められ、移転先については、現在地を中心とした半径約2km以内のグランド坂通り沿い、早稲田通り沿い及び新目白通り沿い（以下「近隣地域」という。）を想定した。

㋑　近隣地域における借家条件について

　　近隣地域には、現店舗と同規模、同程度の店舗は存在せず、関係人甲が営業を継続するために必要な面積、近隣地域に存在する店舗の規模等を総合的に勘案し、新規に賃借する店舗の面積を13㎡と認定した。

　　近隣地域における小規模店舗の賃貸借条件の実態を調査したところ以下の事実が認められる。

① 　新規賃貸借事例の家賃支払実態、世評及び動向から判断すると、1㎡当たりの家賃が月額6,200円であり、標準家賃は、この額の上記面積13㎡を乗じ月額80,600円となること。

② 　礼金等は家賃の3か月分であること。

③　敷金等は、家賃の10か月分であること。
(ウ)　家賃差額相当額の補償期間について
　　後記(エ)①のとおり家賃差額に著しい開差が生じることから、関係人甲の上記(ア)の状況を考慮すると、長期の補償が必要であると認められ、補償期間については、60か月をもって相当とする。
(エ)　補償額について
　①　家賃差額相当額については、現行家賃月額50,000円と標準家賃月額80,600円との差額30,600円の補償期間60か月分に消費税相当額を加えた額1,891,080円をもって相当とする。
　②　礼金等相当額については、標準家賃の3か月分に消費税相当額を加えた額249,054円をもって相当とする。
　③　敷金等の差し入れに伴う損失相当額については、標準家賃の10か月分（敷金等相当額）からその額に複利現価率0.497（借入利率年利15％、期間5年）を乗じた額を控除した額405,418円をもって相当とする。

### 起業者申立て

　現在賃借している店舗（以下「現店舗」という。）と同程度のものを賃借するために要する権利金、敷金等の一時金及び現行家賃と標準家賃との差額（以下「家賃差額」という。）の補償として、次のとおり758,762円を見積もった。
①　権利金等については、周辺の賃貸事例を調査し、1㎡当たりの権利金の比準額1,500円と1㎡当たりの更新料の支払いに係る損失相当額22,630円（更新料年間比準額3,100円、補償期間10年の期末払年金現価率7.3）を合算した額24,130円に現店舗の賃借面積（以下「賃借面積」という。）6.29㎡を乗じた額151,777.70円に、消費税相当額を加えた額156,331.03円とした。
②　敷金等については、権利金と同様に、1㎡当たりの敷金の借入に要する利息相当額95,776円（敷金比準額131,200円、補償期間10年の期末払年金現価率7.3、借入利率10％）に、賃借面積6.29㎡を乗じた額602,431.04円とした。
③　家賃差額相当額については、現行家賃50,000円が標準家賃41,514円（1㎡当たり6,600円、賃借面積6.29㎡）を上回っているため、補償はなしとした。

## 関係人申立て

　起業者の申立てに異議がある。起業者の見積額では、他の場所で店舗を借りることはできない。起業者において、現店舗と同等の店舗を探して欲しい。

## ●借家人は建物が再築されるかわからず、賃借を継続できると判断するに足る事情が認められないので、賃借を継続できない可能性は十分存すると認めた事例

平成8年9月12日　奈良県収用委員会裁決

### 裁決

　起業者は前記事実第1・6(2)エのとおり関係人甲、同乙及び同丙は建物所有者が移転先に再築する建物において賃借を継続できると判断し、借家人補償を見積もっていない。

　しかし、審理、当委員会の調査等により、同人らが賃借を継続できると判断するに足る事情は格別認められず、建物所有者によって建物が再築されるか否かは不明であること、また、再築されるにしても、移転先の地理的条件等が同人らにおいて許容できるものとは限らないことから、同人らが賃借を継続できない可能性は十分存するものと認められる。

### 起業者申立て

　借家人補償は土地等の収用に伴い建物賃借人が賃借を継続することが著しく困難となる場合に、その者が新たに当該建物に照応する他の建物を賃借するために通常要する費用を補償するものであり、その性質上建物を賃借し現に利用している場合若しくは利用することを予定している場合を補償対象としていると解される。

　これらの者は建物所有者が補償金で再築する建物に賃借を継続することができる関係にあることから、借家人補償は見積もらない。

### 関係人申立て

　起業者見積額に不満がある。

# ●借家人補償の算定に当たり、店舗部分の面積に相当する新規借家は見受けられないため賃借可能な面積を借り受けることとし、この面積を基にした保証金及び家賃差額を補償するものとした事例

平成9年3月27日　東京都収用委員会裁決

## 裁決

　起業者は前記事実第1の4⑷オのとおり4,085,980円を申し立てているのに対し、甲は前記事実第5の1⑸のとおり32,280,000円を申し立てている。
　そこで、現地を調査し、検討した結果、以下のとおり7,070,227円をもって相当とする。
ア　移転先について
　　甲は、昭和40年代当初から現在地に居住し、多年にわたりスポーツ用品小売業を営んでおり、同人の営業実態及び業種ならびに本件建物の立地条件等を考慮して、移転先については、都営地下鉄三田線西巣鴨駅、東日本旅客鉄道王子駅、同板橋駅又は同大塚駅から徒歩圏内で明治通り、中山道、癌研通り等の幹線道路又は幹線道路に準じる道路沿いの地域を想定した。
イ　移転先地域における建物について
　　現在の賃貸借建物が棟割り形式の店舗兼用住宅であるが、上記アの移転先地域には、戸建て又は棟割り形式の建物に係る新規の賃貸借事例が見受けられないので、中高層建物の低層階部分に存する新規賃貸用の店舗の区画及び当該建物の中高層階部分に存する新規賃貸用の住居の区画を併せて賃借するものと想定した。
ウ　移転先地域における建物の賃貸借市場の実態について
　　移転先地域における中高層建物の賃貸借の実態を調査したところ、以下のことが認められる。
　　㋐　店舗について
　　　①　新規に賃借することが可能な1区画の最小床面積は15㎡程度であること。

② 賃貸借事例の新規賃料の実態、世評及び動向からすると、1㎡当たりの標準賃料は月額4,600円（消費税抜き）であること。
　③ 建物を賃借するに当たって要する償却保証金は標準賃料の約3か月分、預かり保証金は約7か月分であること。
　④ 賃貸借契約事例の多くは、契約期間が36か月であり、数回にわたり更新していること。
(イ) 住居について
　① 新規に賃借することが可能な1区画の最小床面積は30㎡程度であること。
　② 賃貸借事例の新規賃料の実態、世評及び動向からすると、1㎡当たりの標準賃料は月額3,400円であること。
　③ 建物を賃借するに当たって要する償却保証金、預かり保証金はそれぞれ標準賃料の約2か月分であること。
　④ 賃貸借契約事例の多くは、契約期間が24か月であり、数回にわたり更新していること。
(ウ) 建物賃貸借関係終了時における預かり保証金の返還に当たり、リフォームなどの費用にあてるため、預かり保証金の約50％が控除されることが一般的である。
エ　移転先の床面積について
　甲が現在賃借している本件建物の店舗部分の床面積は、9.10㎡であるが、上記アの地域には現店舗と同規模の店舗の区画は見受けられず、上記ウ(ア)の実態を勘案し、新規に賃借する店舗の面積は15㎡を相当とする。
　また、住居の区画の床面積は、現在の賃貸借建物の住居部分の床面積と同規模の37.84㎡を相当とする。
オ　補償期間について
　後記カ(ウ)のとおり家賃差額が著しく多額であること、建物の賃貸借契約期間及び従前は店舗兼用住宅を賃借していたがやむを得ず店舗と住宅を分離して賃借することを想定したこと等を勘案し、本件については36か月をもって相当とする。
カ　補償額について
　借家人補償については、次の(ア)から(ウ)までの合計額7,070,227円をもって相当とする。
(ア) 償却保証金については、移転先の店舗の区画の標準賃料月額69,000円

（1㎡当たりの標準賃料4,600円に上記エの15㎡を乗じて得た額）の3か月分207,000円に消費税相当額10,350円を加えた額217,350円に住居の区画の標準賃料月額128,656円（1㎡当たりの標準賃料3,400円に上記エの37.84㎡を乗じて得た額）の2か月分257,312円を加えた額474,662円をもって相当とする。

(イ) 預かり保証金の差入れに伴う損失相当額については、上記(ア)の店舗の区画の標準賃料月額の7か月分483,000円に住居の区画の標準賃料月額の2か月分257,312円を加えた預かり保証金相当額740,312円と現実に返還が予測される額25,000円との差額715,312円から補償対象期間経過後に返還されることが予測される額370,156円に複利現価率0.658（借入利率15％、期間3年）を乗じて得た額243,563円を控除した額471,749円をもって相当とする。

(ウ) 家賃差相当額については、店舗の区画の標準賃料月額69,000円に消費税相当額3,450円を加えた額72,450円と住居の区画の標準賃料月額128,656円を加えた合計額201,106円と現行賃料月額31,000円との差額170,106円に上記オの補償期間36か月を乗じた額6,123,816円をもって相当とする。

## 起業者申立て

本件建物に照応する他の建物を賃借するために要する費用の補償として、近隣の取引慣行及び家賃相場を調査し、次のとおり、(ア)及び(イ)の合計額4,085,980円を見積もった。

(ア) 権利金等の一時金については、住居部分と店舗部分に分けて算定した。

住居部分については、1㎡当たりの1か月分の標準家賃3,200円に建物使用面積37.84㎡、月数3.8か月を乗じて、460,134.40円とした。

店舗部分については、1㎡当たりの1か月分の標準家賃4,190円に建物使用面積9.10㎡、月数14.0か月を乗じて、533,806円とした。

以上により、権利金等の一時金については、住居部分の460,134.40円に店舗部分の533,806円を加えた993,940.40円を見積もった。

(イ) 家賃差補償額については、1か月分の標準家賃を、住居部分121,088円に店舗部分38,129円を加えた159,217円とし、現行家賃30,382円を控除した128,835円に補償期間24か月を乗じて得た額3,092,040円を見積もった。

## 関係人申立て

起業者の申立てに異議がある。

店舗付住宅の標準家賃1か月300,000円から現在家賃31,000円を控除した額269,000円に120か月を乗じた額32,280,000円要求する。

## ●店舗部分と住居部分を分離して賃借することになるため、店舗部分の移転先の床面積として新たに必要となる着物の着付けに要する面積を加えることを相当とした事例

平成17年3月7日　東京都収用委員会裁決

### 裁決

(ア)　店舗部分について

　甲は、着物の着付けを住居部分を利用して行っているが、移転に伴い店舗部分（注・美容業）と住居部分を分離して賃借することにより、相互利用ができなくなることから、現在の店舗部分の面積及び使用形態を考慮し、新規に賃借する店舗について面積補正を行うものとした。新規に賃借する店舗の面積については、現在の店舗部分の面積である16.56㎡に着付けに要する面積として4.8㎡を加えた21.36㎡をもって相当とする。

(イ)　住居部分について

　現在の面積と同規模の18.22㎡をもって相当とする。

### 起業者申立て

　当該建物に照応する他の建物の一部を新たに賃借りするために通常要する費用を補償する。

　本件の補償額については店舗部分と住居部分に分けて算定した。また、建物使用面積は店舗部分が16.56㎡、住居部分が18.22㎡である。

　なお、甲は、住居部分を着付けの場所としても使用しているが、着付けは必ずしも別室でなくてはできないものではなく、店舗内の一部を臨時的に仕切れるようにする等の創意工夫で解決可能であると考えられるため、補償算定に当たり、住居部分と認定した場所を店舗部分として二重に認定する必要はない。

## 関係人申立て

異議あり。着付けのお客様が多いので、部屋がついていないと困る。

● 共同住宅の共用部分に大型の自動二輪車を保管していた借家人の借家人補償に当たり、照応する物件を新たに賃借するのに必要な経費として、住宅については家賃差額を、自動二輪車の保管場所については近隣の賃貸駐車場の賃料等を見積もることを相当とした事例

平成17年8月5日　奈良県収用委員会裁決

## 裁決

　起業者は、甲が自動二輪車を保管している駐輪場は共同住宅の入居者が自由に利用できるようになっており、入居者ごとに利用部分が特定されていないので、当該駐輪場は共用部分であるとし、補償額は見積もらないと審理において主張している。

　当委員会が当該駐輪場について調査したところ、乙と甲の賃貸住宅賃貸借契約書においては、当該駐輪場の賃貸関係については明確でなかった。また、当該駐輪場は、入居者全員の共用駐輪場として利用されており、鍵もかかっておらず、入居者は自由に出入りできるものであった。しかし、甲は平成8年に入居して以来、大型の自動二輪車を当該駐輪場に平穏無事に保管しており、この事実から、乙もそのことについて了解していたものと考えられる。

　こうしたことから、甲は建物の内部にある共用部分で大型の自動二輪車を保管できる共同住宅を賃借していたものと認められる。しかし、近隣にこうした共用部分を有する賃貸物件が存しないため、賃貸共同住宅及びそれとは別の賃貸駐車場が現在甲が賃借している物件に照応する物件であると認定する。これらの照応する物件を新たに賃借するのに必要な経費として、賃貸共同住宅については現在の家賃と標準家賃との差額等を、自動二輪車の保管場所については近隣の賃貸駐車場の標準的な賃料等を見積もり、借家人補償は613,834円を相当とする。

## 起業者申立て

　自動二輪車を保管している駐輪場については、賃貸住宅の標準的な共用の駐輪場であると認め、標準的な共用の駐輪場がついた賃貸住宅を新たに賃借するものとして借家人補償を見積もった。

## 関係人申立て

　現在と同条件の物件を賃借するには、起業者が見積もった金額では足りず、不満である。現在と同条件の物件とは、希少価値の高い大型の自動二輪車（ビンテージ・ハーレーダビッドソン）が保管できる屋内駐輪場付きの物件である。起業者が見積もっている借家人補償には、この屋内駐輪場に係る家賃差額の補償が含まれていないので、大変不満である。当該自動二輪車は、賃貸借契約時から現在まで、B棟にある駐輪場で安全かつ平穏に保管ができてきたので、単なる駐輪場としての補償ではなく、希少価値が高い自動二輪車が保管できる場所としての補償を求める。

● 新規借家の改装工事費は収用に伴う損失とはいえないが、現在の建物に要した改装費は建物移転料に考慮されているので、建物所有者との間で調整すべきであるとした事例

平成5年3月10日　京都府収用委員会裁決

### 裁決

エ　新規の建物の改装工事費の補償
　　関係人は、前記事実第4の2(3)のとおり新規建物の改装工事費を要求しているが、本件収用に伴う損失とは認められない。
オ　現在の建物の改装費の補償
　　関係人は、前記事実第4の2(4)のとおり現在の建物の改装費を要求しているが、関係人甲に対する建物移転料の補償において考慮されているため、関係人甲との間において調整すべきである。

### 起業者申立て

なし

### 関係人申立て

（次の額を要求する）
新規の建物の改装工事費　　200万円
現在の建物に加えた改装費　100万円

## ●家主が仲介業者に支払う仲介手数料及び新規借家人の入居手続に伴う就業不能は、収用に伴う損失とは認めないとした事例

平成6年2月9日　兵庫県収用委員会裁決

### 裁決

　関係人（物件所有者）甲は、新築建物に借家人を入居させる際に要する、仲介業者に支払う仲介手数料及び新規借家人の入居手続に必要な就業不能期間の賃金相当額を補償するよう申し立てるのに対し、起業者は、これらの損失は収用に伴う通常受ける損失ではないと申し立てるので、以下判断する。

　関係人（物件所有者）甲が申し立てる費用は、貸家業を行う限り借家人の交代に伴って生じる費用であり、借家人の交代が、1人収用のみによって生じるものとは必ずしも言えず、また、家主には、新規借家人の入居に伴う敷金、賃料等の条件変更もあるのであるから、必ずしも損失が生じるとは言えない。

　したがって、家主が、新規借家人の入居募集に仲介業者を利用し仲介手数料を支払うこと、新規借家人の入居手続に必要な期間就業不能になることは、借家人の場合とは異なり、通常の事情の下において収用に伴い客観的に受けるべき損失とは認められず、関係人（物件所有者）甲の申立ては認められない。

　よって、本明渡し裁決時における明渡しに係る損失の補償額は、理由2(3)アにおいて、当委員会が補償対象と認めた物件の種類及び数量を移転するのに要する経費等であり、別表第2の2のとおりとするのが相当である。

### 起業者申立て

　関係人（物件所有者）甲は、事実2(1)エ(エ)のとおり、新築建物に借家人を入居させる際の仲介業者に支払う仲介手数料を補償するよう要求するが、土地が収用された場合、当該土地上の建物の所有者は、建物を収用対象土地以外の場所に移転させなければならないという義務を負うことは免れず、建物の移転を法律上義務付けられるからといって、建物の所有権はもとより、建物の賃貸借契約が直ちに消滅することにはならない（昭和53年4月13日東京地裁第一審判決、昭和54年10月30日東京高裁控訴審判決、昭和55年10月3日最高裁上告審判

決)。

　起業者は、建物が新築されることに伴う賃料改定の発生等、従前の条件による賃貸借契約の継続が著しく困難となると考え、借家人に対して、従前に賃借していた建物に照応する他の建物を賃借すると通常受けるであろう損失の補償額を見積もっているのであり、当事者間の任意による賃貸借契約に基づく借家権消滅に対する補償を行っているのではない。

　建物所有者が要求する「新築建物に借家人を入居させる際の宅建業者の仲介手数料」は、賃貸借契約の当事者が現在の賃貸借関係を清算し、家主が別の借家人との間で新たな賃貸借関係を成立させようとする場合に必要な費用であり、これは賃貸物件の所有者の誰もが借家人を募集して賃貸借契約を行う場合に等しく負担しなければならない費用であって、収用に伴う建物の移転によって建物所有者が通常受ける損失ではない。

　関係人（物件所有者）甲は、事実2(1)エ(オ)において、借家人と同様に建物所有者にも、新規借家人の入居手続に必要な期間の就業不能手当を補償するよう要求するが、借家人の就業不能期間は、関係人（物件所有者）甲が要求する「借家人が新たな家主と契約するのに要する期間」ではなく、「収用対象土地上の建物の移転のために借家人が占有する建物を明け渡す作業のために就業出来ない期間」である。

　建物所有者にも、同様に収用対象土地上に存する建物移転の作業に必要な期間につき補償しており、建物所有者が要求する「新規借家人の入居手続に必要な期間」の就業不能に対する補償は、収用に伴う建物の移転によって建物所有者が通常受ける損失とは認められない。

### 関係人申立て

　新築建物に借家人を入居させるに際して、宅地建物取引業法上、仲介業者から家主に対し、家賃の0.5か月分（慣行では、1か月分）相当額の仲介手数料が請求されることになっており、その分の補償が必要である。

　したがって、移転を要する4部屋分について、各0.5か月分として、合計116,000円が必要である。起業者は、借家人に1人当たりこの費用を各1か月分認めているのにもかかわらず、家主に対して認めないのは衡平を失する。

　起業者は、建物及び工作物の移転のための諸手続に要する期間の就業不能による賃金相当額として13日分241,800円を見積もっているが、新規借家人の入

居手続に必要な期間の就業不能手当は、見積もっていない。
　この点、借家人に対する損失の補償として、借家人が新たな家主と契約するのに要する就業不能期間として8日間を認めているのと均衡を失する。
　この就業不能期間を、4部屋分について15日間とし、279,000円を要求する。

## (4) 立木補償

### ●立木を公園事業に再利用するため取得することを認めた事例

平成5年6月22日　広島県収用委員会裁決

### 裁決

　庄原市〇〇町字〇〇番の土地に対する補償以外の損失補償について、起業者は前記事実第1の6に記載のとおり見積もっているのに対し、物件所有者はだれも補償額について意見を述べなかった。
　そこで、当委員会が補償額等について調査した結果、補償額は起業者申立ての見積額を相当と認め、その補償方法についても開園後における立木の再利用を考慮した結果、起業者の申立てである買取取得を相当と認め、別表第2に記載の額とする。

### 起業者申立て

　庄原市〇〇町字〇〇番に存する物件の損失補償の見積り及びその内訳は、別表第4に記載のとおりである。同土地には立木が存在しているが、これらの立木については、開園後における再利用を考慮し、買取補償とした。

### 土地所有者申立て

　なし

## ●立木所有者は将来庭木とするため育成してきたことから庭木又は銘木として評価すべきと要求するが、これら立木は用材林と認めた事例

昭和62年8月6日　秋田県収用委員会裁決

### 裁決

　起業者は前記事実第1の4の(2)のア記載のとおり主張するのに対し、所有者は前記事実第2の2の(3)のア記載のとおり主張するので、当委員会は以下のとおり判断する。

　庭木とは通常庭園に植えこまれた観賞を目的とした立木をいい、銘木とは文化財指定等の名のある立木をいう。また、森林法の規定による森林施業計画から除外していることをもって直ちに庭木あるいは銘木であるとはいえず、当委員会の現地調査の結果、本件立木は庭木、銘木ではなく用材林と認め、伐採補償を相当とし、主文のとおり決定した。

　なお、所有者は一部の木については移植による代行を、その他の木については見積補償金では赤字になるとして伐採による移転の代行を要求し、起業者は全部の木の伐採による移転の代行には応ずる旨申し立てている。

　本件立木は用材林であるから、移転の代行は伐採によりなすべきであるが、所有者が伐採による移転の代行には同意しないことが明らかであり、また赤字を理由とする移転の代行要求は相当性を欠き、代行による補償は認めず、金銭による補償とした。

### 起業者申立て

　本件立木は用材林と認定し、補償基準に基づき、幼齢木は「材木費用価法による評価額＋伐採除去費用－発生材価格」、中間齢木は「材木期望価法による評価額－山元立木処分価格＋搬出経費の増加相当額＋木材価格の低下相当額」、伐期到達立木は「搬出経費の増加相当額＋木材価格の低下相当額」として算定した。

## 土地所有者申立て

　本件立木の内21本については、将来庭木として利用するため配置及び樹相を考慮して育成してきたものであり、そのため森林施業計画からも除外している。したがって庭木又は銘木としての評価が適当であり、移植の代行を起業者に要求する。

　残りの立木についても、起業者申立ての額では、所有者が伐採移転すると赤字になるので伐採移転業務は起業者に代行してもらいたい。

## ●用材林木の林齢が不明な場合、胸高直径を基に補償額を算定しても直ちに妥当性を欠くとはいえないとした事例

平成元年5月26日　岡山県収用委員会裁決

### 裁決

　起業者は立木の収用補償額について、前記事実第1・5・(2)記載のとおり見積もっているのに対し、物件所有者甲は、前記事実第2・7のとおり主張するので、この点について判断する。

　一般に立木の損失補償額の算定において、用材木については林齢不明の場合、胸高直径を測ることにより、その評価の基礎としているところである。このことは起業者主張のとおりである。

　収用に伴う損失の補償といえども、その補償方法は一般的、社会的妥当性を具備していれば足りると判断され、胸高直径を基に用材木の損失補償額の算定を行うことが、直ちに妥当性を欠くとはいえない。また、法第80条の規定により、法第79条の補償は「近傍同種の物件の取引価格等を考慮して相当な価格」をもって行われることになっている。この「相当な価格」は除去を前提とした価格ではなく、土地に存置した状態で利用することを前提とした価格であると解されている。

　物件所有者甲の主張する価格は、同人の独自の計算方法により算定されたものであり、相当な価格とは認められない。

　したがって、物件所有者甲の主張は採用できない。

### 起業者申立て

　立木の補償額は、次のとおり算定したものであり、物件所有者甲の主張は失当である。

　立木の補償額については、日本不動産鑑定士協会所属の2名の鑑定士に正規の手続を経て、立木の現地調査と評価を依頼し、昭和63年12月6日にこれを実施したものである。調査及び評価に際しては、対象立木の樹種、数量、胸高直径及び山林の自然的状況（林相、土質等）等を現地で確認のうえ、ダム事業の

影響はないものとして、評価額を求めたものである。

　評価の方法としては、胸高直径からの理論値と取引事例からの実証値をグラフに表わし、1本当たりの価格を求めたものであり、当を得た評価手法である。そして、この不動産鑑定士両名の評価額の平均値を求め、起業者の取得単価としたものである。

### 土地所有者申立て

　立木の評価方法として、胸高直径を測っただけで補償額を算定しており、妥当性を欠く。このような大まかな扱いは、収用手続上の補償額を決定する場合は許されるものではない。木材業者の見解によると、起業者の見積りは、杉については実際の評価の半分以下であり、けやきも約16万円はする。

# 山林立木に類似する立木の価値は土地価格に含まれ、補償の必要はないものとした事例

昭和59年7月12日　東京都収用委員会裁決

## 裁決

　立木補償について、起業者は伐採時期が繰り上がったことによる補償として3,700円を見積もっているのに対し、土地所有者は伐採及び搬出に要する費用として50,000円を要求している。

　そこで、現地について調査し検討した結果、当該立木は、宅地内に存する観賞立木とは異なり山林立木に類する雑木であって、土地と一体をなすものであると認められる。したがって、本件土地の収用によって起業者が取得するもので、近隣地域及び類似地域の山林地の取引慣行を調査したところ雑木の価値は土地価格に含まれており、補償する必要がないものであるが、法第49条第2項において準用する法第48条第3項の規定により起業者の見積りを採用する。

## 起業者申立て

　本件土地にある物件は、伐期未到達で市場価格のある立木であるため、伐採時期が繰り上がったことによる損失として慣行伐期の収入と間伐収入の合計額から今回の伐採により当該立木を売却した場合の処分価格を減じた額を補償するものである。

## 土地所有者申立て

　起業者は、伐採及び搬出に要する費用を補償すべきである。立木伐採補償として運搬車両費20,000円、人件費30,000円、計50,000円を要求する。

# ●原野に自然発生した雑木は市場性がなく、損失補償の必要はないと判断した事例

平成4年3月25日　栃木県収用委員会裁決

## 裁決

　物件調書には記載されていないが、本件土地には雑木が存在している。起業者は自然発生したものであり市場性はないと主張しているのに対し、甲の主張は不明であるので、その損失補償の必要性の有無につき判断する。

　当委員会は、現地調査の結果、本件土地には、にわとこ4本、やまぐわ4本及びえのき1本が存在することを確認したが、いずれも管理された形跡がなく、市場性がないと認められるので、それらに対する損失補償の必要はないものと判断する。

## 起業者申立て

　本件土地の登記簿上の地目は畑であるものの、数十年来耕作することなく荒れるに任せていたと推測される。本件土地には自然発生した雑木が存在するが、市場性はなく、これらに対する損失はないと判断し、土地の定着物として扱い損失補償の対象とはしないこととした。

## 土地所有者申立て

　なし

# 真竹は土地の定着物であり補償対象となる物件として補償額を見積もるべきであるが、本件真竹は放置され経済価値は有しないと判断した事例

平成9年1月29日　徳島県収用委員会裁決

## 裁決

　起業者は本件土地上の雑木、天然用材等について、本件土地とは独立した物件と認めつつ、真竹に限っては、損失（取得価格）の補償を見積もっていない。しかし、法上、土地の定着物であって、土地とは独立した経済的価値を有すると認められる物である限り、土地とは別に、移転料又は取得価格の補償対象とされる物件として取り扱われるべきものと解されており、本件土地上の真竹を土地とは独立した物件と取り扱いながら、これには取得価格（経済的価値）はないとして、損失の補償を見積もらないとすることは法上の物件概念に矛盾するものといわなければならない。

　そこで、当委員会は、現地調査の結果や竹材の需給動向等を踏まえ、本件土地に存する真竹について検討を行った結果、①真竹は、あるがままに放置されており、その商品価値を認め難いこと、②竹材は、かつては、日本壁のこまい下地等として利用されていたが、新建材の普及等により、その需要は極めて少ないこと、などから本件土地上の真竹は本件土地とは独立した経済的価値を有しないものと判断した。

## 起業者申立て

　平成8年度の標準書によれば、真竹の取得に伴う損失の補償額はなしとされているので、真竹については、損失（取得価格）の補償を見積もっていない。

## 関係人申立て

　なし

# ●本件土地に生えている竹類等について、起業者は価値がないものとしているが、周辺の任意買収地における立木の生育状況及び管理の実態とに差異が認められないとして任意買収地の竹類等と同様に有用価値があるものと判断した事例

平成17年12月22日　宮崎県収用委員会裁決

## 裁決

　起業者は、申請書等、意見書、審理において竹類等については、価値がないと主張し、その損失補償額を0円と主張した。

　これに対し、所有者は、意見書、審理において杉等の樹木については利用価値があるものと思って管理したり、竹の子採り等を行っていたと主張した。

　当委員会が現地調査を実施した際に起業者に対し、本件土地に隣接する任意買収地上に存する竹類等の補償について尋ねたところ、損失補償を行ったと回答した。

　そこで、当委員会は、本件土地に存する竹類等と隣接する任意買収地に存する竹類等の差異について、以下、この点について検討する。

(1) 外観上の差異

　現地調査の結果から本件土地の杉の間に竹類等が生え、竹林内には倒れた竹、枯れた竹があったりするものの、全体的には周辺の任意買収地の立木の状況と明確な差異があるとは認められない上、本件土地は、隣接する任意買収地と一体となった里山を形成している。

(2) 管理上の差異

　さらに起業者は専門家の意見等を聴取して、本件土地の竹類等の価値がないとの回答を得たとして、本件土地の竹類等の補償見積額を0円としたと申し立てた。

　起業者は竹類等の有用価値の判断材料として、収益の有無と管理状況により判断をしているようであるが、一部の任意買収地上に「竹の子とるな」との看板が設置されているものの、所有者も竹の子採りをしていたと主張しており、この看板の設置をもって収益の有無を判断することは早計である。

さらに外観上差異が認められない状況において、この看板の設置をもって起業者の主張する「適正な管理」の有無を判断することはできない。
　このようなことから、本件土地と任意買収地の竹類等について有用価値の有無を区別するような事実は認められず、管理上の実態は同一であると認められる。

(3) 竹類等の有用価値

　いうまでもなく、損失補償は、適法な公共事業が施行される過程などにおいて、特定の財産（財産権）に加えられた財産上の損失を補塡する制度であり、憲法第29条第3項に定める私有財産の補償に基づき、社会通念に即して財産を利用している者が財産上の損失を受けた場合に、補償請求をする権利が認められている。
　所有者は、本件土地を損失補償制度の趣旨目的に反することなく適法に財産として利用しており、任意買収地の竹類等と同様の補償を受ける権利を有しているものといえる。
　上記のとおり、本件土地と任意買収地に存する竹類等について、外観上の差異及び管理上の差異について検討を行ったが、差異は認められず、隣接する任意買収地の竹類等と同様に本件土地の竹類等も有用価値があると判断する。

## 起業者申立て

　本件土地に存する立竹木（以下「本件物件」という。）の移転補償金の額が収用補償金の額を超えると認められるので、土地収用法（昭和26年6月9日法律第219号。以下「法」という。）第79条の規定により本件物件の収用を請求する。
　ただし、本件物件中、杉以外の立木（以下「竹類等」という。）については、適正に管理されている植林地であれば、竹類等は本来植生しないものであり、専門家の意見を求めたところ当地の竹類等の価値はないとの回答があったため、これらを総合的に検討して、竹類等については価値がないと判断し、起業者見積額0円の申立てを行う。

### 土地所有者申立て

　土地を取得した時に竹とか木々がある程度は生えていたと思う。それで色々竹の子採りとかはやっていたが、それに対して使用をどうのこうのという形はとっていない。

# ●土砂流出工事費を含む伐採除却費が立木取得額を超えること及び立木所有者の同意があることから立木収用を認め、土地の定着物として土地所有者に補償するのが相当とした事例

平成16年5月7日　北海道収用委員会裁決

## 裁決

(1)　起業者から請求のある法第79条に基づく本件立木の収用については、甲外4名、乙のいずれにも異議がなく、起業者提出の資料及び現地調査の結果等から総合的に判断し相当と認める。

　乙が育成・成長させたと主張する立木の補償要求については、本件立木の補償額には当該立木が現況を呈するに至った経緯も包含されており、かつ、本件立木は起業者申立てのとおり本件土地の定着物として本件土地所有者に補償するのを相当と認める。

## 起業者申立て

　本件土地にある立木（以下「本件立木」という。）の補償については、本件立木の伐採による一部裸地の残存が融雪期や多雨期に土砂崩落の危険性を増大させるので、その危険性を防止するために裸地に対する土砂流失防止工事を行う必要があるが、この対策工事経費が概算で4,788千円に及ぶ。その結果、本件立木の伐採に要する補償額が本件立木を取得する補償額よりも多くなるので、法第79条の規定に基づく収用の請求をすることとした。

　立木法による登記のなされている立木、明認のなされている立木及び仮植中の樹木を除けば、一般的に立木は土地の定着物とされているので、収用等の対象地の立木所有者は土地所有者と同一と考える。よって各土地所有者をそれぞれの立木所有者として補償するものである。

### 土地所有者申立て

(2) 昭和36年の牧場買収後現在まで山林の手入れ育林をしてきたのは乙であり、本件立木8,142本の補償額のうち、乙の牧場買収以後に発生、成長した7,256本分の3,095,116円の補償を求める。

## ●移転料多額として立木の収用に当たり、胸高直径5cm未満のものについて1円を相当とした事例

平成7年11月1日　長野県収用委員会裁決

### 裁決

　起業者は、前記事実第1の3⑵イ記載のとおり申し立てているが、物件所有者は、前記事実第2の2⑵ア記載のとおり申し立て、具体的な意見を述べなかった。当委員会は、明渡裁決申立書及びその添付書類、現地調査の結果、審理における起業者の陳述ならびに起業者提出の意見書及び資料を総合勘案し、胸高直径5cm以上の立木については起業者の見積額をもって相当と認める。
　また、起業者が補償額を0円と見積もっている胸高直径5cm未満の立木については、ほとんど経済的価値を有しないと認めるが、収用する物件に対し何らの補償がなされないのは相当でないので、当該立木については、経済価値の最低額である1円をもって補償するを相当とする。

### 起業者申立て

　本件土地に存する立木に対する補償については、当初、立木の移転（伐採）に要する費用を見積もっていたが、移転（伐採）に要する補償見積額が、移転（伐採）しなければならない物件に相当するものを取得するのに要する補償見積額をこえるため、法第79条の規定による物件の収用を請求する。

### 土地所有者申立て

　立木の取得補償については、勝手にしろという気持ちである。

## ●トラスト対象となっている立木について、移転料多額により収用することを認め、取得価格は0円を相当とするが起業者見積額1本1円を採用するとした事例

平成16年5月17日　東京都収用委員会裁決

### 裁決

　別表3(1)の立竹木については、移転料及び取得価格を同表のB欄のとおりとし、移転料が取得価格を超えることとなるので、法第79条に基づく起業者の収用請求を認める。

　甲に対する補償額は、別表3(1)のB欄の取得価格の合計額0円をもって相当とするが、起業者が同表(1)から(3)のC欄の取得価格の合計額の金額のとおり66円を見積もっているので、法第49条第2項において準用する法第48条第3項により、当事者の申立ての範囲内で起業者の見積額を採用する。

　なお、甲ら権利者の主張する立木の自然的価値は、市場価格の形成に影響を与えるものではないので、本件損失補償の算定においては考慮しない。

別表3(1)

| 物件調書の物件番号 | A 物件の内容 ||||| B 補償金(委員会の算定額) || C 補償金(起業者の見積額) ||
| --- | --- | --- | --- | --- | --- | --- | --- | --- | --- |
| | 物件の種類 | 胸高直径 | 樹高 | 数量(本) || 移転料 金額(円) | 取得価格 金額(円) | 移転料 金額(円) | 取得価格 金額(円) |
| 1 | ちゃ | 1cm | 1.6m | 1 || 62 | 0 | 118 | 1 |
| 2 | かし | 3cm | 3.3m | 1 || 62 | 0 | 118 | 1 |
| 3 | かし | 3cm | 2.9m | 1 || 62 | 0 | 118 | 1 |
| 4 | かし | 9cm | 6.5m | 1 || 926 | 0 | 1,478 | 1 |
| 5 | けやき | 11cm | 6.0m | 1 || 926 | 0 | 2,463 | 1 |
| 6 | あおき | 4cm | 3.5m | 1 || 93 | 0 | 118 | 1 |
| 7 | すぎ | 3cm | 2.5m | 1 || 45 | 0 | 187 | 1 |
| 8 | けやき | 3cm | 3.6m | 1 || 93 | 0 | 118 | 1 |
| 9 | もちのき | 2cm | 2.1m | 1 || 62 | 0 | 118 | 1 |
| 39 | 孟宗竹 | | | 23.10㎡ || 23,410 | 0 | 31,116 | 23 |
| 計 | | | | || 25,741 | 0 | 35,952 | 32 |

(円未満四捨五入)

## 起業者申立て

ア　立竹木の収用請求について

　　立木の取得価格は、立木の市場価格から伐採及び搬出費用等を差し引いた額となる。立木の市場価格については、収用対象地近郊の立木市場における取引価格等を調査した。また、伐採及び搬出費用等については、本件収用対象地が、中央自動車道に面した急しゅんな土地であり、伐採及び搬出のための場所も確保困難であることを考慮し、算定した。

　　その結果、市場価格を伐採及び搬出費用等が上回ることとなり、立木を売却しても伐採費用をねん出できない結果となるため、立木の取得価格はマイナスとなるが、立木の取得補償は財産価値に対する補償であることから、貨幣の最小単位である１円を立木１本の取得価格とした。

　　したがって、別表３の(1)から(3)までのC欄記載のとおり、移転料が移転しなければならない物件に相当するものを取得するのに要する価格を上回ることから、法第79条の規定により、当該立竹木の収用を請求する。

　　なお、甲ら権利者は立木の価格が安すぎると述べているが、立木の価格については、起業者が入手した立木売買契約書の写しによると、１本当たり1,000円又は2,000円で売買されている。しかしこれらの価格は、市場における取引実態とはかけ離れたものであり、この売買は本事業を阻止することを目的とし、計画が白紙となった場合には契約を解除できるとしているのであって、樹種、樹齢、胸高直径等を問わず一律の価格とされていることからも、正常な取引価格とは言えない。

　　また、昭和63年１月21日の最高裁判決（長良川輪中堤裁判）において示されていることから考えると、甲ら権利者の主張する立木の自然的価値は、一般的には経済的・財産的評価になじまないものであり、通常受ける損失の補償の対象とならない。

　　さらに甲ら権利者は、樹種や大きさ、数量も異なると異議を申し立てているが、法第35条に基づく立入調査の結果であり、調査については立木に精通している者が行っており、立木の葉、樹皮、樹形から判断し適正に調査したものである。

イ　補償額について

　　前記アのとおり、立竹木の取得価格を別表３(1)から(3)までのC欄記載のとおりとしたので、補償額については、甲に対し66円、……とした。

## 関係人申立て

　立木は1本1本の立木を個別独立して所有するのが目的ではなく、それらの立木が集合した自然全体の環境を保有しており、立木の価値としては全体の山の自然そのものの価値を財産的に評価すべきである。他の土地において自然環境の価値が再現可能であることが前提とされるべきだと考えれば、裏高尾と同様の環境で、同様の立木を取得するために必要な費用はばく大であり、1本1円と算定していることは非常識で、起業者の算定には重大な誤りがある。
　さらに、取得価格の算定根拠を何ら示しておらず、また立木の調査はずさんで、その種類や大きさなど信頼性がなく著しい違法性があるので、却下の裁決を求める。

## ●使用する土地の上空30mから40mまでの範囲を使用する場合においては、立竹木を移転する必要性はなく、収用請求を認めないとした事例

平成16年5月17日　東京都収用委員会裁決

### 裁決

　別表3⑵の立竹木については、起業者が、使用する土地の上空30mから40mまでの範囲を使用するとしており、現地を調査した結果からは立竹木を移転する必要性が認められないので、法第79条に基づく起業者の収用請求は認められない。

### 起業者申立て

　立木の取得価格は、立木の市場価格から伐採及び搬出費用等を差し引いた額となる。立木の市場価格については、収用対象地近郊の立木市場における取引価格等を調査した。また、伐採及び搬出費用等については、本件収用対象地が、中央自動車道に面した急しゅんな土地であり、伐採及び搬出のための場所も確保困難であることを考慮し、算定した。

　その結果、市場価格を伐採及び搬出費用等が上回ることとなり、立木を売却しても伐採費用をねん出できない結果となるため、立木の取得価格はマイナスとなるが、立木の取得補償は財産価値に対する補償であることから、貨幣の最小単位である1円を立木1本の取得価格とした。

　したがって、別表3⑴及び⑵のC欄記載のとおり、移転料が移転しなければならない物件に相当するものを取得するのに要する価格を上回ることから、法第79条の規定により、当該立竹木の収用を請求する。

### 関係人申立て

　立木が1本1円ということには納得できない。

　立木は1本1本の立木を個別独立して所有するのが目的ではなく、それらの立木が集合した自然全体の環境を保有しており、立木の価値としては、全体の

山の自然そのものの価値を財産的に評価すべきである。他の土地において自然環境の価値が再現可能であることが前提とされるべきだと考えれば、裏高尾と同様の環境で、同様の立木を取得するために必要な費用はばく大であり、1本1円と算定していることは非常識で、起業者の算定には重大な誤りがある。

## ●起業地に張り出している残地上の立木について、移転料多額として当該立木を収用した事例

平成6年10月6日　奈良県収用委員会裁決

### 裁決

明渡裁決申立書添付書類、意見書、審理及び当委員会の調査等により次の事実が認められる。
① 起業者は、別表第3・3(1)記載の立木について物件収用の請求を行っており、物件所有者に異議がない。
② 別表第1記載の立木が417番の土地に別図2の配置で存する。
　このうち、物件番号118～121及び130～133については、残地に存するが、枝等が本件土地の上に張り出している。
③ 上記②記載の立木は、造園のための苗木として育成されている商品価値を有するものであり、枝等を切断することなどにより、その価値が著しく減じる。

よって次のとおり判断する。
① 起業者が残地に存する立木についても、収用する土地の上に張り出した枝等の切除でなく、立木単位の移転を考慮し、補償額を見積もったことは相当である。
② 別表第2・4のとおり移植補償額が移転しなければならない立木に相当するものを取得するのに要する価格（以下「取得補償額」という。）を超えるため、起業者が物件収用を行うことが相当である。

### 起業者申立て

417番の土地に存する別表第3・3(1)イ記載の物件（立木）については、同ア記載のとおり物件移転料が移転しなければならない物件に相当するものを取得するのに要する価格を超えるため法第79条により収用を請求する。

## 関係人申立て

なし

## ●現地調査により収用区域外に存すると判明した申請に係る一部立竹木について、風致木として他の立竹木と一体性を有するとして移転料を補償した事例

平成元年5月15日　島根県収用委員会裁決

### 裁決

当委員会が平成元年4月4日に実施した現地調査により、起業者申請の移転対象立竹木の一部が収用区域に隣接する土地に存することが判明したが、この立竹木は風致木として他の立木と一体性を有しており、起業者がこれらも含めて申請していることを考慮して、これらに対する移転料も含めることとする。

### 起業者申立て

なし

### 関係人申立て

立竹木の移転先が決定しないので、立竹木移転に要する費用について要求額は算定できない。

## ●立木所有者による移転の可能性が少ないこと、工事の緊急性等から起業者による立木の移転の代行を認めた事例

平成5年5月18日　岐阜県収用委員会裁決

### 裁決

ア　移転の代行について、当事者間に争いがないこと、明渡裁決後においても、立竹木所有者による移転の可能性が極めて少ないことならびに工事の緊急性及び移転代行が立竹木所有者に不利益を与えるものでないと判断されるから起業者の移転代行の要求を相当と認める。

イ　移転代行に要する費用については、本件収用対象土地にある立竹木の代行に要する費用を起業者の算定基準により算定し、審理の中で提示したところ、当事者双方に異議はなかったので当該価格を明渡裁決時の価格により算定する。

### 起業者申立て

ア　立竹木の移転については、本件事業地内の一般国道303号が暫定施工により片側歩道のみで供用しており、早急に永久構造物による施工が必要であり、緊急性を要している。

　　胸高直径30cm以上の立竹木が多数あり、所有者が伐採するには高い危険が伴うため、また、隣接地には国道及び町道が通っており、伐採に当たり通行中の車に支障が生じる可能性があるため、起業者により伐採搬出を行うことが安全確保ができ、かつ、合理的である。

　　さらに、立竹木につき所有者のうち1名が、起業者による移転の代行を希望している。

　　よって、起業者において工事実施に併せ、当該立竹木を伐採することが合理的であると考える。このため、法第80条に基づき起業者による移転の代行を要求する。

イ　移転代行に要する経費は、明渡しに対する損失補償と同じ基準により、法第77条の規定に基づく移転料の補償額（先方伐採に係る補償額）から法第85

条の規定に基づく移転の代行による補償額（当方伐採に係る補償額）を差し引いた額として見積もった。

## 関係人申立て

起業者が本件収用土地にある立竹木を移転代行することについては、異議がない。また、その移転費用についても異議がない。また、起業者が伐採した立竹木は、合理的な範囲で立竹木所有者が指示する場所へ移転することで異議がない。

## ●係争中であるため、明渡裁決後に物件所有者による移転の可能性が極めて少ないこと等により立木の移転代行を認めた事例

昭和62年7月30日　静岡県収用委員会裁決

### 裁決

　起業者は、前記「事実1(8)」記載のとおり、本件収用土地上の立木の移転の代行を要求する。当委員会は、収用土地上の立木について、物件所有者が前記「事実1(4)」及び「理由2」記載のとおり共有物分割の訴訟係属中であるため、明渡裁決を行っても物件所有者による移転の可能性は極めて少ないこと、また、工事の緊急性及び物件所有者に不利益を与えるものでないと判断されることから起業者の移転代行の要求を相当と認める。移転代行に要する費用についても起業者の見積額を相当と認める。

　主文
　起業者は、収用する土地上の立木の伐採及び収用する土地からの除却を代行し、これに要する費用は、次のとおりとする。
　物件の所有者　不明
　ただし、甲又は乙から建設大臣に対し
　金22,430円（内訳は別表3のとおり）

### 起業者申立て

　物件移転については、対象地が急峻な地形でかつ小範囲であるため、被補償者において移転を実施する場合、相当な危険が予想される。また、起業者において工事実施に併せ当該立木を伐採することが、国民経済上合理的であると考える。このため、補償の算定に当たっては、法第85条に基づき、伐採移転にかかわる部分を、起業者による移転の代行を要求する。

## 土地所有者申立て

なし

## ●天然雑林として繁茂した立木について、権利者の一部が不明であること、事業の重要性等を勘案して移転代行を認めた事例

平成元年2月3日　北海道収用委員会裁決

### 裁決

当委員会は、法第85条第1項に基づく起業者の要求について、土地に存する立木が、天然雑林として繁茂した立木であり、又権利者が一部不明であること、及び事業の重要性等を総合的にしんしゃくし、起業者が見積もった別表第4の4の費用をもってする立木の移転代行を相当と認めた。

### 起業者申立て

立木については、権利者が不明であること、及び本件事業の重要性、緊急性等に鑑み、土地収用法（以下「法」という。）第85条第1項の規定に基づき代行することとしたい。
ア　代行に要する日数　　10日間
イ　代行の方法　　　　　立木の伐採及び搬出
ウ　代行に要する費用　　別表第4の4のとおり見積もった。

### 関係人申立て

なし

● 道路予定地であることを認識した上で、当該地に苗木を密植した者に対し、本件植栽はもっぱら補償の増額を目的としたもので、損失補償制度の趣旨、目的に反し、信義則にも反する権利の濫用であることは明らかであるとして、補償を認めなかった事例

平成16年1月20日　宮崎県収用委員会裁決

## 裁決

　明渡しに関する損失の補償について、起業者は、事実第1の4(3)及び第4の2のとおり申し立て、所有者は、事実第2の2のとおり申し立てた。
　ところで、損失補償制度は、土地収用により所有者が被る「特別の犠牲」に対し、憲法第29条に定める私有財産権の保障と、同第14条に定める法の下の平等の理念に基づく公的負担の平等の回復を目的とするものである。
　したがって、補償の対象となるのは、同制度の趣旨、目的に適合し、土地の収用又は使用と相当因果関係にある損失であって、社会的にみて相当と認められるものに限られるというべきであるから、もっぱら補償の増加を企図したもので、社会的にみて相当とは認められないものは補償の対象とならないというべきである。
　起業者は、所有者の附加増置した本件物件について、もっぱら補償の増加のみを目的とすると認められると申し立てたので、以下、この点について検討する。
ア　本件植栽前の本件土地の状況
　　本件植栽前の本件土地の状況は、杉などの用材林が20ないし30本存する一部崖となった形状の山林であった。
イ　本件植栽の時期
　　まず、所有者の行為がもっぱら補償の増加のみを目的とするものと認められる理由として起業者が事実第1の4(3)で申し立てた事項のうち、「(ア)道路計画が明らかとなり、用地協議を開始した後に附加増置（植栽）されたものであること」については、起業者は、その根拠として、平成11年11月12日に

用地協議を開始したこと、植栽時期はその後平成12年2月1日から同年5月8日の間であることを申し立て、所有者も、交渉開始時期については概ね起業者の申立てを認め、植栽時期についても平成12年4月頃と申し立てたことから明らかである。
ウ　本件植栽前の補償に対して不満があったこと
　　所有者は、本件植栽直後の平成12年5月9日に、起業者に対して「仮植えしたので調査してほしい」旨の申入れを行ったが、これについて起業者は「補償請求の意味と理解している」と申し立てた。また、所有者は、審理等において起業者が提示した土地価格について不満を申し立て、隣接地の取扱いと本件土地の取扱いがあまりに違う旨を強く主張して、当委員会に対して隣接地の土地及び物件の買収価格の調査要求を行うとともに、隣接地にかかる契約書の写しを資料として提出した。これらのことから、起業者が事実第1の4(3)のア(イ)において申し立てたとおり、所有者が本件植栽前の補償に対して不満があったことは明らかである。また、隣接地の補償に関して所有者側関係者が関与していることから、所有者はその補償額を本件植栽前に知っていたものと推測される。
エ　本件植栽の範囲
　　「(ウ)植栽の範囲がほぼ用地幅内であること」については、起業者は、植栽の範囲は、任意の用地協議における用地幅でいえば大体8割以上が用地幅内であったと申し立てており、所有者は特に何らの申立ては行わなかったが、植栽の範囲がほぼ用地幅内であることは本件土地の現況から明らかである。なお、平成7年1月から同年3月にかけて実施された用地幅杭打設・用地測量調査の際に、土地境界立会確認書に所有者本人の署名、押印がなされていることや、起業者が、当初の用地協議において、買収予定地の面積及び具体的な場所を図面で説明したと申し立てていることなどから、所有者が道路予定地の概ねの範囲を事前に知っていたことは明らかであり、植栽の範囲が用地幅内とたまたま偶然に一致したという特段の事情もないことから、所有者が自らの判断で一致させたものと解さざるを得ない。
オ　本件植栽の態様
　　本件植栽は、上記エのとおり、ほぼ用地幅内になされているが、植栽箇所は3か所、形状はいずれも長方形で、その概ねの範囲はそれぞれ、幅約2mと長さ約25m、幅約4mと長さ約20m、幅約1mと長さ約20mであり、その範囲内に、約5cmから10cmの間隔で、1,000本（所有者の申立てによる本数）

が植えられていた状況であった。また、灌水用の施設は設けられておらず、崖となっている部分の土留めは丸太を設置しただけの簡易なものであるため土壌の流出も認められる。

　平成14年8月5日作成の物件調書によると、生きている苗木は1,304本であり、その余は枯死しており、さらに当委員会が平成15年5月13日実施した実地調査の結果によると、生きている苗木は1,102本であった。

　起業者は、かかる植栽状況等から、事実第1の4(3)のア(エ)のとおり、植栽の態様からその目的が収穫若しくは立木そのものを取引の対象とする商行為に基づくものとは認め難い旨申し立て、これに対し、所有者は、苗木の植栽間隔に標準的なものはないこと、本件土地の苗木は植え付け時に多量の水を含ませており常時灌水する必要はないこと、本件植栽の目的はあくまで収穫の楽しみであり、コナラについては14,000本の中に混じっていたものであること等を申し立てた。

　しかし、上記のとおり、約5cmから10cmの間隔で苗木が植栽されている現況や、灌水施設もなく、当初の植栽本数が所有者の申立てのとおり14,000本とした場合には実に9割以上が枯れていることから、客観的、常識的に考えるに、その目的が収穫の楽しみや商行為に基づくものとは到底認め難いというべきである。

カ　他の道路予定地における植栽行為

　「(オ)他の道路予定地においても同様の植栽行為がなされていること」については、所有者も谷川町における植栽の事実を認めているものの、その目的については所有者からの明確な弁明はなかった。しかし、植栽間隔が本件植栽と同じように不均等かつ著しく狭小であることや道路予定地内でしかも県道へ通じる住宅地内の通路に植栽されていることなど、通常の植栽方法とはいえない不合理かつ不自然さが認められる。

　以上によると、所有者は、起業者の事業計画により所有地の一部が道路予定地であることを知り、用地協議を受けることとなったところ、予定地が杉などの用材林の山林であったことから、その状態では補償額が低いことを知り、また同じく道路予定地となっている隣接地が苗木の植栽により高額な補償がされる見込みとなったことを聞き及び、敢えて杉等の用材林を伐採し、畑地化して植栽したものと強く推測されること、その植栽範囲も意図して道路予定地内に入る箇所を選定したといえること、植栽された苗木が大量であり、著しく不均等かつ狭小な間隔で過密に植栽され、育成に不適切な状況であること、本件土

地は、元々山林であったもので、地形、土壌が苗木の生育に適しておらず、しかも灌水用の施設もないものであり、崖の部分は土留めとして丸太を設置しただけの不十分なものであるため、土壌が流出する状況となっていること、所有者が植栽したと申し立てた14,000本のうち約9割は枯死していること、本件植栽行為が、所有者が申し立てたような自己の収穫の楽しみを目的としたものとは到底認められず、かつ育成販売などの商行為を目的とした植栽とも認め難いこと、所有者は、本件土地以外にも道路予定地に不合理かつ不自然な本件と同様の過密な植栽行為をしていることなどが認められる。

　以上の認定事実から考えるに、明らかに道路計画やその法線を知った後、道路予定地を認識した上で、道路用地幅内に、通常の植栽方法とは明らかに異なる態様の植栽を行うことは、客観的、常識的にみて極めて不自然であるといわざるを得ない。そして、当初の補償額に明らかに不満があり、わざわざ起業者が補償すると申し出た杉等の用材林を伐採し、土地の形質変更を行い、その補償を受ける権利を放棄するというリスクを負った上で、相当の経費をかけてまで新たに苗木を植栽するという行為は、正当な補償を求める行為としては極めて理解し難いというほかはなく、さらにその上で、補償額と投下費用との間に不相当に高額な差額（利益）が見込まれる隣接地並みの補償を要求していることからも、その目的が収穫の楽しみや商行為ではなく、また、その他のものであるとする合理的な理由も見出し得ない。

　そうすると、起業者が申し立てた項目は、いずれもその申立てを裏付ける相当の理由があるものと認められ、本件植栽行為は、もっぱら補償の増加のみを目的としたものと判断せざるを得ない。

　そこで、本件植栽について、損失補償制度の趣旨、目的により検討するに、所有者の行為は、もっぱら補償の増加のみを目的とした意図的なものであり、自ら望んで公共事業による権利侵害行為の対象になったものといえるが、かかる事情下における補償要求は、正当な財産権に対する補償を求めるものとはいえず、損失補償制度を悪用するものであって、その趣旨、目的に反するものである。

　また、本件補償要求は、補償範囲の相当性も逸脱し、信義則に反するものであり、不法な暴利を得る行為に該当するものとして公序良俗に反し、権利の濫用であることが明らかというべきである。仮に、本件物件について補償を行うとすれば、同様の行為を助長することにもなりかねず、公共の福祉を著しく損なうものであり許されない。したがって、本件物件について補償しないこと

は、何ら私有財産権の保障に反するものではない。

　そして、かかる権利の濫用によってもたらされた所有者の地位は、憲法や法が補償の対象としている「偶然に公共の利益となる事業のための需要を充たし得る地位」であるとはいえず、収用により被る損失は、社会通念上容認されない自らの不当な意図の元に招いた結果であり、国民全体が負担をして平等を回復すべき損失とされる「特別の犠牲」に相当するとは思料されない。

　したがって、本件物件について補償を行うことは、損失補償制度のもう一つの根幹をなす「公的負担の平等原則」に反することになるのみならず、税の負担者である国民や県民にいわれのない負担を強いる結果となる。

　以上のことから、当委員会は、所有者に適法な補償請求権は認められないため損失の補償をなしとした起業者の申立てを相当であると認める。

　なお、所有者が申し立てた隣接地における補償内容については、当委員会はその当不当を判断し得る立場にはないものであり、補償額の算定に影響を与えるものとはいえない。

### 起業者申立て

　本件土地に存する物件（以下「本件物件」という。）の種類及び数量は別表第5記載のとおりであるが、本件物件が附加増置（植栽）された経緯及びその他客観的事実から判断するに、所有者の行為は、もっぱら補償の増加のみを目的とするものと認められるため、所有者には適法な補償請求権は認められず、法第77条に規定する物件の移転料の補償は「なし」とした。

ア　補償の増加のみを目的とするとした理由

　㋐　本件物件は道路計画が明らかとなり、用地協議を開始した後に附加増置（植栽）されたものであること

　　経緯は以下のとおりである。

　（経　緯）

　平成2年3月28日　道路区域決定
　平成2年4月1日　所有者本件土地を購入
　平成7年1月から3月　用地幅杭打設・用地測量調査実施
　平成11年11月12日　用地協議開始
　平成12年2月1日から5月8日までの間　本件植栽行為
　平成12年3月30日　事業認定告示（手続保留告示）

平成12年6月5日　手続開始の告示

　本件土地及び本件土地上に存した立木にかかる補償額の提示は、平成11年11月12日の第1回の用地協議において行った。当時の本件土地の状況は、現在の本件土地周辺と同じような杉等の用材林の山林で、補償額には、土地の補償だけでなく、用材林の補償も入っていた。

　この後、平成12年5月8日の隣接起業地所有者との契約に基づく履行確認検査の際に、本件土地上の用材林が伐採され、土地が整地され、苗木が植栽されていることを知り、翌9日には所有者及び所有者とは別に苗木を植栽していた甲から仮植えをしたので調査してほしい旨の申入れがあった。

(イ)　附加増置以前の状態における損失補償に対して不満があったこと
　　　所有者は、附加増置以前の状態における損失補償に対して、土地価格が取得した価格に比べて低いといった不満と、立木については伐採搬出等の人夫賃も出ないので補償金額をもう少し上げてほしいという不満を述べていた。
　　　なお、前記(ア)のとおり、平成12年5月9日に、所有者らから仮植えをしたので調査してほしい旨の申入れがあったが、補償額についての具体的な要求はなかったものの補償請求の意味と理解している。

(ウ)　植栽の範囲がほぼ用地幅内であること
　　　本件植栽の範囲については、現在の状況をみると起業地外にもあるが、任意の用地協議における用地幅でみると大体8割以上が用地幅内に植栽されている。
　　　なお、買収予定地の面積及び具体的な場所については、用地協議において図面により説明を行っている。

(エ)　植栽の態様からその目的が収穫若しくは立木そのものを取引の対象とする商行為に基づくものとは認め難いこと
　　　植栽間隔が不均等かつ著しく狭小（約5㎝から10㎝）であるため、通風が悪く病害虫の発生の可能性があるほか、カキ、クリについては、必要とされる支柱の設置が困難であるなど、立木の生育を考慮した植栽状況とは到底認め難い。また、植栽箇所には、立木養生に必要な灌水用の施設等、および苗木の育成に必要な施設は施されておらず、その結果、現に9割程度枯れており、たとえ個人消費である（商目的でない）としても、収穫による収益を目的としているとは到底認め難い。さらに、収穫樹でないコナラを含め、立木そのものを取引の対象とする商行為に基づく行為であるか

を考えるに、所有者の職業について特定できないものの、用地協議の過程等において、面会等する限り造園業者若しくは立木販売業者等に当たると推測される発言は見受けられなかった。仮に、そのような業を営んでいる者であったとしても、当該業（売木等）に沿った植栽方法とは到底認め難い。

(オ) 他の道路予定地においても同様の植栽行為がなされていること

宮崎県宮崎市〇〇町において所有者（若しくは代理人の甲）の行為と考えられる植栽行為を確認している。これは、県道沿線の住宅地において通路として利用されており、立木の育成には到底適当と認め難い状況において、しかも道路予定地となる部分にのみ植栽されたもので、本件事件と同様、もっぱら補償金目的である蓋然性が極めて高いと考えられる。

また、東九州自動車道等の道路予定地内における立木の過密植栽行為は、社会問題としてマスコミに報道されているが、提出した新聞記事の中で報道されている各起業者の損失補償に対する姿勢あるいは考え方等については、本件事件の損失補償の要否を判断する上で少なからず影響を受けている。

イ 損失補償の要否

(ア) 土地収用における損失の補償は、特定の公益上必要な事業のために土地等が収用される場合、その収用によって当該土地等の所有者が被る特別の犠牲の回復を図ることを目的とするものである。

(イ) 小高剛著『土地収用法』は次のとおり解説している。「被収用者に対して、その負わされた特別の犠牲すなわち財産上の損失を、社会の全員から徴収した金員をもって補填することによって、特定の者の負担を全員の負担に転化し、いったん破られた公的負担の平等を回復しようとする利害調整の制度が損失補償制度である。」

(ウ) もっぱら補償の増加のみを目的とした行為は、権利の濫用ないし信義則に違反する悪質なものであり、そのような行為に基づく損失は、特別の犠牲すなわち公的負担の平等を回復すべき損失には相当しない。

(エ) もっぱら補償の増加のみを目的として附加増置されたものと判断される場合、当該物件にかかる損失が公的負担の平等を回復すべき損失に該当するか否かについては、「もっぱら移転料の増額を企図して、裁決直前に物件の設置が行われたとの特段の事情が認められる場合には、当該物件の移転料は、信義則上補償の対象とはなり得ないものというべき」との裁判例

もある。
(オ)　本件植栽は、公共事業によって、従来、適法かつ社会で通常想定される程度、態様において営んできた生活基盤を侵害されたわけではなく、また、このような植栽にかかる損失を社会全体の負担に転化させる必要は認められず、もし補償する事態になれば、損失補償制度の一つの制度的基盤である公的負担の平等原則に違反することになり、許されない。
(カ)　本件植栽にかかる補償請求は、憲法及び法が定める損失補償制度の趣旨に反するものであり、所有者には補償請求する憲法上の権利は存在しない。

## 土地所有者申立て

(ア)　植栽の目的
　　植栽の目的は、個人的な収穫の楽しみである。
　　苗木を植えてすぐに起業者に対し調査を求めたが、これは補償要求ではなく、買収するなら調査してくださいということであり、交渉の中で補償してもらう金額等について主張は全く考えていなかった。また、隣接地の補償額を知ったのは、本件土地に苗木を植えた後である。当方はマスコミで報じられているような補償目的の植栽行為とは一切関係なく、東九州自動車道予定地などに植栽している人たちと一緒にしないでほしい。

(イ)　植栽の時期
　　元の用材林を伐採し、クリの苗などを本件土地に植栽した時期は、隣接地の契約（平成12年４月13日）の後、４月17日か18日（第５回審理では平成12年４月10日頃と陳述）ぐらいだった。苗木の植栽を４月に行ったのは、一番活着しやすいからであり、芽吹いていない冬場に植え付けると凍ってしまう。

(ウ)　植栽の態様
　　起業者は、苗木の植栽間隔が不均等かつ著しく狭小であると主張しているが、苗木を何cmで植えなさいという決まりがあれば教えてほしい。また、苗木への水の補給は一般的には場所によって違うが、我々が植えている苗木の場所については、常時水をやらなくても、植え付けのときに多量の水を含ませれば、通常の苗は枯れるということはない。

(エ)　他の道路予定地における植栽行為

他に苗木を植えているところは、〇〇町に1か所あり、クリの木を3,000本ぐらい自分で植えている。本件植栽と同じような間隔で植えてあり、そこは道路の工事が予定されている。苗木は甲から購入したものであるが、当時からすると枯れたり、売却したりして2,000本ぐらい減っている。谷川町の問題は、本件事件の審理とは関係ない。
イ　補償額
　(ア)　物件の種類及び数量
　　　平成14年7月24日の起業者の立木調査では、買収地内の本数が1,304本しかなかったが、法を尊重した結果枯れたのであるから、平成12年5月時点に存在していた苗木（コナラ1,000本、クリ8,000本、カキ5,000本）14,000本の内、収用にかかる前の本数で計算してほしい。物件調書に物件所有者代理人甲が附記した異議の趣旨は、平成14年7月24日時点において枯れていたとしても、補償を約束した時期にあった苗木は14,000本であるから、あるものとして補償を考えるべきだということである。
　　　植栽後の苗木の管理は甲が行っていたが、その後、起業者との交渉により同人が苗木を抜いた後は中断した。そのまま管理を続けていれば、枯れていない苗木はもっとあった。起業者が物件調書の苗木の数量を1,304本としたことについては争う。
　(イ)　隣接地の補償
　　　隣接地の取扱いと本件土地の取扱いはあまりに違いすぎる。隣接地にも苗木が植えてあったが、正当に補償を受けている。道路法の許可を取っていないので苗木は一切補償しないというのは納得できない。なぜなら、隣の土地の苗木も許可なく植えたものであり道路法第91条の適用を受けていたはずだがすべて補償されている。隣の土地の苗木も本件土地の苗木も同じ時期に植えたので金額も同じでなければならない。当時の建設省が、隣接地の土地所有者と締結した契約書によると、土地が2,671,200円、立木が84,156,100円で買収されており、これを基に計算すれば本件物件の補償金額はおのずと出てくる。
　(ウ)　苗木の移し替え
　　　交渉の中で、甲が借地して植栽した苗木を移動すれば補償するということだったので、同人が植えていた29,000本の苗木を動かした。今の状態で残ったのは、事業認定がされているからそのままにしておくよう起業者からいわれたからで、苗木は仮植えであるから間隔をあけてもう一度植えよ

うと思っていた。今でも移す作業をしたい。だから、苗木を移し替える補償を考えてほしい。

## ⑤ 営業補償

● 駐車場は事実上営業廃止せざるを得ないと認められるとし、転業に通常必要とする期間として2年を相当とした事例

昭和63年3月9日　沖縄県収用委員会裁決

### 裁決

　関係人甲から駐車場に係る営業補償について、営業廃止及び駐車台数を12台と算定し年収益額3,000,000円の3年分9,000,000円の補償をせよとの要求があるが、本件駐車場は当委員会の現地調査の結果から事実上営業を廃止せざるを得ないと認められるので、駐車台数は起業者見積りのとおり5台とし、転業に通常必要とする期間を2年として別表第1内訳3記載のとおり補償することを相当とする。

### 起業者申立て

・駐車可能台数　駐車可能台数は、当人から協力が得られないので、当時の駐車場利用者からの聞き取り調査をしたところ4台～5台であった。また、駐車場面積は計測の結果87.96㎡となっており、「那覇市における駐車施設の附置等に関する条例」によれば、車1台の駐車面積は15㎡以上（幅2.5m以上奥行6m以上）必要であるので、当該駐車場の地形及び周囲の建物等の状況から判断して4台～5台が可能であると思われる。
　　以上の点を検討し、駐車可能台数を5台と決定した。
・駐車場回転率等　国際通り付近6か所の駐車場営業状況調査をし、駐車場の平均回転率を求め、昼間は時間駐車場として、夜間は契約駐車場として補償額の算定を行った。
・営業廃止等　駐車場の営業は、損失補償基準でいう営業廃止補償の対象となる業種と考えることができず、営業休止として算定した。

### 関係人申立て

　駐車可能台数を12台35坪として、また営業休止でなく営業廃止として算定し、年収益額3,000,000円×廃止補償年数3年＝9,000,000円を要求する。

●借地が看板を設置するに適当であったための看板営業について、市内及びその近郊において同等の立地条件の移転先を確保することは極めて困難であるとして、看板営業を廃止するものとし、3年分の年収を補償するとした事例

平成2年3月29日　長崎県収用委員会裁決

## 裁決

　まず、看板営業に係る廃止補償について、起業者は、年間所得の2年分を見積もっているのに対し、関係人は、年間所得の10年分を要求している。
　一般に、営業廃止の補償は、土地収用法第88条に規定する「通常受ける損失の補償」の一部として構成され、その補償に当たっては、「資本に関して通常生ずる損失額」等の外「転業に通常必要とする期間中の従前の収益相当額（個人営業の場合においては、従前の所得相当額）」が補償されなければならないとされているが、本件での「看板営業」なるものは、通常の「営業」とはやや趣を異にしている。すなわち関係人は、初めから「看板営業」を目的として本件土地を借り受けたものではなく、借地がたまたま看板を設置するに適した場所であったことから、看板設置を希望する者と契約を結び、賃料収入を得ることとなったもので、本来的な意味での「営業」に内在する企業活動といった要素が希薄なことは否めない。
　しかして、関係人の「看板営業」は上記のような特異な性格を有するとはいえ、関係人はその主張する「看板営業」を、看板設置の施設を築造したうえ継続して営み、これにより毎年相当額（最近の年収額は、起業者の申立てによれば920,700円、関係人の主張によれば894,000円である。）の収入を得てきていること、この「看板営業」を行うに適した立地条件にある移転先を長崎市及びその近郊において確保することは極めて困難であると認められるので、関係人が本件土地を使用できなくなることによって「看板営業」による収入を失うに至ることは明らかであること、さらに、関係人は本来の営業として機械類の修理、スクラップ業を一人で営んでおり、この営業を継続しながら、これとは別に、移転先において「看板営業」と同程度の収入を得ることのできる他の営業

を始めるとしても、通常の営業の転業に比し長い期間を必要とするものと認められること、その他諸般の事情を総合勘案すると、関係人の「看板営業」の廃止に伴う補償は、最近の年収額の3年分をもって相当と認定する。

また、最近の年収額については、関係人の申立て額894,000円（平成元年分）を採用する。

### 起業者申立て

なし

### 関係人申立て

看板はその場所にあってこそ価値があり、場所が変われば価値がなくなるので、結局廃業となる。廃止補償として10年分位補償して欲しい。

● 施設を賃借してガソリンスタンドを経営している者に対し、同等以上の立地条件の店舗の移転先を確保することが不可能に近いとして、営業廃止補償を認めたが、営業権は認めないとした事例

昭和63年12月20日　高知県収用委員会裁決

## 裁決

　甲社は、事実第2の3の(1)のアの(ア)記載のとおり、揮発油販売業法第6条第2項に規定する「指定地区」内では事実上新規登録が拒否されるという点で、既登録業者の登録上の地位は損失補償基準要綱第31条第1項第1号に規定する『免許を受けた営業等の営業の権利等』、すなわち、行政庁の免許に基づいて営まれている営業等の所謂「営業権」に準ずるものであり、かつ、その地位が資産とは独立に変更登録という形で1,000万円から1,500万円で取引されているので、揮発油販売登録業者である甲社に対して、同要綱同条同項同号に規定する「正常な取引価格」として、少なくとも1,000万円を補償すべきであるとの主張があった。

　これに対して、起業者は、事実第1の7の(4)記載のとおり、高知市に対する「指定地区」の指定は既に解除されたことにより、既登録業者の特権的な地位も少なくとも法規範上はなくなったこと、また、揮発油販売業は、営業場所が限定されるものではなく、甲社はその登録上の地位を自由に売却できるのであるから、そもそも営業の権利についての損失があるとは認められないとの主張があった。

　当収用委員会としては、本件の問題を判断する前提として、まず、営業補償を行う場合の補償方針について検討する。

　損失補償基準要綱によれば営業上の損失の補償に関し、①営業廃止の補償（第31条）、②営業休止等の補償（第32条）、③営業規模縮小の補償（第33条）の3つの補償対象及び補償基準を規定している。このうち、③については、当該ガソリンスタンドはその敷地全体が収用対象となっているため、採用の余地がない。したがって、問題は①と②のいずれの補償方針を採用すべきかという

ことになるが、それは、当該ガソリンスタンドが他に移転先を求めて営業を継続できるのか、移転を余儀なくされることにより最早『通常営業の継続が不能となると認められる』のか、という点に関する認定によって決定せられることになると思われる。

『通常営業の継続が不能となると認められる』とは、従来の営業場所から移転することにより営業自体営むことができなくなる場合と、営業はできるがそれを継続していくことが著しく困難になる場合の両者を含み、前者の例として、法令上一定の条件においてのみ許可される営業が店舗等の移転に伴い移転先においてその条件を満たし得なくなる場合があり、後者の例として、土地と密着している「暖簾」を有する営業で他の土地に移転することによりその「暖簾」によって営業することは全く意味がなくなるような場合があるとされ、具体的には、公共用地の取得に伴う損失補償基準細則第26の1の(1)～(3)において示されているところである。

ガソリンスタンドについては、営業に対する場所的な行政規制はなく（揮発油販売業法第6条第2項の規制については後述のとおり。）、したがって、上記細則には『通常営業の継続が不能となると認められる』業種としては例示されていないこと、また、ガソリンスタンドの営業が「暖簾」を有するほどに特定地に密着するということはその営業の性格上通常は考えられないことからすると、一般的には、営業休止補償が補償方針としては適当であると考えられる。

しかしながら、本件ガソリンスタンドの場合、敷地及び施設一式が自己の所有ではなく、施設の賃貸借契約に基づいて営業を行っており、現在の経営は、当初現在の賃貸人は少なくともこの規定によって新規登録申請者がすべて排除され、既登録業者が特権的な地位を担保されるものであるとは言い難く、したがって、甲社の主張のように、既登録業者の登録上の地位が『免許を受けた営業等の営業の権利等』、すなわち、行政庁の免許に基づいて営まれている営業等の所謂「営業権」に準ずるものであると認定することはできないものと言わざるを得ない。

また、たとえ認定できると仮定しても、起業者の主張どおり、高知市に対する本指定は、昭和62年10月17日付け通商産業省告示第427号により昭和62年10月18日以降解除されており、指定地区を前提とした甲社の主張は現時点では法律上の論拠のない主張である。

なお、ガソリンスタンドの営業が所謂「暖簾」を有する営業であるとは言い難いことについては、上述のとおりであるが、「暖簾」とは、営業の収益力が

平均的な他の同業種に比較して超過している場合に、その超過利潤を生み出す原因となっている無形の財産であるとされており、本件ガソリンスタンドの場合は、後述のとおり（後記イの(ア)の(iv)及び(イ)参照）この超過収益力はないと認められ、この点からも本件補償対象となる「営業権」は認められない。

### 起業者申立て

　損失補償基準要綱第31条第１項第１号に規定する営業権とは、商法では「暖簾」と呼ばれ、営業の収益力が平均的な他の同業種に比較して超過している場合にその超過している部分（超過利潤）を生む原因となっている無形の財産であると考えられる。商法第285条の７（暖簾の計上）は、貸借対照表の資産の部に計上できる旨を定めている。

　損失補償基準要綱第31条第１項第１号による補償は、前述の営業権が土地の収用又は使用に伴い、権利の承継が不可能となり、その正常な取引価格が無に帰する場合、その損失を補償しようとするものである。

　しかし、関係人甲社が主張する「指定地区」は、既に解除されたものであり、また、既登録業者の地位が仮に売買の対象になるとしても、揮発油販売業（ガソリンスタンド）は、営業場所が限定されるものでなく、その地位は、高知市内の他の如何なる場所においても継続して活用できるものであると思われる。したがって、関係人甲社は、その地位を自由に売却できるものであり、営業の権利に関する損失があるとは認められない。

### 関係人申立て

　起業者積算の営業補償金額は、損失補償基準要綱第31条の営業廃止補償中第１項第２号に規定する営業用固定資産及び流動資産の売却損、その他資本に関して通常生ずる損失額のみ計上し、その他の損失はないものとしているようである。しかし、次の損失の補償も併せてすべきである。

(ア)　揮発油販売業法（昭和51年法律第88号）によれば、ガソリンスタンドの営業を営むためには登録制度を採っているが、本件ガソリンスタンドの所在地である高知市は、同法第６条第２項に規定する「指定地区」に該当しているため、新たにガソリンスタンドの営業を開始しようとして新規登録を申請しても事実上拒否され、結果的には新しくガソリンスタンドの営業はできない

のが実情である。このため、揮発油販売業者変更登録という形で既登録業者の地位が金1,000万円ないし金1,500万円で取引されている。

　よって、揮発油販売登録業者甲社に対し、この登録上の地位が免許を受けた営業等の権利が資産とは独立に取引される慣習があるものとして、その正常な取引価格、すなわち少なく見積もっても1,000万円を補償すべきである。

●法隆寺の門前で営業している食堂及び土産物店について、その場所を離れての営業は考えられないとする関係人の申立ては斟酌すべき余地があり、周辺地域において現在と同様の店舗営業ができる適当な場所がないこと等から、営業廃止による補償を相当とするとした事例

平成14年4月24日　奈良県収用委員会裁決

## 裁決

　起業者は、0.5か月の営業休止による補償で見積もっているのに対し、関係人らは営業廃止による補償を求めるので、この点につき判断する。
　本件建物の移転に伴い、従前の食堂及び土産物店が継続できるかどうかについて考えると、それは法隆寺の門前を多少離れた場合にも不可能とまでは言い切れない。しかし、関係人らの営業はひとえに法隆寺の門前にあることによっており、その場所を離れての営業は考えられない、との申立てを斟酌すべき余地はある。関係人甲は、出生以来本件土地に住み続け、法隆寺門前という地の利を生かした代々の営業を引き継いできたのであり、本件土地を明け渡すことにより営業が立ちゆかなくなるとの主張は理解できる。
　さらに、関係人の要求する替地は得られず、法隆寺の門前に限れば、現在と同様の店舗営業ができる適当な場所がないことは、周辺地域が第１種低層住居専用地域に指定されており、現在の規模での店舗が新築できないことからも明らかである。
　よって、当委員会は関係人のこれまでの営業の事実、現在置かれている状況等を総合的に勘案し、営業に関しては、営業廃止による補償として、転業に要する期間２年間の営業収益相当額、従業員の休業手当相当額、営業用固定資産の売却損等を見積もった。なお、営業収益の認定については、個人営業としての実態に照らして、役員報酬、地代・家賃を必要経費から除外し、これらを所得と認定して見積もった。

## 起業者申立て

　損失補償基準に基づき、構外移転の場合に要する休業期間を0.5か月として、その間の得意先喪失に伴う補償額、固定的経費、従業員の休業手当、移転広告費の補償額を見積もった。

## 関係人申立て

　替地により営業の継続を望むだけであるが、替地の可能性がないのであれば、それは営業を廃止するのと同義である。「〇〇や」は、三代、100年以上にわたり法隆寺の門前で営業を継続してきたのであり、その場所を離れての営業は考えることもできない。したがって、営業補償についての損失補償を営業休止補償としていることについては不満である。替地がないのであれば当然営業の継続は不可能であり、営業廃止補償として見積もるのが相当である。

## ●許可制となっているたばこ小売業の移転先について本件土地の存する市中心部には新たに出店できる余地がほとんどないことから、社会通念上妥当な移転先地がないものとして営業廃止の補償をすることが相当であるとした事例

平成18年1月31日　兵庫県収用委員会裁決

### 裁決

(ア)　営業廃止の補償は、土地等の収用に伴い営業の継続が通常不能となるものと認められるときに行うもので、その認定は客観的に行う必要があり、補償を受ける者の都合や主観的事情により行うものではない。社会通念上、当該営業所、店舗等の妥当な移転先がないと認められるときはこれに該当するものといえる。

本件について見てみると、たばこ小売販売業は、たばこ事業法により許可制となっており、一定の距離基準及び取扱高基準を満たさなければ許可を受けることができないものとされている。また、関係人甲は自己所有地上に店舗を構えて営業をしている。

そこで、当委員会が姫路市内のたばこ小売販売業の許可事務を取り扱っている近畿財務局から姫路市中心部のたばこ小売販売業の既設営業所の分布状況図を徴して検討したところ、本件土地の近傍類地において、駅、商店街等の集客施設からの距離、人通り等の点で本件土地と同等の土地を求め移転先としようとしても、近隣には既設のたばこ小売販売の営業所が見受けられるので、公共工事に起因する営業所の移転に適用される距離基準及び取扱高基準の緩和措置を考慮しても、事実上新たに出店できる余地はほとんどなく、社会通念上妥当な移転先がないものと判断できる。

なお、起業者は、事実1(4)ア(エ)のとおり、平成17年6月28日から同年7月25日までの約1か月の間に、姫路市内では6件のたばこ小売販売業が許可されていると申し立てるが、それらはいずれも姫路市中心部から離れた場所での出店であり、本件土地と同等の移転先とは認められないので、このことをもって上記要件の下で新たに出店できる余地があることにはならない。

よって、本件は、営業の継続が通常不能となるものと認められる場合に該当するので、営業廃止の補償を行うのが相当であると判断した。
　なお、関係人乙の経営する日用雑貨品小売業については許可制ではないものの、その営業形態は、関係人甲の経営するたばこ小売販売業と同一の店舗の中で渾然一体として営まれていること、売上げ及び認定所得がそれぞれ同関係人甲の10分の1程度であることを考慮すると、日用雑貨品小売業は、独立して営まれている訳ではなく、たばこ小売販売業に付随して営まれているに過ぎないので、たばこ小売販売業と同様に営業廃止の補償を行うのが相当であると判断した。

(イ)　営業廃止に伴う損失の補償額については、商品等の売却損及び転業に通常必要とする期間中の従前の所得相当額とされているところ、関係人甲外1名から提出のあった資料のうち直近の資料から算定すると、たばこ小売販売業に係る従前の所得は、1,437,313円が相当であると認められるので、これに転業に通常必要とする期間である2年を乗じて得た2,874,626円をもって、たばこ小売販売業に係る営業補償とするのが相当であると判断した。
　また、日用雑貨品小売業に係る従前の所得は、4,351円が相当であると認められるので、これに2年を乗じて得た8,702円に商品等の売却損201,060円を加えた額209,762円をもって、日用雑貨品小売業に係る営業補償とするのが相当であると判断した。

## 起業者申立て

　関係人甲外1名は、本件建物の1階で、たばこ小売販売業を関係人甲名義で、日用雑貨品小売業を同乙名義でそれぞれ営んでいる。補償に当たっては、移転に伴う休業期間を7日間と認定し、その間の収益減少の補償、固定的経費の補償及び移転に伴う得意先喪失補償をそれぞれに見積もった。また、移転広告費については、移転通知等がより必要と認められる日用雑貨品小売業を営む関係人乙に一括して見積もった。
　なお、補償額の算定の時期は、営業の継続を前提に、近隣で行われているJR山陽本線連続立体交差事業の影響がなかった平成13年とし、たばこ小売販売業については主に聞取調査で、日用雑貨品小売業については確定申告書等に基づき補償額を算定した。
　また、関係人甲外1名は、後記2(1)イ及び(2)ウのとおり営業廃止の補償を要

求するが、たばこ小売販売業については、財務省の許可制ではあるものの、過当競争を防止するための規制であり、風俗営業のように営業場所が限定される規制と異なること、規制される店舗間の距離についても公共工事に起因して移転をする場合は、緩和措置があることなど、また、日用雑貨品小売業については、法令等で制限を受ける業種ではなく、移転先での営業継続が可能であることから営業廃止の補償は認められない。

因みに、平成17年6月28日から同年7月25日までの約1か月の間に、姫路市内では6件のたばこ小売販売業が許可されている。

## 関係人申立て

イ 起業者は、たばこ小売販売業について、営業休止の補償を行おうとしているが、同販売業は許可に当たって距離規制があるため、移転を行って営業を継続することは困難である。また、立地条件に見合う移転先があればたばこ小売販売業を継続したいが、適当な移転先もなく、起業者によって営業廃止を余儀なくされることから、最低でも5年間の営業廃止の補償を要求する。

ウ 日用雑貨品小売業については、店の前の山陽電車高架工事によって、高架下商店街の店舗（約200店）が閉店となり、南北道路が遮断され、車、人通りがほとんどなくなり、営業継続が困難な状態になった。また、移転先もないまま起業者によって立退きの期限を切られて営業廃止を余儀なくされ、新規に営業をしても成り立つ予測もできないことから、営業廃止の補償を要求する。

● 採石に当たり火薬使用の制限を受けることになっても営業廃止とは関係はなく、未採掘原石は地下掘となるため採算性がないことから、補償額は「なし」とした事例

昭和56年2月6日　長崎県収用委員会裁決

## 裁決

　起業者は前記事実第1、4の(2)(イ)〜(ハ)記載のとおり申し立てているのに対し、土地所有者は、前記事実第2、2の(1)〜(5)記載のとおり、営業廃止の補償を要求しているのでこれについて、当委員会は次のとおり判断する。
(1)　営業廃止について
　　土地所有者の主張する本件事業の実施により採石法及び火薬類取締法等により、発破作業が制約を受け、営業を廃止せざるを得ない旨の主張は、理由がない。
　　即ち、火薬使用制限について定める火薬類取締法施行規則第53条第5項には、「発破による飛散物により人畜、建物等に損傷のおそれがある場合、損傷を防ぎ得る防護措置を講ずること。」と規定され、通商産業省の採石技術指導基準書では、発破について、「危険区域内に公共施設又は建物があるときは、飛石防止網の設置を講ずること。」とされており、社団法人長崎県火薬保安協会発行の火薬類の実務と知識では、「火薬の消費場所から約100m（状況によっては、100mを超える場合もある。）の範囲にある保安物件については火薬類消費承諾を要する。」となっているから、土地所有者が本件事業の実施により、新たに火薬の使用に規制が生じたとしても、営業廃止との関係については、根拠がないものと判断した。
(2)　本件事業の隣接地での営業について
　(イ)　通商産業省の採石技術基準によると、隣接地の境界から5m以上の保全区域をとり、その区域より外側に、表土の土留施設工事を行い、更に、高さに応じた残壁に対する勾配度等が定められている。
　　　したがって、採石法第1条及び同法第33条の4、ならびに通商産業省の採石技術基準は、隣接地及び社会、公共の安全秩序に対する危害の発生防

止のための行政指導ならびに採石業に存在する当然の制約として定められているものである。このことは採石法第33条の9の規定による「認可採取計画の変更を命ずることができる。」としたことからも判断できる。
(ロ) 隣接する他人の所有する土地の境界から前記(イ)で述べたとおり保全区域を取らなければならないことにより、一定区域について採取計画の認可を得られないことによる利益の喪失があったとしても、それは採石業を営む者が、社会的及び公共的に当然に受忍すべきものであり、当該採石に本件事業が損害を与えたとは考えられない。

(3) 本件土地内の原材料等について
(イ) 採石業は、鉱山業と同様採石することによって、その埋蔵量の絶対数が減少し、一度採掘すると、その事業は完全に終了するものであり減耗償却資産である。

本件土地内の原石の採取状況は、おおよそ南側に隣接する河川の堤防高より、その北側に隣接する他人が所有(公団買収地)する土地の境界まで、ほぼ水平に採取済である。したがって、今後採取する場合は、通称地下掘の方法によるしかない。

ところで、採石技術指導基準による「採掘終了後の凹地は環境条件等を考慮して埋立等適切な措置をすること。」になっているので本件土地の場合は、諸条件を考慮し埋戻しするのが適切な措置と考えられるので、これを前提として地下掘による事業収益と埋立に要する復旧費を試算すると別表2のとおり、事業収益より埋立復旧費が高くなる。

(ロ) 損失補償の基準となる公共用地の取得に伴う損失補償は、収用に伴う現実の具体的な損失を対象とするものであって、将来における損失の発生が不明確なものは、補償を要しないものである。

よって所有者の主張は認められないので、主文第2項(2)のとおり「なし」とした。

## 起業者申立て

(イ) 本件土地所有者は、本件土地及びその周辺において採石業を営むものであるが、本件土地内において採石済みで本件土地は採石場敷地内の採石跡地である。
(ロ) 本件土地を収用することにより、採石場をおおよそ東西に分断することに

なるが、本件土地内の通行を認めることにより操業に支障を来たさない。
(ハ) 本件土地周辺における火薬の使用については、火薬類取締法等に適合すれば使用できる。
　以上の理由により土地に対する補償以外の補償は「なし」とした。

## 土地所有者申立て

　本件事業が実施されると、採石法及び火薬類取締法等により発破作業が制約を受け営業継続ができないので、営業廃止の補償を次のとおり要求する。
(1) 原材料の損失額
　〇〇町899番地の採取可能量120,000㎥、粗利益㎥当たり500円として60,000,000円となる。
(2) 設備機械器具類の損失額
　機械工具　18,948,083円
　車　両　　16,426,398円
　配電設備　 2,664,345円
　計38,038,826円となり廃業処分する場合は、2分の1の損失が見込まれるので、19,019,413円となる。
(3) 従業員の解雇に必要な費用
　甲外10名の退職金合計5,952,000円である。
(4) 借地分の原材料の損失額
　採取可能量47,000㎥、粗利益㎥当たり500円として、23,500,000円となる。
(5) 以上の総合計金額108,471,413円が営業廃止の損失となる。

## ●採石地の残地では道路との間の保全距離がとれないため採石事業ができないとして営業廃止の補償要求に対し、受忍の範囲として補償を認めないとした事例

昭和61年6月7日　岡山県収用委員会裁決

### 裁決

　関係人は、前記事実第3・3記載のとおり道路との間に50mの保全距離が必要になるうえ、字〇〇1145番5の土地を収用されると採石場としての機能を失うので採石業廃止の補償をすべきこと、岡山県知事が採取計画の認可をしなかったのは、残地での操業が不可能と判断したからであること等を申し立てるのに対し、起業者は前記事実第1・7・(3)記載のとおり採石の操業は可能であり損失補償は不要である旨申し立てるので、この点について判断する。

　まず、関係人は1145番5の土地の収用により、残地での採石行為ができないと主張し、これに対する損失補償を申し立てるが、関係人が、昭和49年3月29日採取計画の認可を受けた際の採取計画認可書に添付した採石場計画平面図によれば、収用する1145番5の土地は通路とし、それ以外の場所に採石場及び砕石プラントを設置する計画となっており、また、技術的見地からみても残地において採石行為が可能と見込まれる。

　仮に、関係人の申立てのごとく、自動車交通等安全のため保全距離をとることが必要であり、そのため残地での操業ができなくなるとしても、字〇〇1145番1の土地は、従来市道〇〇線に隣接していたのであるから、関係人は採取計画の認可申請に当たり保全距離をとらなければならなかったのであって、本件道路開設に伴い新たに保全距離をとる必要が生じて操業ができなくなったわけではない。

　したがって、保全距離がとれないため、採取計画の認可が受けられず、火薬の使用も許可されず、採石事業ができないことによって不利益を被ったとしても、それはかかる区域において採取計画を立案した関係人の受忍すべき範囲である。このことは、採石法第1条及び第33条の4の立法趣旨、同法に基づく通商産業省の「採石技術指導基準書」が発破の使用について、「発破孔のさく孔

方向及び装薬量の適正化を図るとともに、危険区域内に公共施設又は建物があるときは、飛石防止網の設置を講ずること」としており、また、火薬類取締法に基づく同法施行規則第53条第5項が「発破による飛散物により人畜、建物等に損傷のおそれがある場合、損傷を防ぎ得る防護措置を講ずること」とする規定に徴し明らかである。

　以上いずれにしても、営業廃止による損失補償の請求は認められない。

　次に、岡山県知事が採取計画の認可をしていないことについては、岡山県知事（代理人岡山県倉敷地方振興局長）は、関係人からの採取計画の認可申請に対し、昭和58年3月29日付けの書面で、「申請地は、現在本四公団の道路予定地として買収交渉中の箇所であり、本四公団との円満な解決を図り、当該事業に支障のないよう調整したうえ再提出願います。」との指示をして当該申請書を返戻しているが、このことをもって、同知事が残地での採石の操業ができないと判断したとすることはできない。

　以上のことから、関係人の申立ては採用できない。

### 起業者申立て

ア(ｱ)　保安距離の確保について、採石法に基づく認可庁である岡山県知事に確認したところ、「採石法に基づく認可にあたっては、鉱業法第64条の準用あるいは行政指導は行っておらず、採石法第33条の4の規定を判断基準にしている。」との回答を得ている。

(ｲ)　通商産業省の採石技術指導基準書も発破について、「危険区域内に公共施設又は建物があるときは、飛石防止網の設置を講ずること」としており、火薬類取締法施行規則第53条第5号も「発破による飛散物により人畜、建物等に損傷のおそれがある場合、損傷を防ぎ得る防護措置を講ずること」と規定しているが、切羽部分を畳、防爆シート、発破覆、飛石防護柵等で防護する方法を講ずることも可能である。

(ｳ)　この点、関係人が過去において認可を得た採取計画認可申請書においても「5　岩石の採取に伴う災害の防止のための方法及び施設に関する事項(4)飛石」の項で「飛石の危険はほとんどない。」としている。

(ｴ)　採石場は現在操業していないため、採掘の具体性がないものの、採取計画認可申請書に添付した砕石プラント計画図及び保安林解除範囲図（解除範囲は字〇〇1145番1の一部分である。）によれば、収用しようとする土

地（字○○1145番1の一部分）の平坦地は県道からの進入路等搬出入路部分と判断されるので、収用対象地外（残地）でのプラント施設建設敷地及び原石採掘敷地確保等に支障を来たすものではない。残地への搬出入路は起業者が施工するので、なんら機能上の阻害は生じない。

以上(ア)～(エ)の事実を総合すると、残地での操業は可能であると考えられる。

したがって、残地補償は不要である。

## 関係人申立て

(1) 起業者は、残地面積の広さ等から採石権の行使が残地で十分可能であるので、道路を付け替えれば足りるとしているが、採石場は、本件事業が完了後は道路との間に保全距離を50m以上確保しなければならないとされていることを全く無視している。

鉱業法第64条によって道路施設から地表50m以内は採掘の制限を受けており、採石法においても第10条で施設、建物、用地の敷地等について許可基準が定められている。これは、鉱業法に準じて50mの保全距離が必要とされているからである。

したがって、道路開通後は50mの保全距離を欠くことになるので、採取計画は認可されず、また、採石に必要な火薬の使用も許可されないことになるであろう。

新潟県○○町の甲社○○工場では、北陸高速道が同工場付近を通過するに当たって、公団が自主的に50mの保全距離を確保して設計建設された例が、茨城県○○市の乙社砕石場では、常磐高速道が原石山に接して建設されるに際し、その原石山の残量は放棄し、公団の努力により100m強の区域内に代替原石山が提供された例がある。

次に、廃業した例としては、千葉県○○市の丙社の砕石場に近接して県有料道路が建設された際、保全距離50m分の原石山について採石を断念し、それに対する補償がなされたことがある。

そのうえ、字○○1145番1の雑種地は、本採石場の心臓部に当たり、工場用地として多額の資本を投入した場所であり、この部分がなくなれば残地でのプラント建設、原石採掘等の経済的行為は、技術、防災（道路法面保全距離）面から考慮すれば不可能となるにもかかわらず、起業者は残地補償等に

ついて全く積算していない。採石場の建設が不可能となれば、単に既投資費用の部分補償にとどまることなく、補償額は全面的に修正されるべきだ。

したがって、残地部分については採石業廃止による補償をすべきであり、原石山の可採量等から試算すれば、総山代は231,233,400円となる。

(2) 昭和55年1月末日に申請した採石法所定の認可が保留されたのは、岡山県知事が残地での操業が可能と判断していないからであり、同52年3月19日採石法に基づく認可が公団と協議という付帯条件となり、また、同55年1月31日収用予定地となる事由で採掘の認可が保留され今日に至った。

このように、認可が保留されたままであることは、当然採石権全体について適切な補償がなされると判断せざるを得ないのであり、当社の都合により開発を延期したものではない。残地での操業が可能であれば、全体について認可を保留すべき根拠はなかったことは明白である。

# 長い間の交渉により信用を失ったとする医薬品販売店からの営業廃止補償の要求に対し、移転先において販売継続が可能であるとしてこれを認めなかった事例

平成7年1月20日　福岡県収用委員会裁決

## 裁決

　関係人は、長い間の移転交渉により、周囲から嫌がらせ等を受け、精神的、肉体的に疲れ、また、信用も失ったとして、営業廃止の補償を申し立てている。しかし、公共事業のために移転することとなった場合の損失の補償としての営業廃止の補償は、関係人の主観的な事情や希望によって認められるものではなく、法令の制限等により当該場所以外での営業の継続が不能であるなど、客観的にみて従来の営業を継続していくことが不可能であると判断される場合においてのみ認められるものである。本件の場合は、関係人が移転先において医薬品販売を継続することが可能であると認められるため、営業廃止の補償は認められず、移転前後の準備期間の営業休止の補償をもって相当とした。

## 起業者申立て

　営業廃止の補償は、通常、営業の継続が不能となると認められる場合に行うものであり、本件においては、事業の種類が医薬品販売店であり、法令により移転先が制限されるものではないから移転先において営業の継続が可能であると判断し、営業廃止の補償は行わず、営業休止の補償を見積もった。

## 関係人申立て

　無理な立ち退きを要求され、長い間苦しめられ、精神的、肉体的にも疲れ果てており、苦労して築き上げた信用までも失ったので、営業を継続することが困難になった。止むを得ず廃業するのであるから営業廃止の補償をしてほしい。

●板金工場の営業補償期間について、移転先の建物の選定に要する期間、工作機械の移転に要する期間等を考慮し、2か月を相当とした事例

平成6年3月17日　東京都収用委員会裁決

## 裁決

　起業者は前記事実第1の5⑷カ㈺のとおり799,500円を申し立てているのに対し、関係人甲は前記事実第8の2⑶のとおり異議を申し立てている。
　そこで、確定申告書及びその添付書類等を調査し、検討した結果、次のとおり1,816,542円をもって相当とする。
㈲　補償期間について
　　補償期間については、起業者は前記事実第1の5⑷カ㈺のとおり0.5か月としているのに対し、関係人甲は前記事実第8の2⑶のとおり0.5か月では納得がいかないと異議を申し立てているが、移転先の建物の選定に要する期間、建物の内装工事に要する期間、板金加工業のための工作機械の移転等に要する期間及び東京都公害防止条例による工場の新設の認可等に要する期間を考慮して、本件については補償期間を2か月をもって相当とする。
㈶　収益減補償について
　　事業にかかる所得の月額347,502円に補償期間2か月を乗じて得た額695,004円をもって相当とする。
㈷　得意先喪失補償について
　　事業にかかる収入の月額874,591円に売上げ減少率70％及び限界利益率63％を乗じて得た額385,695円をもって相当とする。
㈸　固定的経費補償について
　　減価償却費等の固定費相当月額129,539円に補償期間2か月を乗じて得た額259,078円をもって相当とする。
㈹　休業補償について
　　従業員の平均給料月額75,000円に補償期間2か月を乗じて得た額150,000円をもって相当とする。
㈺　移転広告費等補償について
　　事業所の移転に伴う挨拶状の費用等として326,765円をもって相当とする。

## 起業者申立て

　関係人は、現在の工場1か所で板金加工業を営んでおり、新しい工場への移転準備、引っ越し及び片付けのために0.5か月間営業を休止しなければならないものと判断し、確定申告書等必要な資料及び営業内容を調査した結果、営業休止期間における収益減補償として173,900円、得意先喪失補償として546,700円、固定的経費補償として48,900円、従業員の休業補償として30,000円、合計799,500円を見積もった。

## 関係人申立て

　収益減補償については、起業者の見積りは、補償期間0.5か月で173,900円となっているが、現在0.5か月で50万円の売上げがあるので、納得いかない。
　休業補償については、起業者の見積りは、補償期間0.5か月で30,000円となっているが、現在1日30,000円から40,000円の売上げがあるので、納得いかない。

## ●得意先喪失補償の補償期間を、営業実態が繁華街の閉店後の帰宅客でほとんどが固定していることから、移転先における顧客の回復には通常より長期間を要するものとした事例

昭和53年3月27日　東京都収用委員会裁決

### 裁決

　得意先喪失補償については、1か月当たりの平均収益額は起業者が申し立てた164,690円を相当とするが、補償期間は、営業実態が新宿駅周辺の繁華街の閉店後における帰宅客を対象にしていることから終業時間は明け方であり、また、ほとんどが固定客であるため移転先における顧客の回復には通常より長期間を要するので6か月を相当とし、988,140円をもって補償額とする。

### 起業者申立て

　営業補償については、甲から提出された資料に基づき、1か月当たりの平均収益額及び1か月当たりの平均固定的経費を算定し、収益減補償として1か月当たりの平均収益額の2か月相当分329,380円、得意先喪失補償として1か月当たりの平均収益額の4か月相当分658,760円、固定的経費補償として1か月当たりの平均固定的経費の2か月相当分76,100円、合計1,064,240円を見積もった。

### 土地所有者申立て

　損失の補償については、総額で8,000,000円程度を要求する。

● 除却工法を採用した工場の休業期間は2.5か月あれば十分であり、大手の取引先との間に継続的契約が締結されているため、得意先の喪失を認めるに足る事情は見出し難いとした事例

昭和58年3月14日　大分県収用委員会裁決

## 裁決

(1) 起業者は本社工場の営業休止期間を3.5か月と主張し、土地所有者甲社は4.5か月と主張しているが、いずれも移転工法が失当であるから、採用できない。

　本社工場は除却工法により移転すべきであるから、営業休止期間は、機械類の移転を始めた時から、これを終わった時までということになる。移転先の選定調達は、営業を継続しながら行うことができるので、その期間を営業休止期間に含めるべきではない。

　当委員会の求めた乙社の鑑定の結果、起業者及び土地所有者甲社の提出した工場移転の工程表、当委員会において調査した製めん機械製造業者の意見を総合勘案すれば、本社工場の機械類の撤去、運搬、据付に要する期間は、前後の準備調整期間を含めても2.5か月あれば十分であると認められる。よって当委員会は、本社工場の営業休止期間を2.5か月とみることにした。

(2) 起業者は、営業休止補償として金60,608,000円を見積もっている。しかし、起業者の見積りは、昭和55年度決算に基づくものであり、昭和56年度決算を考慮していないので、失当である。この点は土地所有者甲社の主張するとおりである。

　土地所有者甲社は、本社工場の休業により、1か月当たり固定費金5,727,821円、従業員に対する休業手当金11,178,531円、収益減金14,311,640円、得意先喪失による損失金14,311,640円の損失を被るので、合計金212,039,163円の補償を求める旨主張している。以下、この点を検討する。

　土地所有者甲社の提出した意見書、決算書及びその付属書類に審理の結果を総合すれば、1か月当たりの固定費は金5,727,821円、従業員に対する休

業手当は金8,942,824円（賃金の80％）、収益減は金14,311,640円であることが認められ、これを覆すに足る資料はない。休業手当を賃金の80％にしたのは、従業員の一部を他の工場で使用することが可能であること、従業員の多くが日給月給であること、起業者の任意交渉による補償が通常80％であること等を考慮したためである。

　土地所有者甲社の提出した決算書及びその付属書類に審理の結果を総合すれば、甲社は、その製品の約9割をインスタントラーメンの全国規模の大手メーカーである丙食品に卸売し、残余の1割は同一資本系統に属している丁食品に卸売していること、本社工場の生産を中止したとしても同社の堺工場において従前の生産量の約25％を継続して生産できること、甲社と丙食品の間には継続的取引契約が締結されていて両者間の取引は同契約に基づいて行われていることが認められる。

　このように取引先が全国規模の大手メーカー又は同一資本系統の卸売業者に限定されているときは、一般的に生産を中止し或いは店舗を移転したとしても、得意先の喪失は生じないのが普通であるから、甲社に得意先の喪失が生ずるとするためには、特段の事情が認められなければならない。甲社の場合は、休業期間が僅かに2.5か月であり主要な取引先との間には継続的契約が締結されており、取引のすべてを休止するものではないから得意先の喪失を認めるに足る事情は見出し難い。

　よって、当委員会は、休業期間中の損失を、固定費金14,319,552円、従業員に対する休業手当金22,357,060円、収益減金35,779,100円、合計金72,455,712円と認める。

### 起業者申立て

　甲社は、本社工場の切取改造工事を施行するため、同工場での生産を3.5か月間休止しなければならない。この間に支出を余儀なくされる固定費は金12,118,432円、従業員の休業手当は金19,741,842円（賃金の80％）、収益の減少は金28,747,810円とみるべきであるから、生産休止により甲社の被る損失は合計金60,608,084円とみるべきである。そこで甲社に対する損失補償は千円未満の端数を切り捨て金60,608,000円とすべきである。

## 関係人申立て

　構内再建工法により本社工場を移転するとすれば、同工場における生産を4.5か月間休止しなければならない。この間に支出を余儀なくされる固定費は金25,775,194円、従業員に対する休業手当は金50,303,389円、収益の減少は金64,402,380円、得意先喪失による損失は金71,558,200円であるから、営業休止による損失は合計金212,039,163円である。

　起業者の営業休止補償の見積りは、昭和56年度決算を無視し、従業員に対する休業手当を賃金の80％しか認めず、得意先喪失による損失を全く認めていないので失当である。

● クリーニング業の営業休止補償において、休業期間を1か月とし、移転先地において売上高が従前の水準に回復するまでの損失を補償するものとした事例

平成17年9月15日　東京都収用委員会裁決

## 裁決

　起業者は、前記事実第1の4(3)オのとおり332,603円を申し立てているのに対し、甲は前記事実第2の2(2)オのとおり異議を申し立てている。
　そこで、甲から提出があった所得税の確定申告書等により調査し検討した結果、移転に伴い営業を一時休止することにより生ずる損失を補償するものとし、以下のとおりとする。
ア　休業期間について
　　移転に要する期間、移転先における機械設備の取付け及び調整に要する期間ならびに営業を再開するための準備期間等を考慮し、1か月をもって相当とする。
イ　補償額について
　　次の㈜から㈢までの合計額1,151,831円をもって相当とする。
　㈜　固定的な経費の補償
　　　租税公課等の固定的経費相当額については、月額24,155円と認定し、休業期間1か月を乗じて得た額24,155円をもって相当とする。
　㈠　休業期間中の収益減の補償
　　　通常の状況の下で得られたであろう所得額を補償するものとし、所得額を月額52,615円と認定し、休業期間1か月を乗じて得た額52,615円をもって相当とする。
　㈡　一時的に顧客を喪失することによって通常生ずる損失の補償
　　　移転先地において、売上高が従前の水準に回復するまでの損失額について補償するものとし、売上高月額111,623円、クリーニング業の売上減少率110%及び限界利益率77.4%を認定し、これらを乗じて得た額95,036円をもって相当とする。

(エ)　その他通常生ずる損失の補償
　　　営業許可申請等の手続に要する費用116,085円と開店広告費863,940円との合計額980,025円をもって相当とする。

### 起業者申立て

　土地の収用に伴い通常営業を休止せざるを得ないと認められる期間の損失等を補償する。

　営業休止期間については、機械設備等の移転を含め移転の準備に0.25か月、移転後の整理に0.25か月が必要と考え、合計で0.5か月とした。

　補償金額は、営業休止期間中に必要な固定的経費7,902.50、休業手当相当分96,000円、得意先喪失による損失112,425.11円、許認可申請等の手続費用116,275円を見積もった。

　以上の合計額332,602.61円の円未満を四捨五入した額332,603円を見積もった。

### 土地所有者申立て

　機械の移転及び行政の許可にかかる期間が不十分であり、金額としても増やしていただきたい。

## ●自動販売機に対する営業補償については、近隣において現在と同等の設置場所を確保できないとはいえず、自動販売機の移転に特に時間を要すると認められないので営業休止の補償は必要ないとした事例

平成16年11月1日　東京都収用委員会裁決

### 裁決

　甲は、前記事実第3の4⑵のとおり、実質的な争点は営業補償として、自動販売機がなくなることによる営業廃止補償を求めると申し立てているのに対し、起業者は、前記事実第1の4⑶イ㋒のとおり、甲に対する自動販売機の営業補償はなしとしている。

　そこで、当委員会として調査し検討した結果、近隣において自動販売機が設置されている箇所が少なからず見受けられるところから、土地の一部を借りるなどの方法によれば、現在と同等の設置場所を確保できないとはいえない。

　また、そもそも借地に対する補償は、収益性についても考慮のうえ算定されるのであるから、当該借地をもとに上げている収益について別途補償は要しない。

　なお、自動販売機の移転に特に時間を要するものとは認められないので、営業休止補償の必要はない。

　したがって、営業の補償はなしとする。

### 起業者申立て

　甲は、実質的な争点は営業補償であると主張し、自動販売機に対する営業補償を求めている。

　起業者が準用する「東京都の事業の施行に伴う損失補償基準」（以下「損失補償基準」という。）による営業廃止補償及び営業規模縮小補償については、現在の営業地と異なる場所において、従前と同等の営業が困難な理由があれば補償可能であると考えられる。

しかし、本件の自動販売機は、全て許可を不要とする飲料水のみを取り扱っており、それらは現在の営業地と異なる場所でも従前と同等の営業が可能であるため、当該補償については該当しない。
　さらに、甲は、現在設置されている自動販売機を「売上げが極めて大きい」という点を強調しつつ、他の土地では実現不可能と主張しているが、従前と同等の営業が可能な土地を取得できるよう、乙に対して補償を見積もっている。
　営業休止補償については、移転に伴い営業を一時休止する必要があるときは補償可能であると考えるが、本件自動販売機については、移転が容易であるため、補償不要とした。

## 関係人申立て

　実質的な争点は、営業補償の内容だけと考えている。
　自動販売機を設置させて使用料を取る行為は、駐車場経営と同様に「営業」行為である。設置契約を締結している自動販売機は、品川駅前という好立地条件により相当な営業収益を上げている。
　本件土地のような好立地条件で、自動販売機を設置させて同等の高収益が上がる、面積狭小な土地は現在見つかっておらず、現実に見つけることは不可能である。したがって、損失補償は当然である。
　今後ますます売上げの増加が見込まれ、具体的には、収用により3台全ての自動販売機がなくなるので、年間6,000,000円（1台当たり年間2,000,000円）として60,000,000円程度の営業廃止補償を求める。

# ネオン看板移転期間中の広告料の減収分の補償を認めた事例

平成2年11月8日　東京都収用委員会裁決

## 裁決

広告掲載料減収補償について

起業者が148,500円を見積もっているのに対し、甲社は前記事実第4の1(2)のとおり要求している。

そこで、本件補償は、ネオン看板を移転する工事期間中、その効用を発揮できなくなることにより生ずる損失を補償するものであり、74,250円をもって相当とするが、起業者が148,500円を見積もっているので、法第49条第2項において準用する法第48条第3項により、当事者の申立ての範囲内で、起業者の見積額を採用する。

## 起業者申立て

看板の移設に要する期間を1か月とし、広告掲載料200,000円から看板設置料35,000円を控除し、さらに、その額から管理費用10％を控除した148,500円を見積もった。

なお、本件補償は、本件看板が営業のごく一部にすぎないと考えられることから、全体の営業内容から本件看板の移設に伴う収益減、経費等を算定する方法によらず、上記のとおり家賃減収方式に準じて見積もった。

また、関係人は、契約残存期間の利益の補償を要求しているが、この補償は、得べかりし利益の補償を行うものではない。

## 関係人申立て

広告の依頼主との長期利用の確約があり、乙との残存契約期間は平成4年4月末までであることから、それまでの利益は確定している。

したがって、残存期間中、月額165,000円の損失の補償を要求する。

●借家営業者の新規開店に伴い必要となる設備、道具等はすべて新しく調達する必要はなく、現在使用しているもので利用不可能なものだけを調達するのが妥当であるとした事例

　　　　　　　　平成2年12月11日　兵庫県収用委員会裁決

## 裁決

　関係人甲は、飲食店を新規に開店するにつき必要な設備、道具等の全てを新しく調達するものとして、その費用の補償を要求しているが、飲食店を新規に開店する場合、現在使用しているもので利用不可能なものだけを新しく調達するのが、通常妥当であり、関係人甲の申立ては、採用することはできない。

## 起業者申立て

(イ)　借家人造作補償
　　関係人（借家人）甲が、別表第2の2記載の物件の番号①の建物に付加した、店内装飾、建具等及びカウンター等雑工事について、新設費を見積もった。
(ウ)　工作物移転補償
　　関係人（借家人）甲が、別表第2の2記載の物件の番号①の建物に付加した、附帯設備（電気設備、給排水設備、ガス設備、衛生設備等）及び外構工作物について、移設料を見積もった。
(エ)　動産移転料
　　屋内動産（電化製品、食器、家具等）及び一般動産（ビールケース、ゴミ箱等雑貨類）の移転に要する費用を見積もった。

## 関係人申立て

　飲食店を新規に開店する場合、現在営業中の店舗で使用している設備、道具等を利用できるが、新装店舗には、そぐわない面もあり、新規開店に際し、設備、道具等をすべて新しくする費用として9,485,490円を要求する。

## ●店舗の駐車場の一部が収用されることに伴い、営業規模縮小率を駐車可能スペースの減少とこれに伴う来客数の減少等から決定し、営業補償を算定した事例

平成7年1月24日　香川県収用委員会裁決

### 裁決

　起業者は前記事実第1の6の(1)のとおり主張するとともに、別紙第1の鑑定人の鑑定の結果に対し別紙第2のとおり反論する。関係人は前記事実第3の3の(1)のとおり主張するとともに、鑑定の結果に賛成する。

(1)　駐車可能台数

　鑑定人は別紙第1の1の(1)のとおり、普通乗用車が利用するとした場合、現在の駐車場の駐車可能台数は8台であり、収用後は6台になるとしている。

　これに対して、起業者は別紙第2の1の(1)のとおり、現在の駐車可能台数は鑑定人が行った実地調査の結果が示すとおり10台であると主張する。

　当委員会は、普通乗用車1台当たりの駐車区画の幅は一般的には2.5m程度必要であると思慮されること、当委員会の行った現地調査、鑑定人の行った実地調査の結果等から、現在の当該駐車場の標準的な駐車可能台数は8台とし、収用後の標準的な駐車可能台数は6台であると認定する。

(2)　駐車台数の減少率

　鑑定人は別紙第1の1の(2)のとおり、収用後の場合、調査期間中の総駐車台数646台のうち97台は駐車することができない車両であり、駐車台数の減少率は15%であるとしている。

　これに対して起業者は別紙第2の1のとおり、鑑定人による影響台数の分析には誤りがあり、鑑定人の実地調査結果に基づく起業者の算定によれば、収用による影響割合は月毎の変動率にも満たないものであるため、補償を要しないと主張する。

　鑑定人の分析は、実地調査時に車両等で来店した顧客が収用後も同様に来店すると仮定したうえで、個々の車両の入庫時刻、出庫時刻及び収用後の駐

車可能台数に基づいて個々の車両の収用後の駐車の可否を判定し、収用後の駐車台数の減少率を算出しようとしているものである。

当委員会は、鑑定人が収用後の標準的駐車可能台数を超える駐車台数を影響台数とみなして、減少率を算出したことは相当であると認める。しかし、個々の車両の収用後の駐車可否の判定に当たって、駐車不可能と判定した車両が次に駐車する車両の駐車の可否を判定する際には、すでに駐車しているものとして判断されているため、収用後でも駐車可能であると思われる車両まで影響台数に加算される結果となっている。この判定方法は妥当でないと言わざるを得ない。

ところで、鑑定人は影響車両の判定方法につき、入りたくとも入れずに去っていく車両もあったことを考慮したものであるとするが、かかる事象は収用の前後で同様に発生することであり、考慮する必要のないものである。

また、鑑定人は収用後の標準的駐車可能台数6台を超える駐車台数全てを影響台数とみなしている。しかし、当委員会は6台を超え、8台までの駐車台数を影響台数とみなし、収用前の標準的駐車可能台数8台を超える駐車台数13台を除外するものとする。このことは、実地調査の結果から、収用後においても標準的駐車可能台数6台を超えて駐車する可能性がないとはいえないが、収用後には標準的駐車可能台数である6台しか駐車できないとして影響台数を認定する以上、収用前も標準的駐車可能台数である8台しか駐車できないとする必要があるからである。

その他、鑑定人は駐車スペースが減少することによって方向転換が難しくなることや駐車スペースの余裕が少なく感じられることなどの顧客の心理的要因から、実地調査に基づく減少率以上に駐車台数が減少するとして、駐車可能台数が8台から6台に減少するという物理的な減少率25%と、実地調査に基づく減少率15%との平均値である20%を収用による駐車台数の減少率であるとしているが、顧客の心理的要因等から実地調査に基づく減少率以上に減少することが実地調査の結果等から明らかであるとは言えないため、かかる心理的要因による減少は考慮しないものとする。

上述した各項目について鑑定人の判定方法を一部修正の上影響台数を算出すれば38台となるので、当委員会は収用に伴う駐車台数の減少率を次のとおりとする。

 鑑定人の実地調査による総駐車台数　　646台
 8台を超える駐車台数　　　　　　　　13台

上記駐車台数を除いた場合の影響台数　38台
　　駐車台数減少率＝38台÷（646台－13台）≒0.06
(3)　営業規模縮小率
　鑑定人の実地調査による駐車実績のうち、収用前の標準的駐車可能台数8台を超える駐車実績を除外することに伴い、除外された台数に1台当たりの平均乗車人数を乗じて得た数の顧客は来店しなかったものとみなす。
　営業規模縮小率は次のとおりである。
　鑑定人の実地調査による来客人数総数　　1,298人
　上記の内、自動車による来客人数　　　　1,060人
　平均乗車人数（1,060人÷646人）　　　　1.64人／台
　除外台数　　　　　　　　　　　　　　　　13台
　除外する来客数（1.64人／台×13台）　　　21人
　営業規模縮小率＝0.06×（1,060人－21人）÷（1,298人－21人）≒0.0488
　なお、鑑定人による縮小率は別紙第1の1の(3)のとおり16.3%であるが、その場合においても営業継続が可能とされているところから、当委員会の認定する4.88%の営業規模縮小率においても営業継続が可能であることは明らかである。
(4)　補償項目及び補償額
　鑑定人は収用に伴う営業損失に対する営業規模縮小補償の項目として、別紙第1の1の(4)のとおり、その他資本の過剰遊休化による損失補償、その他労働の過剰遊休化による損失補償及び経営効率低下による損失補償を要するとしている。
　当委員会は、営業規模縮小補償の項目としては、鑑定人の意見のとおりであると判断する。
　ところで、鑑定人は、経営効率低下による損失補償の算定において1か月当たりの収益（所得）額を第21期、第22期及び第23期の平均をもって認定しており、その理由として、社会的に不況期に入っており、売上の減少が社会情勢とあまり食い違わないため、社会情勢が変わればまた戻ってくると判断したためとしている。
　これに対して起業者は別紙第2の1の(5)のとおり、第23期の損益計算書を基に算定すべきであると主張する。
　当委員会は、収益（所得）額の認定に当たって参照される過去の複数年度の実績は、収益（所得）額に加算し又は減算する必要があるか否かについて

の判断資料として用いるべきものと思われること、また、鑑定人の意見のとおり売上が増減するという確証もないことから、現在の営業状態を最もよく表していると思われる第23期を基に1か月当たり収益（所得）額を277,056円と認定する。

　以上から、収用に伴う営業損失に対する補償を次のとおりとする。
（営業規模縮小補償）
その他資本の過剰遊休化による損失補償
　　固定的経費×営業規模縮小率×補償期間
　　＝214,767円×0.0488×24か月≒251,535円
その他労働の過剰遊休化による損失補償
　　従業員手当相当額×営業規模縮小率×補償期間
　　＝761,264円×0.0488×24か月≒891,592円
経営効率低下による損失補償
　　認定収益（所得）額×営業規模縮小率×補償期間
　　＝277,056円×0.0488×24か月≒324,488円
合計　1,467,615円

## 起業者申立て

　甲社は駐車場として使用している土地が収用されることにより営業損失が発生すると主張するが、営業の実態を詳細に調査し検討した結果、駐車スペース減による顧客の減少は認められず営業に及ぼす影響はないと判断したものであり、併せて公認会計士に調査依頼し意見を求めたところ営業収益への影響はないとの報告を得ていることから、営業損失補償については必要なしとしたものである。

　甲社は収用後は駐車場が狭くなり車両の回転ができないと主張するが、現在設定されている駐車区画の規格をもとに作成した車両軌跡図のとおり、車両の出入りについては現在と比較して何等遜色ないものである。当該軌跡図は利用車両を小型自動車と設定し、車長は道路運送車両法による最大値である4.7mを、最小回転半径は実在する車両の最大値をカバーできる6.0mを採用し、作成したものであり、平均的な小型自動車（2,000ccクラス、車長約4.70m、車幅約1.7m）の最小回転半径は5.5mであることから、余裕をもって回転できるものである。駐車場内において、回転等の操車に重大な影響を与えるのは車路

の幅員であるが、収用後駐車場内の車路の幅員変更を要しない本件の場合、特段操車に支障を生じることはない。

## 関係人申立て

　収用で駐車場が狭くなる。国道〇〇号バイパスとの交差点に近くなり、店の前に左折専用車線ができるなどで、南から来る車は入りにくくなる。信号待ちの車が溜まると、駐車場から出ようとする車は右にも左にも出られないことになり、重大な営業障害となる。

　駐車場が狭くなれば心理的に客が敬遠して来客数が減る。また、収用で道から店舗用建物までの距離が短くなれば、駐車場内での車の回転がしにくくなるため、一度来た客はその経験から次から来なくなる。起業者は収用後も従前と同様に車の回転ができると主張するようであるが、起業者が車両軌跡図で示したような車の回転はできず、机上の空論である。

　起業者提出の営業損失に関する報告書によれば、平均駐車台数は1台から2台程度であり、駐車場が満車状態になることはなく、来客用駐車場が減少しても店舗の営業には支障がないとされているが、時間的に特定の一点を捉えるような調査方法に問題があるのではないか。実態と外れている内容であり、最初に結論ありきの報告書ではないのか。

　営業損失額としては、鑑定金額（別表第8）と同額を主張する。

## ●隣接して2つのゴルフコースを一体的に経営するゴルフ場のうち、1つのコースが事業のため支障となるため営業規模縮小の補償をした事例

昭和55年8月8日　千葉県収用委員会裁決

### 裁決

ア　補償の考え方

　起業者は、営業規模縮小補償をすると主張するのに対し、当該権利者は、協定書、覚書に基づき代替地の提供があるまで又は法に基づき替地補償があるまでの間、営業休止補償がなされるべきであると主張するので、次のとおり判断する。

　当委員会としては前述のとおり、代替地の提供又は替地補償は採用できないので、第2コースゴルフ場は廃止せざるを得ないと認める。

　また、第1コースゴルフ場及び第2コースゴルフ場は一体として経営されていることが認められるので、当該権利者に対し営業規模縮小補償を行うことが相当であると認める。

イ　算定基礎

　起業者は、当該権利者の営業成績はおおむね安定しているうえに、最近では最も売上げが多いことを理由に19期を基礎としたと主張するのに対し、当該権利者は16期から19期までのうち第2コースゴルフ場の入場者数の最も多かった16期を基礎とすべきであると主張するので次のとおり判断する。

　営業補償は、起業者の主張を認め19期を基礎として算定することを相当と認める。

ウ　コース別振り分け

　起業者は、当該権利者の決算書はコース別に決算されていないので従前の収益及び費用を入場人員比その他によって振り分けて算出したと主張するのに対し、当該権利者は特に言及していないので次のとおり判断する。

　当該権利者の決算書はコース別に決算されていないので、当委員会は、従前の収益及び費用は、入場人員比その他で第1コースゴルフ場と第2コースゴルフ場に振り分けることによって算出することとし、計算に当たり生じた端数は、小数点第4位以下は起業者の計算方式を採用して収益の場合は切り

上げ、費用の場合は切り捨てることとする。
エ　営業の規模の縮小に伴い経営効率が低下することにより通常生ずる損失の補償

　　起業者は、営業規模縮小に伴い経営効率が低下することにより通常生ずる損失の補償は、従前の収益から第１コースゴルフ場だけになった場合の収益を差し引くことによって算定すること、補償期間は２年とすることを主張するのに対し、当該権利者は、前述のとおり協定書、覚書に基づき代替地の提供があるまで又は法に基づき替地補償があるまでの間、営業休止補償がなされるべきであること、補償期間は、休業の日から代替地の提供又は替地の補償があるまでの休業している期間プラス３年間とすべきであると主張するので、次のとおり判断する。

　　「千葉県施行の公共事業に伴う損失補償基準」第45条及び「千葉県施行の公共事業に伴う損失補償基準の運用方針」第25の規定により、営業規模縮小に伴い経営効率が低下することにより通常生ずる損失額は、縮小部分に相当する従前の収益つまり収用によって廃止される第２コースゴルフ場の収益を補償することで算定するものとし、補償期間は２年を相当とする。

(ｱ)　営業収益
　ａ　業務収入
　　(a)　ビジターフィ
　　　　ビジターフィの第１コースゴルフ場、第２コースゴルフ場の振り分けについて起業者は、第１コースゴルフ場295,122,884円、第２コースゴルフ場321,449,016円と主張するのに対し、当該権利者は第１コースゴルフ場270,809,900円、第２コースゴルフ場345,762,000円と主張するので、次のとおり判断する。

　　　　当委員会において、当事者から提出された意見書及び書証ならびに審理において当事者が陳述した意見を総合的に検討した結果、起業者の算式に改定料金を用いて第１コースゴルフ場276,588,300円、第２コースゴルフ場339,983,600円と決定する。

　　(b)　雑費
　　　　雑費の第１コースゴルフ場、第２コースゴルフ場の振り分けについて、起業者は、入場人員比（第１コースゴルフ場55.5％、第２コースゴルフ場44.5％）によるべきと主張するのに対し、当該権利者は、乙第159号証の１及び２のとおり全額第２コースゴルフ場の収入である

と主張するので、次のとおり判断する。
　　　当該権利者から提出された書証の計算書の内容から、第2コースゴルフ場のみの収入であると認める。
　　(C)　その他
　　　その他の業務収入については、当事者間で争いがないため、起業者見積額のとおりとする。
　b　販売収入
　　販売収入の第1コースゴルフ場、第2コースゴルフ場の振り分けについて、起業者は入場人員比（第1コースゴルフ場55.5％、第2コースゴルフ場44.5％）によるべきと主張するのに対し、当該権利者は、第2コースゴルフ場利用者のビジターはメンバーよりみやげ品等を購入することが多いこと、食堂を利用してパーティを行うのは第2コースゴルフ場利用者が多いこと、その他を理由として、第1コースゴルフ場25％、第2コースゴルフ場75％と振り分けるべきであると主張するので、次のとおり判断する。
　　ビジターはメンバーに比べ支出する額は大であると認められるので、機械的に入場人員比で算出することは妥当でないが、第2コースゴルフ場のみで75％の収益を得ているという主張も、第1コースゴルフ場にビジターが全入場者の43.7％が入場していることからも採用できない。
　　当委員会において、当事者から提出された意見書及び書証ならびに審理において当事者が陳述した意見を総合的に検討した結果、販売収入の振り分けは、第1コースゴルフ場44.6％、第2コースゴルフ場55.4％と決定する。
　c　その他
　　その他の営業収益については、当事者間で争いがないため、起業者見積額のとおりとする。
(イ)　営業費用
　a　商品仕入
　　商品仕入の第1コースゴルフ場、第2コースゴルフ場の振り分けについて起業者は、商品仕入は販売収入と連動するものであり、販売収入と同じ入場人員比（第1コースゴルフ場55.6％、第2コースゴルフ場44.4％）によるべきであると主張するのに対し、当該権利者は、商品仕入は販売収入と連動するものであり第1コースゴルフ場25％、第2コースゴ

ルフ場75%とするべきであると主張するので、次のとおり判断する。
　商品仕入は販売収入と表裏一体となるものであり、振り分けの比は同一根拠に基づくべきである。
　よって、第1コースゴルフ場44.7%、第2コースゴルフ場55.3%と決定する。
 b　公租公課
　ⓐ　練習場利用税
　　練習場における娯楽施設利用税の第1コースゴルフ場、第2コースゴルフ場の振り分けについて、起業者は、入場人員比（第1コースゴルフ場55.6%、第2コースゴルフ場44.4%）によるべきと主張するのに対し、当該権利者は、練習場を利用できる者はメンバー及びメンバー同伴者のみであり、第2コースゴルフ場を利用した者も練習場を利用できるが娯楽施設利用税を納めているため練習場における娯楽施設利用税は不要であることから全額第1コースゴルフ場の費用であると主張するので、次のとおり判断する。
　　練習場における娯楽施設利用税は、メンバー及びその同伴者が練習場を利用するためのものと認められるので、第1コースゴルフ場の費用と認める。
　ⓑ　印紙税
　　印紙税の第1コースゴルフ場、第2コースゴルフ場の振り分けについて、起業者は、入場人員比（第1コースゴルフ場55.6%、第2コースゴルフ場44.4%）によるべきと主張するのに対し、当該権利者は、会社事務用（契約書及び領収書等）及びメンバー用（会員総会の委任状等）に使用するのが大半であり、第1コースゴルフ場75%、第2コースゴルフ場25%とするべきであると主張するので、次のとおり判断する。
　　印紙使用は通常の会社事務用と認められるので、起業者主張の入場人員比（第1コースゴルフ場55.6%、第2コースゴルフ場44.4%）によることを相当と認める。
　ⓒ　自動車重量税及び自動車税
　　自動車重量税及び自動車税の第1コースゴルフ場、第2コースゴルフ場の振り分けについて、起業者は入場人員比（第1コースゴルフ場55.6%、第2コースゴルフ場44.4%）によるべきと主張するのに対

し、当該権利者は、第2コースゴルフ場専属の使用車はマイクロバスが1台であり、他の従業員送迎用及び船橋駅送迎用は第2コースゴルフ場オープン以前から運行しており、第1コースゴルフ場に属するので、それぞれの振り分けは、自動車重量税、第1コースゴルフ場349,600円、第2コースゴルフ場37,800円、自動車税、第1コースゴルフ場438,570円、第2コースゴルフ場26,000円とするべきであると主張するので、次のとおり判断する。

　車両を第2コースゴルフ場オープン以前から使用していることのみで第1コースゴルフ場専属とは認められず、両コースの従業員の送迎その他の用途に利用されていることから、起業者主張の入場人員比（第1コースゴルフ場55.6%、第2コースゴルフ場44.4%）によることを相当と認める。

(d) 自動車取得税

　自動車取得税の第1コースゴルフ場、第2コースゴルフ場の振り分けについて、起業者は、入場人員比（第1コースゴルフ場55.6%、第2コースゴルフ場44.4%）によるべきと主張するのに対し、当該権利者は、19期において第2コースゴルフ場用車両は購入していないので第1コースゴルフ場分であると主張するので、次のとおり判断する。

　19期に購入した車両の利用状況は不明であるが、固定資産台帳では第1コースゴルフ場、第2コースゴルフ場の共用物件となっているので、起業者主張の入場人員比（第1コースゴルフ場55.6%、第2コースゴルフ場44.4%）によることを相当と認める。

(e) その他

　その他の公租公課については、当事者間で争いがないため起業者見積額のとおりとする。

c 人件費関係

　人件費の第1コースゴルフ場、第2コースゴルフ場の振り分けについて、起業者は、営業規模を縮小した結果、労働力は遊休化するが、これを一挙に解雇することは困難であり段階的に解雇が行われるものとして、入場人員比を基に2年間にわたり解雇が行われるものと想定し、第1コースゴルフ場66.7%、第2コースゴルフ場33.3%とするべきであると主張するのに対し、当該権利者は、第2コースゴルフ場が収用された後、代替ゴルフ場の提供又は替地の補償があるまでの間、第2コースゴ

ルフ場に勤務していた従業員は将来に備え解雇せず、営業補償として支払われた金額の中から給料を支払っていく計画であるため、人件費に関する科目はすべて第1コースゴルフ場管理費とみなされるので、全額第1コースゴルフ場の費用であると主張するので、次のとおり判断する。

収用の結果、第2コースゴルフ場の営業は不可能と認められ、そのために遊休化する労働力には離職者補償を別途行っており、当該権利者の主張は認められない。

よって、人件費関係の振り分けについては、起業者主張の第1コースゴルフ場66.7%、第2コースゴルフ場33.3%とすることを相当と認める。

d 物件費関係

物件費の第1コースゴルフ場、第2コースゴルフ場の振り分けについて、起業者は、人件費と同様、一挙に縮小することは困難であると認められ、かつ、規模縮小によって人員が減れば当然物件費も減少すると認められるので、第1コースゴルフ場66.7%、第2コースゴルフ場33.3%とするべきであると主張するのに対し、当該権利者は、消耗品費、車両消耗品費その他が人件費と連動するとは考えられないとし、特にコース維持費について、第1コースゴルフ場は樹木、風格、大きさ、その他あらゆる点で第2コースゴルフ場より優れており、第1コースゴルフ場の維持、管理には格段の注意を払っていること及び第2コースゴルフ場は芝の発育も良好で病虫害の発生も少なく樹木の手入れ等もほとんどと言ってよいほど不要で、肥料、農薬の使用量は少ないことを理由として、第1コースゴルフ場75%、第2コースゴルフ場25%とするべきであると主張するので、次のとおり判断する。

物件費関係の振り分けについては、起業者主張のとおり人件費と連動すると認められるので、第1コースゴルフ場66.7%、第2コースゴルフ場33.3%とすることを相当と認める。

e 退職金

退職金の第1コースゴルフ場、第2コースゴルフ場の振り分けについて、起業者は、入場人員比（第1コースゴルフ場55.6%、第2コースゴルフ場44.4%）によるべきであると主張するのに対し、当該権利者は、退職者に支払うべき退職金は当該権利者会社が支払うべき経費であり、第1コースゴルフ場に帰属すべき経費であると主張するので、次のとお

り判断する。
　　退職金の振り分けについては、起業者主張のとおり入場人員比（第１コースゴルフ場55.6％、第２コースゴルフ場44.4％）とすることを相当と認める。
　ｆ　その他
　　その他の営業費用については、当事者間で争いがないため、起業者見積額のとおりとする。
㈦　営業外収益
　ａ　雑収入
　　㈲　名義書替料
　　　名義書替料の第１コースゴルフ場、第２コースゴルフ場の振り分けについて、起業者は、会員権の書換えはメンバーコースである第１コースゴルフ場に付随するものであり、全額第１コースゴルフ場の収益であると主張するのに対し、当該権利者は、第１コースゴルフ場、第２コースゴルフ場の２コースゴルフ場により効率の高い経営を行って、メンバーを優遇し経営内容も優れているので、メンバーへの入会希望者は多数いること、それは第２コースゴルフ場があるからこそ可能なのであり、第２コースゴルフ場が収用されると安定した経営を維持できなくなり会員権の売手が増加し名義書替料収入が減少すること等を理由に、この収益は第２コースゴルフ場に帰属し、仮に振り分けるとしても、第１コースゴルフ場25％、第２コースゴルフ場75％であると主張するので、次のとおり判断する。
　　　名義書替料は、会員権の書換えに伴う収益であり、メンバーコースである第１コースゴルフ場の収入と認める。
　　㈮　ビジター違約金
　　　ビジター違約金の第１コースゴルフ場、第２コースゴルフ場の振り分けについて、起業者は、ビジター比（第１コースゴルフ場43.6％、第２コースゴルフ場56.4％）によるべきであると主張するのに対し、当該権利者は、違約金を徴するのは土曜日、日曜日、祭日についてのみであって、平日を含めて振り分けた起業者の主張は誤っていること、実際の振り分けは、第１コースゴルフ場755,000円、第２コースゴルフ場4,701,000円であると主張するので、次のとおり判断する。
　　　当該権利者の主張するようにビジター違約金の算出に平日分も含め

たことは事実に反するので、当委員会が娯楽施設利用税申告書（写し）により算出した結果、振り分けについては、ビジターの土曜日、日曜日、祭日の入場人員比を第1コースゴルフ場20％、第2コースゴルフ場80％と決定する。
　　　(C)　その他
　　　　その他の雑収入については、当事者間で争いがないため、起業者見積額のとおりとする。
　　b　受取利息
　　　受取利息の第1コースゴルフ場、第2コースゴルフ場の振り分けについて、起業者は、営業収益比（第1コースゴルフ場52.9％、第2コースゴルフ場47.1％）によるべきであると主張するのに対し、当該権利者は、第1コースゴルフ場のみでは赤字決算であり、定期預金等は第2コースゴルフ場から生じた収益によるべきで、その各種預金等からの受取利息は、第2コースゴルフ場から生ずる収益であると主張するので、次のとおり判断する。
　　　受取利息は、当該権利者の得られる収益であり、その振り分けは起業者主張のとおり営業収益比とするが、その割合は前記エ(ア)及び別表第2により、第1コースゴルフ場48.4％、第2コースゴルフ場51.6％と決定する。
　　c　来場者調整金
　　　来場者調整金の第1コースゴルフ場、第2コースゴルフ場の振り分けについて、起業者は、決算書にないため、特に意見を述べていないが、当該権利者は、これは第2コースゴルフ場でプレーするために来たビジターのうち、希望者を許す範囲で第1コースゴルフ場でプレーさせることによって生ずる収入で、第2コースゴルフ場なくしては得られない収益であることから、第2コースゴルフ場に属するものであると主張するので、次のとおり判断する。
　　　第1コースゴルフ場でプレーしたビジターの収益は、第1コースゴルフ場に帰属するものと認める。
　(エ)　営業外費用
　　　支払利息
　　　支払利息の第1コースゴルフ場、第2コースゴルフ場の振り分けについて、起業者は、営業費用比によること、ただしその比の算定に減価償却費

は帳簿上の操作だけで支払資金を必要としないので営業費用から除いたのでその比は第１コースゴルフ場63.8％、第２コースゴルフ場36.2％であることを主張するのに対し、当該権利者は、支払利息の発生原因となっている借入金は、第１コースゴルフ場を18ホールから27ホールにすべく土地買収費として銀行から借り入れたものであることから第１コースゴルフ場の費用とするべきであると主張するので、次のとおり判断する。

　銀行からの借入金に対する支払利息は当該権利者としての費用であり、その振り分けは、起業者主張のとおり営業費用比（ただし、減価償却費は帳簿上の操作だけなので除くものとする。）とするが、その割合は、前記エ(イ)及び別表第２により第１コースゴルフ場62.1％、第２コースゴルフ場37.9％と決定する。

(オ)　特別損益

　起業者は、当該権利者の損益計算書に掲げられている退職給与引当金及び賞与引当金は営業外損益とみて、経常利益で計算される科目であることから、補償金の算定は経常利益によって算定するべきであること、第１コースゴルフ場、第２コースゴルフ場の振り分けは、戻入益のうちの退職給与引当金については第１コースゴルフ場55.5％、第２コースゴルフ場44.5％とし、戻入益のうちの賞与引当金及び繰入れ損については、第１コースゴルフ場66.7％、第２コースゴルフ場33.3％とするべきであることと主張するのに対し、当該権利者は、営業補償は営業行為による得べかりし利益を補償することと解すべきであって、補償は、営業活動とは何の関係もない各種引当金の繰入れ、戻入を算入することなく、得られるはずの全収入からその営業に要する直接的な費用のみを控除して得られた収益を基礎とするべきであると主張するので、次のとおり判断する。

　退職給与引当金及び賞与引当金は、営業活動を行っていくうえで発生する負債であり、当期の損益計算のうえでは費用としてみるべき性質のものである。

　よって、当委員会は起業者の主張を相当と認め、当該引当金の繰入れ損、戻入益を経常的に発生する収入、費用として計算することが相当であり、第１コースゴルフ場、第２コースゴルフ場の振り分けについては、戻入益のうちの退職給与引当金については第１コースゴルフ場55.5％、第２コースゴルフ場44.5％とし、戻入益のうちの賞与引当金及び繰入れ損については、第１コースゴルフ場66.7％、第２コースゴルフ場33.3％とする。

オ　営業の規模の縮小に伴う固定資産の売却損その他資本の過剰遊休化により通常生ずる損失の補償

　　起業者は、固定資産の第2コースゴルフ場分及び第1コースゴルフ場共用部分のうちの第2コースゴルフ場使用割合分の合計が遊休化するとし、共用部分のうちの第2コースゴルフ場使用割合は、営業収益比と入場人員比の平均とし、車両運搬具、什器備品は処分価格を期末の50％とした旨主張するのに対し、当該権利者は、共用部分のうちの第2コースゴルフ場使用割合は営業収益比（第2コースゴルフ場分は57％が正しい値である。）によるべきとし、車両運搬具、什器備品の処分価格はゼロであると主張するので、次のとおり判断する。

　　固定資産の共用部分のうちの第2コースゴルフ場の使用割合及び車両運搬具、什器備品の処分価格については、起業者の主張を相当と認める。

### 起業者申立て

略

### 土地所有者申立て

略

●林地開発の許可を受けて土砂採取と採取土砂の販売を行っている事業者に対し、事業区域を収用することにより土砂の採取が不可能となり事業の継続ができなくなることから、営業規模縮小の補償を行うことが適当であるとした事例

平成17年7月29日　富山県収用委員会裁決

## 裁決

　本件収用により、甲は第1期計画地における相当量の土砂の採取が不可能となり、以後、土砂の採取販売という営業の継続が実質的にできなくなる。これは、同社としては一事業部門の廃止となるため、次のとおり営業規模縮小の補償を行うことが適当である。
ア　営業用資産の売却損補償
　　以下のとおり62,654,915円をもって相当とする。
　(ア)　調整池等の構築物の現在価格8,691,870円
　(イ)　パワーショベル等の機械装置の現在価格36,371,680円に、作業日報により算定した当該機械装置の土砂採取事業における使用割合36.4%及び標準的な売却損率である50%を乗じて得た金額6,619,645円
　(ウ)　過去に支出された木屑処理費用及び表土処理費用は、販売用土砂の取得に付帯する支出であり将来の土砂販売により回収されるべきものであることから、棚卸資産として取り扱うことが相当であるが、その金額は正味実現可能価格とすべきものである。これにより棚卸資産として、鑑定人の鑑定結果である1㎥当たりの正味実現可能価格262円に残土量180,700㎥を乗じて得た金額47,343,400円
イ　労働の過剰遊休化の補償
　　土砂採取事業に従事する従業員3名の1月当たりの平均賃金973,920円に作業日報により算定した従事割合36.4%、標準的な補償率である80%及び補償期間12月を乗じて得た金額3,403,248円をもって相当とする。
ウ　資本の過剰遊休化の補償
　　土砂採取事業で負担していた共通管理費等の固定的経費1年分として

8,805,472円をもって相当とする。
　なお、営業効率低下による補償は、平成16年5月期において土砂採取事業では営業損失が生じていることから行わない。また、解雇予告手当相当額の補償は、土砂採取事業における専従職員がおらず解雇を行う必要が生じないことから行わない。
　甲の主張する第1期計画に要した投資額に対する金利相当額及び管理費相当の補償要求額は、過去に支出された通常の営業活動に伴う費用であり補償の対象とならない。また、第1期計画地でのさらなる土砂採取で見込まれる収益及び第1期計画地における土砂採取後の一般廃棄物、産業廃棄物中間処理施設設置による収益は、実現可能性が不確かな将来計画にすぎず、補償の対象とはならない。
　前記アからウまでの当委員会認定額を合計すると74,863,635円となるが、同金額は、起業者見積額91,830,000円を下回っている。そこで、法第49条第2項により準用する法第48条第3項の規定により起業者の見積額を採用し、甲に対し91,830,000円とする。

## 起業者申立て

　甲は、収用しようとする土地を含む一団の土地の範囲において林地開発の許可を受けて土砂採取を行い、採取した土砂の販売を行っている。本件収用に伴い当該許可区域の土砂採取事業を廃止せざるを得なくなるが、代替箇所の林地開発許可を受けることにより、営業継続は可能であるので、部分的な営業の廃止と考え、営業規模の縮小に伴う損失の補償とした。
　補償額については、操業中の鉱山の補償額算定に準じて収益還元方式により算定し、甲に対し91,830,000円と見積もった。

## 土地所有者申立て

　収用する土地を含む一帯は多くの歳月と資金を費やして取得した土地であり、第1期から第4期までの土砂採取を計画し、現在、第1期計画として収用する土地を含む一団の土地につき林地開発の許可を受けて土砂採取を行っているところである。
7　第1期計画に要した投資

第1期計画地においては、木屑処理費や表土処理費等多額の費用を投下している。その投資額とそれに対する金利及び管理費相当額を含め、280,279,000円を要求する。
8　第1期計画で見込まれる収益
　　第1期計画における土砂採取で見込まれる収益相当額からこれまでの土砂採取で生じた損失相当額を除いた141,870,000円を要求する。
9　第1期計画地でのさらなる土砂採取で見込まれる収益
　　第1期計画地では、現在林地開発許可を受けている計画よりさらに深く土砂を採取することが可能であり、それによって見込まれる収益相当額156,661,000円を要求する。
10　一般廃棄物、産業廃棄物中間処理施設の設置で見込まれる収益
　　収用する土地を含む一帯において計画していた一般廃棄物、産業廃棄物中間処理施設の設置により見込まれる年当たり47,205,000円の収益相当額を要求する。

● ゴルフ場の営業規模縮小に伴い、離職者補償として起業者の補償基準により算定した額を相当とした事例

昭和55年8月8日　千葉県収用委員会裁決

## 裁決

　起業者は、雇用契約が継続しているので離職者補償請求権は雇用者にあること、離職者が特定せず個人別明細が不明のため総額によって雇用者に対し補償すること、第2コースゴルフ場の従業員の給与額としては全従業員給与額を入場人員比によって振り分けたこと、補償率は100分の80とし補償期間は最高の1年としたこと、雇用保険相当額の最低額を控除したこと等を主張する。これに対し、当該権利者は、従業員を1名も解雇することなく代替ゴルフ場の経営に備えるので、その間の人件費相当額を休業補償額とは別途に補償すべきであること、離職者を現実には握することができないが50％の退職者が出ることも考えられること、補償率は労働者保護の建前から100分の100とするべきで補償期間は2年以上とするべきであること、雇用保険は雇用保険料を支払っている者が離職することにより支給されるものであり本件とは全く性質が異なるものであることから雇用保険相当額を控除することは違法不当であること等を主張するので、次のとおり判断する。

　離職者補償については、起業者が雇用者に対し本件離職者補償をする旨主張していること、またその積算方法については「千葉県施行の公共事業に伴う損失補償基準」に照らし妥当であることから起業者の主張を相当と認める。

## 起業者申立て

　離職者補償は、土地、法第5条に掲げる権利、第6条に掲げる立木、建物その他土地に定着する物件及び第7条に掲げる土石砂れき（以下「土地等」という。）の取得又は土地等の使用に伴い、土地等の権利者に雇用されている者が失業することとなる場合における補償である。

　本件の場合、補償請求権は雇用契約が継続しているので事業主にあると考えられるが、離職者の個人別明細が不明のため総額による計算によらざるをえな

い。まず、総給与額を入場人員比により振り分け、「千葉県施行の公共事業に伴う損失補償基準」第62条、「千葉県施行の公共事業に伴う損失補償基準の運用方針」第37により次式により算出する。

補償額＝賃金日額×補償日数－雇用保険相当額

賃金日額は、算定前6か月以内に被補償者に支払われた賃金の総額は、その期間の総日数で除して得た額の100分の60から100分の100までの範囲内で適正に定めた額とされているが、本件の場合100分の80とした。また、補償日数については、50歳以上の常雇については1年とし、臨時雇及び50歳未満の常雇についてはその者の雇用条件、勤続期間、年齢、当該地域における労働力の需給関係を考慮して、1年の範囲内で適正に定めた日数とされているが、本件の場合1年とした。更に、雇用保険金受給資格者について雇用保険金相当額を控除することとされているが、本件の場合離職者の年齢、賃金等が不明のため最低の額（日額1,750円で90日間支給）を採用し、別表第4のとおり見積もった。

## 土地所有者申立て

起業者は、第2コースゴルフ場の収用による離職者補償として185,022,666円を計上しているが、当該権利者は現在においても協定書、覚書の精神を貫き、第2コースゴルフ場の代替ゴルフ場をオープンする計画をもっているので、第2コースゴルフ場を収用されても従業員を1名も離職させることなく引き続き雇用して、代替ゴルフ場の経営に備えていく方針であるから、離職者補償ではなく、むしろその間の人件費関係一切の経費相当額を、休業補償とは別途に全額補償すべきである。

すなわち、起業者は、起業者と当該権利者との間において締結された協定書、覚書に基づき、当該権利者に対し、当該権利者が第2コースゴルフ場を明け渡すことにより被ること、あるべき実質的な損害一切を補償することを確約していたのであるから、当該権利者が代替ゴルフ場をオープンするまでの間一切の人件費関係の経費を計上しないで算出した休業補償額を補償するか若しくは代替ゴルフ場がオープンするまでの間の人件費相当額を別途に補償すべき義務があるのである。

仮に何らかの理由により第2コースゴルフ場を廃止するとしても、これに伴い退職者を出した場合には削除した人件費関係の経費相当額を経費に計上して補償額を算出し、その場合にはその時に直近する事業年度中に支払われた給与

額等を基礎として職離者補償額を算定するのが正しい離職者補償の算定方法というべきであるが、その場合でも起業者の主張する離職者補償の算定方法、金額は、不当であり低いというべきである。

　起業者によれば、19期における全従業員に対する給与支給額に第2コースゴルフ場の入場人員比44.5％を乗じ、100分の80を乗じて算出した金額から雇用保険相当額を控除した残額をもって離職者補償としている。

　起業者が19期における給与支給額を基準としたこと自体は、何らかの理由により現時点において離職者補償を算定しなければならないとすれば正当と考えるが、第2コースゴルフ場を廃止することにより当該権利者のどの程度の従業員が離職することになるのか不明である現時点において、これをあらかじめ44.5％と想定すること自体不当である。

　しかしながら、当該権利者の退職予定者が現実には握できない現段階において、仮に離職者補償額を定めるとすれば事情によっては50％の退職者が出ることも考えられるので、19期における全従業員に対する給与支給額の50％相当額を1か年分の離職者補償額とするべきである。

　また、100分の80に減額する合理的理由は全くなく、むしろ今日いったん離職した者にとって再就職することが困難な厳しい社会情勢にあっては、労働者を保護する建前から100％全額を補償するべきである。

　更に、雇用保険金額を控除していることについても、そもそも雇用保険金は、雇用保険契約を締結し、かつ右契約に従い保険料を支払った労働者が、離職することにより契約上の権利として当然支給されるものであって、本件離職者補償とは全く性質の異なるものであり、これを控除するのは違法かつ不当といわなければならない。

　また、起業者は補償期間を1年分しか認めていないが、これもまた違法かつ不当といわなければならない。すなわち、本件においては、協定書、覚書の趣旨に立脚し、かつ、現在の雇用情勢が極めて厳しいことを加味して少なくとも2年以上の期間を認めるべきである。

● 宅地建物取引業の営業補償に関し、免許をもたない有限会社には営業上の損失が生ずるとしても補償すべきでなく、免許を受けた個人に対し行うものとした事例

昭和63年6月30日　兵庫県収用委員会裁決

### 裁決

　本件建物における営業に係る損失の補償について、起業者は事実1の(3)オのとおり、甲個人に対して行う旨申し立てるのに対し、関係人両名は事実3の(4)のとおり、営業の主体は有限会社乙である旨申し立てるが、関係人両名の申し立てるところによれば、関係人有限会社乙は宅地建物取引業の免許を受けていないのであるから、本来、宅地建物取引業を営むことができず、したがって、本件土地及び建物を収用することによって、同社に営業上の損失が生じるとしても、かかる損失については、起業者が補償すべきものでない。

　そうであるところ、関係人甲は、宅地建物取引業の免許を受けており、関係人有限会社乙は甲の個人経営的性質の強いものであることなどからして、実質的には本件建物において営まれている宅地建物取引業は関係人甲のものと認めるのが相当であり、そうとすれば、本件土地建物を収用することによる営業上の損失は関係人甲の損失というべきである。

　以上のとおりであるから、本件土地及び建物の収用によって生ずる本件建物における営業にかかる損失については、関係人甲に対して補償するのが相当である。

### 起業者申立て

　関係人両名は事実3の(4)のとおり本件建物で行っている営業の主体は有限会社乙である旨申し立てるが、宅地建物取引業者の登録は甲個人でなされていること等から、営業補償は甲個人に対して支払うべきものである。

## 関係人申立て

　本件建物で行っている営業の主体は有限会社乙であり、甲個人としても本件建物において金融業を営んでいるものの、規模を縮小しており、貸付金の回収業務が残っているだけである。

　なお、宅地建物取引業の免許は甲が受けており、有限会社乙には免許がない。

## ●自発的に花の栽培をやめたことに伴う収入減による損失は、収用委員会の判断外の事項であるとした事例

昭和63年5月17日　高知県収用委員会裁決

### 裁決

　法第88条（通常受ける損失の補償）によって補償対象とされる損失には、その損失の発生と土地の収用との間で相当の因果関係が認められなければならないところであるが、本件の場合、たとえ、起業者から近々収用されると聞かされたことが心理的な動機となったとはいえ、あくまでも自主的に植え付けを断念したのであり、客観的にみて、本件事業により植え付けを停止することを余儀なくされたというような状況があったとはいえず、したがって、当該収入減による損失については、当収用委員会の判断外の事項である。よって、物件所有者の当該請求は採用できない。

### 起業者申立て

　立竹木補償については、調査時点で存在するもの以外は積算不能であり、したがって、過去に栽培していた花の栽培をたとえ収用にかかるとの理由によって断念したとしても、そのことによって生じた収入減についてまで補償することはできない。

### 土地所有者申立て

　甲は従来より裏の畑で花の栽培を行い生計の資としてきたが、起業者より近々収用されると聞かされて今年（注—昭和62年秋）の植え付けを自主的に断念し、このことによってかなりの収入減となった。この損失に対する補償を要求する。

● 移転先の第2種住居専用地域で営むことのできない自動車整備工場を営むことができた価値についての補償請求に対し、当該地域に存することによる特別な利益が生じていない等の理由から補償の必要はないとした事例

　　　　　　　　　　平成元年3月22日　大阪府収用委員会裁決

### 裁決

　甲らは第2種住居専用地域にある自動車整備工場としての価値を補償すべきであると主張するが、その自動車整備工場が第2種住居専用地域にあることにより特定の利益を生じ、資産として独立して取引される慣習があり、また土地・建物等の営業用資産とは別個に財産的評価が可能な場合に限り補償すべきものであり、本件においてはそのような特別な価値は存在しないので、損失補償の必要はない。

### 起業者申立て

　なし

### 関係人申立て

　現在の自動車整備工場を移転すると第2種住居専用地域ではもう自動車整備工場を営むことができないのであるから、第2種住居専用地域にある自動車整備工場としての価値を補償すべきである。

● 山砂採取用道路の設置等の準備行為をしていたとしても、山砂採取について認可を得ていないので、全体的にみれば将来計画にすぎず、補償の対象とはならないとした事例

平成9年8月19日　福島県収用委員会裁決

## 裁決

　土地所有者甲社は、前記事実第2の1の(4)記載のとおり、砂利採取業により将来確実に得られるであろう営業利益の損失及び起業地外の山砂採取用道路ならびに現地事務所設置費用を補償するよう要求するのに対し、起業者は前記事実第1の10の(1)のイ及び(2)のイ記載のとおり得べかりし利益に対する補償は認められないと主張しているので以下判断する。

　土地所有者甲社主張の山砂の採取については、採取計画の認可も得ておらず、たとえ準備行為があったとしても、全体としては将来計画にすぎず、補償の対象とはならない。

## 起業者申立て

　砂利の採取を目的として購入したからといって、実際砂利採取が行われていないものに対して、その損失を補償することは、「得べかりし利益」に対する補償となる。そのような利益は、砂利採取法上の要件を欠いている現状にあっては不確定・不確実なものであり、補償するに当たっては、このような特殊事情を考慮しない。

　砂利採取業に対する営業補償については、現に営業を継続中又は少なくとも当該営業を行うために必要な法令上の許認可を受けている等営業上の損失が生ずべきことが客観的に予見できる場合でなければならないから、本件において営業補償の対象となるものではない。

## 土地所有者及び関係人申立て

　福島県いわき市〇〇町〇〇〇番等数筆の土地を、砂利の採取及び販売を目的に昭和56年から57年にかけて購入し、また、同〇〇〇番の土地について、乙氏と土地賃貸借契約を取り交わし、搬出路を金3,500万円の費用をかけて開設し、また金300万円の費用をかけて現地事務所を建築した。

　常磐自動車道の工事に伴い採掘不能となる甲社の所有する土地は6,543.75㎡であり、賃借権によって採石権を行使できる土地は3,083.98㎡である。この両方の土地において砂利の採取が禁止された場合の資産損失は、砂利673,941㎡となり、1㎡1,400円と見積もると、その損失金額は、943,517,540円となる。

　砂利採取不能による損失と土地代金、立木、工事用私設道路建設費用についての損失補償を請求する。

## ●土地の収用により土地所有者が通常の土地利用としての賃貸による賃料収益を失うとしても、その損失は土地に対する損失の補償により補填されるもので、改めて賃料収益の喪失に対する補償の必要はないとした事例

平成16年4月9日　愛知県収用委員会裁決

### 裁決

　土地所有者甲は前記事実2(7)のとおり、土地の賃貸による収益がなくなることに対して840万円の補償を要求し、これに対して、起業者は前記事実5(3)のとおり、甲の収益は土地に対する損失の補償の中で評価されているため、別途補償する必要はない旨を申し立てている。

　土地収用によって、土地所有者が通常の土地利用としての賃貸による賃料収益を喪失するとしても、その損失は、土地に対する損失の補償により補填されるものである。

　当委員会は、現地調査の結果及び甲から提出のあった駐車場賃貸借契約書から、本件における土地の賃貸は通常の土地利用と認める。よって、土地に対する損失の補償のほかに、改めて賃料収益の喪失に対する補償を行う必要はないものと判断する。

### 起業者申立て

　甲の主張する収益は、通常の土地利用としての賃貸による収益であり、土地に対する損失の補償の中で評価されているため、別途補償する必要はない。

### 土地所有者申立て

　本件土地を含む一団の土地は、平成12年から継続して乙と月7万円で賃貸契約を交わしている。この土地が収用されると、年間84万円の収益がなくなるので、その10年分として840万円の営業補償を要求する。

## ●ダム事業において、2年間の農業休止補償を認めた事例

平成元年2月3日　北海道収用委員会裁決

### 裁決

農業補償について起業者は、別表第4の3のとおり見積もっているところ、当委員会の現地調査及び委嘱した鑑定人の鑑定等を総合的に勘案した結果、その補償額が起業者見積額を下回ると認められるので、起業者見積額を採用した。

### 起業者申立て

経営地の19％以上70％未満が取得される者に対しては、近傍において代替農地の取得が可能と判断し、その農地に対して2年間の一時休止補償をするものとした。

### 土地所有者申立て

なし

## ⑹ その他の補償

●区分所有建物の駐車場料金の減収に対しては、管理組合は収用における土地所有者、関係人には該当しないうえに、土地について補償していることから、別途の補償は必要ないとした事例

平成4年8月7日　兵庫県収用委員会裁決

### 裁決

　土地所有者甲、同乙、同丙、同丁は、事実2のとおり、本件土地を駐車場として使用している者がマンションの管理組合に対して一定額の使用料を支払っており、本件土地の収用によって、マンションの敷地内に駐車できなくなる台数分の使用料が、管理組合の収入とならなくなるので、その補償を求める旨申し立てるが、建物の区分所有等に関する法律第3条によると、管理組合は、区分所有者全員で建物ならびにその敷地及び付属施設の管理を行うための団体にすぎず、本件収用における土地所有者及び関係人には該当せず、また、管理組合の収入は本件土地から生ずる専用使用料にすぎず、本件土地そのものに対する損失が補償されているのであるから、別途補償を要するものではない。
　よって、この点についての土地所有者甲らの主張は、採用することができない。

### 起業者申立て

　土地所有者甲、同乙、同丙、同丁は、事実2のとおり、駐車場の運営は、駐車場利用者がマンションの管理組合に対して一定額の使用料を支払っており、本件収用によって、マンションの敷地内に駐車できなくなる台数があれば、管理組合の収入となる使用料が減少することから、その補償を求めると主張する。
　そもそも、マンション敷地は土地所有者全員による共有の土地であり、管理組合は、それを同じ管理組合の一員である土地所有者に便宜的に使用させているものであって、自己の所有地を自らが使用しているにすぎず、一般的な営業収益とみなすことは困難であり、管理組合に対する減収補償を行うのは適切で

ない。

## 土地所有者申立て

甲
　現在、マンションの管理組合に入っている駐車料金が減少し、マンション住民が不利益を被らないようにすること。
乙
　管理組合に入っている駐車料金が減少し、管理組合の運営が困難になったり、マンション住民の負担が増すことのないようにすること。

## ●テレビ共同受信組合への加入費用等は、法が予定する損失補償の対象に該当しないとした事例

平成7年11月9日　奈良県収用委員会裁決

### 裁決

甲の上記補償要求のうち、代替浄水槽の設置費用、代替水槽の設置費用及びテレビ共同受信組合への加入費用については、法が予定する損失補償の対象には該当しないことから、いずれも甲の要求を採用することはできない。

### 起業者申立て

甲が併せて要求する損失の補償のうち、代替浄水槽の設置費用については、現在本件土地への水供給のために供されている浄水槽は以前に本件土地周辺に在住していた住民が共同で設置及び維持管理を行っていた施設であり、甲が個人として所有する施設ではないこと、代替水槽の設置費用については、既に防火水槽については代替施設を設置していること、テレビ共同受信組合への加入費用については、本件土地が所在する地域においてもテレビ受信には共同受信組合への加入が必要となるにもかかわらず、甲が同組合に加入している事実が認められないことから、それぞれ損失の補償は見積もっていないものである。

### 関係人申立て

土地に対する補償以外の損失の補償について、起業者が見積もる損失の補償以外に、清流の水を飲料水及び鯉養殖用水として利用する権利に対する補償を求めるとともに、移転先において飲料水を確保するために新たに設置することが必要となる浄水槽の設置費用、鯉の養殖を継続するために新たに設置することが必要となる水槽の設置費用、近隣の山間地域に移転した場合にテレビ受信に必要となる共同受信組合への加入費用ならびに現在本件土地上に所有する建物に関する水道及び電気設備工事費用に対する補償を求める。

## ●起業者が価格提示した後の補償金の支払い遅延に伴う利息相当分は補償対象とならないとした事例

平成9年1月27日　東京都収用委員会裁決

### 裁決

土地所有者は、昭和62年8月12日の提示額による支払が遅滞したことによる利息相当分の補償を求めるが、上記2⑴イのとおり、平成6年7月1日を価格時点として補償金は算定されるので、土地所有者の申立ては理由がない。

### 起業者申立て

土地所有者は、昭和62年8月12日の土地価格の提示をもって契約の申込みがあったものとし、直ちに承諾したので、その時点で契約は成立したとする。

しかし、土地価格を知らせる書類を交付した昭和62年8月12日当時は、建物等の調査中であって、契約の申込みとしての土地価格を提示できる段階になかった。したがって、上記書類は、土地所有者の申出があったため、契約の準備のための資料として、その時点での土地価格を示したものにすぎず、契約は成立していない。

### 土地所有者申立て

・昭和62年8月12日に起業者から170,485,920円の評価額が提示され、即座に承諾したにもかかわらず、起業者は買収を実行しなかった。
・昭和62年8月12日の提示額による支払が遅滞したことによる利息相当分の補償がなされるべきである。

## ●残地売却に伴い課される不動産譲渡所得税及び代替地取得の際に残地に相当する部分に課される不動産取得税は、所得税法又は地方税法上の問題であって、収用に伴い生ずる損失と認められないとした事例

平成10年5月29日　福岡県収用委員会裁決

### 裁決

(3)　不動産譲渡所得税

　関係人は、前記事実第3の4記載のとおり、残地を売却した譲渡所得に課される所得税を通常生ずる損失として補償するよう要求するが、残地に対する損失は残地補償を以って補填されており、仮に、残地を売却した場合、この譲渡所得について課税上どのように取り扱うかは、所得税法上の問題であって、これは収用に伴い生ずる損失とは認められない。

　なお、関係人は、譲渡所得に課される所得税相当分について補償が認められない場合、所得税相当分を借入れた場合の金利相当額について補償を要求しているが、上記のとおり所得税自体が収用に伴い生ずる損失とは認められないことから、この主張も認めることができない。

(4)　不動産取得税

　関係人は、前記事実第3の5記載のとおり、移転先として代替地を取得する場合の残地に相当する部分の不動産取得税を通常生ずる損失として補償するよう要求するが、新たに取得した不動産について課税上どのように取り扱うかは、地方税法上の問題であって、これは収用に伴い生ずる損失とは認められない。

### 起業者申立て

　関係人が前記事実第3の4及び5記載のとおり主張する不動産譲渡所得税及び不動産取得税については、現行の損失補償基準ではこれを補償対象としていないことから、損失の補償として見積もることはできない。

### 土地所有者申立て

4　不動産譲渡所得税

　収用に伴い建物を移転する場合、従前の土地に相応する代替地を取得するために残地を売却する必要があるが、この残地を売却した場合に生じる譲渡所得については、租税特別措置法の課税の特例がないことから、その補償として残地面積1,072.86㎡に1㎡当たりの土地単価、金440,000円を乗じ、この価額から取得価格5％を控除し、これに所得税30％及び住民税9％の合計39％を乗じた金174,897,600円を請求する。

　また、これが認められない場合、上記金額を借入れた場合の金利相当額を補償すべきであり、その額として金29,333,307円を要求する。

　なお、この補償は、本来、土地所有者が請求するものであるが、当社は土地所有者の同族会社であり、起業者が移転雑費を全額当社に見積もっているので、土地所有者も同意の上で、当社が請求する。

5　不動産取得税

　建物の移転先として従前の土地に相応する代替地を取得した場合、この土地のうち残地に相当する部分については、不動産取得税の課税標準の特例がないことから、その補償として、一団の土地の固定資産評価額、金207,276,000円に残地面積割合（1072.86／1787.49）を乗じ、更に税率4％を乗じた金4,976,300円を要求する。

　この補償についても上記4と同じく、当社が請求する。

● 地下鉄建設のための地下使用における原状回復とは、構築物と地盤との間の空洞部分に土砂を埋め戻すことであり、埋め戻すことが可能であるので原状回復困難による補償を要しないとした事例

　　　　　　昭和62年3月31日　東京都収用委員会裁決

## 裁決

　土地所有者は、原状回復が困難な場合の補償を要求しているのに対し、起業者は、補償の必要はないと申し立てている。

　そこで、検討した結果、法第80条の2にいう原状とは、権利取得裁決時の土地の状況を意味し、原状回復とは、かかる状況に復することと解すべきところ、当該地下使用の範囲の原状は、土砂がたい積しているのみで、その他、何ら利用がなされているものではないことから判断すると、本件の場合、構築物を存置し、その空洞部分に、土砂を埋め戻すことによって、原状に復したものというべきである。

　本件は、起業者が原状に回復することは可能なものであり、また、困難となるものでもない。

　したがって、土地所有者の要求は、認められない。

## 起業者申立て

　起業者は、事業の廃止等により本件土地を使用する必要がなくなったときにおいて、土地所有者の請求があった場合には、法第105条第2項に基づき原状回復することとしているので、法第80条の2の規定は、適用がないものである。

## 土地所有者申立て

　本件土地の使用は、土地の形質を変更するものであり、原状に回復すること

は困難なものである。
　原状回復とは、単に埋め戻すのではなく、地質は古来よりたい積された固い状態であるので、それと同様の状態に戻すことであり、構築物を残置することは論外で、仮に、どこかの土砂で埋め戻したとしても原状回復とはいえない。
　したがって、法第80条の２の規定により、補償すべきである。

## ●地下使用に伴って土砂が取り除かれることは性質上当然のことであるので、土砂に対する補償は考慮する必要はないとした事例

昭和62年3月31日　東京都収用委員会裁決

### 裁決

　土砂の補償について、土地所有者は、前記事実第2の6の(5)のイのとおり申し立てているが、本件は、構築物を地下に設置することが目的であり、その部分の土砂が取り除かれることとなるのは性質上当然のことである。したがって、土地の使用に伴う損失のほかに土砂の補償を考慮することは必要がない。

### 起業者申立て

　構築物を築造するために付随的に発生する土砂の取除きは、使用権の行使の範囲であると考えられ、また、取り除かれた土砂については、土砂そのものを収用しようとするものではないので補償には応じられない。

### 土地所有者申立て

　本件は、構築物を設置するため、必然的に土砂を収去することになるが、土砂が騒音及び振動のおそれの高い構築物にとって代わられることは、事業損失としてもカバーされず、土砂そのものを返還されても仕方がないので、土砂の代金分程度は土地の完全性を害した補償として、支払われるべきである。

## ●栽培されているタマネギが明渡しの期限以前に収穫できないと判断し、これに対する補償額をタマネギ1個の平均的な生産者価格で補償した事例

平成17年2月25日　奈良県収用委員会裁決

### 裁決

(ア)　当委員会が現地調査を行ったところ、本件土地にタマネギ（数量106本）が栽培されていた。

(イ)　本件立毛の性質及び本件土地の状況を総合的に勘案したところ、明渡しの期限以前の収穫は困難であると判断した。よって、収穫期におけるタマネギ1個の平均的な生産者価格を23円とし、これに106を乗じて得た2,438円を補償額とする。

### 起業者申立て

本件土地に存する物件のうち、物件調書作成時に存在した別表第2の2(2)物件記号Bの物件（農作物）については、明渡裁決の前に収穫可能であるため見積もらない。

### 土地所有者申立て

(2)　タマネギが栽培されているので、この収穫期が土地の明渡し期限以後に到来する場合、補償されるべきである。

## ●明渡裁決の申立て後に作付けされた水稲につき、明渡しの期限までに収穫することは困難であるとして補償することを相当とした事例

平成5年5月24日　島根県収用委員会裁決

### 裁決

　起業者は、明渡裁決申立時に作付けされている水稲は、明渡しの期限までに収穫が見込まれるため補償の見積もりから除外しており、甲は審理に出席せず、意見書も提出していない。

　収用委員会の現地調査によれば、明渡裁決申立時に作付けされている水稲はすでに収穫されているが、新たな水稲が作付けられており、明渡しの期限までに収穫することは困難であるので、土地収用法第88条の規定に基づき補償することが相当と認められる。

　したがって、立毛の粗収入見込み額から明渡期限以後収穫の時期までに投下される農業経営費を控除した額をもって損失補償額とする。

### 起業者申立て

なし

### 関係人申立て

なし

## ●収用委員会の現地調査により立毛（ブロッコリー）の作付けが判明したが、明渡し期限までに収穫しているとして損失の補償は「なし」とした事例

平成6年11月28日　徳島県収用委員会裁決

### 裁決

本裁決に当たり当委員会が平成6年11月14日に事務局職員をして現地調査を実施したところ、甲がA土地、B土地及びC土地の一部（現況田部分）を含む土地に水稲の後作としてブロッコリーを作付けしていることが明らかとなった。しかし、収用する土地の区域の明渡しの期限には同人は収穫を終了していると判断し、これに対する損失の補償は、なしとする。

2　明渡しの期限
(1)　A土地、B土地及びC土地の現況田部分

作物の生育は気温、施肥の状況等々の影響を受けるため、甲が作付けしているブロッコリーの収穫期を断定することは容易ではないが、前記第3の2の(3)に記載する当委員会の現地調査時に、甲は、天候等の状況にもよるが、平成7年4月中旬にはブロッコリーの収穫を終了する見込みである旨当委員会事務局職員に表明している事実があり、また、徳島県農業技術普及連絡協議会発行の「カリフラワー・ブロッコリー栽培基準」によれば、年内に定植されるブロッコリーの品種のうち、収穫期の最も遅い「みよ緑1号」は翌年の2月から3月にかけてが収穫期であるとされ、収穫期には相当の幅があることが明らかにされている。そのため、当委員会は本件事業の施行計画、工事工程等をも総合的に考慮して、明渡しの期限を甲が見込む収穫終了時期以降とし、主文のとおりとする。

主文
2）明渡しの期限
ア　A土地、B土地及びC土地の現況田部分

平成 7 年 4 月 21 日

## 起業者申立て

なし

## 土地所有者申立て

なし

● 仮換地指定時に農作物の栽培に供せられていた土地に対する使用収益ができる日までに生ずる損失の補償は、農産物の収益に基づいて算定するのが相当であるとした事例

昭和63年9月8日　兵庫県収用委員会裁決

## 裁決

　裁決申請者は、事実のとおり、損失補償額は正常な地代又は借賃相当額とすべきであると主張するが、法第101条第1項の規定により補償すべき通常生ずべき損失とは、従前地の仮換地指定当時における現況を前提とすべきであるところ、本件申請区域は前記で認定したとおり、仮換地指定処分当時は農作物の栽培の用に供せられていたものであり、現実に建物の敷地として利用されていたものではないから、本件申請区域を使用し、又は収益することができなかったことに因る損失の補償は農作物の栽培の用に供することができないことに因る損失補償をすべきである。

## 施行者申立て

　本件申請区域は、従前は農作物の栽培の用に供されていた農用地であるところ、昭和62年4月以降は耕作の用に供されてはいないが、従前地Bのうち本件申請区域に含まれない部分に存する裁決申請者所有の2棟の建物からの廃水が本件申請区域に流入し、ここで処理されており、そのうえ、相手方が本件申請区域において工事実施計画のための測量を行った後に、裁決申請者はプレハブ物置を本件申請区域に移設している。
　以上のとおり、裁決申請者は本件申請区域を使用しているのであるから、現実には、本件従前地を使用又は収益することができなかったことによる具体的な損失は生じていない。

## 裁決申請者申立て

ア　本件裁決申請は、明石市鳥羽〇〇番の土地（以下「従前地Ａ」という。）の全部及び同所〇〇番の土地（以下「従前地Ｂ」という。）の一部について、昭和62年４月１日から同月30日までの間、使用し、又は収益することができなかったことに因り生じた損失についての補償を求めるものである。

イ　裁決申請者は、仮換地指定後、本件申請区域を使用し、又は収益していない。

　損失の補償は、本件申請区域の利用価値と交換価値に見合った額、すなわち、正常な地代又は借賃相当額とすべきであり、算出すると、次のとおり267,842円となる。

## ●土地所有者はレンコンの買取りを要求したが、減収見込額を補償するとした事例

昭和63年11月17日　徳島県収用委員会裁決

### 裁決

　土地所有者は前記事実第2の3の(2)のア及び第3の3の(2)のアのとおりレンコンの買取りによる補償を要求するのに対し、起業者は前記事実第1の4の(3)のアのとおり立毛補償によると申し立てるので以下判断する。

　法は、土地所有者において物件の収用を要求できるのは、物件を移転することが著しく困難である場合か、物件を移転することによって従来利用していた目的に供することが著しく困難となる場合においてであるとしている。本件はこのいずれの場合にも該当しないので、土地所有者からのレンコンの買取りによる補償の要求は採用できず、起業者の補償方法を正当と認める。

　レンコンは、4月に植え9月中頃に収穫期に達し市場価格を考慮しながら3月までに収穫を終えるのが通常であるので、裁決時には収穫期に達しているものとして明渡し期限までに出荷時期が限定されることによる減収見込額を補償する。

　補償額の算定に当たっては、①農業協同組合の資料により、当該地区における過去3年間の平均収穫量、年間平均販売単価及び月別の平均販売単価を採用するのが合理的である。

　前記資料によると年間を通じ11月の平均販売単価との価格差が一番大きく、減収見込額が多くなるが、11月中に全てを収穫することも可能であるので、起業者見積りのとおり11月の平均販売単価と年間平均販売単価との差による減収見込み額を当委員会の認定額とする。

### 起業者申立て

　農業協同組合からの当該地区の収穫量及び販売単価等の資料により過去3年間の平均収穫量、年間平均販売単価及び11月の平均販売単価を次のとおりとし、粗収入を求める。

　収穫量　1反当たり　1,429kg×年間平均販売単価1kg当たり494円

第2章　通常生ずる損失の補償―(6)その他の補償　　457

＝粗収入　1反当たり　705,926円………①
　収穫量　1反当たり　1,429kg×11月の平均販売単価1kg当たり420円
　　＝粗収入　1反当たり　600,180円………②
　収穫時期が限定されることによる減収分を補償すれば十分であるので、上記①と②の差額105,746円を1反当たり補償金額とする。

## 土地所有者申立て

　起業者が過去に1反当たり150万円での買取りの補償をしているが、現在においては販売価格が上昇していることから、1反当たり300万円での買取りによる補償を要求する。

## ●松茸のような特産物に対する補償は、特定の者の支配管理に属する地域的な特産物であり、かつ、市場価値のあるものに対して行われるべきものであるとした事例

昭和60年3月9日　滋賀県収用委員会裁決

### 裁決

　関係人甲は、本件土地が収用されることによって松茸の採取が出来なくなる旨申し立て、起業者は積算の中に入れていないと主張するので以下検討する。
　松茸のような特産物に対する補償は、特定の者の支配管理に属する地域的な特産物であって、かつ、市場価値のあるものに対し補償すべきものと考えられるところ、当委員会が実施した現地調査および審理の結果に徴し、当該松茸採取の権利は、慣習上地元〇〇長寿会が包括的に有しており、本件事業の任意買収時にその補償主張がなされなかったことが認められ、加えて、土地所有者も特段の異議を申し立てなかったので、当委員会は、当該補償は要しないものと判断した。

### 起業者申立て

　松茸ということでは、積算の中に入れていない。

### 関係人申立て

　本件土地が収用されることにより松茸の採取が出来なくなるが、この点について起業者はどのように扱っているか。

## ●天台宗総本山寺院の境内地に存する石仏の移転及びトンネル設置があるため、これに相応する法要儀式が行われるのは当然であるとして、寺院の格式等を考慮した祭祀料を補償した事例

昭和55年5月7日　滋賀県収用委員会裁決

### 裁決

(1)　起業者は収用土地上に存する石仏移転に関し、祭祀料として3,100,000円の補償額を見積もっている。

(2)　当委員会は、土地所有者園城寺が創建以来約1300年の歴史を有する天台寺門宗総本山であり、その境内地は、園城寺およびその信徒らにとって霊山、霊泉湧出の聖地、全山胎蔵界曼荼羅、修験道の山、神聖の地として古来尊崇されてきたものであるところ本件事業により境内地の一部が収用され、21体の石仏が移転され、しかして境内地下にトンネルが掘られ道路構造物が設置せられるのであるから、これに相応する法要儀式が執り行われることは当然であり、上記法要儀式の執行に要する費用は、本件土地を収用および使用することにより土地所有者が通常受ける損失として法第88条により補償すべきものと考える。

(3)　しかして当委員会は、上記法要儀式の執行に要する費用、すなわち祭祀料として起業者が土地所有者に対し補償すべき額は、園城寺の格式等を考慮し、7,000,000円をもって相当とする。

### 起業者申立て

　上記石地蔵尊の移転、安置に当たっての供養の儀式に要する費用すなわち祭祀料について、園城寺の社会的地位、格式等を充分考慮し、祭祀のための式場費あるいは法要費等を別表第3附属明細4のとおり算定した。

**土地所有者申立て**

起業者の損失補償見積額は相当でない。

● 遺骨の有無が不明な墓地について、工事中に遺骨があることが判明した場合には、起業者が改葬等を行う旨申し立てていることにつき、やむを得ないものとして認めるとした事例

平成9年1月22日　徳島県収用委員会裁決

## 裁決

　本件土地に補償すべき物件は存しないので、なしとする。
　なお、本件土地は、公簿上「墓地」とされているが、土中に遺骨等があるかどうかを把握することは困難であることから、起業者が、仮に工事の施行中に遺骨等のあることが判明した場合には起業者の負担と責任において改葬等を行う旨申し立てるのは、やむを得ないものと認められる。

## 起業者申立て

　本件土地には、物件は存在しないので、損失の補償は見積もっていない。
　なお、工事の施行により、本件土地に遺骨等のあることが判明した場合には、起業者の負担と責任において改葬等を行う。

## 土地所有者申立て

　なし（不明）

## ●墓石は移転されているが、市の改葬許可があり、菩提寺の住職から改葬済との確認が得られなかったこと等から、未だ改葬が行われていないと判断し、改葬費及び祭祀料を補償することを相当とした事例

平成14年9月30日　東京都収用委員会裁決

### 裁決

　起業者は前記事実第1の5⑶エのとおり、この土地は墓地ではないと判断したと申し立てて補償はなしとしているのに対し、甲及び乙は、前記事実第2の5⑵ウのとおり、異議を申し立てている。
ア　調査し認定した事実について
　　当委員会は現地等を調査し、次の事実を認定した。
　㈦　あきる野市役所は、平成14年5月28日に甲から提出された改葬許可申請書を受理し、同市は同日この申請に対する改葬許可証を交付した。
　㈹　甲家菩提寺の住職からは、既に改葬されているとの確認は得られなかった。
　㈻　秋川保健所には甲家の墓地台帳が存在し、未だ廃止届は提出されていない。
イ　改葬費について
　　上記アの調査し認定した事実から当委員会は、未だ改葬が行われていないと判断し、改葬費を補償することを相当とする。
　　そこで、調査の結果及び鑑定の内容などを総合的に考慮した結果、改葬費として162,090円に上記2⑴の共有持分を乗じて、甲及び乙に対しそれぞれ81,045円をもって相当とする。
ウ　祭祀料について
　　調査の結果及び鑑定の内容などを考慮し、上記イの改葬に伴って必要となる祭祀料として84,138円に上記2⑴の共有持分を乗じて、甲及び乙に対しそれぞれ42,069円をもって相当とする。

## 起業者申立て

　甲及び乙は「この土地は墓地である。」と異議を述べているが、墓石については本件土地から改葬されたことが、甲家の菩提寺の住職から確認されている。既に墓石も移転されていることから、墓地ではないと判断した。

## 土地所有者申立て

　この墓地は十代以上前の先祖が葬られているといわれる古い昔からの内墓で、先祖が眠っているお墓であるので、手離すのは忍びがたく、先祖に対しても非常に申し訳なく思っている。

　今後、発掘して遺骨を寺の墓へ持って行かなければならないが、まだそれをやっていないのでこの土地は墓地である。遺骨の有無の確認をすべきである。遺骨が発掘されたときにはその改葬のための費用が必要となる。仮に遺骨が発見されなくとも、遺骨がかえった土についても相当な祭祀が必要である。

## ●墳墓の相続が協議中であること、一方の当事者が遠隔地に居住していること等から、墳墓の移転が困難であるとして、移転の代行を認めた事例

昭和62年6月3日　香川県収用委員会裁決

### 裁決

関係人甲及び乙は、前記事実②のとおり、墳墓の移転の代行を要求する。これに対し、起業者は異議がない旨を申し立てている。

当委員会は、当該墳墓の相続が協議中であること、一方の当事者が遠隔地に居住していることから当該墳墓の移転に困難性があると認め、移転の代行を相当と認める。

### 起業者申立て

関係人甲及び乙から要求のあった墳墓の移転代行については、異議はない。

### 関係人申立て

法第85条第1項の規定に基づき、次の理由により、墳墓の移転料の補償に代えて、起業者において当該墳墓を移転することを要求する。

(1) 亡丙の祭祀財産の相続につき、両名の間で協議中であり、相続人を特定させるまで相当の期間を要する見込みのため、墳墓の早期移転が困難であること。

(2) 仮に両者が連帯して墳墓の移転を履行するとした場合でも、一方の当事者である甲は、遠隔地に居住するため、経費的にも時間的にも大きな負担を強いられること。

## ●共同飼育している水槽内の鯉は所有者別に特定することができないため、水槽の使用権限を有する者に一括して移転料を見積もるとした事例

平成7年11月9日　奈良県収用委員会裁決

### 裁決

　関係人甲、同乙及び丙は、防火水槽内に鯉を放流し、養殖を行っている事実が認められ、同関係人らは、各人が所有する鯉の数について、養殖を開始するに当たり放流した際の鯉の数をもとに、その持分として前記事実第2・2(4)、6(2)及び11のとおり申し立てるが、併せて各人が所有する鯉を個別に特定することはできない旨申し立てる。

　防火水槽内の鯉の移転料については、各所有者の鯉を特定することができないこと、各所有者の鯉は一括して飼育・管理されているものであること、関係人甲は、鯉の養殖を開始するに際して、同人が防火水槽の使用権限を有する者と認識していた丁から同水槽の使用承諾を得て、同水槽の清掃、養殖に必要な池ろ過機の設置等を行い、同水槽を養殖に供し得る施設として整備したものであり、同水槽の使用・管理は同人の統括のもとに行われているものであると判断されることから、関係人乙及び丙が所有する鯉の移転料を含めて、関係人甲に一括して見積もることが適当であると判断し、上記(1)のとおり見積もる。

### 起業者申立て

　なし

### 関係人申立て

甲

　防火水槽については、Ａ棟の譲渡を受けた後、〇〇村消防団から同水槽使用の承諾を得ていた丁の承諾を得て、清掃及び導水設備設置を行ったうえで鯉を放流し、現在、同水槽において鯉30尾を養殖している。防火水槽の使用を開始した後、Ａ棟借家人乙及びＡ棟借家人の知人丙から同水槽の使用を希望する意

向が示されたため、両名に対して同水槽使用の承諾を与えた。
乙
　甲から使用の承諾を得て防火水槽内に鯉を放流し、現在、同水槽において鯉40尾を養殖している。
丙
　関係人丙は、審理において、自らが甲から使用の承諾を得て防火水槽内に鯉を放流し、現在、同水槽において鯉50尾の養殖を行っており、Ａ棟内に動産（鯉の餌）を置いている旨を申し立てた。

## ●残借地に建物を再築することに伴う承諾料相当額の補償は、土地の賃貸借に係る当事者間の利害調整の問題であって、収用により通常生ずる損失とは認められないとした事例

平成17年6月10日　神奈川県収用委員会裁決

### 裁決

関係人甲は、前記事実3(2)のとおり、建物の建替えに伴う承諾料相当額の補償を求めるが、同人に承諾料の負担が生じるとしても、そのことは土地の賃貸借に係る当事者間の利害調整の問題であって、収用により通常生じる損失とは認められないので、同人の上記主張はこれを採用しない。また、承諾料の運用益相当額の補償については、同人所有の建物が耐用年数を経過しているためこれを見積もらないとする起業者の主張を相当と認める。

### 起業者申立て

建物の構内再築に伴ういわゆる承諾料は、借地権の価格自体に内在するものであり、その負担は通常生じる損失とは認められないので、承諾料相当額の補償は見積もっていない。また、関係人甲の建物は、一部増築部分を除き、その大部分が耐用年数を経過しているため、承諾料の運用益相当額の補償も見積もっていない。

### 関係人申立て

(2)　建物を建て替える際、地主から多額の承諾料を請求されるおそれがある。上記承諾料相当額の補償を求める。

● 土地所有者が計画している分譲住宅販売による利益を失うことについては、土地所有者の特別の事情に基づく損失であって法88条に定める通常受ける損失には該当しないとした事例

平成17年3月22日　大阪府収用委員会裁決

### 裁決

　土地所有者は分譲住宅販売計画に係る得べかりし利益についての補償を求めているが、それは土地所有者の特別の事情に基づく損失であって、法第88条に定める通常受ける損失には該当しない。したがって、これを補償の対象とすることはできない。

### 起業者申立て

　本件土地については土地所有者が所有権を取得する前に都市計画道路として事業の認可の告示がなされており、分譲計画の実現は不可能である。土地所有者もこれを知りつつ所有権を取得しているので、分譲住宅販売計画に係る損失は認められない。

### 土地所有者申立て

　計画していた分譲住宅用地（17区画）のうち11区画が収用の対象となったため、これによる得べかりし利益として、46,106,630円の補償を求める。

【参考判例】
● 法令施設改善費用に係る運用益相当額は、土地収用法88条にいう通常受ける損失に当たるとした事例

平成11年1月22日　最高裁判所判決

### 判決

　右事実関係の下においては、いわゆる既存不適格建築物を建築基準法に適合させ、かつ、医薬品製造施設をいわゆるGMP規制に適合させて移転先工場の生産機能を回復するための改善費用の5年間分の運用益相当額の損失が土地収用法第88条にいう通常受ける損失に当たり、また、一審判決別表4のナンバー1ないし36の機械装置の買い換えや設置については同法第89条1項の適用対象とはならず、その移転に要する費用も同法第88条により補償を要するとした原審の判断は、正当として是認することができ、その過程に所論の違法はない。


【参考判例】
● 同　件

平成6年1月29日　大阪高等裁判所判決

### 判決

　既存不適格建物の移築に伴い、これを法令の規定に適合させるために改善すべきことは、既存不適格建物の所有権に内在する制約であり、既存不適格建物の所有者に等しく課された義務であるということができる。しかも、改善の結果は、財産的価値として所有者に帰属するのであって、改善のために要する費用（以下「法令改善費用」という。）の額自体を、被収用者の損失と認めることはできない。したがって、既存不適格建物の移転料を算定するに当たり、その移転を法的に可能なものとするための法令改善費用それ自体を、移転料に加算すべきであるということはできない。

もっとも、既存不適格建物といえども、従前は適法な建物として存立を認められていたものが、収用を原因として、その構造の改善を要することになったのであるから、改善時期が繰り上がったことによる損失、すなわち、物件移転時期から、社会通念上、収用なかりせば改善を必要としたであろう時期までの期間の法令改善費用の運用利益相当額については、収用によって、土地所有者が通常受ける損失として、土地収用法第88条に基づき、その補償を要するものというべきである。

# 第 3 章

## 測量調査、事業廃止及び隣接地工事に伴う補償

## (1) 測量調査に伴う補償

● 特別高圧送電線事業のため立木を伐採したことの必要性を認め、これの損失を補償するとした事例

昭和57年9月25日　北海道収用委員会裁決

### 裁決

1　損失の事実及び立木伐除の必要性

　当委員会は、裁決申請書及び審理の結果を総合判断した結果、申請者が昭和53年5月18日から同月31日までの間、相手方所有の土地に立ち入り、測量及び調査に障害となる別表記載の立木を伐除したことが認められ、かつ、当該立木を伐除したことは、やむを得ないものと認める。

2　損失の補償

　申請者は、前記事実第1の2記載の損失補償の見積額を申し立て、これに対し相手方は何ら意見を述べていないが、当委員会が検討したところ、申請者の見積額は相当と認められるのでこれを採用する。

### 起業者申立て

(2)　前記事業の準備のため、土地収用法（以下「法」という。）第11条第3項の規定により、昭和53年5月18日から同月31日までの間、相手方所有の土地に立ち入って測量及び調査を行うに当たり、やむを得ず障害となる立木16本を伐除した。

(3)　このため、同年7月18日、法第14条第3項の規定により、相手方に対し障害物伐除の通知を行い、併せて当該伐除に係る損失補償の見積額（別表のとおり。）を提示して協議を重ねたが、成立するに至らなかったので、法第94条第2項の規定により裁決申請を行った。

### 関係人申立て

なし

## (2) 事業の廃止等に伴う補償

●事業認定の有効期間を徒過した後に裁決申請を取り下げた場合には、事業認定の法律上の効力を失ったことにより生じた損失に対しては補償義務があるとした事例

昭和52年9月5日　東京都収用委員会裁決

### 裁決

　申請者は、事業の認定は失効し多大の損失を受けたと申し立てているのに対し、相手方は、土地細目の公告の効力が、公告のあった日から1年間あったことは疑う余地がないので、事業の認定が失効したと解することは失当であり、損失補償の義務はなく、損失の事実については関知しないと申し立てている。

　そこで、検討した結果、昭和49年5月24日相手方が裁決の申請の取下げを行ったことにより、裁決の申請の効力は申請の当初にさかのぼって効力を失うものと解せられ、したがって土地細目の公告も同42年3月8日限り失効し、しかも、再び裁決の申請をする余地のない本件においては、結局のところ相手方の裁決の申請の取下げにより、裁決の申請、土地細目の公告の失効と共に事業の認定の法律上の効力も失ったことに帰着する。

　よって、申請者がこのために損失を受けたものとすれば、法第92条によって相手方に補償の義務があるものと解される。

### 裁決申請者申立て

　相手方が、裁決の申請を取り下げたことは、裁決の申請がはじめからなかったことに帰着し、土地細目の公告があった日から1年以内に裁決の申請を行わなかったこととなり、旧法第39条の要件を欠く結果、事業の認定は失効し、これによって、申請者は、後記5記載の損失を受けたものであって、この損失は、土地収用法（以下「法」という。）第92条第1項に規定する損失に該当するものである。

### 起業者申立て

　事業の認定が失効するのは、事業の認定の告示があった日から3年以内に土地細目の公告の申請をなさないときは、事業の全部若しくは一部を廃止し又は変更したため収用の必要がなくなり、旧法第30条の規定に基づく知事の公告等の手続が行われたときである。

　裁決の申請の取下げは、裁決の申請がなされなかったこととなり、土地細目の公告は、それがあった日から1年の期間が満了する日の翌日から将来に向かって、その効力を失うこととなるが、土地細目の公告がはじめからなかったこととはならないのであって、土地細目の公告があったこと、ならびにこれに基づく公告の効力が、公告の日から1年間あったことについては疑う余地がないので、旧法第29条には全く該当しない。

　したがって、裁決の申請を取り下げ、しかも、旧法第29条に規定する期間内に重ねて土地細目の公告をなし得ない場合であっても、裁決の申請の取下げは、即事業の認定の失効と解することは失当であるから法第92条第1項には該当せず、損失補償の義務はない。

　なお、昭和50年5月2日申請者から損失補償の請求があったので、同月8日この請求には応じられない旨回答した。

● 建物の設計料を支出したにもかかわらず土地利用上の制限のため支出目的が達成できなかったことの損失は、事業認定の失効による損失として補償を認めた事例

昭和52年9月5日　東京都収用委員会裁決

## 裁決

　申請者は、設計料がむだな支出となったので損失であると申し立てているのに対し、相手方は、損失補償の請求に応ずる法律上の義務を有しないので関知しないと申し立てている。

　そこで、検討した結果、土地細目の公告が行われる前に、本件土地に建物を建築するための準備行為として支出した設計料300,000円は、その後、土地細目の公告が行われたことにより支出した目的を達成できなかったものであるから、土地の利用に制限を受けたことによって受けた損失であると認め、申請者の申立てを採用する。

## 裁決申請者申立て

　設計料については、本件建築予定建物の建築確認の申請のため、甲1級建築士に対し300,000円の設計料を支払ったが、この申請が土地細目の公告が行われたことを理由として保留となった結果、同額の損失を受けたので300,000円を請求する。

## 起業者申立て

　損失の事実については、申請者が本件建築予定建物を建築する計画を有したこと、建築確認の申請をなし、それが保留となったこと及び保留となった理由等については関知しない。

● 事業認定が失効したことに伴い移転先選定に要した費用については補償するが、弁護士費用や営業阻害に伴う逸失利益等については、任意の支出又は土地利用の制限によるものではない等の理由により認め難いとした事例

昭和61年3月19日　岡山県収用委員会裁決

## 裁決

第1　事実の認定の失効に伴う損失の補償について

　申請者は前記事実第1記載のとおり事業の認定が失効したことに伴い多大の損失を受けたと申し立てているのに対し、相手方は前記事実第2記載のとおり事業の認定の失効の事実については認め、補償の内容については、一部についてのみ損失条件を付して認め、その他については不知であるとしている。

　よって、申請者が事業の認定の失効によって損失を受けたとすれば、法第92条の規定により相手方に補償の義務があるものと解する。

第2　損失の補償について

1　事業の廃止による損失

　法第92条第1項は、「事業の認定が失効したことに因って土地所有者又は関係人が損失を受けたときは、起業者は、これを補償しなければならない。」と規定している。

　この損失とは、「土地利用を制限されたことを原因とする損失であり、その損失は法第28条の3の制限に係る損失及び確実な期待利益の喪失等原因との間に相当な因果関係があるものを含む。」と解されており、これに該当する損失についてのみ補償がなされるものである。

2　損失の補償

(1)　応訴費用等

　申請者は前記事実第1・4・(1)記載のとおり応訴費用等を損失であると申し立てているのに対し、相手方は前記事実第2・2・(2)・ア記載のとおり不知であると申し立てているので、この点について判断する。

まず、弁護士費用については、民事訴訟法及び法上においても弁護士を選任するかしないかの選択の余地が当事者に残されており、かつ、特に弁護士に依頼しなければならないような事実が認められないこと、更に、事業の認定及び裁決の申請はいずれも適法に行われたものと認められること等を考慮すると、申請者が任意の意志に基づいて、あえて弁護士を選任し、そのための費用を支出したとしてもその請求は認められない。
　　　次に、社内対応人件費及び調査費については、土地の利用制限を受けたことによる損失であるとは認め難いので、その請求は採用できない。
(2)　移転等準備費
　　　申請者は前記事実第1・4・(2)記載のとおり申し立てているのに対し、相手方は前記事実第2・2・(2)・イ記載のとおり代替用地の探索費は因果関係が立証されれば補償するが、事業の可否調査費については不知であると申し立てているので、この点について判断する。
　　　まず、代替用地の探索費については、申請者が本件改良工事に伴い移転せざるを得ない状況にあったことは事実であり、また、当事者が共に認めているところでもあり、移転先を選定するためその費用を支出したことにより損失があったことは認められる。
　　　したがって、この移転先の選定に要した費用は、土地の利用制限を受けたことによって受けた損失であると認め、「公共用地の取得に伴う損失補償基準要綱（昭和37年6月29日閣議決定）」及び改良工事の事業の認定があった昭和57年9月9日が属する昭和57年度の「補償金査定標準書（中国地区用地対策連絡会発行）」に基づき算定した別表第1記載の額を補償額とする。
　　　次に、事業の可否調査費については、土地の利用制限を受けたことによる損失であるとは認め難いので、その請求は採用できない。
(3)　逸失利益等
　　　申請者は前記事実第1・4・(3)記載のとおり逸失利益等を損失であると申し立てているのに対し、相手方は前記事実第2・2・(2)・ウ記載のとおり不知と申し立てているので、この点について判断する。申請者は、営業阻害による損失、対抗的営業経費、作業阻害による損失及び社員の動揺対策費について補償の請求をしているが、これらは土地の利用制限を受けたことによる損失であるとは認め難いので、その請求は採用

できない。

## 裁決申請者申立て

　損失補償は、法第92条第1項の規定により請求するものであり、次により別表2のとおり見積もった。
(1)　応訴費用等
　ア　弁護士費用
　　　本改良工事計画は、当社の存亡に関わる重大な事件であり、弁護士制度はこのような際に対処するためにあるものであり、法人である会社が存亡の危機にあるとき依存するのは国民の当然の権利である。
　イ　社内対応人件費
　　　本改良工事計画に対処するために要した経費であり、会社の崩壊を回避するのは経営者として当然の権利である。
　　　加えて、この経費は当社の任意の事業計画により支出したものではなく、相手方の工事計画に対応するため余儀なく支出したものである。
　ウ　調査費
　　　イと同様である。
(2)　移転等準備費
　ア　代替用地の探索費
　　　相手方から移転の要請があったため、移転先を探すために要した経費である。
　イ　事業の可否調査費
　　　代替用地の取得難から移転が困難であると判断し、別途事業若しくは遠隔地への移転の可能性を検討するために要した経費である。
(3)　逸失利益等
　ア　営業阻害による損失
　　　本改良工事計画に起因して減収となった損害額である。
　イ　対抗的営業経費
　　　改良工事に伴い当社の顧客が恐怖感を持ったことにより減少したため、このままでは倒産は避けられないと判断して、これに対抗して支出した営業経費である。
　ウ　作業阻害による損失

相手方の立入り調査等の際に工場の機能が一時停止したり、立入りできる状態に整えるために余分の工数がかかったための損失等である。
　エ　社員の動揺対策費
　　作業環境の変化や身辺にまで迫る危険な状態のために、社員の作業能率にまで影響を及ぼし、重大な結果になることを懸念して、これに対処するために支出した経費であり、その内訳は社員の資格教育費、関連諸手当、説明会費用等である。

## 起業者申立て

損失補償に対する考え方について
(1)　基本的な考え方
　　本件請求の内容は、法に定める通常生ずる損失補償の範ちゅうで捉え難いものが少なくない。
(2)　各請求項目に対する考え方
　ア　応訴費用等
　　(ア)　弁護士費用
　　　民事訴訟法及び法上においても、弁護士を選任するかしないかの選択の余地が当事者に残されており、かつ、特に弁護士に委任しなければならないような事情は認められないので、申請者が任意で弁護士を選任したとしても不知である。
　　(イ)　社内対応人件費
　　　法上補償の対象となる損失のうち、期待利益の喪失が偶発的なものでなく、通常の事情のもとであれば一般に発生するという確実性があれば補償の対象となるが、本件はその対象とならないので不知である。
　　(ウ)　調査費
　　　土地調書、物件調書の作成時及び裁決申請書等の縦覧時に意思表示すれば、当方の負担において調査は可能であったし、また、収用委員会に対し、当方の負担において再調査を命ずることを申し立てることができること等から判断して、申請者の任意の意思に基づくものと認め不知である。
　イ　移転等準備費
　　(ア)　代替用地の探索費

法第85条及び公共用地の取得に伴う損失補償基準要綱第37条の規定によるが、本件の場合申請者は廃業補償を主張しており、移転先選定の具体性を欠いているが、因果関係が立証されれば補償する。
- (イ) 事業の可否調査費

    (ア)と同様に法の規定により、余分の費用の支出があっても不知である。
- ウ　逸失利益等
  - (ア)　営業阻害による損失

    収用等に起因する減収としているが、その因果関係が不明であり、不知である。
  - (イ)　対抗的営業経費

    昭和57年7月から昭和59年9月までの間、同業他社との対抗的営業対策として臨時的要因増を行ったための増加経費とのことであるが、廃業を主張する反面での支出であり、任意のものであるから不知である。
  - (ウ)　作業阻害による損失

    立入り測量、調査時における工場機能の阻害及び聴聞調査時の社宅居住者への勤務時間内面接による作業阻害は、いずれも受忍義務の範囲内であり不知である。
  - (エ)　社員の動揺対策費

    社員の転換教育費、関連諸手当及び説明会経費はいずれも廃業を前提とした対策費であり不知である。

●事業の廃止に伴い収用前の土地価格の下落、税法上の特別控除を受けられないことの損失についての請求は認められないが、画地の一部を他の事業へ買取りの申出をしたことによる地積過小等に伴う土地の価値の減少は損失とみることができるとし、損失額に法定利息を加算した事例

平成8年3月19日　宮城県収用委員会裁決

## 裁決

1　土地価格の下落による損失について

　裁決申請者は上記事実第1の3⑴記載の損失補償の見積額を申し立て、これに対し相手方は上記事実第2の2⑴のとおり申し立てている。

　そこで、この点について検討するに、土地価格は、経済情勢により上昇することも下落することもあり得ることから、こうした土地価格の上昇又は下落に伴う経済的な利益又は不利益は、本来所有者に帰すべき問題であって、従前どおり本件土地を所有している以上、そこに損失の観念を入れる余地はない。

　また、裁決申請者から提出された意見書及び審理における発言等から判断すると、裁決申請者は本件土地を今なお所有し自由に使用収益しており、もしも相手方からの買受申込みがなければ、裁決申請者が相手方以外の者に対し本件土地を確定的に譲渡したであろう事情も認めることができない。したがって、本件土地につき価格の下落があったとしても、これをして相手方が責を負うべき現実的な損失が発生したとすることはできない。

　よって、裁決申請者の請求は認められない。

2　税法上の損失について

　裁決申請者は上記事実第1の3⑵記載の損失補償の見積額を申し立て、これに対し相手方は上記事実第2の2⑵のとおり申し立てているので、この点について検討する。

　まず、今後支払うこととなる税金が過分なものとなるというためには、本

件事業では5,000万円の所得控除の特例の適用が受けられたが、今後本件土地を法の認定の対象とならない他の事業に譲渡することによって当該特例の適用が受けられないこと、しかも、本件事業で当該特例の適用を受けるためには、本件認定告示だけでなく、さらに、本件事業により本件土地を譲渡し、代替資産取得等他の特例の適用を受けないという条件が満たされることが必要である。

しかし、これらは、本件認定告示がなされただけの段階にあっては、いずれもなお不確実であり、当該特例の適用の可能性をもって確実な期待利益であるとは認められない。

よって、裁決申請者の請求は認められない。

3 地積過小等に伴う土地の価値の減少による損失について

裁決申請者は上記事実第1の3(3)記載の損失補償の見積額を申し立て、これに対し相手方は上記事実第2の2(3)のとおり申し立てているので、この点について検討する。

裁決申請者が仙台市に対して行った買取申出により従前にも増して奥行短小、地積過小等になり、本件土地の価値が減少したこと、また、本件廃止告示後にも価値の減少した本件土地が存在していることが認められる。

なるほど、法第92条第1項に定める損失は、原則として事業認定の告示以降に生じた損失に係るものであって、当該買取申出が本件認定告示前になされたことからすると、当該価値の減少は、本件認定告示により直接生じた損失とは認められない。

しかしながら、裁決申請者と相手方の間では、本件事業は法の認定を受けて推進する前提で契約締結に向けた交渉が進められていたことが認められるので、本件認定告示前の状況も相当の範囲内で本件認定告示以降の損失に準じて斟酌することが許されるものと解するのが相当である。

そうであってみれば、相手方から土地取得の申出があったのを機に、本件認定告示がなされることをいわば先取りして行われた仙台市への買取申出によって生じた価値の減少が本件土地に存在していることは、本件廃止告示により生じた損失とみることができる。

もっとも本件事業と仙台市の事業とは相互に関連する事業ではなく、また裁決申請者自らの意思で早期の土地譲渡を企図し、仙台市に対して性急に買取申出をなしたことが認められる。よって、裁決申請者が主張する、本件廃止告示により本件土地に残った価値の減少については、公平の観念に照ら

し、裁決申請者自身もその損失の一部を負担するのが相当であると認められる。

なお、裁決申請者の見積額については、本件土地の価値の減少の算定率が過大に過ぎる等これを採用することができないので、本件廃止告示により申請者に生じた損失については、当収用委員会が算定した結果、相手方の負担割合を5割とし、1,517,000円をもって相当と認める。

また、本件廃止告示の翌日の平成7年8月9日から裁決の日に至るまで、上記損失額について民事法定利率（年5分）による利息相当額の損失が生じているものと認める。

## 裁決申請者申立て

(1) 土地価格の下落による損失について

　　本件土地は、本件認定告示以前から相手方より取得の申出を受けており、平成5年5月、法に基づく収用を前提として売却を承諾し、その後契約締結に向けて交渉を継続していたので、事実上売却が制限されていたところ、本件認定告示により平成7年3月17日から本件廃止告示のあった同年8月8日までの期間、保全義務が生じていたものである。しかし、本件廃止告示により本件土地を本件事業に売却することにより得られるはずであった利益を失い、土地価格の下落による損失を被ったので、5,399,408円を見積もった。

(2) 税法上の損失について

　　本件土地を本件事業に売却すれば、売却代金のうち5,000万円について所得控除の特例の適用が受けられたが、本件廃止告示により当該特例の適用が受けられなくなった。今後、本件土地を処分する際には、過分な税金を支払わなければならないという損失を被ったので、22,913,000円を見積もった。

(3) 地積過小等に伴う土地の価値の減少による損失について

　　相手方が本件事業で本件土地を買い受けることを前提として、平成5年11月仙台市に対して「都市計画道路内の土地の買取申出」により本件土地以外の従前の画地を売却した。このため、本件土地のみでは地積過小、利用制限等による価値の減少が生じたが、相手方は、本件土地を甲社所有の隣地と併せて買い受けることを申し出ていたものである。しかるに、本件廃止告示により本件土地が本件事業に価値の減少のない価格で買収される可能性がなくなり、価値の減少した本件土地が残ってしまい、この価値の減少という損失

を被ったので、22,624,800円を見積もった。

## 起業者申立て

(1) 土地価格の下落による損失について
　本件土地について、保全義務が生じた期間中に価格の下落があったとは考えられない。
　もし、何らかの土地価格の下落が証明されたとしても、直ちに補償されるべき損失になるものではない。本件土地の所有権に何ら変更があったわけでなく、今後土地価格の回復を待って処分することも可能なこと、また、平成3年以降の土地価格の下落は広く全国的な傾向であり、保全義務とは直接の関係はなく、本件土地の価格の下落をもって不平等の負担とか特別の犠牲とかいうことはできないからである。

(2) 税法上の損失について
　土地収用に際し生じる譲渡所得に対する特別控除は、土地収用が現実化した段階で認められるものであり、単に事業認定があっただけで収用が現実に行われていない段階では、未だ譲渡所得は発生していないのだから、特別控除を受ける資格が確定的に発生したわけではない。したがって、収用が現実化していない段階では、もともと特別控除を受ける資格がなかったのであるから、事業の廃止があったとしても、その前後を通じて裁決申請者には何らの損失も生じていない。
　なお、裁決申請者の主張を認めると、今後、本件土地が他の収用事業の対象となった場合に、裁決申請者が譲渡所得について特別控除の適用を受け得るのであるから、税法上の特典を二重に受けるという不合理が生じる。
　さらに、このような特別控除は、一定の政策目的実現のために国の裁量によって与えられる特典に過ぎないものであり、憲法第29条が予定する財産権とは性質を異にするものである。政策的な恩典に過ぎない税の減免措置が法律上補償を要する財産としての内実をもっているとは考えられない。

(3) 地積過小等に伴う土地の価値の減少による損失について
　裁決申請者がなぜ仙台市に買取申出を急いだのか、また仙台市に残地補償を請求することが不可能であったのか理解できない。
　裁決申請者は「相手方が本件土地を買受けるという申立てをした」としているが、申し入れた価格を超える価格での買受けは約束していない。

さらに、裁決申請者は本件土地の所有権を失ったわけではないから、今後も公用収用があり得るし、公道に面しており使用収益の面でも処分上も何の支障もないと思われ、この種のものは土地収用法上の損失には当たらないと考える。

## (3) 隣接地工事費補償

● 河川工事に伴い地盤沈下した建物につき、増築部分を含めた建物全体の嵩上げをすることが妥当であるとした事例

昭和51年3月23日　福岡県収用委員会裁決

### 裁決

　損失箇所ならびにその程度については、裁決申請者と相手方との間に意見の相違はなく（当委員会が当事者に求めた被害状況の「被害調書」による）、また施行工事と損失の発生との因果関係についても当事者間に争いはない。

　したがって、原形復旧するための工事について検討するに、裁決申請者は損失箇所に対する部分補修をもって足りるとし、その積算方法として建物の嵩上げ工法によることとしているのに対し、相手方は損失箇所に対する部分補修では原形復旧は不可能であり、現実に建物の嵩上げを全面的に行い、その工事過程で柱のねじれ等の補修をすべきであるとしている。この点については、当委員会が行った現地調査ならびに相手方隣家の乙に対する損失補償の内訳等を検討した結果、復旧工事は裁決申請者が損失がないので除外するとした増築された2階部分についても建物の構造上他の部分の嵩上げに伴って当然嵩上げの必要があるところから、これを含めた建物全体の嵩上げ工法によるのを妥当と認める。次にこれに要する補償金について判断するに建物の旧部分（増築された2階部分以外）と工作物については裁決申請者の見積額861,900円を相当と認め、裁決申請者が、損失がないので補償しないとした増築された2階部分については、河川工事に伴う被害は認められないので、嵩上げ補償として515,900円を相当と認める。

### 裁決申請者申立て

　損害は河川工事に因って生じたものであり、これの復元は、裁決申請者が主張する増築した2階建ての部分を切り離しての復旧ということは考えられない。増築した2階建ての部分も含めた家屋を一体とし、建物全体の嵩上げを行い、基礎部分を全面的にやり替えなければならない。その後諸々の修繕工事をすることとなり、金額に見積もれば3,016,500円となる。裁決申請者の見積額

では、隣接地の乙に対する補償と格段の差が生じ納得できない。

## 起業者申立て

　この河川工事の施行により、相手方甲所有の木造家屋が一部地盤沈下（推定3～5㎝）のため、家屋の基礎部分、家屋の側壁、土間コンクリートの一部に亀裂が生じ、一部建具の開閉ができなくなり、外柵のブロック壁の一部にも亀裂が生じたものである。

　地盤沈下については、当該地区は軟弱地盤のため、自然沈下もあり、上記損害は、河川工事だけに起因するものではないと推定されるが、一応補償金を支払うべく交渉してきたものである。

　損失補償の見積り及びその内容

(イ)　増築された2階建て部分を除いた家屋の部分嵩上げとして、848,900円を見積もった。

(ロ)　外柵ブロック壁、土間コンクリートについては工作物の補償として13,000円を見積もった。

● 道路法70条の規定により、住宅兼店舗と車庫の機能回復をはかるため盛土及び揚家工事費の補償を認めたが、営業廃止補償は認めなかった事例

昭和55年3月7日　高知県収用委員会裁決

## 裁決

1　工事費用等について

　裁決申請者が事実第1、2記載のとおり住宅兼店舗部分を0.7m、車庫部分は1.20mのかさ上げをすることにより従前の機能回復が可能であると判断しているのに対し、相手方は事実第2、1記載のとおり1.30mの盛土及び構内改築を要求している。

　当収用委員会は、申請書添付書類、審理における当事者の主張、現地調査及び鑑定人の鑑定評価等を総合勘案した結果、本件については住宅兼店舗部分及び車庫部分の揚家ならびに盛土及び擁壁の設置によって機能回復が可能であると判断した。

　また、機能回復のための揚家等工事費その他の損失補償は裁決申請者見積額8,082,363円を相当と認めた。

2　営業廃止補償について

　相手方は事実第2、2のとおり本件土地の工事により営業ができなくなるとして営業廃止補償を要求しているが、この損失は道路法第70条第1項に定める損失に当たらないので、この要求を認めることができない。

## 裁決申請者申立て

1　本件事業に反対するものではない。しかし、建設省の補償金見積の基礎となっている本件土地の工事計画では近い将来家がくるう恐れがあるので、敷地に段差がないよう1.30mの盛土をすることとし、建物は同地上に改築をしなければならない。

　以上の整地及び改築の費用として13,353,000円（内訳は別表2記載のとお

り）を要求する。
2　本件土地において小売商（雑貨、日用品販売）を経営しているが、工事が実施され、揚家をすると商売ができなくなるので営業廃止補償として最低2,500,000円（25か月分）を要求する。
3　その他の費用として仮住居費600,000円、敷金300,000円及び引越費100,000円を要求する。

### 起業者申立て

道路法第70条第1項に規定する損失補償の見積りについては、住宅兼店舗部分を0.7m、車庫部分は1.20mのかさ上げをすることによって従来の機能回復が可能であると判断し次のとおり見積もった。

なお、損失の補償見積りについては「公共用地の取得に伴う損失補償基準要綱」（昭和37年閣議決定）等に基づき算定した。

　　　　記
相手方　甲に対し、金8,082,363円

## ●道路との間に高低差が生じたことによる土地価格の低下に伴う補償要求に対し、補償は盛土等の工事費に限るとした事例

昭和58年9月29日　東京都収用委員会裁決

### 裁決

　申請者は前記事実第1の3の(1)のとおり申し立てているのに対し、相手方は同第2の4の(1)のとおり申し立てている。

　そこで検討した結果、法第70条第1項の規定は、道路の新設又は改築のための工事の施行によって当該道路とその隣接地との間に高低差が生じるなど土地の形状の変更が生じた結果として、隣接地の用益又は管理に障害を来し、従前の用法にしたがってその用益又は管理を維持、継続していくためには用益上の利便又は境界の保全等の管理の必要上当該道路の従前の形状に応じて設置されていた通路、みぞ、かき、さくその他これに類する工作物を増築、修繕若しくは移転し、これらの工作物を新たに設置し、又は切土若しくは盛土をするやむを得ない必要があると認められる場合において、道路管理者は、これに要する費用の全部又は一部を補償しなければならないものとしたものであって、その補償の対象は、道路工事の施行による土地の形状の変更を直接の原因として生じた隣接地の用益又は管理上の障害を除去するためにやむを得ない必要があってする前記工作物の新築、増築、修繕若しくは移転又は切土若しくは盛土の工事に要する費用に限られる。

### 裁決申請者申立て

　本件土地が道路との間に高低差が生じることによって土地の形質が変更されること、さらにそれによって排水が不便になり土地が湿潤になることなどによる土地価格の低下について、前記(1)から、まず法第70条第1項の類推適用により補償を要求し、仮にそれが認められないとしても直接憲法に基づき要求する。そこで、本件土地に建物を建築するには従前に比べ1坪当たり200,000円の建築費用の増加が見込まれ、これは当然に土地価格に反映するのであり、土地価格の低下はこれに尽きるものではないが、最小限度の補償として1坪当た

り200,000円に面積49坪を乗じた額9,800,000円を要求する。

### 起業者申立て

　法第70条第1項の趣旨は、道路の新設又は改築による損失はそれが不法行為に該当しないとしても道路に関する工事に伴ってしばしば発生することが予想されるので、法律が特に補償の範囲及び方法を明らかにしたものである。そして、補償の範囲は道路管理者が道路を新設し、又は改築したことにより、その面する土地について通路、みぞ、かき、さくその他の工作物を新築し、増築し、修繕し若しくは移転し又は切土若しくは盛土をするやむを得ない必要があると認められる場合における当該工事に要する費用の全部又は一部に限定され、当該土地の従来の用法を維持するために直接工事に要する費用のみを補償しようとするものである。

　同項の規定する補償は上記のとおりであるから、道路管理者は、この限度においては補償する権限があるが、これを超えて補償することはできない。

# 駐車場敷地に係る隣接地工事費補償として土地所有者は2段駐車装置の設置費を要求しているが、盛土による傾斜式駐車場とする工事費を補償するとした事例

昭和58年9月29日　東京都収用委員会裁決

## 裁決

　申請者は前記事実第1の3の(2)のイのとおり申し立てているのに対し、相手方は同第2の4の(2)のイのとおり申し立てている。
　そこで、調査し検討した結果、損失の事実は前記第1のとおりであるので、工事方法の選定に当たっては、次の事項を考慮する。
ア　10台の駐車を可能ならしめること。
イ　自動車の鍵を管理人が保管したり、自動車が出入りするのに他の自動車の移動を要するなど管理形態を変化させないこと。
ウ　工事を施行することにより継続的な維持管理の費用が生じないこと。
エ　盛土による場合、改築後の道路と駐車場とのすりつけのこう配ができるだけ緩やかで自動車の出入りを容易ならしめること。
オ　隣り合う駐車区画の隅をできるだけ相互に利用可能とすること。
カ　駐車区画内はできるだけ平たんとすること。
キ　従来の駐車区画の間口に比べ工事後の間口ができるだけ縮小しないこと。
　ところで、申請者の見積もる2段駐車装置5基の設置工事は、管理形態を著しく変化させ、電力料金、修理費用など継続的な管理費用が生じるという難点があり、また、相手方の見積もる盛土型駐車場工事は、隣り合う駐車区画の隅の相互利用についてA、B、C、D及びEの5区画が利用できず、B、C及びDの3区画の間口が10cm以上縮小するなどの難点があり、いずれも適当な工法とは言い難いので採用しない。
　そこで検討した結果、盛土による傾斜床式駐車場（別添図4）の工事、すなわち、駐車区画の配置は従前のとおりとして、C、D及びEの区画は、Eの区画と西側の隣地との間に雨水対策として擁壁を築き、そこを基点に東方へ4％の上り緩こう配となる盛土をし、A及びBの区画は、Aの区画の南側にX区道

と平行する擁壁を築き、そこを基点に4%の上り緩こう配となる盛土をする工事方法が考えられ、その工法は次のとおりであるので、これによる工事に要する費用を補償するのを相当とする。

ア　10台の駐車が可能であること。
イ　管理形態は変化しないこと。
ウ　維持管理費用を要しないこと。
エ　道路とのすりつけ部分のこう配が10%で自動車の円滑な出入りができること。
　　なお、段差が生じるが、擁壁の高さを駐車場区画内の舗装仕上面から15cm高くすること及び車止めを設けることにより転落等の危険は防止できること（この擁壁の15cmの部分及び車止めは、車体と接触することはない）。
オ　隣り合う駐車区画の隅の相互利用についてはCの1区画がその片側を利用できなくなるのみであること。
カ　駐車区画内は、駐車する自動車の左右に4%の緩やかなこう配で、駐車時の自動車のドアの開閉にほとんど支障がないこと。
キ　間口はEの1区画を除き異同はなく、Eの区画は10cm縮小し2.76mとなるが自動車の出入りに支障がないこと。

　なお、申請者は、前記事実第1の3の(2)のイのとおり、盛土をする工事は将来の土地の有効利用に支障を生じると申し立てているが、法第70条第1項の補償は将来の利用まで考慮するものではなく、従前の利用形態に応じた補償をするものである。

### 裁決申請者申立て

　従来どおりの営業用駐車場としての駐車可能台数10台を確保する方法として、従前の土地利用に比べ駐車場の運営に若干の支障を生じることは避けられないが、少なくとも安全性、操作性に問題がなく、営業用駐車場として利用可能な2段駐車装置5基を設置することとし、これに要する費用を見積もった。見積額は、商品代として1基720,000円の5基分3,600,000円にその取付費及び運搬費325,000円を合わせた3,925,000円、土間工事代として1,298,380円、動力申請費用及びカバーなどの設備工事代として380,000円の合計5,603,380円である。

　なお、相手方は、当方の見積もる工事は3方の道路からの自動車の出入りの

回復はできないものであるから、法第70条第1項の補償の対象とはなり得ないと主張しているが、同項の補償の対象は、3方の道路から自動車の出入りができた従前と同様の土地利用を機能的に回復することであり、相手方の主張はきべんである。

　また、相手方が見積もる盛土型駐車場（別添図3参照）は、出入りの際、転落、接触などの危険性があること、駐車区画A、C及びDは、前面道路が幅員6mに達せず、しかも10％の急こう配で自動車の出入りが事実上不可能もしくは相当高度な運転技術がない限り著しく困難であること、駐車区画Bは奥行きが小型乗用車の車長4.7mに満たず駐車場の用をなさないこと、平地ならば事実上相互利用できる隣り合う駐車区画との空間が存在しないことから、営業用の駐車場として利用し得ないものであり、さらに、この見積内容は各個の工事の単価を極めて低く見積もった不当なものである。加えて、この工事は、本件土地の形質を半恒久的に変更するものであって、将来の土地の有効利用に支障を生じるものであり、同意できない。

### 起業者申立て

　駐車可能台数が10台であり、すべての駐車区画から直接前面道路へ出入りできる従前と同様の機能を回復するための工事費を補償するものである。そこで、直接前面道路へ出入りできなくなる駐車区画A、B、C及びDについて、個々の駐車区画の規模と配置は従前のままで、それぞれの区画内の地盤平面が改築後の前面の道路の高さに合うよう、各区画の間に擁壁を築き盛土して造成を行う盛土型駐車場（別添図3参照）の工事に要する費用を見積もった。盛土する各区画内の地盤平面は、従前の地盤面に比べ、それぞれ、Aの区画は60cm、Bの区画は90cm、Cの区画は45cm、Dの区画は20cmの高さで盛土することとなる。見積額は、土工として117,442円、土留擁壁工として254,213円、舗装工として148,876円、止石工として23,336円、防護柵工として37,077円、諸経費として468,856円の合計1,049,800円である。

　なお、申請者は、この盛土型駐車場は、出入りの際、転落、接触などの危険があるなどとして営業用の駐車場として利用し得ないものであると主張しているが、前面道路の幅員、駐車区画の間口と奥行き、自動車の回転軌跡等からみて、この駐車場は、通常の注意を払えば安全に駐車でき、さらに、安全対策として必要個所にガードレール及び車止めを設けるのであり、営業用の駐車場と

して従前と同じような収益をあげることができるものである。
　また、申請者が見積もる2段駐車装置5基の設置工事は、本件土地が接する3方の道路から各区画へ自動車が直接出入りできるようにするものではないので、本件の補償工事とはなり得ないものである。

● ガソリンスタンド敷地の隣接地工事費補償において、消防法令の基準を充たすための改築は設置者の義務であり、これに要する費用の補償は認められないとした事例

昭和54年10月20日　岩手県収用委員会裁決

## 裁決

1　本件道路の管理者である相手方は、本件道路を含む一般国道○○号○○○バイパスの第1期工事（昭和47年4月29日着手昭和48年10月20日完成）及び第2期工事（昭和51年10月8日着手昭和52年3月28日完成）を施行した。

その結果、本件道路において第1期工事の路面が約1m嵩上げされた。

本件土地の所有者甲は、本件土地について第1期工事施行中の昭和48年2月消防法令に基づく許可を受け本件ガソリンスタンドを新築し、昭和48年12月から適法に営業していた。

なお、本件ガソリンスタンド新築に当たっては、建物及び給油施設を第2期工事による将来の改築に備えあらかじめ高く設置し、空地は第1期工事の道路の高さに合わせて設置した。また、本件ガソリンスタンドの空地と本件道路との間の通路については、昭和48年8月15日付で法第24条の許可を受けて本件ガソリンスタンドの設置者が施行したが、同許可に当たって相手方は「○○○橋の架替による通路の機能低下の補償はしない」旨の条件を附した。

第2期工事に伴い、本件道路の路面が本件ガソリンスタンドの空地より約1m高くなることから、裁決申請者は、本件ガソリンスタンドの空地を第2期工事後の本件道路の路面の高さまで嵩上げするため、消防法令の許可を受けて本件工事を施行した。

本件工事に要した費用について裁決申請者は、第2期工事完成前である昭和52年2月18日付文書により相手方に対し法第70条第1項及び第2項に基づき損失の補償請求をしたが、相手方は昭和53年4月11日付文書によりこれを拒否し、本件補償協議が成立しなかった。

以上の事実については、当事者間に争いがない。

2　申請者と相手方との双方の申立ての要旨は、前記事実で摘示のとおりであるが、当委員会の調査等から次の事実が認められた。

　裁決申請者は、昭和49年2月9日に設立した株式会社であるが、甲が設置した本件ガソリンスタンドに係る権利義務を承継して適法に本件ガソリンスタンドの経営を行っていた者である。

　第2期工事によって本件道路が本件ガソリンスタンドの空地より約1m高くなることにより、ガソリンスタンドの空地は、その地盤面を周囲の地盤面より高くすることを義務づけている消防法令に違反する施設となるため、これまで通り営業を継続するためには、消防法令の規定に適合し、かつ、道路との従前の利用法を維持する施設に改築する必要が生じたものである。

　なお、本件ガソリンスタンドの空地と道路との通路は、本件工事前は2か所であったが本件工事によって3か所に増設された。

3　ところで、裁決申請者は前記事実第1のとおり法第70条第1項の規定により本件工事による損失は道路管理者である相手方において負担すべきである旨主張し、相手方は前記事実第2のとおり、同条第1項に規定する補償要件に該当しないので補償義務は存在しない旨主張するので、まずこの点について判断する。

(1)　法第70条第1項は、道路の新設又は改築によって当該道路に面する土地について生ずる損失は、公共事業として行う道路工事が不法行為に該当しないとしても、道路工事に伴ってしばしば発生することが予想されるので、公平の原則から特に補償すべくその範囲及び方法を明らかにしたものであって、それは当該土地の従前の利用状況、道路の新築又は改築による当該土地の利用状況の変化の程度及びその態様ならびに当該土地における建物その他工作物等の利用状況等諸般の事情を勘案し、道路の新築又は改築と当該土地の従前の用法による利用価値の減少との間に相当因果関係があり、かつ、当該価値の減少が社会的に通常受忍すべき限度を超えるときは、損失を受けた者に本件による請求を認め、道路管理者において損失の補償をなすべきことを定めたものと解するのを相当とする。

(2)　前述法意に鑑み、本件事案について検討すると、裁決申請者が本件工事を行う必要が生じた直接の原因は、前述のとおり相手方が行った第2期工事であり、そのため本件道路と本件ガソリンスタンドの空地との間に高低差が生じ、従来適法に設置されていた本件ガソリンスタンドが消防法令に違反する施設となり、また車両の通行が可能であった従前の道路との利用

関係が破壊されることから、裁決申請者は従前の営業が不能となる事態を回避するため、本件工事を施行せざるを得なかったものであり、本件工事の必要性と、本件道路の改築との間に相当因果関係があることは明らかである。

(3) ところで相手方は、本件ガソリンスタンドの空地を第2期工事後の本件道路面より高くしなければならなかった原因は、消防法令に定める規制によるものであって、その費用は、法第70条第1項の補償の要件に該当するか否かを論ずるまでもなく危険物取扱所の所有者として遵守しなければならない義務者、すなわち、裁決申請者が当然負担しなければならないと主張するが、なるほど、危険物の安全確保という特殊性に対する設置者の負担は当然ではあるが、しかし、本件ガソリンスタンドが本件道路の改築によって違法状態となった場合において、営業を継続しようとする施設の設置者である裁決申請者に、即適法状態に回復させる法令上の義務があるからといって、その費用の全てについて法第70条第1項の請求権が消滅したものとは解し難い。

(4) さらに、相手方は、裁決申請者は第2期工事により本件道路の路面の嵩上げを事前に知り得て本件ガソリンスタンドを建設した旨をもって損失の補償義務を否定する主張をしているが、財産に対し権利を有する者はその権利をどのように行使するかは権利者の自由意思に基づくものであり、法律上特段の規制がない限りは他に支配されるものではない。本件土地については、法律上特別の規制がないことから、裁決申請者が、第2期工事計画を了知しながら、営利を目的とした一般の経済活動として本件ガソリンスタンドを建設したことをもって、損失の補償を請求できないとすることには理由がない。

(5) 加えて、相手方は、本件ガソリンスタンドの建設に当たり法第24条の許可条件に「〇〇〇橋の架替による通路の機能低下の補償はしない」旨附したことにより、申請者に一切の損失補償請求権はない旨主張するが、許可条件について規定する法第87条においては、その条件として、道路の構造を保全し、交通の危険を防止し、その他円滑な交通を確保するために必要な事項に限られるものであって、かつ、許可を受ける者に不当な義務を課することとならないものと明示されており、前記条件を理由に法第70条第1項の損失の補償請求権を奪うものとは、到底理解できない。

4 次に損失の補償の範囲について判断する。

裁決申請者は、補償の範囲を事実第1の1のとおり本件ガソリンスタンドの空地の全面嵩上げ工事に要した費用をもって主張するが、法第70条第1項の趣旨は前述のとおりであり、その損失は、価値の減少が社会的通常受忍すべき限度を超える部分においてのみ認められるべきものであって、消防法令上の基準を充たすための改築部分については危険物の安全確保という特殊性による設置者の義務であり、この部分の費用は同条第1項の認める損失の補償の対象外である。

　したがって、本件裁決申請における損失は、第2期工事施行前の本件道路と本件ガソリンスタンドとの間2か所について、通行が可能であった従来の利用法を確保する範囲で認められる。

　よって、当委員会は、これらの要件を充たすべく工事の費用を検討した結果、裁決申請者の受けた損失の補償は、主文に掲げる金員をもって相当とする。

## 裁決申請者申立て

2　相手方は、後記第2の5の主張のとおり、本件工事の原因は、消防法令の規定する規制によるものであると主張するが、相手方の本件道路工事の施行により、本件道路と本件ガソリンスタンドとの間に68～102cmもの段差が生じたため本件工事が必要となったものである。

　現に、本件ガソリンスタンドの隣接の商店及び住宅は、本件道路工事に関係し嵩上げ費用の補償がなされており、ガソリンスタンドであるからといって、本件補償請求を法第70条第1項に規定する補償の対象外とする理由がなく、かかる不公平な取扱いは、憲法の基本原則である法の下の平等を侵すものである。

3　また、相手方は、後記第2の6の主張のとおり、裁決申請者が将来本件道路が高くなることを知りながら本件ガソリンスタンドを建設したとして法第70条第1項の規定に該当しない旨主張しているが、裁決申請者は、昭和48年12月の本件ガソリンスタンドの建設当時既に本件道路が将来高くなることを知っていたが、土地の有効利用と、営業上の必要から、是非とも本件ガソリンスタンドを建設せざるを得なかったものであり、建設に当たっては、将来本件道路の嵩上げに対応できるようにあらかじめ改築部分が最も少なくなるように設計し建設したものである。

よって、本件工事の費用は、当然相手方において補償すべきものである。
　なお、相手方からは、本件道路の嵩上げについて知らされてはいるが、本件道路工事に当たり本件工事の費用は補償しないとの説明はなく、いわんや裁決申請者において事前に本件補償請求権を放棄した事実もない。
4　加えて、相手方は、後記第2の7の主張のとおり、本件ガソリンスタンド建設時に本件道路と本件ガソリンスタンドとの通路工事のための法第24条に基づく道路工事施行承認に附された「〇〇〇橋の架替による通路の機能低下の補償はしない」旨の条件を申請者は有効に認めていると主張するが、これは、本件工事の費用の補償について附された条件と解すべきではないし、有効に認めた事実もない。この条件が、法第70条第1項に規定する補償請求権を制約するものと解釈すれば、国民の権利の放棄を強要したものであり無効というほかはない。
5　要するに、本件工事による損失は、法第70条第1項の要件を充たすものであり、道路管理者である相手方は、同条に基づく損失の補償をすべき義務があることは明らかである。

## 起業者申立て

4　法第70条第1項は、道路の新設又は改築による損失はそれが不法行為に該当しないとしても、道路工事に伴ってしばしば発生することが予想されるので、法が特に補償の範囲及び方法を明らかにしたものであって、それは諸般の事情を勘案し、道路の新設又は改築と当該土地の従前の用法による利用価値の減少との間に相当因果関係があり、かつ、価値の減少が社会的に通常受忍すべき限度を超えるときは、その損失の公平負担の原則からこれを補償する趣旨であると解される。
　このために、損失の補償に関しては、厳格な要件を設けており、この要件を充たすものについてのみ補償の対象となるものであり、その要件は、「当該道路に面する土地」であること、「道路、みぞ、かき、さくその他の工作物又は切土若しくは盛土」であって、「やむを得ない必要があると認められる場合」である。
5　しかるに、本件土地について道路面より高くする必要を生じさせた原因は、消防法令の規定する規制によるものであって、法第70条第1項の規定は、これら他の法令に定める規制による損失についても予定しているとは到

底考えられない。

　ガソリンスタンドは、特別な配慮を必要とする危険物の取扱施設であり、これを設置する者には、消防法令の規定により厳格な要件のもとに許可を得ることを要求され、かつ、絶えず変化する周囲の生活環境に対応した安全性の確保が義務づけられている。

　ガソリンスタンドの空地は、ガソリンスタンド設置後においても道路工事等により周囲の地盤面より低くなった場合には、これに応じた盛土等の工事を必要とし、常に周囲の地盤面より高くしておくことを義務づけられており、しかも、消防法令は、このため要した損失の補償等の規定を一切設けていないことから、営業を継続しようとする施設の所有者は、周囲の環境の変化による盛土等適法な施設となすべき当然の義務を負い、これにより生じる損失を負担すべきものと解される。

　本件ガソリンスタンドの空地を道路面より高くしなければならなかった原因は、消防法令の規定する規制によるものであって、その費用は、法第70条第1項の補償の要件に該当するか否かを論ずるまでもなく危険物取扱所の所有者として遵守しなければならない義務者すなわち裁決申請者が当然負担しなければならないものである。

6　さらに、本件ガソリンスタンド設置時点において当該施設設置者は、第2期工事計画を承知し、2～3年後に必要となる盛土等工事に要する出費は、最初から予定したものである。

　これを仮に、将来の補償を請求することを予定し、結果として補償を受けたとするならば、このような請求が随所に発生することも予想され、社会的公平負担の原則に反するものであり厳に防止しなければならない。

7　また、昭和48年8月15日付法第24条工事の承認に当たって「○○○橋の架替による通路の機能低下の補償はしない」との条件を明記しているが、これは、将来の第2期工事の実施により、本件ガソリンスタンドへの車両の出入りが困難となり著しく通路の機能低下を来すことが予想されたため、これを「通路の機能低下」と称し補償しないこととしたもので、裁決申請者はこれを有効に認めているものである。

8　仮に、本件土地を消防法令の適用がない一般的利用の土地であったと仮定して考えてみた場合は、なるほど形式的には、法第70条第1項の補償の要件を充たすつもりであったかもしれないが、前述のとおり相手方の十分な教示と行政指導により、本件ガソリンスタンド設置者は、将来盛土等の工事の必

要性をとくと了知し、この出費を覚悟しながら本件ガソリンスタンドを建設した事実を考えれば、最初からこの損失を受忍する予定でいたものであって、同条第１項の補償の要件の一つである「やむを得ない必要があると認められる場合」に該当するとは到底考えることはできず、客観的にみても同条第１項の補償の実質的要件に該当しないとするのが当然というべきである。

## ●道路管理者の地下道新設に伴い隣接地の地下タンク貯蔵所が消防法の規定により移設を余儀なくされたことに伴う損失は、道路法70条の規定に該当するとして補償を認めた事例

昭和52年9月24日　香川県収用委員会裁決

### 裁決

1　裁決申請者（以下単に「会社」と呼ぶ。）がその主張する土地を所有し同土地に消防法の規定に基づく地下タンク貯蔵所（地盤面下に埋没されている5基のタンク（タンク室に設置されていない）においてガソリン等の危険物を貯蔵しまたは取り扱う貯蔵所をいう）を所有して「甲石油株式会社〇〇給油所」を経営していたこと。相手方が昭和48年10月下旬より前記土地に隣接する国道〇号および県道の区域内（通称〇〇町交差点およびその周辺）において〇〇町地下横断歩道（以下単に「本件地下道」と呼ぶ。）の新設に着工し翌49年12月22日同道路工事が完了したこと。同道路工事施行の結果、前記の地下タンク貯蔵所の埋没タンク5基のうち4基（以下「本件旧タンク」と略称する。）と本件地下道との水平距離がいずれも10m未満になったこと。会社が昭和49年12月下旬所轄高松市消防局長より本件旧タンクが本件地下道からの水平距離10m以内となるので昭和50年1月31日までに改造計画書を提出するようにとの警告を受けたため、会社は本件旧タンクを法定の技術基準である水平距離10m以外の場所に移転しなければならないやむを得ない必要が生じたので、相手方に対し前記道路工事の完了の日から1年以内である昭和50年1月下旬以降文書および口頭をもって本件旧タンクの移転工事費の補償を請求したけれども、その都度相手方がその請求を拒否したため、前記移転工事費の補償についての協議が成立しなかったこと。前記の移転工事はすでに昭和51年7月16日完成していることおよび相手方が本件地下道の道路法第70条の規定にいうところの道路管理者であることの各事実は、当事者間に争いがない。

2　会社と相手方との各申立ての要旨は、前記事実で摘示のとおりであるところ、本件地下道は高松市〇〇町交差点における国道〇号の各歩道面にそれぞ

れ2か所（合計6か所）および同国道と東西に交差する県道の東側県道の各歩道面にそれぞれ1か所の出入口が設けられ、これらの出入口を通じて自転車や歩行者が同国道の地下を横断することができるものであり、また「危険物の規制に関する政令（昭和34年9月政令第306号。以下単に「政令」と呼ぶ。）」第13条第1号イに規定する「地下トンネル」に該当するものである。なお本件地下道の新設工事は、相手方が道路法、道路構造令、その他遵守すべき規定にしたがって、適法のうちに施行されたものであり、他面広い意味では前記国道および県道の各歩道の改築工事にほかならない。ところが相手方が本件地下道を新設したことに因り、当該道路に面する土地の所有者である会社が従来消防法第10条、第11条および政令第13条第1号本文のただし書きの規定等により所轄当局の許可を得て営業の用に供していた本件旧タンクが、本件地下道よりの水平距離10mの内側に位置することになり、したがって前記消防法令上の違法施設となったため、所轄当局より改造命令を受けたことおよび会社は消防法令に適合するように改造すなわち移転工事を実施しない限り、従来どおりの営業を継続すること、換言すれば会社所有の前記土地の従前の用法による利用価値を維持することができなくなるためやむを得ず本件旧タンクを本件地下道よりの水平距離10mの外側の場所に移転せざるを得なくなったので、所轄当局の許可を得て昭和51年5月22日移転工事に着工し、従前の地下タンク貯蔵所より埋没（政令第2条第4号参照）タンク1基を削減して4基とし、その容積も従前に比し4.9kl減少させていることおよび移転工事もすでに同年7月16日完了していることが認められる。

3　ところで、会社は前記事実第1の2ないし5のとおり道路法第70条の規定により本件旧タンクの移転工事による損失の補償は道路管理者である相手方において負担すべきである旨を主張し、相手方は前記事実第2の2、3および5のとおり同法条の規定による補償義務は存在しない旨をもって抗争するので、先ずこの点について検討する。

(1)　道路法第70条第1項の規定は、道路の新設または改築によって生じる損失は、その道路工事が道路法、道路構造令その他遵守すべき規定にしたがって施行されるかぎり、いわゆる適法行為に因る損失であり、しかもそれは道路に関する工事に伴ってしばしば発生することが予想されるので、公平の原理に基づき特に補償の範囲および方法を明らかにしたものであって、結局当該土地の従前の利用状況、道路の新設または改築による当該土地の利用状況の変化の程度およびその態様ならびに当該土地における建物

その他の工作物等の利用状況等諸般の事情を勘案し、道路の新設または改築と当該土地の従前の用法による利用価値の減少との間に相当因果関係があり、かつ当該価値の減少が社会的に通常受忍すべき限度を超えるときは、損失を受けた者にその損失補償の請求を認めたものであって、これが本条の立法精神であり、また同条の規定の趣旨であると解するを相当とする。またいかなる程度の工事をもって同項にいう「やむを得ない必要な工事」すなわちいわゆる受忍の限度を超えた工事とみて、その工事費用中どの限度における補償をすべきか、あるいは補償金に代える工事をなすべきかについては、先ず収用委員会の裁決に待つことと定められているのである。

ひるがえって本件事案についてみるに、会社が本件旧タンクの移転工事をしなければならなくなった直接の原因は、前述の如く相手方が本件地下道を新設したためであって、もし相手方が本件地下道を新設しなかったならば会社は本件旧タンクの移転工事をする必要は全くなく、したがってまた消防法令の違反にも問われず従前どおり適法に営業を継続し得たことが明らかである。してみれば、会社が従前どおりの営業を継続する必要上、万一やむを得ず本件旧タンクを移転しそれに要した工事費用につき、道路法第70条第1項の規定による損失の補償を本件地下道の道路管理者である相手方に対して請求するのは当然であるというべく、相手方のこの点に関する反論、ことに工作物および道路の表面における高低差に関する主張は、いずれもあまりにも同法条の字句のみにとらわれ過ぎたきらいがあり、またその主張のように同法条を特に限定的に解しなければならない合理的理由は、すでに解説した同法条の規定の趣旨ないし立法精神に照らし、これを見出すことができないから到底採用することができない。

(2) 次に、相手方が抗争する前記事実第2の4は、要するに本件旧タンクはもともと消防法令による規制を受けているものであり、したがって本件旧タンクの移転工事費は、同法令上の危険物所有者等である会社自身において、当然負担すべきものと解されるので、会社の本件申立ては失当であるというに尽きる。しかしながら当委員会はすでに前記(1)で検討したとおり、本件旧タンクの移転工事による損失の補償義務は、道路法第70条第1項の規定により相手方に存するものと解するのが相当であると思料するものであるから、相手方の消防法令上会社に損失の負担義務がある旨の主張は、もとより失当として排斥すべきものとする。

## 裁決申請者申立て

1 　裁決申請者（以下単に「会社」と呼ぶ。）は、高松市〇〇町〇番11の宅地431.73㎡および同番20の宅地264.49㎡の土地をそれぞれ所有し、「甲石油株式会社〇〇給油所」を経営するものであるが、相手方が会社所有の土地に面する国道区域内に施工した〇〇町地下横断歩道（以下単に「本件地下道」と呼ぶ。）の建設工事（昭和49年12月22日工事完了）により、それまでは消防法の規定に反せずして存在した当該給油所の地下貯蔵タンク（以下単に「本件タンク」と呼ぶ。）が消防法第10条第4項違反として高松市消防局長より改造するよう警告を受けた。

2 　相手方の後記第2の2および3の主張中(イ)いわゆる受忍限度論はさておき、高低差によって生ずる損失にのみ適用されるとする点は失当である。同法の適用がそれのみに限られると解する理由は、文理的にみても、実質的にみても、全くないものというべきである。(ロ)本条の適用の基準は、土地の形状に変更があったか否かにあるのではなく、受忍の範囲を超える損失が道路の新設または改築によって生じたか否かにあるというべきである。そして、それは、まさに、社会通念に照らして、当該損失が受忍の範囲内にあるか否かを具体的に考えるべきものであり、物理的形状変更のみに限定して論ずべきものではない。

3 　相手方は、本件タンクが道路法第70条第1項にいう「その他の工作物」に該当すると解するには疑義があると主張しているが、これはあまりにも形式的な文理解釈にこだわった議論であって、道路法の精神に反するものというべきである。すなわち、いわゆる「みぞかき補償」は、適法行為による損失補償の理論の進歩に伴い適法な公共事業の施行による隣接地への損害をも、公平の原則に照らして、補償をすべきものとする考えを背景にして立法されたものである。

　　そして、補償が行われる範囲として列挙されている「通路、みぞ、かき、さく、その他の工作物」は、かような損害の生ずる物件のうち、最も典型的なものとしての例示であり、道路法がこの列挙物件に限定して補償を認めたものと解すべきものではなく、その他の物件についても、いわゆる「みぞかき補償」の精神に基づき、類推適用を考えるべきである。

4 　相手方の後記第2の4の主張については、財産権に対する制限として、本件タンクの移設義務が容認されることと財産権を制限することにより生じた

損失の負担、すなわち本件タンクの移設費用の負担義務を誰に帰せしむべきかということは、おのずから別問題である。前者は、消防法令に基づくものであっても、後者は明らかに、道路法の解釈によって定まるものであるからである。

なお、本件タンクは、政令第13条のただし書きの適用をうけたものである。

5　要するに本件は、消防法令の規制をうけ、それまでの本件タンクは全く使用不能となり、それがため、移設工事をせざるを得なくなり、その結果、多額の出費を余儀なくされたものである。

このように、本件は、道路の新設と損失との間の因果関係が直接的であり、かつ明白であって、この間に会社の責に帰すべき事由は、何一つもないのである。

道路法第70条は、適法な道路工事に伴い、道路に面する土地につき、施行を必要とするにいたった工事の費用を工事を必要とする者（損失をうけた者）のみに負担させることが公平を欠くという見地から、道路法が特に定めた損失の補償を規定するものであって、本件の如く、それまで適法に存在し得た本件タンクが本件地下道新設という後発的事由から、消防法令により、財産権上の制限をうけ、移設という工事が必要となり、それにより、受忍義務を超えた多大の損失が生じた場合には、相手方は「公平な損失の負担」という損失補償の基本理念にしたがい、道路法第70条を適用して会社の本件損失の補償をすべき義務があることは明らかである。

## 起業者申立て

2　道路法第70条は、道路に面する土地について道路工事により、道路面に著しい高低差が生ずる等道路との構造的関係が変更せられたため、道路工事前と同程度の機能を回復するやむを得ない必要があると認められる場合において、道路管理者に対し、一定の補償義務を課したものと解される。このことは、(1)同条が補償の対象となる工作物の例示として掲げている「通路、みぞ、かき、さく」がすべて道路と隣接する性格を有し、道路との構造的関係が変更せられた場合には、その機能を十分に発揮することができなくなる工作物であること。(2)「道路に面する土地について」と規定されていること（仮に、本条が、本件のような法的義務に基づき移設の必要がある場合も補

償する趣旨とすれば「道路に面する」ことを要件としなかった筈である。）等からも明らかである。

　また、会社主張の本件タンクのような構造物が道路法第70条にいう「その他の工作物」に該当すると解するのは解釈上疑義がある。

3　本件のように、道路との関係における構造的変化が何ら生ぜず、隣接地に存する工作物について、結果的に消防法の規定に違反し、その移設が必要とする場合には、自動車交通により生ずる自動車交通騒音等と同様に本条の適用はないものと解される。

4　また、消防法令による規制は、地下トンネル等（以下単に「トンネル」と呼ぶ。）が同法令に定める水平距離内に入ってきた場合にも適用されるものであるが、消防法令は新規に入ってくるトンネルと危険物との調整、危険物所有者等に対する補償等の規定を一切設けていないことから、法定距離内にトンネルが入ってきた場合には、危険物の所有者等は当然に移設の義務を負い、これにより生じる損失を負担すべきものと解される。

　これは、人の生命、身体、または財産に非常な危険を及ぼす虞のあるものを使用している者にとっては、これによって生ずる災害が他に及ぼさないよう措置することは、社会的な当然の義務であり、この義務を履行するため生ずる損失は、これらの者の社会的立場から当然に受忍しなければならないと解されるためである。

　さらに、政令第13条では、危険物を貯蔵する地下タンクは、原則として地盤面下に設けられたタンク室に設置することとされており、この場合には法定の水平距離を確保する必要がないこととされている。本件の場合、会社が消防法令の原則にしたがって本件タンクを設置していたとすれば、新規にトンネルが入ってきても何ら問題が生ずることはなかったものである。

5　以上のことから、本件については、道路管理者に対し、補償請求をすることはできず、また、道路法第70条の適用をうけないことが社会的に公平を欠くとする会社の反論は、承知し得ないものである。

● 道路工事のため、神社敷地との間に生ずる高低差により参拝者、車の出入りに支障を来すことから、道路からの進入路を合理的な方法により設置する工事費用等を補償するとした事例

平成16年7月13日　兵庫県収用委員会裁決

## 裁決

　裁決申請書、当事者の審理での主張及び意見書ならびに当委員会の現地調査の結果等によれば、〇〇橋架替工事及び本件道路工事に伴い、本件道路と神社敷地との間に最大約1mの高低差が生じることにより、鳥居及び参拝者入口からの人と車の出入りに支障を来すこと及び神社の外塀の高さが本件道路に対し相対的に低くなることにより、塀としての機能に支障を来すことは明らかであり、法第70条第1項に規定する補償の必要が生じるものと認められる。

　損失の補償について、裁決申請者は事実1(3)のとおり申し立てるのに対し、相手方は事実2のとおり異議を申し立てるので、以下判断する。

(1) 損失の補償の内容

　　法第70条第1項の規定によると、やむを得ない必要があると認められる場合においては、道路管理者は、費用の全部又は一部を補償しなければならないとされており、その補償の対象は、道路工事の施工による土地の形状の変更を直接の原因として生じた隣接地の用益又は管理上の障害を除去するためにやむを得ない必要があってした工事に起因する損失に限られると解するのが相当である。

　　これを本件についてみると、道路管理者による補償の範囲は、障害を除去する必要最小限度の措置として、本件道路からの進入路を合理的な方法により設置する工事費用、本件道路に対して相対的に低くなることで損なわれる外塀の機能回復を図る工事費用等を補償することで足りると認められ、相手方が事実2(2)で申し立てる、本件道路と高低差が生じる神社敷地を道路面に沿って全体的にかさ上げするための工事費用の補償は認められない。

　　そこで、工事費用の補償について、当事者から提出された意見書、審理、現地調査の結果等を総合的に勘案した結果、基本的には、次の工事費用を補

償することで、従前の機能回復が図れると判断した。
① 鳥居及び参拝者入口からの人と車の出入りを図るため、本殿裏側の敷地を本件道路の高さまでかさ上げし、併せて本殿裏側の敷地上にある鳥居、受付舎などの構造物の再構築等を行うための工事費用。
② 本殿裏側の敷地から拝殿正面及び神社回廊への通路として、神社東側外塀に沿って、スロープを新設するための工事費用。
　また、本殿裏側の敷地のかさ上げ及びスロープの設置に伴い、擁壁及び手摺ならびに側溝、会所などの排水施設等を新設するための工事費用。
③ 本件道路工事後の道路面及びかさ上げされる本殿裏側の敷地の高さに合わせて、神社の外塀を従前の高さが維持できるように新設するための工事費用。

なお、相手方は、神社の尊厳が道路から見下ろされることにより損なわれることならびに裁決申請者が申し立てる補償工事を行えば、高齢の参拝者が安全に参拝できない、玉垣奉納者名が隠れてしまう、湿気による腐食や白アリの害により社殿の傷みが早くなる及び土地の利用価値が激減するといった弊害が生じる旨を主張するが、これらのことは法第70条第1項の趣旨から補償の対象にはならない。

一方、裁決申請者は、事実1⑶イで本殿両側の回廊をスロープ状に整備する補償を申し立てているが、上記②のとおり、神社東側外塀に沿ってスロープを設置すれば、拝殿正面及び神社回廊への通路として機能回復を図ることができるので、本殿西側の回廊をスロープ化せずに、神社の回廊を現状のままにすることにより、玉垣奉納者名が隠れてしまう、地蔵堂及び○○社が見下ろされるといった弊害をもたらすこともなくなる。

上記を除き、裁決申請者が事実1⑶で申し立てる補償の内容は、従前の機能回復を図るために妥当であると認められる。

## 起業者申立て

法第70条第1項に規定する隣接工事費の補償は、道路を新設し、又は改築したことにより、道路に面する土地について、社会通念上妥当と認められる限度において補償する趣旨であり、損失を受けた者からの請求によって、これに要する費用の一部又は全部を補償するものである。
　したがって、法の趣旨を踏まえて、次のような考え方により補償を行うこと

とし、別表第2のとおり見積もった。

　なお、損失の補償の見積りについては、「公共用地の取得に伴う損失補償基準」等に基づき算定した。

ア　本殿裏側の敷地のかさ上げとそれに伴う工事

　　鳥居及び参拝者入口から神社への出入りが、従前と同様にできるように、神社敷地のうち本殿裏側を、道路との段差分0.96m盛土してかさ上げする。それに伴い、鳥居、受付舎、看板塔など本殿裏側の敷地にあるものは、構内移転工法又は構内再築工法により移築する。

イ　本殿両側の回廊の工事

　　本殿裏側の敷地をかさ上げすることにより、鳥居及び参拝者入口から本殿の回廊へ出入りすることができなくなるので、本殿両側の回廊をスロープ化して新設し、回廊への出入りが可能となるようにする。

　　また、本殿裏側の敷地のかさ上げ及び本殿両側の回廊をスロープ化することに伴い、擁壁及び手摺ならびに側溝、会所などの排水施設等を新設する。

ウ　神社の外塀の工事

　　本件道路工事後の道路面及びかさ上げされる本殿裏側の敷地の高さに合わせて、神社の外塀を従前の高さが維持できるように新設する。

### 土地所有者申立て

　当神社の本殿及び拝殿は、平成9年に兵庫県から文化的建造物の選定を受けた、尼崎市においては数少ない木造建造物であるので、排水と通風をよくして、腐食や白アリによる被害を防ぐ必要があり、敷地が道路より低くなることは好ましくない。

　また、道路のかさ上げにより、鳥居、塀、境内等が、道路から見下ろされるようになるが、これは神社の尊厳を非常に傷つけることである。

　しかし、裁決申請者が申し立てる補償の方法は、本殿裏側のみに重点を置いた案であり、神社が特に尊重するよう申し入れてきた社殿の保存及び神社の尊厳を無視したものである。また、神社敷地内で段差ができることによって、高齢の参拝者が安全に参拝できない、地蔵堂と〇〇社が見下ろされる、玉垣奉納者名が隠れてしまう、湿気による腐食や白アリの害により社殿の傷みが早くなる、土地の利用価値が激減するといった弊害が出てくるので、下記(2)の内容による補償を求める。

本件道路に隣接する神社敷地を5～106cmかさ上げし、社殿等の建築物、工作物についても、周りの地盤がかさ上げされるのに対応して、次の事項について工事の補償を行うよう、その費用を見積もった。

【参考判例】

● ガソリンスタンドの地下貯蔵タンクの移転が警察規制に基づく損失にすぎず、道路法70条による補償の対象とならないとした事例

昭和58年2月18日　最高裁判所判決

## 判決

　道路法第70条第1項の規定は、道路の新設又は改築のための工事の施行によって当該道路とその隣接地との間に高低差が生ずるなど土地の形状の変更が生じた結果として、隣接地の用益又は管理に障害を来し、従前の用法にしたがってその用益又は管理を維持、継続していくためには、用益上の利便又は境界の保全等の管理の必要上当該道路の従前の形状に応じて設置されていた通路、みぞ、かき、さくその他これに類する工作物を増築、修繕若しくは移転し、これらの工作物を新たに設置し、又は切土若しくは盛土をするやむを得ない必要があると認められる場合において、道路管理者は、これに要する費用の全部又は一部を補償しなければならないものとしたものであって、その補償の対象は、道路工事の施行による土地の形状の変更を直接の原因として生じた隣接地の用益又は管理上の障害を除去するためにやむを得ない必要があってした前記工作物の新築、増築、修繕若しくは移転又は切土若しくは盛土の工事に起因する損失に限られると解するのが相当である。したがって、警察法規が一定の危険物の保管場所等につき保安物件との間に一定の離隔距離を保持すべきことなどを内容とする技術上の基準を定めている場合において、道路工事の施行の結果、警察違反の状態を生じ、危険物保有者が右技術上の基準に適合するように工作物の移転等を余儀なくされ、これによって損失を被ったとしても、それは道路工事の施行によって警察規制に基づく損失がたまたま現実化するに至ったものにすぎず、このような損失は、道路法第70条第1項の定める補償の対象には属しないものというべきである。

　これを本件についてみると、原審の適法に確定したところによれば、被上告人は、その経営する石油給油所においてガソリン等の地下貯蔵タンクを埋設していたところ、上告人を道路管理者とする道路工事の施行に伴い、右地下貯蔵タンクの設置状況が消防法第10条、第12条、危険物の規制に関する政令第13条、危険物の規制に関する規則第23条の定める技術上の基準に適合しなくなっ

て警察違反の状態を生じたため、右地下貯蔵タンクを別の場所に移転せざるを得なくなったというのであって、これによって被上告人が被った損失は、まさしく先にみた警察規制に基づく損失にほかならず、道路法第70条第1項の定める補償の対象には属しないといわなければならない。そうすると、これと異なる見解に立って被上告人の被った右損失が右補償の対象になるものとした原審の判断には法令の解釈、適用を誤った違法があり、右違法は判決の結論に影響を及ぼすことが明らかである。論旨は理由があり、原判決中上告人敗訴部分は破棄を免れない。

# 第4章

## 収用し又は使用する土地の区域、使用期間等及び権利者

## (1) 収用する土地の区域

●土地の賃借権の範囲の争いについて、収用委員会が賃借人の主張を正当と認めた事例

平成 5 年 7 月19日　兵庫県収用委員会裁決

### 裁決

　土地所有者が、関係人甲の賃借範囲について、関係人甲が賃料支払を滞らせたので賃貸範囲を611番の土地の 3 分の 1 にした、と主張するのに対し、起業者及び関係人甲は611番の土地全部であると主張するので以下判断する。

　なお、土地所有者は、その主張する賃貸範囲を明示することができず、また、面積を減少させた時期について明確にすることができなかった。

　契約書及び領収書がすべて提出されているわけではないが、提出された資料によれば次の事実が認められる。

(1)　関係人甲の先代乙が本件土地を賃借していた昭和42年から昭和50年までは、賃料支払が滞りがちではあるが完済されていること。

(2)　昭和36年 3 月から昭和55年12月31日までは、賃貸面積が120坪又は396.69㎡と契約書に明記されており、賃料もその賃貸面積を基準として定めるようになっていること。

(3)　契約書、領収書が提出されていない期間において、相当額の賃料増額がなされていること。

　昭和51年 1 月 1 日付けの契約書によれば、昭和55年の賃料は年84,000円となるところ、昭和58年12月31日付けの契約書によれば、昭和59年 1 月 1 日から昭和61年12月31日までの賃料は、年27万円である。

　土地所有者の主張が正しいとすれば、この間に賃貸面積を 3 分の 1 にしたことになるが、もしそうであるなら、 4 年間で賃料が約10倍になったことになり、通常考えられないような増額となること。

(4)　借地法上賃貸人側からの一方的解除又は変更は認められないこと。

(5)　土地所有者は、減少させたという賃貸範囲及び時期を明示できなかったこと。

　以上のとおりであって、当委員会としては、賃貸面積の縮小について借地人が否定し、土地所有者が立証していない本件については、関係人甲の賃借範囲につき、起業者及び関係人甲の主張を正当と認めざるを得ない。

### 起業者申立て

なし。支払請求に応じている。

### 土地所有者申立て

関係人甲は一時賃料の支払を滞らせたので、賃貸範囲を3分の1に縮小した。賃貸範囲は、家の軒の下までと通路の部分だけである。

### 関係人申立て

賃借している土地の範囲は、土地調書で611番と記載されている土地の全部である。

## ●境界争いのため収用区域の地番及び土地所有者は不明とした起業者申立てに対し、境界を認定し、地番及び土地所有者を定めた事例

平成6年2月9日　兵庫県収用委員会裁決

### 裁決

　起業者は、事実1(2)のとおり、収用区域Aの地番は不明、ただし911番又は911番6、土地所有者不明、ただし甲又は乙及び丙（各持分2分の1）と申し立てるのに対し、甲は、事実2(1)アのとおり、地番は911番、土地所有者は甲と、また、乙外1名は、事実2(2)アのとおり、地番は911番6、土地所有者は乙及び丙（各持分2分の1）とそれぞれ申し立てるので、以下判断する。
ア　土地登記簿によると、次の事実が認められる。
　㋐　旧911番土地の所有者である丁は、昭和45年3月16日、旧911番土地から911番6土地を分筆する登記申請を神戸地方法務局尼崎支局に行っているが、この分筆登記申請の際に添付された地積測量図は、現在、神戸地方法務局尼崎支局に保管されている。
　㋑　911番土地は、分筆後の残地である。
　㋒　911番6土地は、丁から丙へ、昭和45年3月19日の売買を登記原因とする所有権移転登記が、同月20日付けで行われ、その後、乙及び丙（各持分2分の1）に、昭和59年6月26日の相続を登記原因とする昭和60年2月13日付所有権移転登記がなされている。
　㋓　911番土地は、丁から戊へ、昭和45年9月10日の売買を登記原因とする所有権移転登記が、同月14日付けで行われ、その後甲に、昭和60年2月16日の相続を登記原因とする同年3月26日付所有権移転登記がなされている。
イ　乙外1名の申し立てる境界線
　㋐　乙外1名は、事実2(2)ア㋐のとおり、物件番号1の建物と物件番号2の建物との間の通路敷の中間の位置に共同浄化槽が存するとして、この中間の位置（別添図面表示のア、イ及びウの各点を結ぶ線）が、911番土地と911番6土地との境界であり、甲も了解していたと申し立てるが、単に、共同浄化槽が両建物の間の通路敷に設置されている事実のみをもってして

は、ただちに、乙外1名の申し立てる線が両土地の境界であるとは認めることができず、また、甲が了解していたとするに足る証拠はない。
(イ) 乙外1名は、事実2(2)ア(イ)のとおり、起業者が別添図面表示のア、イ及びウの位置に鋲を打設し得たのは、隣接土地所有者である甲が乙外1名の主張する線を境界であると認めたからであると申し立てるが、起業者が上記位置に鋲を打設した経緯及び理由は、事実1(2)ア(ウ)及び(エ)のとおりであって、単に収用手続の準備のうえで乙外1名の主張する線を確認するために行ったものに過ぎず、これをもって、甲が乙外1名の申し立てる線を境界とすることに同意したとは、認め難い。

ウ　甲の申し立てる境界線

甲は、事実2(1)ア(ア)及び(イ)のとおり、神戸地方法務局尼崎局に保管されている、旧911番土地から911番6土地を分筆する登記申請の際に添付された地積測量図を基に、甲の主張する線が911番土地と911番6土地との境界であると申し立てる。

ところで、上記地積測量図は、昭和45年3月13日付けで土地家屋調査士によって作製されており、作製当時の不動産登記事務取扱手続準則によれば、現地において911番6土地を実測のうえ作製されたものとするのが相当であり、これに反する証拠はない。

また、911番6土地は、同土地の南側で隣接する911番土地以外の隣接地とは境界に関する争いはない。

そうすると、911番6土地と911番土地との境界は、上記地積測量図によって判断するのが相当であるところ、911番6土地と争いのない境界と上記地積測量図を照合すると、同土地の南側隣接地である911番土地との境界は、甲が申し立てる別添図面表示のカ、キ及びクを結ぶ線に一致することが認められる。

エ　したがって、911番土地と911番6土地との境界は、甲が申し立てる別添図面表示のカ、キ及びクを結ぶ線とするのが相当と認め、別表第1の1のとおり、収用区域Aの地番は911番、土地所有者は甲、関係人はなしとした。

## 起業者申立て

ア　収用区域Aについては、尼崎市〇〇町〇丁目911番の土地（以下「911番土地」という。）の土地所有者甲と同市同町〇丁目911番6の土地（以下「911

番6土地」という。）の土地所有者乙及び丙（以下「乙外1名」という。）との間で、該当土地の地番及び所有権の帰属について争いがある。

そこで、地番不明、911番又は911番6、土地所有者不明、ただし、甲又は乙及び丙（各持分2分の1）とした。

(ｱ) 土地所有者甲は、神戸地方法務局尼崎支局に保管されている911番6土地の地積測量図に基づき、別添図面表示のカ、キ及びクの各点を順次結ぶ線が、911番土地と911番6土地との境界であると主張する。

(ｲ) 土地所有者乙外1名は、物件番号1の建物と物件番号2の建物との間の通路敷の中間、即ち、別添図面表示のア、イ及びウの各点を順次結ぶ線が、911番土地と911番6土地との境界であると主張する。

(ｳ) 起業者は、昭和63年9月12日、土地所有者乙外1名の主張する境界線を、「911番土地と911番6土地との境界として一応測ってみて、公簿割れの場合は、再度検討してはどうか。」と土地所有者甲及び同乙外1名に提案し、同意を得て測量した。

(ｴ) 起業者は、収用手続準備のため、平成5年3月30日、別添図面表示のア、イ及びウの各位置に、それぞれ鋲を打設したが、これは、土地所有者乙外1名の主張する線を明確にするために行ったものであり、土地所有者甲の主張する線については、同月7日、別添図面表示のカ、キ及びクの各位置に、それぞれ鋲を打設した。

(ｵ) 911番6土地と北側に隣接する尼崎市○○町○丁目911番1の土地（以下「911番1土地」という。）との境界は、土地所有者乙外1名所有のブロック塀が存しており、土地所有者乙外1名と911番1土地の土地所有者との間で境界確認がなされている。

(ｶ) 平成5年10月29日付補正書でもって、明渡裁決申立書の添付書類である物件配置図の建物位置を訂正したが、これは建物の位置を誤って当該図面に記したものであって、裁決申請書の添付書類である土地平面図の記載に誤りはない。

イ　そのため、収用区域Aの土地上に存する物件番号3、4及び5の物件については、甲と乙外1名との間で所有権の帰属について争いがある。

そこで、物件所有者不明、ただし、甲又は乙及び丙（各持分2分の1）とした。

## 土地所有者申立て

甲
ア　起業者が、事実1⑵で申し立てる本件土地及びその権利者のうち、収用区域Aは、911番土地の一部であり、土地所有者は甲である。
　(ア)　911番土地と911番6土地との境界が、甲の主張する線であることは、神戸地方法務局尼崎支局に保管されている911番6土地が分筆される前の尼崎市〇〇町〇丁目911番の土地（以下「旧911番土地」という。）から当該土地が分筆された時の地積測量図により明白である。
　(イ)　911番土地と911番6土地との境界が、乙外1名の主張する線であると認めたことは、過去に一度もない。
　　　起業者の要請で、昭和63年に、一度、乙外1名の主張する線を測量することについて承諾したが、これは、乙外1名の主張する線を境界と認め承諾したものではない。
　　　仮に、起業者の上記行動により、乙外1名が、自己の主張する線を境界と認識したとしても、本来、土地の境界は、個人の意思表示のみで定まるものではなく、分筆手続を経て定めるものであるから（最判昭和42年12月26日判例時報507号29頁）、土地所有者の意見で左右されるものではない（最判昭和31年12月28日民集10巻12号1639頁）。
　　　甲が、乙外1名の主張する線で測量することについて同意したのは、兵庫県西宮土木事務所の係員に対して行ったのであって、土地所有者乙外1名に対して同意したものではなく、このことによって、911番土地の所有権の一部を乙外1名に譲渡したことにはならない。
　(ウ)　亡母戌は、生前、911番土地内に共同浄化槽が設置された状態で、911番土地及び物件番号1の建物を購入している。

乙外1名
ア　収用区域Aは、911番6土地の一部であり、土地所有者は乙外1名である。
　(ア)　物件番号1の建物と物件番号2の建物との間の通路敷の中間の位置に共同浄化槽があり、昭和45年から今日まで、乙外1名の主張する線が911番土地と911番6土地との境界であることについて、隣接土地所有者である甲も了解してきた。もし、共同浄化槽が911番土地内に設置されているということであれば、911番6土地は購入していない。
　(イ)　起業者は、現地において確認した位置（別添図面表示のア、イ及びウの

各点）に鋲を打設しているが、この鋲の打設をなし得たのは、隣接土地所有者である甲が、乙外1名の主張する線を境界であると認めたからである。
(ウ)　911番6土地は、公簿取引による売買で取得しており、一切図面は見ていないし、神戸地方法務局尼崎支局に保管されている911番6土地の地積測量図は、一度も見たことがない。
(エ)　911番6土地の隣接土地のうち、境界に争いがあるのは、911番土地との境界のみである。

## ●国有地（里道、水路）との境界不明地について地番を「不明ただしA番若しくは無地番又はA番及び無地番」とした事例

平成6年11月28日　徳島県収用委員会裁決

### 裁決

　起業者は、事実第1の5に記載のとおり土地所有者間に境界争いのある土地の区域については、地番及び土地所有者を不明とした旨申し立てる。

　これに対し、国有地との境界等について、甲、乙及び丙は、事実第2の1及び2の該当項に記載のとおり申し立てるので判断する。

　甲は、当委員会が平成6年5月25日に実施した現地調査時に、甲主張の境界線が土地調書に記載されていることを認めた上で、審理において事実第2の1の(1)のイの各項に記載のとおり申し立てる。しかし、同人が申し立てる水路開設の経緯、水路の幅員等は、いずれも過去の伝聞に基づく推測、過去の事象に基づくものであり、現地の状況が公図等と一致せず、水路の境界を示す境界木の明確な痕跡もない以上、同人の申立てを採用することはできない。また、国有財産部局長の国有地の位置の確認方法に対する同人の異議等は、単に要望又は独自の見解の表明にしかすぎないものである。

　また、乙は事実第2の1の(2)のイに記載のとおり申し立てる。里道の幅についての申立ては、甲主張の境界線とは異なるものであるが、それは単に過去の土地の利用状況の申立てにすぎず、水路についての申立ても甲の主張とほぼ同じ内容であり、公図等によれば、無地番の水路敷地がある事実を否定し得るものではなく、いずれも同人の申立てを採用することはできないものである。

　さらに、丙は、事実第2の2の(2)に記載のとおり、現在のコンクリート水路は所有地の界に引っ付けて作っていること、1分1間図（正確には絵図と思われる。）に基づく測量結果から里道は甲主張の境界線よりもなお西側にあること、などを申し立てる。しかし、その申立ての根拠とする絵図そのものが不動産登記法第17条に規定する地図のように高い精度を有するものとは認められないから、直ちには採用し難い。

　以上のように、甲、乙及び丙の申立てを採用することはできず、かつ、現地の状況が公図等と一致せず、当委員会の現地調査等によっても国有地の存在や

国有財産部局長が申し立てる国有地の幅を否定する明確な根拠も見い出せなかった。
　したがって、土地の境界を最終的に確定する権限を有しない当委員会としては、土地所有者間に境界争いのあるA土地及びB土地の地番及び所有者を不明とする。ただ、土地所有者が主張する境界線は、いずれも各人が主張する所有権の及ぶ範囲についての最高限度の主張線であり、特に国有財産部局長の申立ては国有地の幅の確保であることから、起業者の申立てのように、境界争いのある土地の区域の地番及び所有者は二者択一的なものであるとは認め難い。そのため、境界争いのあるA土地及びB土地の地番及び所有者については、主文のとおりとした。
　なお、収用手続は、境界や所有権争いを解決することを目的としたものではないので、甲及び丙のその余の主張は採用しない。

　　主文
１　収用する土地の区域は、次のとおりとする。
　　所在　徳島県徳島市〇〇町〇〇字〇〇

| 区分 | 地番 | 地目 公簿 | 地目 現況 | 地積（㎡）公簿 | 地積（㎡）実測 | 収用する土地の面積（㎡） | 摘要 |
|---|---|---|---|---|---|---|---|
| A | 不明 ただし、77番1若しくは無地番又は77番1及び無地番 | 77番1 田 無地番 ー | 田 田 | 77番1 1114 無地番 ー | 不明 | 39.00 6.28 | 別添実測平面図中、緑色着色により表示する区域 |
| B | 不明 ただし、無地番若しくは83番又は無地番及び83番 | 無地番 ー 83番 田 | 田 道 | 無地番 ー 83番 1137 | 不明 | 38.24 6.99 | 別添実測平面図中、茶色着色により表示する区域 |

２　損失の補償は次のとおりとし、内訳は別表第１記載のとおりとする。
　⑴　土地又は土地に関する所有権以外の権利に対する損失の補償
　　ア　収用する土地又は当該土地に関する所有権以外の権利に対する損失の補償
　　　㈠　A土地
　　　　ⓐ　本件土地の全部又は一部が土地登記名義人（亡）丁の法定相続人

甲ほか6名の所有と確定した場合
① 土地登記名義人（亡）丁の法定相続人甲ほか6名に対し一括して
　　確定した面積に、1㎡当たりの土地の価格42,000円を乗じて得た額に修正率1.0012を乗じて得た金額（なお、最大限　金1,904,042円）
② 関係人（抵当権者）J銀行に対する損失の補償は、個別に見積もることが困難であるため、土地所有者に対する上記①の損失補償金に含める。
(b) 本件土地の全部又は一部が国（建設省）建設省所管国有財産部局長徳島県知事〇〇〇〇の所有と確定した場合国（建設省）建設省所管国有財産部局長

　　　　　　　　　　　　　徳島県知事　〇〇〇〇に対し　なし
(エ) B土地
(a) 本件土地の全部又は一部が丙の所有と確定した場合丙に対し
　　確定した面積に、1㎡当たりの土地の価格42,000円を乗じて得た額に修正率1.0012を乗じて得た金額（なお、最大限　金1,901,940円）
(b) 本件土地の全部又は一部が国（建設省）建設省所管国有財産部局長徳島県知事〇〇〇〇の所有と確定した場合
　　国（建設省）建設省所管国有財産部局長

　　　　　　　　　　　　　徳島県知事　〇〇〇〇に対し　なし

## 起業者申立て

　77番1の土地又は83番の土地と無地番の土地との各境界について、甲及び丙の主張は平行線をたどる一方、国（建設省）建設省所管国有財産部局長徳島県知事〇〇〇〇（以下「国有財産部局長」という。）は、里道敷及び水路敷（以下「国有地」という。）の区域について公図等々の調査結果に基づく幅を主張し、官民境界の確定協議が調わない。そのため、甲が主張する国有地との境界線（以下「甲主張の境界線」という。）及び丙が主張する国有地との境界線（以下「丙主張の境界線」という。）ならびにこれらの両線からそれぞれ国有財産部局長が主張する国有地の幅を確保した各線（以下、甲主張の境界線側に

ある線を「国有主張の境界線ａ」、丙主張の境界線側にある線を「国有主張の境界線ｂ」という。）及び買収線で区分される5つの土地の区域のうち、境界争いのない①国有主張の境界線ａの西側にあるA₁土地の地番を「77番1」、土地所有者を「法定相続人」、②甲主張の境界線と丙主張の境界線との間にあるC₁土地の地番を「無地番」、土地所有者を「国有財産部局長」、③国有主張の境界線ｂの東側にあるE₁土地の地番を「83番」、土地所有者を「丙」とした。そして、境界争いのある④国有主張の境界線ａと甲主張の境界線との間にあるB₁土地の地番を「不明　ただし、77番1又は無地番」、土地所有者を「不明　ただし、法定相続人又は国有財産部局長」、⑤丙主張の境界線と国有主張の境界線ｂとの間にあるD₁土地の地番を「不明　ただし、83番又は無地番」、土地所有者を「不明　ただし、丙又は国有財産部局長」とした。ただ、77番1の土地、無地番の土地及び83番の土地の実測地積については、官民境界の確定協議が調わないため不明とした。

　なお、甲主張の境界線は、甲から起業者に提出された平成3年3月26日付けの確認書に添付の実測平面図によった。そして、これを基にして土地調書を作成したが、その際、法定相続人は立会い及び署名押印を拒否したので、徳島市吏員の立会い及び署名押印を求めた。

## 土地所有者申立て

法定相続人の申立て
- ⑴　甲
  - ア　起業者が収用しようとする土地の実測面積については、自ら測量する能力もないため、自分自身の名義の分については起業者の申請を信用する以外にない。
  - イ　国有地との境界等について
    - ㈦　収用対象地付近には、法務局備え付けの図面と現況が異なる事例はいくらでもあるので、国有地の位置関係を判断する際に法務局備え付けの図面をそのまま信用されては困る。付近の人に話を聞けば、昔からどうなっていたかがはっきりするはずである。
    - ㈣　国有地の存在は認めるが、それがどこにあるか分からないでは済まされない。
    - ㈢　水路は今から100年も前に甲家が地盤を作るために所有地を掘って

作ったものであり、家を建築するための資材を運ぶ船がその水路を通っていた。水路の幅は船が１台通れるだけの幅であったことは確かであるが、その船を見たこともないので、その船の幅が幾らであったかは知らない。水路の幅は、船が１台通れる幅ということで判断して欲しい。ただ、水路の幅は南側も北側も同じであったことは、はっきりしている。

(エ) 77番１の土地の東側に昔からの境界を示すトチの木が２本植えられていたが、第三者が誤ってそれを切り倒してしまった。トチの木の根が今も残っているか否かは不明だが、それが境界であるということは、はっきりしている。

(2) 乙

ア 77番１の土地については、現在、家庭裁判所の審判を待っている段階であり、各人ともにどこが境界やら持分が幾らか分からない。家庭裁判所の決定がなされるまで待ってもらえないか。

イ 国有地との境界等について

(ア) 東側の農道は、幅90cmというが、北の道路まで全て甲家の土地であったので、自分の家で使用するだけの細い畔道であり、その半分ぐらいだった。

(イ) 水路は国有であると県が主張しているが、この水路は甲家のものである。戊が屋敷地の地上げのために３年をかけて土を取り、作ったものである。境界木として水路の一番東端にトチの木を２本植えてあったのは周知の事実である。コンクリートブロックは、水路が低いから土地が崩落しないよう土留めのために作ったものである。

(3) その他の者は、審理に出席せず、意見書の提出もなかった。

丙

(1) 官民境界の確定協議が調わなかったため、やむを得ず申請等をされることになったものである。起業者が収用しようとする私の土地の実測面積に異議はない。

(2) 国有地との境界等について

ア 現在のコンクリートの水路は、私の所有地の界に引っ付けて作っているのであり、国有地の中心に付けたものではない。他の人の意見も参考にして欲しい。

イ 昔のことを言っても分かる人がいないため、１分１間図で測るのが公

平である。1分1間図で、83番の土地、77番1の土地の西側に隣接する76番1の土地の両側から各土地を測り出し、さらに、私が主張する境界から国有地の幅を確保しても、77番1の土地にまだ余分があることになり、それを折半して欲しいぐらいだが、現在、私が主張している境界線でよい。

国有財産部局長

　国有地と民有地との境界確定を行う際には、公図等の参考資料に基づき、その所在を確認し、関係者が現地立会いの上、協議し、その幅員を決めている。しかし、収用対象地が所在する地区には1分1間図がなく、また、隣接者である甲及び丙の意見は平行線をたどり、現地で確定できない。そのため、公図等々による詳細な調査を行った。その結果は、起業者作成の土地調書添付の実測平面図のとおりであり、国有地の幅は、北側で約4.7m、南側で約5mとなっている。

## ●境界に争いがあるとして筆の全体面積及び地番を不明とした事例

平成11年2月19日　宮崎県収用委員会裁決

### 裁決

　土地の境界に争いがある部分については、審理での土地所有者等の陳述、委員会の現地調査等によってもこれを確定することができなかったので、起業者申請どおり収用する土地の属する筆の全体面積不明、地番不明、として裁決する。

　主文
1　収用する土地の区域は、次のとおりとする。

宮崎県東諸県郡〇〇町大字〇〇

| 字 | 地番 | 地目 公簿 | 地目 現況 | 地積（㎡）公簿 | 地積（㎡）実測 | 収用する土地の面積 | 備考 |
|---|---|---|---|---|---|---|---|
| 〇〇 | A番 | 宅地 | 宅地 | 198.34 | 不明 ただし469.63 または201.53 | 7.67㎡ | 別紙図面1の2012、2021、2022、2023、2024、2025、2026、2017、920、R.13、R.14、K.922及び2012の各点を順次直線で結ぶ線内区域 |
| 〃 | B番乙 | 宅地 | 宅地 | 29.75 | 不明 ただし94.71 または15.34 | 1.28㎡ | 別紙図面2の904、2020、2012、K.922、K.923及び904の各点を順次直線で結ぶ線内区域 |

(以下略)

## 起業者申立て

　甲は対象となる自己所有地すべてについて、隣接する土地の所有者との間で土地の境界を争っており、このため土地の全体の面積を確定することができなかったので、全体面積は不明とし、双方の主張する境界によって測量・求積したそれぞれの面積をただし書きした。同じく収用の対象となる土地の部分についても、境界争いのために土地所有者を確定できない部分が生じたので、これらの部分については、対象となる土地の地番を不明とした。

## 土地所有者申立て

1　土地所有者兼関係人甲の申立て
　　甲及び同人代理人は、意見書及び審理において次のとおり意見を述べた。
　⑺　自分が所有する○○町大字○○字○○G番八号及び同I番イと、同K番ロ号1との間の所有者不明とされた土地は、元は馬屋として使っていた土地で、馬屋の後ろに馬を引いて通る幅があったが、隣の人が土を持ってきて埋めてしまったもので、自分の土地の一部である。同じく○○町大字○○字○○F番イと、同J番イ号1との間で所有者不明とされた土地は、自分の土地の方が隣接地より高くなっており、境界に用水堀を設けるとき少し間をおいて設けたもので、隣接の石塀との間には別に石積みがしてある。昔からの茶園の木もあり、所有者不明とされた井戸も自分の曾祖父が設置したもので、この土地も自己の所有地である。
2　土地所有者兼関係人乙の申立て
　　乙は意見書を提出し、また審理に同人代理人丙が出席し、次のとおり意見を述べた。
　⑵　所有者不明とされた土地は、現況を見てもらえば分かるとおり祖父の代から自宅敷地として利用してきたもので、自己の所有である。
　⑶　不明とされた土地にある井戸については、東側半分は自分のものである。
3　土地所有者国の申立て
　　国有無番地（里道）に関して、財産を管理する宮崎県高岡土木事務所管理係の丁係長ほか1名の担当者が審理に出席し、○○町大字○○字○○B番2との間で所有者不明とされた土地の部分について、当該里道に含まれる旨を申し立てた。

## ●起業者は地番ごとに境界を定めて裁決申請したが、地番ごとの境界は不明であると判断し、関係する全体面積が確定している4筆の土地を一括して収用する面積とした事例

平成16年4月17日　東京都収用委員会裁決

### 裁決

(1) 当委員会の現地調査等について

当委員会は八王子登記所での調査及び現地調査等を行い、その結果は次のとおりであった。

　ア　八王子登記所に備え付けてある公図は、明治20年代に測量された図面を基にした写しであり、各土地の位置関係、境界点の数等は参考になるものの、精度の高い測量技術のない時代のものであり、土地の境界を認定するに足りる証拠とはいえない。

　イ　八王子登記所には、起業者が中央自動車道の用地を取得した際、土地所有者に代位して、分筆のために提出した東京都八王子市〇〇町1043番6の土地及び同1050番3の土地の地積測量図が備え付けてある。1043番1の土地及び1050番1の土地はその時の残地であり、測量は行われていない。

　ウ　871番ロの土地、1064番12の土地及び1050番1の土地の境界点について

当委員会の現地調査において、起業者の申し立てた別添図面2のK1の地点には木杭が打設されていることを確認したが、甲ら権利者はK1について前記2(4)イのとおり異議を述べた。

　エ　871番ロの土地と1050番1の土地の境界について

当委員会の現地調査において、起業者の申し立てたK2及びK23の地点には木杭が打設されていることを確認したが、甲ら権利者はK2については前記2(4)ウのとおり異議を述べ、K23の地点については認めた。

　オ　1043番1の土地と1050番1の土地の境界について

当委員会の現地調査において、起業者の申し立てたK3の地点には木杭が打設されていることを確認した。また、当委員会は、甲ら権利者が、起業者の申し立てたK23からK17の地点への線上で上記K3から11mの地点

を現地で示したので、その地点を測定した。

次に、当委員会は現地調査において、起業者の申し立てたK7及びK22の地点にはコンクリート杭が、K4及びK6の地点には鉄鋲が、K5の地点には木杭が打設されていることを確認した。また、K6からK4及びK22からK4の各地点間の距離を測定し、それぞれ11.4m、7.77mの距離であることを確認した。なお、地積測量図では、K6からK4の距離及びK22からK4の距離はそれぞれ11.0m、7.6mとなっている。

さらに、当委員会は現地調査において、甲ら権利者の申し立てたK4の位置の根拠とする倒れたコンクリート杭を確認し、同杭の側面には「道路敷界」の文字が彫ってあることを確認し、また、K4の地点付近からは谷状の地形が尾根に向かって延びており、上部で東側に湾曲していることを確認した。

なお、東京都作成の「東京都縮尺2,500分の1地形図」によると、谷の部分は直線に近いことが等高線から読み取れる。

カ　1064番12の土地と1050番1の土地の境界について

当委員会の現地調査において、起業者の申し立てたK12の地点には木杭が打設されていることを確認し、甲ら権利者は異議を述べなかった。

また、1064番12の土地の杉は、天然樹と混生し、不規則に植林され、境界線を示すような直線状には植えられていないことを確認した。

キ　その他の境界点について

K22及びK4からK15までの各点は、起業者が乙、丙及び甲から中央自動車道の用地として取得した土地との境界線上にある。

起業者は、K5からK12までの各点は中央自動車道の用地として起業者が昭和42年に甲から取得した土地との境界点であると申し立て、甲ら権利者は異議を述べていない。

その余の地点について、丁、乙及び丙は、それぞれの所有する土地の境界点であるとの起業者の申立てを認めている。

(2)　境界点の認定について

ア　前記(1)の調査結果から、K5からK23までの各境界点についての起業者の確定方法は妥当であると判断する。

イ　K4の境界点については、以下のことから起業者の申し立てた確定方法は妥当であると判断する。

(ア)　地積測量図は乙及び甲が中央自動車道の用地として土地を売却した際

の分筆登記のためのものであり、また甲ら権利者は同図面を本件審理の資料として提出していることから、両土地と中央自動車道との境界及び中央自動車道と接する1050番1の土地と1043番1の土地との境界点については、乙及び甲が了解していたものと認められる。

(イ) K6からK4及びK22からK4の起業者実測図の距離と地積測量図の同地点間の距離は、国土調査法施行令第6条に定める許容距離誤差である公差の範囲内にあり、このことは当委員会の現地調査での測定でも確認された。一方、甲ら権利者の申し立てた境界点の位置は公差の範囲外である。

(ウ) 現地調査において確認した倒れたコンクリート杭は、起業者が道路管理のために設置した境界標であり、直線上の民有地と民有地の境界に打設するものではないので、K4の地点を示す証拠とはならない。

ウ K1、K2及びK3の境界点については、当委員会の調査の結果、起業者の確定方法が妥当であると判断することはできない。一方、甲ら権利者の申し立てた地点についても、その申し立てた内容を裏付ける資料等も不十分で説明も首尾一貫していないので、妥当と認めることはできない。

したがって、本件4筆の土地のそれぞれの区域を認定するために重要となるK1、K2及びK3の地点については、境界点か否かは不明とする。

(3) 裁決の申請に係る土地の区域について

ア 当委員会は、前記(1)の調査結果等を総合的に検討した結果、本件4筆の土地のそれぞれが接する境界については、起業者及び土地所有者ら双方の申立てを認めるに足りる確証が得られなかった。

このため、各土地の区域及び面積は不明とする。ただし、次のとおりとする。

(ア) 871番ロの土地の区域及び面積は不明とするが、起業者の申し立てた内容に丁が異議がないとしていることから、871番ロの土地の区域及び面積は起業者の申し立てた区域及び面積を超えることはないと認定する。

(イ) 1043番1の土地の区域及び面積は不明とするが、起業者の申し立てた内容に乙が異議がないとしていることから、1043番1の土地の区域及び面積は起業者の申し立てた区域及び面積を超えることはないと認定する。

また、甲ら権利者は、起業者の申し立てたK23からK17の地点への

線上でK3から11mにある地点が、1043番1の土地と1050番1の土地の境界点であると申し立てているので、この甲ら権利者の申し立てた地点と、前記(2)イで当委員会が妥当と判断した起業者の申し立てたK4の地点との2点を結ぶ線よりも東側の区域は乙の所有する土地であると認定する。

(ウ) 1064番12の土地の区域及び面積は不明とするが、起業者の申し立てた内容に丙が異議がないとしていることから、1064番12の土地の区域及び面積は起業者の申し立てた区域及び面積を超えることはないと認定する。

また、甲ら権利者は、杉の木はすべて丙の所有する木であることを認めており、起業者実測図の境界線に最も近い杉を南北に順次結んだ線より西側に境界が存在することはないので、少なくともこれらの杉の木より西側の区域については丙の所有する土地であると認定する。

(エ) 1050番1の土地の区域及び面積は不明とするが、甲ら権利者が、同土地の区域は登記簿面積である4,019㎡より過小に評価されていると申し立てているので、1050番1の土地の面積は4,019㎡を超えることはないと認定する。

また、起業者の申し立てた区域及び面積より狭いと申し立てている者はいないので、1050番1の土地の区域及び面積は起業者の申し立てた区域及び面積を下回ることはないと認定する。

さらに、871番ロの土地、1064番12の土地及び1050番1の土地の3筆の境界点が甲ら権利者の申し立てた地点である場合には、起業者が収用しようとする土地の区域として申請した区域外にも1050番1の土地が存在することとなる。

イ 前記アで認定したとおり、本件4筆の土地のそれぞれの区域・面積は確定していないこととなるが、起業者が申請した収用しようとする土地の区域の全体（4筆の合計面積は6,491.63㎡となる）は、起業者実測図で特定されているので、これにより収用の裁決をする。

そこで、現地調査の結果を踏まえ、裁決申請書の添付書類、提出された意見書及び資料、審理での発言ならびに八王子登記所における調査内容などを検討した結果、起業者実測図に基づき当委員会が作成した別添図面1のK1、K16、K17、K18、K19、K20、K21、K22、K4、K5、K6、K7、K8、K9、K10、K11、K12、K13、K14、K15及びK1の各点を順次

第4章 収用し又は使用する土地の区域、使用期間等及び権利者―(1)収用する土地の区域 539

直線で結んだ線により囲まれた起業者が申請した区域を、本事業に必要なものと認め、主文のとおりとする。

主文
1 収用する土地及び明け渡すべき土地の区域は、次のとおりとする。
土地の所在　東京都八王子市〇〇町

| 地番 | 地目 | 地積（㎡）登記簿上 | 地積（㎡）実測 | 収用し、明け渡すべき土地の面積（㎡） |
|---|---|---|---|---|
| 871番ロ | 山林 | 991 | 不明 | 6,491.63 |
| 1043番1 | 山林 | 1,666 | 不明 | |
| 1064番12 | 山林 | 675 | 不明 | |
| 1050番1 | 山林 | 4,019 | 不明 | |

収用する土地及び明け渡すべき土地の区域は、別添図面1のK1、K16、K17、K18、K19、K20、K21、K22、K4、K5、K6、K7、K8、K9、K10、K11、K12、K13、K14、K15及びK1の各点を順次直線で結んだ線により囲まれた区域である。

## 起業者申立て

(1) 収用しようとする土地及び明渡しを求める土地の区域については、次のとおりである。
土地の所在　東京都八王子市〇〇町

| 地番 | 地目 | 地積（㎡）登記簿上 | 地積（㎡）実測 | 収用し、明渡しを求める土地の面積（㎡） |
|---|---|---|---|---|
| 871番ロ | 山林 | 991 | 919.39 | 919.39 |
| 1043番1 | 山林 | 1,666 | 1,371.45 | 1,371.45 |
| 1064番12 | 山林 | 675 | 655.96 | 655.96 |
| 1050番1 | 山林 | 4,019 | 3,544.83 | 3,544.83 |

(2) 本件4筆の土地の区域の確定について
 ア 本件4筆の土地の境界及び面積について
　　裁決申請書に添付した土地調書の実測図（以下「起業者実測図」という。）の形状は、東京法務局八王子支局（以下「八王子登記所」という。）に備え付けてある地図に準ずる図面（以下「公図」という。）と全体的にはその形状が大きく相違してはいない。しかし、公図は不動産登記法第17条における地図ではなく、公図のみに基づいて境界を確定することは困難である。
　　また、本件4筆の土地のそれぞれの実測面積は、いずれも登記簿面積より少なく、そして、1050番1の土地の面積の減少率が最大ではなく、本件4筆の土地のそれぞれの登記簿面積との面積的均衡もとれていることから、4筆の各土地が互いに接する境界は妥当なものと判断した。
　（以下略）

## 土地所有者申立て

　略

# ●地籍未認証地であることにより土地の位置境界が不明確であっても実測平面図等により現地に即して特定できれば、収用又は使用対象地として特定していると認めた事例

平成17年7月7日　沖縄県収用委員会裁決

## 裁決

　土地所有者は、前記事実第2の2⑶のとおり、本件土地（地籍未認証地）は土地の位置境界が確定しておらず特定されていないから、本件裁決申請は却下されるべき旨主張するので、これについて判断する。

　この地籍未認証地についての主張は、収用又は使用対象土地として特定しているか否か（土地収用法第48条第1項第1号の「土地の区域」の特定として十分なものか）、収用又は使用対象土地として特定しているとした場合、土地所有者についても特定しているか（土地収用法第48条第4項ただし書きの不明裁決となるか）という2点に分けて検討する。

　まず、収用又は使用対象土地として特定しているか否かについては、土地収用法第48条第1項第1号が収用又は使用する「土地の区域」を特定する方法を制限していないこと、土地収用法が不明裁決の制度を設けていること（境界争い等により境界不明確の場合でも、対象土地の特定に欠けるということはなく不明裁決が可能である）、一筆の土地の一部を収用又は使用する場合は図面により「土地の区域」を特定することが可能とされていること等からすると、当収用委員会は、地籍未認証地であることにより土地の位置境界が不明の場合でも実測平面図等により現地に即して特定できれば、収用又は使用対象土地として特定していると認める。

　次に、土地所有者について特定しているかについては、地籍未認証地は土地の位置境界が未確定であり、所有者不明として不明裁決もありうるが、当収用委員会は、本件と同種事案についての平成12年11月17日の建設大臣の取消裁決を尊重して、補償金を受領する者は確定していると認める。

　この建設大臣の取消裁決の理由は、
⑴　本件認定の申請書に添付された土地等の調書に添付された実測平面図（以

下「本件実測平面図」という。）と同じ内容のものを法第40条第1項第2号の書類の一部として添付していることが認められ、これにより、本件認定により駐留軍用地特措法第3条の要件を満たすものと判断された土地の区域の全部を使用しようとしていることが明らかにされているものと認められる。
(2)　本件実測平面図の示す土地の区域は、本件土地が含まれる各字等の区域内において、本件土地とその隣接土地との境界を除きすべての土地の境界は関係土地所有者において確認済みであること、本件土地とその隣接土地の境界について隣接土地所有者は全員確認済みであること、本件申請において土地所有者とされている者（以下「本件土地所有者」という。）も本件土地の位置境界を争っているわけではないから、本件土地は、現地に即して特定されており、これをもって権利取得裁決の裁決すべき事項を定めた法第48条第1項第1号にいう「土地の区域」の特定としても十分なものと認められる。
(3)　本件土地が含まれる字等の区域自体の位置境界は確認済みであること、当該区域に関しては、本件土地に隣接する土地の所有者は、すべて、本件土地との境界について確認済みであって、本件土地に関して所有権を主張していないこと、他方、本件土地所有者は、過去の使用の裁決において、本件土地と同一の位置及び範囲の土地について補償金を受領してきたことが認められる。これらの事情を総合すると、位置境界明確化法による位置境界不明地域内の各筆の土地の位置境界の明確化のための措置が未了であるとしても、本件土地は、本件土地所有者の所有に属するものと認められるから、補償金を受領する者も確定しているというべきである。
というものである。

### 起業者申立て

　本件土地は、沖縄県の区域内における位置境界不明地域内の各筆の土地の位置境界の明確化等に関する特別措置法（昭和52年法律第40号。以下「位置境界明確化法」という。）に基づく位置境界明確化手続により、現地に即して特定できる状態になっている。
　具体的には、位置境界明確化作業を通じ、
(1)　本件土地を含む字等の区域とこれに隣接している字等との区域との境界は、確定していること
(2)　本件土地を含む字等の区域内で、本件土地とその隣接地との境界を除き、

すべての土地の境界は、関係土地所有者において確認済みであること
(3) 本件土地と隣接地との境界について、隣接土地所有者は全員、位置境界明確化法所定の手続により確認済みであること
(4) 本件土地の所有者は、隣接所有者と本件土地の境界について争っていないこと

から、本件土地を現地に即して特定できる状態にあることは明らかである。

なお、平成12年11月17日の建設大臣（当時）の裁決においても、本件土地について特定は可能であるとされている。

### 土地所有者申立て

本件土地は、そもそも法的に位置境界が確定していないいわゆる地籍不明地であり、駐留軍用地特措法・土地収用法に基づく強制使用の対象とすることはできない。

また、位置境界明確化法による位置境界明確化作業は、関係地主全員の同意（協議の成立）を絶対条件とするものであり、この合意がない以上、土地の位置境界等の確定はあり得ない。

確かに、土地調書に添付された実測平面図によって対象土地の位置、面積、形状を指定することは可能であるが、この平面図は、起業者が一方的に作成したものであって、これによって指定された土地が土地所有者の所有する土地であるとする証拠は何もない。

実測平面図で起業者が特定したとする土地の位置境界面積は、あくまでも、位置境界明確化法第5条による地図（位置境界明確化作業の実施機関の長が作成したが、未だ関係地主全員の同意を得ていない地図）でもって指定された位置境界面積と同一のものであるというのに過ぎない。当該地図は、あくまでも一つの案でしかなく、本来あるべき各筆の位置境界とは全く異なるものである。

なお、位置境界明確化作業の中で新規登録地が発生しているが、これらは便宜的に本件土地に隣接して配置されたものであり、その場所に真に存在していたかどうかは極めて疑わしいものである。

以上のことから、本件土地の存する小字内の土地は、すべての位置境界が確定されておらず、したがって本件土地は特定されているとは言えないのであるから、本件裁決申請は却下されるべきである。

# ●ダム建設のために土石砂れきを収用した事例

平成12年10月31日　岐阜県収用委員会裁決

## 裁決

2　収用する土石砂れきの属する土地の区域ならびに土石砂れきの種類及び数量

　土石砂れきの属する土地の区域について、裁決申請書の添付書類、審理及び現地調査の結果等を検討した結果、起業者が申請した土石砂れきの属する土地の区域は、事業認定の告示があった起業地内かつ収用の手続開始の告示があった区域内にあると認められる。また、土石砂れきは、ダム盛立材料として事業に必要な土石砂れきであると認められるので、起業者から申請のあった土石砂れきの属する土地の区域ならびに土石砂れきの種類及び数量を、本事業に必要なものと認め、主文のとおりとした。

3　損失の補償

　起業者は、前記事実1⑤のとおり手続開始の告示のあった平成11年8月10日時点の土石砂れきの価格を別表〇のとおり算定した。

　当委員会は、提出された裁決申請書及び参考資料ならびに現地調査により、起業者申立ての土石砂れきの評価は法第138条において準用する法第71条に規定する土石砂れきの相当の価格として妥当であると認める。

　よって、土石砂れきの属する土地に対する損失の補償は、上記の当委員会が認定した収用する土石砂れきの量及び法第138条において準用する法第71条の修正率〇（別添参照）を乗じて得た主文記載のとおりとする。

　　主文
岐阜県〇〇郡〇〇村大字〇〇

| 字 | 地番 | 地目 公簿 | 地目 現況 | 地積（㎡）公簿 | 地積（㎡）実測 | 収用する土石砂れき 種類 | 収用する土石砂れき 数量（㎡） |
|---|---|---|---|---|---|---|---|
| 〇〇 | 〇〇 | 山林 | 山林 | 18,014 | 18,014.49 | レキ質土 | 111,272.71 |
| 〇〇 | 〇〇 | 山林 | 山林 | 2,856 | 2,856.95 | レキ質土 | 17,151.12 |
| 〇〇 | 〇〇 | 山林 | 山林 | 54 | 54.07 | レキ質土 | 262.64 |

土石砂れきの採取の方法及び期間
(1)　方法　ショベル系掘削機械及びダンプトラック運搬機械の組合せによる採取
(2)　期間　平成13年8月1日から21か月

## 起業者申立て

　収用しようとする土石砂れきの属する土地及び当該土地に存する物件ならびにこれらの権利者は、別表〇記載のとおりである。
　土石砂れきの採取方法は、ショベル系掘削機械及びダンプトラック運搬機械の組合せによることとし、採取期間は、権利取得の日から21か月とされたい。また、権利取得の時期及び明渡しの期限は、土石砂れきの採取用道路の設置期間を考慮し、それぞれ平成13年8月1日、平成13年7月31日とされたい。

## 土地所有者申立て

　なし

## ●旧道路及び旧水路の一部と判断される無地番の土地について、建設省所管の国有財産か40年以上平穏かつ公然と田として耕作している者に所有権が存するか不明であるとした事例

昭和59年10月5日　山形県収用委員会裁決

### 裁決

　無地番の土地について、起業者は土地所有者が建設省か甲か不明であると申し立てているのに対し、建設省（代理人建設省所管国有財産部局長山形県知事）及び甲は、それぞれ自己の所有権を主張している。この点について当委員会では審理における意見陳述、意見書及び登記簿や公図等の調査から次のように判断する。

1　無地番の土地は旧道路及び旧水路の一部であると判断され、この点は当事者間に争いがない。調査の結果、付近の現道路敷地の土地のうち地番のある土地については昭和11年〜15年に内務省に所有権が移転されており、このことから昭和15年頃旧道路の湾曲を緩和する形で現在の道路に改修され、その際無地番の土地が現道路敷地から外れたと考えられる。

2　甲は、無地番の土地を自分の父が現在の道路に改修された時期に交換により取得したと主張しているが、主張の根拠は父から交換したと聞いたというのみで、交換契約書等証拠となるものもなく、登記もされていない。

3　建設省（代理人建設省所管国有財産部局長山形県知事）の申立てによれば、売払い、交換等のなされた証拠がない以上建設省所管の国有財産であると主張するが、無地番の土地が現在の道路としては事実上不要であると思われ、また甲（及びその父）が40年以上平穏かつ公然に田として耕作していることが認められる。

4　以上のことから当収用委員会において所有権を判断することはできず、無地番の土地については土地所有者不明、ただし建設省又は甲とする。

### 起業者申立て

　別表2のうち番号4、5、及び6の土地（以下「無地番の土地」という。）については、現在甲が田を耕作しているが地番がなく、山形地方法務局尾花沢出張所及び尾花沢市役所備え付けの公図では、用悪水路及び公衆用道路と判断される。

　このため建設省所管国有財産部局長山形県知事により、無地番の土地は国有財産法第2条の規定により建設省所管の国有財産であるとの主張があった。

　一方甲からは、自分の父が交換により取得し、相続により現在は自分が所有する土地である旨の主張があったが契約書等の証拠はなかった。

　このため、起業者として所有権を確定することができないので、無地番の土地については所有者不明とした。

### 土地所有者申立て

甲
(1)　無地番の土地については、私の父が旧道路であった所を交換により取得したものと聞いており、それ以来現在まで田を耕作しているもので私の所有地である。
(2)　交換契約書等の書類はない。
(3)　交換の経緯、交換の相手及び交換に渡した土地等については自分が子供の時なのでわからない。

建設省代理人

　無地番の土地について、山形地方法務局尾花沢出張所備え付けの字限図を閲覧したところ、地番の付されていない道路及び水路として図面上表示されており、売払い、交換等の処分がなされた事実が確認できない以上国有財産法第2条に規定する国有財産であり、建設省設置法第3条第3項に基づき建設省の所管となっている土地である。

## (2) 使用の期間及び範囲

● 特別高圧送電線の使用期間を今回の裁決では30年と定めた事例

平成4年12月16日　京都府収用委員会裁決

### 裁決

　起業者が申請した使用期間は、前記事実第1の3(2)のとおり送電線路存続期間中であり、土地所有者は、前記事実第2の1及び2のとおり本送電線の撤去か、撤去が不可能な場合、他の送電方法に変更するまでの間の2年間の使用とすることを申し立てている。

　本事業は平成4年7月8日に土地収用法（昭和26年法律第219号）に基づく建設大臣の事業認定を受けたものであり、本送電線が京都府南部地域の電力供給の安定に不可欠な送電線で、極めて公益性が高いことから、使用期間を長期にする必要があるので、土地所有者の申立ては認められない。一方、土地の使用に対する損失の補償が一時払いとされているため、使用期間を無制限とすることは、将来の土地利用形態の変動が予測し難い地域では、損失補償額の算定に適正を欠き、土地所有者の権利を不当に制限する結果になるおそれもあるので、使用期間を起業者申請のとおり送電線路存続期間中とすることは、適当でない。

　本土地については、昭和47年12月の使用裁決及び昭和57年12月の使用裁決において、周辺地域の状況等から判断して、使用期間をそれぞれ10年間と定めたものであるが、周辺地域の状況は、昭和47年当時からほとんど変化が認められず、また、周辺地域が都市計画法（昭和43年法律第100号）に基づく市街化調整区域であり、久御山町域については、農業振興地域の整備に関する法律（昭和44年法律第58号）に基づく農業振興地域の指定も受けていることから、周辺地域の状況は、今後かなり長期にわたりほぼ現況のまま推移するものと認められる。

　したがって、これら諸般の事情を総合勘案の上、使用期間は30年間をもって相当と認める。

## 起業者申立て

(2) 使用の期間
　　送電線路の存続期間中とする。

## 土地所有者申立て

　使用期間満了後は、本送電線の撤去を要求するが、不可能な場合、他の送電方法に変更されるまでの2年間とする。

## ●特別高圧送電線の使用期間を、将来土地の利用形態が変化する可能性がある地域と認め、40年を相当とした事例

平成9年3月12日　宮崎県収用委員会裁決

### 裁決

　起業者は前記事実第1の5⑵のとおり、使用の期間は権利取得の時期から電線路の設置を必要とする期間と申し立て、これに対し土地所有者は1回限りの補償で土地を永久に使用させることは不利益であると申し立てている。

　本件事業に係る施設は、日向市南部地区の電力需要に対応するもので、公益上重要であり長期にわたって維持されなければならないことは認められる。

　一方、宮崎県日向市は新産業都市の指定以来、細島工業港周辺の臨海地域への工場誘致が行われるなど着実な発展が続いている。市中心部においては、土地区画整理事業が継続的に実施され、市街地の拡大が図られている状況にある。市の南部に位置する本件土地が属する地域も、市街化調整区域ではあるが、土地所有者が申し立てるとおり地元任意組合による土地区画整理事業の計画があり、都市計画法上も特定保留地域に指定されている。当該土地区画整理事業の実施時期等は未定ではあるものの、将来的には宅地開発等土地の利用形態が変化する可能性がある地域と認められる。

　こうした点を考慮すると、起業者の申請する使用期間を認めることは、補償額の算定に適正を欠くおそれがある。

　よって当委員会としては他の補償事例や過去の裁決例等を参考に、本件の諸般の事情を総合的に勘案した結果、使用の期間は40年を相当と認める。

### 起業者申立て

権利取得の時期から電線路の設置を必要とする期間

### 土地所有者申立て

　1回限りの補償で土地を永年使用されるのでは、補償額に将来の土地価格の上昇が反映されず不利益である。

## ●使用の期間を飛散防止柵等を設置する１か月とするが、明渡しの期限までに明渡しがされない場合は、明渡しのあった日の翌日から１か月とするとした事例

平成16年４月27日　大阪府収用委員会裁決

### 裁決

　本件土地の使用は本件土地上に飛散防止柵等を設置するためであるから、使用の期間はそれらを設置する必要がある１か月を相当と認める。

　また、使用開始時期は本件事業の施行計画を勘案して、土留壁の施工に伴い飛散防止柵等の設置を開始する平成16年10月18日からとする。ただし、本件事業のためには実際に本件土地を１か月使用することが必要であるから、明渡しの期限までに明渡しがなされない場合は、明渡しのあった日の翌日から１か月を相当と認める。

### 起業者申立て

　本件土地における飛散防止柵等の設置等に着手するまでに施工しておく必要のある本件土地の前面の大阪市道上で行う地下埋設物移設等の準備工事の期間と附帯工事を工程どおり確実に実施するために必要となる関係団体との協議等諸手続のために必要な期間は、10か月である。

　本件土地の使用の期間は、上記準備工事等の期間を考慮して11か月である。

　なお、本件土地上に飛散防止柵等を設置する期間は、上記準備工事完了後の１か月で足る。

### 土地所有者申立て

　上記のとおり所有地が本件事業に関わること自体納得していないが、自宅直前に飛散防止柵等を設置する期間が１か月だけであれば我慢できないこともないと考えていた。しかし、起業者は使用の期間を変更し、飛散防止柵等を設置

する期間は1か月のままとはいえ、11か月もテントがないままとなるのでは納得できない。

● 沖縄駐留軍用地の使用期間としては、使用期間中の土地使用料は一括払いを要すること、使用土地が返還される場合は未使用期間分の補償金を返還するものと考えられること等から、暫定使用期間である5年と判断した事例

平成17年7月7日　沖縄県収用委員会裁決

### 裁決

主文
土地の使用期間
　　権利取得の時期から平成21年12月31日まで
権利取得の時期
　　平成18年1月1日

1　本件土地の使用期間について、起業者が前記事実第1の3及び6(2)のとおり引き続き円滑かつ安定的な使用の必要があるとして10年間の使用を申し立てているのに対し、土地所有者は前記事実第2の3のとおり暫定使用期間を含めて5年未満に限られるべきである旨主張するので、これについて判断する。

　本件土地の使用期間については、起業者の前記申立てと土地所有者が受ける不利益の程度とを比較して判断する必要がある。

　本件土地の使用に対する損失補償については、前記第3でも述べたように、使用認定の告示の時における価格に固定され、かつ、土地収用法第95条第1項により、権利取得の時期までに一括して支払わなければならないこととされている。すなわち、使用期間中は土地価格の改定がなされることはなく、使用期間に応じた支払いも認められていない。

　日米地位協定第2条第3項、駐留軍用地特措法第8条、土地収用法第105条の規定から明らかなように、裁決に基づく使用期間が満了する前であっても、使用土地が返還される場合のあることが法的に予定されている。この場合において、土地所有者が既に受領した未使用期間分の補償金については、

明文の規定はないものの、一般には起業者に返還しなければならないものと考えられる。

　使用認定時に固定され、かつ、使用期間に応じた支払いも認められていないうえ、返還義務の生じる可能性もある本件損失補償金と、契約によって1年ごとに改定及び支払いのある近傍類地の賃料とを比較衡量した場合、前者がより不安定ないしは不確実な状態であることが認められる。

　このような事情に加えて、予測の困難な現在の経済情勢、その他諸般の事情をも考慮すると、不相当に長期にわたる使用期間を認めることは、憲法第29条第3項及び土地収用法の趣旨に照らして妥当でない。

2　本件土地のある普天間飛行場が、危険極まりないものとして地域住民と県民に多大な被害を与え、地域開発の障害となって県民福祉の増進に支障を及ぼしていることを日米両国政府が共有して「今後5乃至7年以内」に返還する旨のSACO最終報告の結論に至ったことは、公知の事実である。すなわち、普天間飛行場が、可能な限り早期に返還すべき施設であるとの認識を日米両国政府も共有していることは明らかである。

3　前記1及び2から、本件土地の使用期間について当収用委員会は主文のとおり判断する。

### 起業者申立て

(2)　使用期間
　　平成14年9月3日から10年間

### 土地所有者申立て

　仮に本件土地について強制使用裁決がなされる場合、その使用期間は、暫定使用期間を含め、5年未満に限られるべきである。

## ●トンネル敷地について、事業認定が認められたとおり収用とした事例

昭和61年9月9日　宮城県収用委員会裁決

### 裁決

(1) 甲は、事実欄第2－1－(3)記載のとおり、トンネル敷地を収用する必要は認められないので使用とすべきであると申し立て、一方、起業者は、事実欄第1－1－(3)記載の経緯等から、トンネル敷地を収用する必要があると申し立て、当事者間に主張の相違がみられるので、以下検討する。

イ　起業者は、事実欄第1－1－(3)－ハ記載のとおり、本件土地については、昭和59年3月21日に宮城県知事の行った事業認定行為によって既に収用する必要があるとの判断がなされていると申し立てる。

　しかしながら、当委員会として、法第20条各号の要件について総合的に検討を行い、その結果、本件土地を使用でなく収用するとした宮城県知事の判断が明らかに不合理であると認められる場合には、当委員会としても、この判断に拘束されることなく、トンネル敷地の収用又は使用の要否について判断することができると解すべきである。

ロ　そこで、当委員会は、①既に完成しているトンネル構築物の耐荷力、②トンネル構築物上部の敷地の利用範囲及び利用方法、③前記耐荷力を高めるための方法の有無及び当該方法を実施した場合に要する費用ならびに期間等を調査するために、乙社に鑑定調査を依頼した。

ハ　当委員会は、この鑑定結果及び本件土地の現況ならびに本件事業の公共性及び緊急性等を総合的に検討した結果、以下の理由により前記宮城県知事の行った事業認定が明らかに不合理であるものとは認め難いので、トンネル敷地については収用することが妥当であると判断するものである。

(イ)　トンネル構築物の耐荷力が、その断面形状の違いによって異なるので、トンネル敷地全体の一体的利用を図ることが困難であること。

(ロ)　トンネル構築物の耐荷力の違いを考慮しながらトンネル敷地の利用を図ろうとしても、当該敷地は利用することが不可能な部分あるいは困難な部分、さらには種々の条件を必要とする部分等に区分され、かつ、それらの部分を特定することが困難であること。

(ハ)　トンネル構築物の耐荷力を増強する適当な方法が少ないこと。
　(ニ)　仮に、増強する方法として適当と考えられる工法によって工事を実施したとしても、当該工事に要する費用及び期間はそれぞれ多額となり長期間に及び、その結果、本件事業の遂行を不可能にすることが予想されること。
ニ　よって、起業者申請を相当と認め、主文第1掲記のとおりとした。

## 起業者申立て

　本件土地のうち、旭ケ丘トンネル構築物（以下「トンネル構築物」という。）が設置されている土地（以下「トンネル敷地」という。）については、以下の経緯等により収用しようとする土地として裁決申請したものである。
イ　甲とは、昭和57年10月に本件土地を買い取ることの了解を得て、資料No.9記載のとおり裁決申請に至るまで、度重なる交渉を行い、また、当該了解の下に、前記1－(1)記載のとおり本件工事の施工を進め、告示の時には当該工事がほぼ完成したものである。しかし、当該了解を得た時点では、本件境界が不明であったこと等の理由から、本件土地を買い取ることができなかったものである。
ロ　トンネル敷地については、以下のような技術的見地等から、使用ではなく収用することが必要である。
　(イ)　トンネル敷地は土質が悪いこと。
　(ロ)　トンネル構築物上部の土被りが薄いこと。
　(ハ)　トンネル敷地の東側の法面は一部起業地外になっているが、現在の宅地造成の施工高との高低差が3.5mから5mあり、宅地造成に際して当該法面を切土されると微妙な力学的バランスの上に設置されているトンネルは大きな影響を受けるおそれがあること。
　(ニ)　仮にトンネル構築物の上部に建物等を設置した場合、その荷重は、昭和60年11月25日収用委員会に提出した資料のうちの等圧球根図からも明らかなように、本件土地の土質の悪さも相まって、減衰も少なく、直ちにトンネル上部に及ぶこと。
　(ホ)　仮にトンネル構築物自体の安全性を確保するため補強工事を行おうとすれば、技術的には不可能でないにせよ、それに要する費用は莫大なものとなり、それによる効用を考えたとしても当該補強工事を行うことは公益上

　　　　許されないこと。
　　(ヘ)　トンネル敷地の荷重制限は1㎡当たり1tであり、平屋建程度の建物を
　　　　建築できるが、その場合、建物の材質等によっては1tを超えることも考
　　　　えられるので、トンネル構築物に影響を及ぼさないとは断定できないこ
　　　　と。
　　(ト)　トンネル敷地を収用することは、トンネル構築物を保守管理する面から
　　　　も必要であること。
　ハ　本件土地は、昭和59年3月21日に事業認定機関である宮崎県知事から本件
　　事業に供するため収用が必要であるとの事業の認定の告示がなされている。
　ニ　トンネル敷地を使用にしてほしいというのであれば、裁決申請書の縦覧期
　　間中にその旨を主張すべきであり、審理の場で新たに主張することは、法上
　　許されない。

### 土地所有者申立て

　イ　本件トンネル敷地を収用とすることは、本件事業によってトンネルとなる
　　他の土地の所有者について、起業者は区分地上権を設定する等建物の建築等
　　を認めているのに比べて不公平である。したがって、トンネル敷地について
　　は収用の必要性は認められないので使用とすべきである。
　ロ　起業者は、本件土地を買い取ることの了解の下に交渉を重ねてきたと主張
　　するが、当初からそのような話はなかった。

## ●曲線で使用する土地の区域を直線で表示することを認めた事例

昭和62年3月31日　東京都収用委員会裁決

### 裁決

　使用する土地の区域の表示方法について、起業者は、前記事実第1の5の(3)のとおり申し立てているのに対し、土地所有者は、同第2の3の(2)のとおり申し立てている。

　そこで、調査し検討した結果、土地に対する権利の及ぶ範囲を曲線で画した場合に、その境界を現地で表示する方法として、一般に承認されている方法がいまだないこと、本事業において、起業者は任意契約で地上権を設定した画地については、すべて当事者間の合意の上でその区域を直線で表示しており、本件土地のみを他の地上権設定地と異なる表示方法を採用したのでは、本件土地を起業者が管理し、あるいは土地所有者が利用する場合に不都合であること及び本件の場合、直線で表示しても、それによって受ける土地所有者の不利益はほとんど見当たらないことなどを総合すると、土地所有者の申立ては採用できない。

### 起業者申立て

　本件土地及び残地を併せた画地（以下「本件画地」という。）については、立入測量等を拒否されたので、道路上からの実測、東京法務局備付けの公図、震災復興土地区画整理換地確定図及び公共用地境界図を参考に、次のとおり確定した。

　本件画地の北西の境界点①（別紙略図（省略）参照。以下同じ）については、同画地の西側隣接地の北東の角に存する大谷石積みの角とし、北東の境界点②については、特別区道千第250号線及び同第251号線の交点とし、東南の境界点③については、本件画地の東南の角に存する鉄びょうとした。南西の境界点④及び西側境界線については、本件画地の南側隣接地の北西の境界点⑤を同土地の図面から図面上設定したうえ、③と⑤の直線上に、①を起点として本件画地に存する建物の西側壁に平行な方向線との交点によって④を設定し、その

方向線を本件画地の西側境界線とした。

　以上のように、本件画地を確定したうえ、本件土地を①、⑪、⑦、④、①を順に直線で結ぶ範囲とし、残地を⑪、②、③、⑦、⑪を同じく順に直線で結ぶ範囲とした。

　なお、本件土地の区域には、都市高速鉄道構築物（以下「構築物」という。）が物理的損傷を受けないようにするための、側部保護層を含んでいる。

⑶　使用しようとする土地の区域の表示については、本件のように、構築物が曲線である場合には、起業者の採用した方法が最適なものである。

　　なお、任意による地上権の設定に際しても、すべてこの表示方法によっているばかりでなく、地上権設定登記に際してもすべてこの表示方法により行つている。

## 土地所有者申立て

　本件土地は、〇〇通りに敷設される地下鉄道が円弧を描いて、約90度カーブして〇〇通り下に至る部分に位置している関係上、本来使用すべき土地の区域は、円弧を描くはずであるのに、起業者は直線としている。

　このことは、起業者が本来必要とする土地の区域を超えて余分に使用権を設定しようとするものである。土地の区域は、トンネル構築に必要な最低限の範囲しか認めるべきではない。

## ●構築物上端から3mの厚さの上部保護層を事業のため必要と認めた事例

昭和62年3月31日　東京都収用委員会裁決

### 裁決

　高度に開発された市街地で通常見受けられる鉄筋コンクリート造の中高層ビルの建築で用いられるくい基礎工法は、建物の建築という側面から見る限り安全でかつ経済的な工法として一般的な基礎工法であるが、それは建物の重量が基礎ぐいに集中する構造であり、地下に埋設された構築物の特定の部位に荷重が集中する。したがって、構築物の安全性を維持するためには、その特定の部位に対する集中荷重を避け、基礎ぐいに集中した建物の重量を分散させることが必要となる。この点について、地方鉄道法の規定に基づく本件工事施行認可は、建物荷重を分散させるための保護層を必ず設置すること、そしてその設置を前提とした設計を認可したものと認められる。

　本件土地の場合、構築物にとって危険な、特定部位に対する集中荷重を引き起こしやすいくい基礎工法の建物が建築される場合でも、構築物の安全性が維持されなければならない。そのためには本件土地に係る地質条件及び長期鉛直許容支持力の算定式に基づいた基礎ぐいが支持しうる建物荷重の計算からして、起業者の申立てのとおり、構築物頂面から3mの厚さの上部保護層は、事業のため必要なものであると認められる。

　したがって、起業者が厚さ3mの上部保護層を使用の範囲に含ませて申し立てたことは、相当である。もっとも、この点について、審理及び意見書での起業者の説明は、断片的で必ずしも十分とはいえず、しかも不親切なきらいがあり、そのため、土地所有者が、保護層の必要性について十分理解できなかったとしてもやむを得ない点はある。しかしながら土地所有者の主張は、独自の立場を前提にして起業者の説明を非難するだけであるので、申立てを採用することはできない。

### 起業者申立て

ア　本事業のために設置する構築物は、横断面が円形で、直径が9.8mのもの

である。
　使用の範囲は、このような構築物を設置し、必要な保護層を設定するためのものである。
　保護層は、上部については、主として建物荷重が構築物の特定部位に集中荷重とならないための、また、両側部及び底部については、いずれも構築物が物理的損傷を受けないための各緩衝地帯として設けるものである。
イ　構築物の耐力と保護層厚については、次のとおりである。
　本件土地を含む九段民地部分を公法上の規制、構築物の設置位置、地質条件、構築物の安全性、土地の利用状況等を考慮して、半蔵門駅寄りをA地区（本件土地を含む。）、九段下駅寄りをC地区、中間をB地区の3地区に分けることとした。
　C地区（容積率700％地区）については、公法上の規制、土地利用の実態、地質条件及び建築工法（くい基礎工法）等を総合的に勘案して、8階層の建物を建築することが相当と判断し、その建物荷重と土の重量とに耐えられるように構築物を設計することとした。この設計に際しては、構築物にかかる建物荷重が特定部位に集中荷重とならないように一定の保護層を設ける必要があり、前記条件により検討した結果、C地区の保護層を4mとした。このことにより、構築物にかかる総荷重は、土の重量と建物荷重とにより、1㎡当たり70.68tとなり、これに耐えられる構築物をシールド工法で築造することとした。
　次に、A・B地区（各容積率500％地区）については、構築物を工事の施行性、経済性等を考慮してC地区と同じものを設置することとした。A・B地区は、C地区と比較して、土被が浅くなるため、仮にC地区と同じく4mの保護層を設けると、建物の基礎ぐいが短くなり、N値（地盤の力学的性状を示す値）の小さい部分にくい先端を止めざるを得なくなるため、建物に対する制限が厳しくなる。
　そこで、構築物と地質条件及び建築工法（くい基礎工法）との関係を総合的に検討した結果、A・B地区の各保護層を3mとすれば、基礎ぐいが長くなるので、くい先端の支持力が増加し建物の制限荷重を緩和することができ、かつ、保護層を縮小しても構築物は耐え得ることから、3mとしたものである。
　以上のことから、保護層厚を、C地区は4mに、これと地質条件が異なるA・B地区はそれぞれ3mとしたものである。

## 土地所有者申立て

　起業者は上部保護層について、C地区は4m、A・B地区は3mと、それぞれ設定しているが、1mの差があるのは納得できない。

　そもそも保護層は、構築物が強固であれば不要であるから、構築物を強固にすべきであり、これをあえて設定したのは、権利者に犠牲を強いるものである。また、3mあるいは4mという保護層の設定は恣意的であり、1mの差が生じるというのは、権利者すべてにとって公平を欠くというほかない。

## ●都市高速鉄道のための使用期間は、地下構築物の存続期間必要と認められるとした事例

昭和62年3月31日　東京都収用委員会裁決

### 裁決

　起業者は、前記事実第1の7のとおり申し立てているのに対し、土地所有者は、同第2の5のとおり申し立てている。

　そこで、検討した結果、都市の地下空間を公共のため有効に利用できる大量輸送の公共交通機関としての本件都市高速鉄道が廃止されることは、当面考えられない。

　本件土地の使用は、そのための構築物を設置するものであるから、構築物存続中という使用期間は、本事業に必要であると認める。よって、起業者の申立てをもって相当とする。

　なお、土地所有者は、税法上の耐用年数あるいは実耐用年数によるべきであり、使用の期間は有期限とすべきであると申し立てているが、上記のとおりであるので、土地所有者の申立ては、認められない。

### 起業者申立て

　使用の期間については、構築物存続中とすることが、本事業の目的に最も沿うものと考える。

　なお、任意による地上権の設定に際してもすべて構築物存続中として契約を締結しているばかりでなく、地上権設定登記に際してもすべてこの表示方法によっている。

### 土地所有者申立て

　起業者の申立ては、半永久的な期間設定であり、長期に過ぎ違法である。

　現在、社会的に是認されているしかるべき方法による使用料相当の補償方式は、社会情勢の変化に応じて、変遷すると考えられ、その変遷に応じた適用を是認することこそ正当な補償というべきであり、それは期間にしかるべき限定

を加えることによってのみ、可能となる。
　したがって、使用の期間は、構築物の税法上の耐用年数あるいは実耐用年数によるべきである。
　また、任意協議による場合も、使用手続による場合も、同様になされるべきであり、民法では地上権について期間の定めがなく、協議が調わないときは、裁判所に期間を定めるよう求めることができるとされていることからも、期間は有期限とすべきである。

● 地下構築物の最上部の構造が斜めになっている場合の使用の範囲は、斜めにしなければならないものではないとした事例

昭和62年3月31日　東京都収用委員会裁決

### 裁決

　調査し検討した結果、以下の理由で、起業者の申立てを相当とする。
(1)　構築物の横断面は円形であるが、調査によると、本件工事施行認可は、構築物の最上部頂面の接線で構成される平面に、それに平行な面で構成される保護層で分散させた荷重が等分にかかるという設計に基づいて計算し、認可していることが認められる。
(2)　構築物の設置のための地下使用の場合、構築物にこう配があり斜行しているからといって、そのために使用の範囲を同じように斜行した表示にしなければならないものではない。例えば、不動産登記制度においては、斜行する構築物設置のために設定した地上権の表示方法としては、水平に区切って表示することとされている。当委員会も本件使用の範囲を表示する方法としては、明示性及び確定性からみて水平の直線をもって表示することが、もっとも妥当なものと考える。
　本件の場合、調査によると構築物のこう配は1000分の31であることを考慮すると、本件使用の範囲を東京湾平均海面を基準として、水平に区切り、直線で表示しても何ら不当なものとはいえない。

### 起業者申立て

　地下使用の範囲を表示する方法としては、本件のように構築物の横断面が円形であり、また、構築物そのものが斜行している場合には、起業者が採用した表示方法が最適なものである。
　なお、任意による地上権の設定に際してもすべてこの表示方法によって契約を締結しているばかりでなく、地上権設定登記に際してもすべてこの表示方法により行っている。
　また、土地所有者は、構築物を縦断面で見た場合の使用の範囲について、上

限、下限のそれぞれについて、こう配の最高点と最低点を結ぶ線で設定すべきであると主張するが、構築物は斜行しており、こう配があるので、線上のすべての点の深さを数字で表すことは不可能であり、また、水平面で使用の範囲を決めるにしても、例えば上限について、こう配の最低点を基準とするため、最高点までの範囲が不足してしまう。したがって、設定の便宜のため、上限についてはこう配の最高点、下限についてはこう配の最低点の基準に水平面で設定しているものである。

### 土地所有者申立て

ア　構築物の上部は円形であるのに、起業者が申し立てている保護層は平面になっている。このことは、構築物の左右上部の部分は起業者が本来必要とする範囲を超えた過剰な使用を求めることとなるので、権利者を不当に制約するものとして許容すべきでない。

イ　構築物を縦断面で見た場合、斜行して設置されるのにかかわらず、使用の範囲について起業者が、上限については、こう配の最高点、下限については、こう配の最低点を含む水平面で区切った範囲としているのは、不必要な部分を含む過剰なものである。

　　構築物を縦断面で見た場合の使用の範囲は、表現技術上不可能でない以上、構築物の傾斜に沿って、上限、下限のそれぞれについて、こう配の最高点と最低点を結ぶ線とすべきである。

## ●使用の方法として、土地に建物等を設置する場合は地下構築物に支障を及ぼしてはならないとした事例

昭和62年3月31日　東京都収用委員会裁決

### 裁決

調査し検討した結果、以下の理由により、主文のとおりとする。

(1)　高度に開発された市街地の中高層ビルなどの建物の建築工法が通常見られるくい基礎工法でなされた場合、一般に基礎ぐいの到達する部分の地質、地耐力の状態によってそのくいが支えることのできる建物荷重が決まるものとされているが、起業者は本件土地の地質、地耐力の状態について、○○○○のボーリング結果を採用している。大量輸送を目的とした公共交通機関である本件都市高速鉄道の安全性は絶対的に維持尊重されなければならない。本件の場合、起業者は、都市高速鉄道の安全性を保護層の設置及び土地所有者に対する以下に述べる利用制限によって維持しようとし、そのため、安全性重視の観点から、○○○○のボーリング結果をもって本件土地の地質、地耐力の状態を推定したことは相当である。

(2)　構築物は、シールド工法で施行し、本件九段民地部分でのその耐力は1㎡当たり70.68tであるが、3mの厚さでの上部保護層が必要であること、他方、建物の基礎ぐいの長さ及びくい先端の地質いかんによりそのくいの支持する建物の荷重には計算上限度があるので、建築可能な階数も限られることとなること、以上の点をふまえて検討すると、本件土地において、くい基礎工法で鉄筋コンクリート造の中高層ビルの建築が行われていると想定した場合、本件工事施行認可を得て設計した構築物の耐力及びその設置位置ならびに本件使用の範囲より上の部分の推定される地質等を総合して考慮すると、いわゆる荷重制限なるものが必要であり、建物その他の工作物の荷重を東京湾平均海面の上17.85mにおいて1㎡当たり10t以下とするとの起業者の申立ては、相当であると認めることができる。

(3)　ところで、上記のように、本件土地の利用の制限を具体的な数値により表現できるのは、地下1階、地上4階のビルが、通常一般的（安全でかつ経済的）とみられるくい基礎工法で建築されるであろうということを前提にして

計算されるからである。しかし、将来本件土地に建築される建物が、そのような建築工法で建てられるとは限らないのであるから、本件土地の利用の制限については、その建物の荷重を東京湾平均海面の上17.85mにおいて1㎡当たり10ｔ以下とするというように、あらかじめ制限すべき性質のものではないというべきである。

　もっとも、土地の使用に伴う損失の補償を算定するに当たっては、後記第6の3の(4)のとおり、当該土地の利用が妨げられる程度に応じた割合に基づいて算定するのであり、しかも、本件のように高度に開発された市街地における土地の利用は、建物を建築して立体的に利用することが一般的であり、かつ最有効利用であるといえるので、当該土地の利用が妨げられる程度とは、通常一般的と認められる建物を建てるとした場合に生じると想定される阻害の程度の問題とみて差し支えない。

　したがって、本件土地のいわゆる荷重制限は、高度に開発された市街地で通常一般的と認められる鉄筋コンクリート造の中高層ビルをくい基礎工法で建てる場合を前提にして計算されたものであって、本件土地の使用に伴う損失の補償を算定するために必要な数値としてのみ妥当なものであると解すべきである。

(4)　建物を建築するに当たっては、どのような建物が、どのような工法で、どのような形態で建てられるのかは、建築主の計画のもとに、当該土地の地質条件をはじめ建物敷地としてのさまざまな客観的条件、建築技術の程度及び建築費等の社会的経済的条件ならびに各種公法上の規制等を総合的に考慮して決められるものである。その際、地下の一定部分に鉄道構築物がシールド工法で設置されていて、何者であってもその安全性を損なってはならない場合、その制約の下で建物を設計しなければならないのである。しかしながら、構築物の存在自体は、敷地の利用の仕方や採用する基礎工法の種類により、必ずしも避け難い障害とはいえないのである。例えば、基礎ぐいの太さや本数を変えるとか、地下のない建物を建てる場合（くいの長さが長くなる。）や、くい基礎工法以外の基礎工法など、どのような建物をどのような工法で建てるのかという設計上の選択によっては、構築物の安全性を損なわない場合もある。この点についての判断権限は建築行政機関の専管事項である。

　そうだとすれば、本件の場合、建物その他の工作物の荷重を東京湾平均海面の上17.85mにおいて1㎡当たり10ｔ以下とするというように裁決するこ

とは、土地所有者に対し、事業に必要な限度を超えて制限を課する結果とならざるを得ず、ひいては当委員会が法令により付与されている権限を超えて判断することとなるので、この点については、起業者の申立てを採用することはできない。
(5) 以上のとおりであるから、本事業に必要な限度と、土地所有者の権利利益とを総合的に考慮した結果、使用の方法として、都市高速鉄道を保全するために土地所有者に課し得る制限は、構築物に障害を及ぼしてはならないということに尽きるものと解するを相当とする。よって、主文のとおりとする。

なお、土地所有者は、都市高速鉄道の運行は、使用の方法に入ると主張しているが、都市高速鉄道の運行は、使用権の設定後に設置される構築物の利用の方法であり、本件土地の使用の方法には含まれない。

主文
使用の方法は、次のとおりとする。
(1) 都市高速鉄道構築物設置のための地下使用とし、その使用の範囲は、東京湾平均海面の上5.14mから東京湾平均海面の下8.47mまでとする。
(2) 都市高速鉄道を保全するため、上記土地に建物その他の工作物を設置する場合は、頂面において１㎡当たり70.68ｔの耐力を有する都市高速鉄道構築物に障害を及ぼさない方法で設置するものとする。
(3) 上記土地において、東京湾平均海面の下8.47mより下に工作物を設置する場合、都市高速鉄道構築物に障害を及ぼしてはならない。

## 起業者申立て

ア 本件土地が受ける利用の制限は、構築物に損傷又は変形を及ぼすような行為を一切してはならない、のみならず建物その他の工作物を設置する場合には、その荷重は東京湾平均海面の上17.85mにおいて１㎡当たり10ｔ以下とするものである。
イ 本件土地の荷重制限は、次のとおりである。
　(ア) 前記(2)のイのとおり、本件土地を含むＡ地区においても、Ｃ地区と同様70.68ｔの重量に耐え得る構築物を設置することとしたうえ、本件土地の使用権を起業者が取得した後、何ｔの建物を建てられるかによって算定した。

(イ) 本件土地において建物を建てる場合、通常、鉄筋コンクリートの基礎ぐいを打つと想定される。構築物設置のための使用権が設定された後に建物を建てる場合、基礎ぐいは上部保護層の直前で止められることになるので、上部保護層直前の地盤の耐力と使用権が設定された後の標準的な建物の基礎ぐいの長期鉛直許容支持力とによって、建物荷重としての制限を1㎡当たり10tと算出した。

具体的には、上部保護層直前の地盤の耐力については、九段地区におけるボーリング箇所のうち、本件土地と同様、容積率500％の地域に属する〇〇〇〇のボーリング結果及び東京都総合地盤図等により判断した。また、基礎ぐいの支持力については、長期鉛直許容支持力算定式に、くいの直径、長さ、断面積、周長、自重や、上記により判断した地盤のN値等を代入して1本当たりの長期鉛直許容支持力を計算した。そして、この基礎ぐいによって、何tの建物を建てられるかにより算定したものである。

(ウ) 一般的なビルにおいては、1階層の重量は1㎡当たり2tを超えるものはないとされているので、1階層1㎡当たり2tと想定すると前記(イ)の1㎡当たり10tは、建物5階層に相当する。

そして5階層の場合には、地上、地下の建物各階層の効用を考慮すると、地上4階、地下1階の建物を想定するのが相当であるので、この地下1階の基礎底面の位置である東京湾平均海面の上17.85mをもって荷重制限の設定位置とした。

なお、本事業に関する他の裁決申請事案で、C地区を16t、B地区を12tと、本件土地と異なる荷重制限により申請されているのは、C地区は、上部保護層を4mとしているが、それでもN値50の地層が上部保護層上に数mあり、16tの建物を建てることができるからであり、B地区は、本件土地より構築物が深いところで設置されるので、12tの建物を建てられるからである。

(エ) 土地所有者は、起業者が、本件土地をボーリングせず、制限荷重を算出していると批判しているが、地層というのは、長い歴史を積み重ねて層を成しているものであり、数m離れたからといって、地層がまるで違うということはない。

(オ) 土地所有者は、基礎ぐいの具体的な計算過程を明らかにしないと批判しているが、長期鉛直許容支持力算定式にいかなる数字を代入すべきかは、むしろ、土地所有者自ら専門家に問い合わせれば、明らかになることであ

る。
　㈹　土地所有者は、地下部分を作らず、くい長を長くすれば、6階、7階も建つことが考えられると主張するが、くい長を長くしたり、くい径を太くすれば、基礎ぐいの支持力は変化するので、当然のことである。ただし、起業者は、補償を見積もるに当たり、地下1階を設けることを想定しているので、これとの関連もあり、地下1階、地上4階の建物として、荷重制限を算出している。

　　　なお、土地所有者は、荷重制限が起業者の主張どおり1㎡当たり10 tと裁決された後、6階、7階が重量計算上建築可能となった場合、これにより建築確認申請がされたときは、当然に容認すべきであると主張するが、技術的には、拒否する理由はないが、補償を見積もるに当たり、5階層を前提としている。

　㈺　土地所有者は、任意手続の場合と使用手続の場合とで、起業者の設定する荷重制限が異なり、一貫性がないと主張するが、任意の場合は、地下の構造、基礎ぐいの径、本数等について条件を付したうえで荷重制限を設定しているため、使用手続による荷重制限と異なる場合が生じているものであり、一貫性がないわけではない。

## 土地所有者申立て

ア　起業者の荷重制限は、いい加減なものであり、異議がある。
　　収用委員会は、独自で十分に検討すべきである。
　㈰　本件土地の近辺は、5mないし10m離れただけでも地層は相当変化があるのに、起業者は本件土地をボーリングせず、荷重制限を算出している。
　㈪　起業者は、基礎ぐいの許容支持力を計算するに当たって、長期鉛直許容支持力算定式を用いたとするが、これに代入するくい径、くい断面積等は、当然に決まるものではなく、想定した数字を代入したものと考えられる。起業者は、荷重制限1㎡当たり10 tを裏付ける具体的な計算過程を明示すべきであるのに、明らかにしない。
　㈫　起業者は、5階層の建物を想定しているが、地下部分を設けなければ、くい長は5m長くなり、さらに、くい径を太くすれば、6階層、7階層も建つと考えられる。

　　　なお、荷重制限を起業者の主張どおり、1㎡当たり10 tとして裁決があ

った後、仮に6階、7階建てが重量計算上建築可能となり、これにより、当方が建築確認申請した場合は、起業者は当然、これを容認すべきである。

　㈤　起業者の制限荷重は、任意手続の場合と収用手続の場合とで、異なっており、一貫性がない。

イ　東京湾平均海面の下8.47mより下に工作物を設置する場合、構築物に障害を及ぼしてはならないということについては、具体的に、当方がどのような負担を負うことになるのかはっきりせず、何ともいえない。

## (3) 土地所有者、関係人

●遺産分割協議の成立前において相続人の一部から法定相続分による分割支払い要求があったため、この要求を認めた事例

平成5年11月2日　兵庫県収用委員会裁決

### 裁決

　本件土地及び土地にある物件ならびにこれらの権利者について、起業者は、事実1(7)のとおり申し立てるのに対し、土地所有者兼関係人甲は、事実2(2)カのとおり異議があると申し立て、同乙及び同丙は、事実2(3)アのとおり、同丁及び同戊は、事実2(4)アのとおり、各人の持分は、5分の1である、と異議を申し立てるので、以下判断する。

　当委員会が調査を行ったところ、本件土地及び土地にある物件のうち物件の番号①②③④⑤の建物は、いずれも、登記簿上、亡Aの所有名義とされており、未だ相続登記が経由されていない。

　亡Aの相続人たる地位を有する者は、起業者が事実1(7)で申し立てるとおり、甲外4名及び己の6名であったが、その6名の間で、遺産分割協議が調っておらず、その後、更に、己の死亡（平成5年3月21日）に伴い、その持分は甲外4名が相続することとなるところ、この持分についても、相続人甲外4名の間で、遺産分割協議が調っていないという事実が認められた。

　ところで、共同相続人は、遺産分割が終了するまでは、相続財産を構成する個々の財産について相続分に応じた持分を有しており、土地及び建物といった不動産が、収用等により補償金支払請求権等の可分債権に変じた場合、各相続人は、これを相続分に応じ分割取得すべきものである。土地所有者兼関係人甲は、各相続人の取得分は、遺産分割協議に基づく他の一部相続人に対する請求権確保の実質的担保となるものであるから、補償金の給付決定に当たっては法定相続分による分割支払いをなすべきでないと主張する、しかしながら、他の4名の相続人が分割支払いを請求する以上、担保的価値の確保を必要とする当該相続人の補償金に対してのみ別個に担保的価値の確保を図れば足り、法定相続分による分割支払いを妨げるものでない。

　なお、当委員会が調査した範囲内では、亡Aの遺言は存せず、相続放棄を行った者、廃業欠格及び相続人の廃除に該当する者の存在は認められず、また、

特別受益証明書の交付を行った者はなく、寄与分に関する協議も調っていないのであるから、各相続人の相続分について、特段、法定相続分を変更しなければならない事情は見出し難く、また、亡己の遺産についても、同様である。

### 起業者申立て

　本件土地及び土地にある物件は、いずれもＡの所有であったが、同人の死亡（昭和42年8月21日）に伴う相続人甲、同乙、同戊、同丁及び同丙（以下「甲外4名」という。）ならびに同庚の6名による遺産分割協議が調っておらず、やむを得ず各人の持分は不明とした。
　ところで、裁決申請後、己が平成5年3月21日に死亡しており、同人の有していた持分は、甲外4名が相続することとなる。

### 土地所有者申立て

(2)　土地所有者兼関係人（物件所有者）甲が意見書及び審理で申し立てた要旨は、次のとおりである。
　カ　本件土地及び土地にある物件ならびにこれらの権利者
　　起業者が、事実1(7)で申し立てる本件土地及び土地にある物件ならびにこれらの権利者については、異議がある。
　　本件土地及び土地にある物件は、遺産分割協議にもとづいて最終的に所有権を取得する相続人からする他の相続人に対する相続請求権確保の実質的な担保となるものであるから、法定相続分による分割支払がなされないよう処理されたい。
(3)　土地所有者兼関係人（物件所有者）乙及び同丙が意見書及び審理で申し立てた要旨は、次のとおりである。
　ア　本件土地及び土地にある物件ならびにこれらの権利者
　　甲外4名が、本件土地及び土地にある物件に有する持分は、各々5分の1ずつである。
(4)　土地所有者兼関係人（物件所有者）戊及び同丁が意見書及び審理で申し立てた要旨は、次のとおりである。
　ア　本件土地及び土地にある物件ならびにこれらの権利者
　　甲外4名が、本件土地及び土地にある物件に有する持分は、各々5分の1ずつである。

● 遺産分割協議が成立していない相続財産の土地は共有に属するものと判断し、本件土地に係る補償金は、個別に補償するものとしてその共有持分を法定相続分とした事例

平成16年11月24日　大阪府収用委員会裁決

## 裁決

　起業者は前記事実第1の2(2)のとおり申し立て、土地所有者は前記事実第2の7のとおりそれぞれ主張する。

　当委員会は、甲らについては前土地所有者が死亡して自分たちがその相続人であることを知った日から3か月を過ぎ、丁についても未成年後見人が選任されてから3か月を過ぎたが、いずれも相続の放棄若しくは相続の限定承認を申し立てることはなかったこと、また遺産分割協議がいまだ成立していないことを審理において確認したので、土地所有者が相続の単純承認をしたものと判断する。

　民法第898条は相続財産について、相続人が数人あるときは、共有に属する旨規定しているので、当委員会も共有であると判断し、法第69条の個別払いの原則に従い、本件土地等に係る補償金は個別に補償するものとし、その共有持分は、民法第900条の規定により、甲らについてはそれぞれ7分の2、丁については7分の1である。

## 起業者申立て

　そこで、土地所有者の本件土地及び本件土地にある物件（以下「本件土地等」という。）に係る遺産分割協議の状況を調査したが、協議が調っていなかったので、土地所有者がそれぞれ民法の定めに基づく法定相続持分を持つものとして補償金の見積りを行った。

　まず、土地所有者の相続の対応を調査したところ、甲、乙及び丙（以下「甲ら」という。）については、前土地所有者が死亡して自分たちがその相続人に当たることを知った日から3か月以内に相続の限定承認若しくは相続の放棄を

申し立てることはなかった。

また、丁についても、未成年後見人と交渉するなかで、選任後3か月以内に相続の限定承認若しくは相続の放棄を申し立てる意向のないことが確認できた。

以上から、土地所有者は相続の単純承認をしたものと判断し、その相続持分は民法第900条の規定により、甲らについてはそれぞれ持分7分の2、丁については持分7分の1になるものと判断した。

## 土地所有者申立て

本件土地等に係る遺産分割協議はまだ成立していないが、本件の裁決後、速やかに話し合って遺産分割協議を成立させる予定である。

## ●法定相続人の中には住所不明者がおり、しかも遺産分割協議が調っていない場合においては、法定相続人により個別に補償を行うことは妥当でないとした事例

平成6年3月29日　福島県収用委員会裁決

### 裁決

　各人別の損失の補償については、起業者は前記事実第1の6のとおり土地所有者全員に対し一括して見積もっているのに対し、甲は意見書により、自己の持分に係る補償金の支払を求めているので、以下検討する。

　本件のように法定相続人のなかに住所不明者がおり、しかも遺産分割協議が調っていない場合においては、法定相続人の持分が明らかでないので、終局的に遺産分割協議がなされる以前に、各法定相続人に個別に補償を行うことは妥当でないと解するため、当委員会は、甲の主張を採用しない。

　したがって、当委員会は、起業者申立てのとおり甲ほか58名に対し一括して補償することを相当と認める。

### 起業者申立て

　なし

### 土地所有者申立て

甲
　自己の持分に係る補償金の支払を求める。

## ●登記簿に持分の記載のない共有地の持分について、各人均等の持分割合により補償するのを相当とした事例

昭和63年7月25日　熊本県収用委員会裁決

### 裁決

本件土地の共有者各人の持分については、登記簿に持分の記載がなく、かつ、起業者の申立てと異なる特段の資料及び申立てがないので、起業者申立ての持分割合により補償するのを相当と認める。

### 起業者申立て

共有者各人の持分については、登記簿に持分の記載がないため登記簿に記載の名義人の持分は民法第250条の規定により各人均分とし、その相続人は法定相続分により算定した。

### 土地所有者申立て

甲
　配分割合については、異議はない。
他の所有者
　なし（住所不明）

## ●真の所有者を確知することができないとして申請されたものについて、区を権利能力なき社団と認めて所有者とした事例

昭和59年3月19日　宮崎県収用委員会裁決

### 裁決

　本件審理に提出された、土地登記簿謄本、土地譲渡証、中央町の予算書、決算書、南郷町役場備付の課税台帳、固定資産税徴収簿ならびに中央町区長A、運営委員B、南郷町役場税務課長C、本件土地の賃借人甲・乙の陳述を総合すると次の事実が認められる。

1　本件土地登記簿には丙外54名の記載はあるが、登記年月日、住所及び各人の持分権の記載がない。又、各証言からみるとこれ等の記載は大正3年以前の記載と推定され、その後今日まで登記名義人が所有権を主張した事実等も認められないので、登記簿の記載だけによって所有者を確定することはできない。

2　しかし、上記各証拠書類及び参考人の陳述によると本件土地は大正3年まで南郷町栄松区・目井津区で管理していたが、大正3年4月1日上記の両区から下中村区（中央町の旧名）に譲渡されたものと認められる。

3　その後、下中村区は中央町と名称が変更されたが、今日に至るまで区有財産として占有管理し、南郷町の固定資産台帳にも管理者として下中村区長と記載されており、固定資産税も同区の会計責任者が区費の中から納入してきた。

4　また、昭和21年から昭和44年まで甲と賃貸借契約が締結され、昭和45年から昭和52年までの間は使用貸借契約に改められた。ついで昭和53年から昭和58年末まで乙と賃貸借契約が締結された。

　これらの契約は総会の決議を経て、区の代表者との間で締結され、賃料は区に納入され、区の収入として取り扱われてきた。

　その間、他に誰も所有権を主張したものはなく、賃貸借についても異議を申し出たものはなかった。本件土地は長年に亘り、現中央町が区有財産として管理占有していた事実が公然と認められていたものである。

　以上認定した事実によると本件土地は中央町の総有であると認められる。

5　中央町は、南那珂郡南郷町の池田、旧役場駅前、富屋、矢越及び南郷団地の各地区に居住する住民（戸数約600戸）を構成員として、町役場との事務連絡その他区民の福祉の増進を目的として組織されている団体であるが、それらの目的を遂行するため総会の議決を経た規約を定め、それにより事務所の所在地、区民の資格の得喪、区有財産の管理、更には区の機関たる区長その他運営委員等の役員の設置等団体としての主要な点が全て確定している。又、区民により区費を徴収して年間約500万円程度の予算をもって事業運営に当たり、区民全員によって構成される定期総会が毎年2回開催されており、区民の変動によって影響を受けない組織団体である。

　よって、当該中央町は、いわゆる権利能力なき社団であると認められる。

### 起業者申立て

　本件事業に必要な本件土地には、所有権保存の登記がなされておらず、土地登記簿表題部に土地所有者として、丙外54名（以下「登記名義人」という。）と記載され、土地登記簿の表題部に添付されている書類に登記名義人の氏名のみが列挙されているにすぎない。

　故に、登記名義人の住所を調査すべく南郷町役場に照会を行ったが、確認できない旨の回答を得た。

　一方、本件土地は南郷町中央町（区）（以下「中央町」という。）が永年管理占有しており、中央町の代表者A外32名が財産管理者となっている。

　裁決申請書に所有者として登記名義人及び上記財産管理者を掲記したが、これ等の者が所有者であると確認する根拠はなく、本件土地の真の所有者は確知できない。

　よって、土地所有者は不明とし登記名義人又はA外32名として法第39条第1項の規定による本件土地の収用の裁決を申請し、同時に法第47条の2第3項の規定により明渡しの裁決の申立てをした。

### 土地所有者申立て

(1)　本件土地は、大正3年4月1日当時の栄松区及び目井津区から下中村区に譲渡されたもので、その後中村区、中央町と名称は変更になったが、地区としての形態は変わらず、当時から現在に至るまで区有財産として区が管理占

有しているものである。
(2)　さらに本件土地に関し区民の総意により、昭和21年から昭和44年までは甲と賃貸借契約を締結し、昭和45年から昭和52年までは引き続き同人と使用貸借契約を行っていた。その後、昭和53年から昭和58年まで乙と賃貸借契約を締結し、昭和21年から昭和44年までの間及び昭和53年から昭和58年までの間の賃料は、全て現中央町の収入として取り扱ってきた。
(3)　本件土地の固定資産税は中央町の会計責任者が、区の総会の議決を経た予算の中から納付している。
(4)　本件土地に対し中央町が管理占有している事実に関し過去において争いがあったことはない。
　以上の理由により、本件土地は中央町の所有に帰するものである。

## ●入会林野の登記簿上の共有地の土地所有者を長年土地を管理している生産森林組合と認めた事例

昭和60年3月25日　佐賀県収用委員会裁決

### 裁決

　審理の際に組合から提出された定款、組合設立認可申請書、同指令書、組合の山林貸付地料関係綴、本件土地の賃借人　甲との土地賃貸借契約書及び大正6年当時の〇〇区土地台帳等ならびに前記事実第2の1の(2)記載の組合長理事　乙の陳述さらには前記事実第2の2の(2)記載の相続人兼代理人　丙の陳述等を総合して判断すると次の事実が認められ本件土地は組合の所有と認めることができる。

1　本件土地は、丁外21名で保存登記がされているが、今日まで登記名義人及び相続人が所有権を主張した事実は認められない。よって、登記簿の記載だけで所有権を確定することはできない。

2　組合から提出のあった資料及び陳述によると本件土地は入会林野として昭和35年6月組合が設立されるまで歴代区長が管理してきたものと認める。

3　組合が設立されてから昭和57年3月まで組合員である甲と賃貸借契約を行い、賃料は組合に納入され組合の収入として取り扱われてきた。

4　その間において、他に所有権を主張したものはないし、賃貸借についても異議を申し出たものはなく、本件土地は組合が20有余年にわたり管理占有を続けてきたものである。

### 起業者申立て

　佐賀県鳥栖市〇〇町字〇〇3029番3のうち上記収用しようとする土地（以下「本件土地」という。）は、登記簿上土地所有者として丁外21名の共有として保存登記がされているが、調査した結果戊については存否不明その他の21名については既に死亡していることが判明し、存否不明者及び相続人は、別表第2記載のとおり合わせて140名（以下「相続人」という。）に及ぶ。そして、登記簿上の持分は明記されていないので均等とし、相続にあっては法定相続分によ

った。
　それに対し、地元有識者（区長等）に問い合わせたところ、本件土地は登記の如何にかかわらず、代々入会林野として利用されてきたものであり、歴代〇〇区長が管理してきた財産を昭和35年に〇〇生産森林組合（以下「組合」という。）が設立されたときに引き続き管理しているものである。
　よって、本件土地の所有者を相続人、組合のいずれかに確定することは困難と判断し、「土地所有者不明、ただし組合又は相続人」として法第39条第1項の規定に基づく裁決の申請及び法第47条の2第3項の規定に基づく明渡裁決の申立てをした。

## 土地所有者申立て

組合代表者　甲
　昭和60年2月2日付けで佐賀県収用委員会（以下「当委員会」という。）に意見書を提出したが、以下の理由により組合の所有である。
① 　組合の設立前から入会林野として区長が管理し、又資料として提出しているとおり区土地台帳にもそのように記載してあり、当時においても区が賃貸借契約を行い、賃料を収入していた。そして、組合が設立されてからも組合が丁と賃貸借契約を行い、賃料を毎年収入してきた。
② 　入会林野の登記上の所有者の記載は、個人名、共有等いろいろなケースがあって本件土地の場合は共有になっており相続人多数で書類の取揃え等ができなかったので登記ができていない。
③ 　これまでに相続人等から所有権の主張は合っていない。
相続人兼己外14名代理人　丙
　昭和60年2月2日付けで組合を経由して提出された承諾書記載のとおり組合の所有と認める。

● 土地所有者は登記名義人の共有ではなく、旧盛岡藩士桑田の構成員に帰属する総有的なもので、旧盛岡藩士桑田と認めた事例

昭和61年2月18日　岩手県収用委員会裁決

### 裁決

　起業者は、本件土地の所有者について、前記事実1(2)記載のとおり旧盛岡藩士桑田であるか、登記名義人若しくはその相続人であるか不明であると申し立てるのに対し、旧盛岡藩士桑田は前記事実2(1)ア、イ、ウ及びエのとおり本件土地の所有者であると主張し登記名義人若しくはその相続人は、何ら主張しないが、当委員会が、起業者、旧盛岡藩士桑田の申立て及び審問結果ならびに提出資料等を調査したところによれば、次の事実を認めることができる。

(1)　本件土地の沿革について
　ア　本件土地は、明治初期に、盛岡藩廃藩後における旧盛岡藩士の授産資源として、士族1,732名に対し国から払い下げられた土地の一部であること。
　イ　その後、土地の払い下げを受けた士族は、これを桑田(以下「本件桑田」という。)として利用することとし、明治8年、その目的を遂行するため、士族全員が調印して「桑田共有条約書」を作成し、「担当人」4人を選任のうえ、これが管理に当たらせたこと。
　ウ　上記「桑田共有条約書」によれば、資産の取り扱いは、次のとおり定められていたこと。
　　(ｱ)　本件桑田その他の財産は、士族全員（1,732名）の共有であり、各個人が所有するものではないとされていたこと。
　　(ｲ)　本件桑田より得られる利益は、各個人の所得ではあるが、各個人の自由にはできないとされていたこと。
　　(ｳ)　本件桑田その他の財産は、止むを得ざる場合、過半数の決議によらなければ処分できないとされていたこと。
　エ　その後、明治23年に「旧盛岡藩記念桑田共有地維持規則」が制定され、理事等の役員、議決機関としての役員会、総会が設けられ、役員会は本件桑田の維持管理及び使用収益等を、総会はその処分等をそれぞれ議決事項とし、議決は出席者の過半数をもって決することとされ、共同体としての

組織が形作られたこと。
　　オ　本件桑田の維持管理に当たった上記共同体は、規則上の正式名称はなかったが、通称「士族桑田」と呼ばれ、事務所を構えて対外的に一つの団体として活動していたこと。
　　カ　その後、昭和41年に上記「旧盛岡藩記念桑田共有地維持規則」に変わって「旧盛岡藩士族桑田規約」が制定され、組織の名称も「旧盛岡藩士共有桑田」と定められ、その後、昭和55年に名称が「旧盛岡藩士桑田」と改められて現在に至っていること。
　　キ　「旧盛岡藩記念桑田共有地維持規則」、「旧盛岡藩士族桑田規約」とも、数次の改正が行われたが、団体としての組織、運営及び本件桑田を含む財産の管理処分についての基本的事項については、現在まで、設立時の性格を変えることなく引き継がれ、維持されてきたこと。
⑵　本件土地が、当初、甲外864名と共有登記された経過について
　　ア　本件土地を含む本件桑田は、明治8年の払い下げの際、土地台帳には「乙外1,731名」とのみ記載され、他の士族の氏名が記載されていなかったことから、明治34年3月、当時所在の明らかであった甲外846名が、乙の相続人を被告とし共有地確認登記の履行を求めて訴訟を提起し、同年5月、請求を認める旨の判決を得て共有登記をするに至ったものであり、その後、若干の相続人による相続登記を経て現在に至っていること。
　　イ　上記訴訟提起の目的とするところは、年々、士族の中に所在不明となる者が多かったことから、所在の明らかな者のみでも土地台帳に氏名を記載し、その構成員たるを明らかにしておくことにあったものであり、もとより、本件桑田の共同所有形態の性格につき確認を求めたものではなく、また、共有者として土地台帳に氏名が記載されなかった所在不明者をこれから排除する趣旨のものでなかったこと。
　以上の認定事実からすれば、本件土地を含む本件桑田は、登記簿上、士族1,732名の共同所有とされていたが、その目的とするところは、旧盛岡藩士族授産の資源として、これを共同利用することにあったから、構成員個々の固有の持分は認められず、したがって、持分処分の自由や、持分に基づく共有物の分割請求権も当然のことながら否定されその管理処分権については、旧士族によって組織され対外的に独立した存在として活動していた旧盛岡藩士桑田に帰属していたことが認められる。つまり、登記簿上共同所有者とされていた旧盛岡藩士桑田の構成員は、旧盛岡藩士桑田という団体の統制のもとに所有権に関

与していたにとどまるのであって、本件桑田その他の財産の管理処分権は与えられず、単に、これを使用収益する権利を有していたにすぎなかったことが認められるのである。

そうだとすれば、本件土地が、登記簿上甲外846名の共有と登記されているとしても、その共同所有形態の性格は、固有の持分を有し、持分の処分権や分割請求権が認められる民法第249条以下の「共有」とは、その本質を異にし、いわゆる「総有的」に旧盛岡藩士桑田の構成員に帰属するものと解される。このような場合は、登記名義人を所有者と認めるべきではなく、実質上「法人格なき社団」である旧盛岡藩士桑田の所有と解するのが相当である、よって、当委員会は、本件土地の所有者は旧盛岡藩士桑田であると認める。

## 起業者申立て

裁決申請に係る土地（以下「本件土地」という。）は、明治初期に旧盛岡藩士によって組織された団体である「旧盛岡藩士桑田」の資産として管理されている土地であるが、土地登記簿には、甲ほか846名（共有者名簿は別紙記載のとおり）の共有と記載されている。

このため、起業者としては、本件土地の真の所有者が、旧盛岡藩士桑田か登記名義人若しくはその相続人のいずれであるか確知できないため、裁決申請等に及んだものである。

## 土地所有者申立て

旧盛岡藩士桑田
ア　本件土地は、明治8年10月旧盛岡藩士1,732名が署名押印して締結した桑田共有条約書に基づいて組織された団体である旧盛岡藩士桑田所有の土地である。
イ　本件土地は、甲外864名と登記されているが、これは、明治32年の不動産登記制度制定当時、団体有の登記が不能であったことから、便宜的措置として、構成員1,732名のうち、所在の判明している者をもって登記したにすぎないものであり、実質は、旧盛岡藩士桑田の所有であることに変わりはない。
ウ　現在、旧盛岡藩士桑田が自己の資産として管理している土地は、昭和53年

7月7日の農地買収無効確認請求事件に係る最高裁判決（昭和51年行（ツ）第71号）において、旧盛岡藩士桑田の構成員に総有的に帰属すると判断されており、その所有者は旧盛岡藩士桑田である。
エ　昭和54年6月17日開催の旧盛岡藩士桑田通常総会において、本件土地等の所有権は、旧盛岡藩士桑田にあることを確認しており、他にその帰属について争いがない。
オ　起業者が収用しようとする土地の区域ならびに権利取得の時期及び明渡しの期限については、異存がない。
カ　土地に対する損失の補償については、適正な時価による補償を求める。
登記名義人（相続人）
　なし

● 土地所有者を登記名義の個人共有とせず、地域住民が入会的に使用していた集落有地とみるのが相当であるとした事例

昭和62年1月30日　佐賀県収用委員会裁決

## 裁決

　起業者は、前記事実第1の3記載のとおり土地所有者不明。ただし、〇〇〇集落又は別表第1記載のとおりとしているのに対し、〇〇〇集落区長甲の代理人乙は、前記事実第2の1記載のとおり、本件土地について〇〇〇集落の所有権を主張しているので、以下のとおり判断する。

(1) 認定された事実は、次のとおりである。
　① 本件土地登記簿の表題部には、丙他10名の氏名が記載されているのみで、所有権保存の登記はなされておらず、登記年月日、各人の住所及び持分権の記載もない。しかし、小城町役場の固定資産台帳には、登記名義人の住所が記載されており、それによると登記名義人は、当時の小城郡〇〇村に住所を有していたことが認められる。
　② 乙の陳述及び起業者提出の資料によると、本件土地は〇〇〇集落の井戸水がわりに使用し、水道を布設した後も生活用水として使用し維持管理を行ってきたこと、また、その使用者は登記名義人若しくはその相続人のみに限られることなく、当地区の居住者により使用されてきたことが認められる。
　③ 乙の陳述によれば、当地区から転出する場合は慣例として、権利を失うことになっていると述べるが、起業者提出の資料によれば、本件土地について、登記名義人66名のうち49名からは本件所有権について〇〇〇集落にある旨の確認がとれており、これについて他の相続人からも積極的な反対がなされていないことが認められる。
　④ 起業者提出の資料によれば、本件事業により、本件土地に近接した小城郡〇〇町大字〇〇字〇〇1900番（登記名義人丁外4名）の同様な用水池についても、相続人全員の承諾を受け〇〇〇集落有として既に買収されていることが認められる。

(2) 以上のとおり認定した事実によると、本件土地所有者は、丙外10名の名義

で登記がなされているが、実態は〇〇〇集落の住民が、入会的に使用していた集落有地とみるのが相当である。

## 起業者申立て

　本件土地については、所有権保存登記がなされておらず、土地登記簿表題部には、丙外10名（以下「登記名義人」という。）の氏名が記載されており、調査の結果、既にその全員が死亡し、その相続人は、戊外65名となっていることが判明した。

　他方、〇〇〇集落の区長から、本件土地は、もともと〇〇〇集落有として管理してきたもので、所有権は〇〇〇集落にある旨の主張がなされた。

　そこで、登記名義人の相続人である戊外65名に、本件土地の所有権を確認したところ、相続人のうち49名については、〇〇〇集落有として取り扱うことで同意が得られた。しかし、残る相続人のうち戊については、戸籍の附票に「ボリヴィア国」の記載があるのみで、現地に確認しても住所を確知することができず、A、Bの両名についても戸籍の附票の住所に居住しておらず、地元住民等に照会しても住所を確知できなかった。他の相続人14名については、土地所有権の確認を得ることができなかった。そこで、このままでは真実の所有者を確認できないものと判断し、土地所有者は不明とし、〇〇〇集落又は登記名義人の相続人である丁外65名として裁決の申請及び明渡裁決の申立てに及んだものである。

## 土地所有者申立て

〇〇〇集落区長甲の代理人　乙

　　本件土地は、以下の理由により〇〇〇集落の所有である。
　①　本件土地は、従来から当地区の用水池として、日常的に井戸水がわりに使用し、また、水道を布設した後も、生活用水として使用し維持管理を行ってきたものである。
　②　転出する際は、慣例として権利を失うことになっており、当地区の住民もその点については承知していた。
　③　本件土地以外にも、当地区の代表者の名義で登記がなされているが、実態は〇〇〇集落有として、管理及び使用してきた同種の用水池や山林等が

ある。
登記名義人の相続人
　　なし

● 登記名義が共有となっているかんがい用ため池の所有権について、名義人は下流域に農地をもつ利用者であったと考えられるため、組合の所有であると推認できるが、組合が団体としての組織を真に具有しているか疑問があるため、組合を権利主体としては認めることはできず、共有と認めるほかはないとした事例

昭和63年2月5日　長崎県収用委員会裁決

## 裁決

　当委員会は、裁決申請書添付書類、本件審理に提出された土地登記簿、旧土地台帳、戸籍、組合規約、組合員名簿及び組合普通貯金通帳の写しならびに審理における当事者の陳述等に基づき、総合的に検討した結果、次のとおり判断する。

(1)　本件土地は昭和62年10月19日〇〇町2339番ため池から分筆されたものであるが、分筆前の2339番の土地登記簿表題部所有者欄に「甲外18名」の氏名が記載されているのみで、所有権保存登記はされておらず、19名の住所及び持分割合は不明である。旧土地台帳謄本にも「甲外18名」の氏名が記載されているのみである。

　分筆後の本件土地については、分筆登記手続のされたのと同じ日に乙外18名を共有者（持分各19分の1）とする所有権保存登記手続がなされている。乙外18名は、登記名義人のそれぞれの相続人であったものである。そして、本件土地の持分19分の14については起業者において既に取得済であり、残る持分19分の5についての現在における法定相続人とその持分は別表第1記載のとおりである。

　なお、現在の法定相続人の持分については、前記所有権保存登記において乙外18名の持分が相等しいもの（各19分の1）とされているから、これを基礎とし、起業者申立てのとおり各法定相続分を乗じて算出した。

(2)　本件土地を含む分筆前の〇〇町2339番ため池についての前記土地登記簿表題部及び旧土地台帳の所有者欄に「甲外18名」の氏名が記載された経緯は明

らかでないが、このため池がかんがい用のため池であることからして、「甲外18名」はこの池の下流に農地を持つかんがい用水の利用者であったと考えられる。しかしながら、これを断定するに足る確かな証拠はない。しかして、このため池は組合が管理し、かんがい用水として利用し、かつ、必要な補修工事もしていること、当初の登記名義人の現在の法定相続人の多数が本件土地を組合の所有として取扱うことに同意していることに照らすと、本件土地を含む分筆前の〇〇町2339番ため池は組合の所有であると推認されないではない。

(3) そこで、組合がこのため池を独立して所有し得る実体を具備しているか否かを検討するに、「〇〇〇溜池組合規約」は昭和28年3月に〇〇町2249番ため池（通称後の谷ため池）の補修工事に際し、その工事を計画どおり早期かつ完全に竣工することを目的として制定されたもので、工事に要する負担金（賦課金）出役（人夫）割当、作業時間等の定めを主としており、組合長等の役員とその任期、会計年度、総会とその決議方法等についても定めがあるが、これがそのとおり履行されている事実は認めがたい。本件審理に丙が組合の代表者であるとして出席し、起業者もその旨主張（事実第1の3の(2)参照）しているが、丙は組合の一員であって組合長ではなく、起業者の用地交渉において組合員の代表者とされたものに過ぎず、組合長は丁である旨陳述した。この事実は、組合が団体としての組織を真に具備しているかに疑問を抱かせるものである。また、「〇〇〇溜池組合員名簿」は前記後の谷ため池の補修工事の賦課金等の明細を内容とし、本件土地を含む分筆前の〇〇町2339番ため池とは関係がない。さらに、組合員の加入、脱退等がいかなる事由により生じるかについては前記規約上に定めはなく、慣行も明らかでない。

以上によれば、組合が土地を独立して所有し得る権利能力なき社団としての実体を具備しているものとは認め難く、組合をもって本件土地の所有権の主体であると認定することはできない。

(4) 組合の現在の組合員と本件土地を含む分筆前の〇〇町2339番ため池の当初の登記名義人との関係は明確でなく、ほかに組合の現在の組合員がこのため池を共有していることを認むべき証拠もないから、本件土地は「甲外18名」の共有であったもの、したがって、本件土地の持分19分の5の持分権者は別表第1記載のとおりであると認めるほかはない。

当初の登記名義人の現在における法定相続人の多数が本件土地を組合の所

有として取扱うことに同意しているが、これは法定相続分に対する土地代金を組合が最終的に取得することに異議はない旨の意思表示と解される（実際上も、持分19分の14についての各法定相続分の持分の起業者への売却に当たっては、各法定相続人が各持分を有することを前提とした売買契約が締結されている。）から、前記認定の妨げとはならない。

### 起業者申立て

(1) 本件申請地2339番3の土地（以下「本件土地」という。）は、元は2339番の土地であり、土地登記簿表題部所有者欄に「甲外18名」と記載され、その共有者氏名票に19名の氏名が記載されているのみで、所有権保存登記がされていない土地であったが、昭和62年10月19日付けで分筆及び所有権保存登記がされ、土地登記簿上「乙外18名」の共有地となっている。

(2) 一方、本件土地の占有者である〇〇〇溜池組合（以下「組合」という。）の代表者丙は、本件土地は下流地域のかんがいのために組合が管理、使用してきたものであって、「甲外18名」は当時の組合員の氏名であり、その所有権は組合にあると主張している。

(3) そこで、「甲外18名」の相続人である乙外132名について、本件土地の所有権について確認した結果、「甲外18名」の相続人のうち、14家系の76名については組合所有として取扱うことで同意が得られたので、起業者は当該持分19分の14を既に取得している。

(4) しかし、残る5家系57名の相続人のうち、41名については組合所有として取扱うことで同意を得ているが、残る16名について次の理由により同意を得ることができなかった。

相続人戊については、戸籍の附票の住所に居住せず、地元住民からの聴き取り調査においても、同人の住所を確知することができなかった。残る相続人15名については、土地所有権の確認が得られていない。

(5) したがって、持分19分の5については土地所有者の確定ができなかったので、土地所有者不明、ただし、別表第3記載の土地所有者又は組合として法第39条第1項及び法第47条の2第3項の規定による本件土地の収用の裁決申請及び明渡裁決の申立てをしたものである。

## 土地所有者申立て

組合
　登記名義人は、当時の水田の保有者と思われ、その後権利移転等が行われ、現在では、耕作者及び地主も変わっているが、以前から当組合が管理、補修工事等をしてきており、本件土地の所有権は組合にある。

名義人
　なし

●登記簿上は当時の集落住民の名義となっているが、同集落は、会員資格、機関、総会等に関する規約を定め、毎年1回総会を開催し、会費を集めて会を運営していることから、法人格なき社団として所有権を認めるとした事例

平成4年11月11日　秋田県収用委員会裁決

### 裁決

　起業者は、本件土地の所有者について、前記事実第1の3に記載のとおり〇〇集落であるか、登記名義人又はその相続人であるか不明であると申し立てるのに対し、〇〇集落は前記事実第2の1⑵記載のとおり本件土地の所有者であると主張し、登記名義人又はその相続人については一部の者は同集落の所有を認め、大部分の者は何ら主張しないが、起業者、同集落の申立て及び審問の結果ならびに提出資料によれば、当収用委員会は次の事実を認めることができる。

1　登記名義人35名はすべて明治38年3月31日（登記年月日）当時の同集落の住民であり、また、これらの者は当時各区10戸ぐらいにより1区から10区に分かれていた各区から2、3名の割合でほぼ均等に出されていること。
2　登記簿に持分の記載がないこと。
3　登記後今日に至るまで登記名義人又はその相続人が所有権を主張した事実が認められないこと。
4　昭和41年9月1日に同集落が甲社との間で土地の交換使用に関する契約を結び、本件土地を甲社に使用させ、その代わりとして甲社所有の土地を同集落の児童公園として使用しており、その間にこの契約について異議を述べた者がなかったこと。
5　〇〇集落は同集落に居住する住民（現在14戸）を構成員としており、住民の相互扶助を目的として〇〇〇共同会規約を定め、それにより会員資格の得喪、会長等の機関、総会に関する事項など団体としての主要な点が確定されており、毎月1,000円の会費を集めて会の運営に当たり、総会が年1回開催されており、住民の変動によって影響を受けない組織団体であること。

以上認定した事実によると本件土地の所有権は法人格なき社団である〇〇集落に帰属すると認められる。

## 起業者申立て

　上記2記載の土地（以下「本件土地」という。）を取得するに当たり、土地登記簿の調査を行ったところ、本件土地は乙外34名の共有地であった。しかし、〇〇集落は、本件土地が明治38年3月31日（登記年月日）当時の同集落の住民とみられる35名の共有地として登記されていること、また昭和41年9月以降同集落と甲社との間で交換使用契約を締結し本件土地を使用させていたという管理形態等から本件土地が同集落有地であるとの主張をしている。このため、本件土地の所有者を〇〇集落又は登記名義人乙外34名若しくはその相続人（別紙第1記載のとおり）のいずれかに断定することはできず、任意交渉による解決は困難であると判断し、土地所有者不明として裁決の申請及び明渡裁決の申立てに及んだものである。

## 土地所有者申立て

集落

　本件土地の所有権については、以下の理由により〇〇集落に帰属する。
ア　昔から本件土地を同集落がお祭りのお供えをつくる畑として使用してきたこと。（昭和3年生まれの集落会長丙が物心ついた時にはすでに使用していた。）
イ　昭和41年に、同集落は甲社との間で土地の交換使用契約を締結し、本件土地を甲社に使用させ、甲社の土地を同集落が児童公園として使用してきたこと。
ウ　本件土地の管理については、同集落の規約では特に規定していないが、集落の総会や常会で相談して決め、契約などは集落会長が代表者として行ってきたこと。
エ　同集落は明治38年3月31日（登記年月日）当時各区10戸ぐらいによる1区から10区までの約100戸により構成されていたが、登記名義人35名は各区から2、3名の割合で出された代表者から成っており、これは登記簿上集落名では登記できなかったための便宜的な手段であり、実質の所有権は同集落に

帰属すること。
登記名義人（相続人）
　本件土地の所有権が〇〇集落に帰属するという同集落の主張に対して異議はない。

● 民有の農業用ため池を、規約を設け長年にわたり管理し、その用水を使用している耕地組合をいわゆる権利能力なき社団であると判断し、物権的性格を有する権利を有するものとして関係人（土地使用権者）と認めた事例

平成17年2月25日　奈良県収用委員会裁決

## 裁決

　甲耕地組合は、その規約等によると、団体としての組織を備え、多数決の原理が行われ、構成員の変更にかかわらず団体が存続し、代表の方法、総会の運営、財産の管理等団体としての主要な点が確定していることが認められるから、いわゆる権利能力なき社団であると判断する。

　次に、起業者は、本件土地について甲耕地組合が土地使用権を有しているとし、乙自治会及び甲耕地組合は、前記事実第2の3(4)及び4に記載のとおり、甲耕地組合が水利権を有していると主張するので、これについて判断する。

　一般には、民有地に存するため池の水は独立の水源とされ、それは当該土地の所有権に属するいわゆる私水と考えられる。そして、私水を使用する権利は、いわゆる公水について成立するとされる水利権とは概念的に異なるものであると考えられる。しかし、長年にわたり、継続的、排他的に民有地を池として管理し、その水を使用している場合には、物権類似の性格を帯びた権利が発生しているものと考えられる。

　当委員会に提出された意見書、審理の結果等から、甲耕地組合が、長年にわたり、○○番地を継続的、排他的に池として管理し、その水をかんがい用水として使用していることが認められる。

　以上のことから、甲耕地組合は、○○番地について物権的性格を有する権利（この裁決書において「本件土地使用権」という。）を有しているものと考え、本件土地に関する関係人と認める。

### 起業者申立て

○○番地は明治20年頃から農業用ため池として使用されており、当該池の水はかんがい用水として使用され続けていることから、当該池の実管理者で水の使用者である甲耕地組合に土地使用権があると考えた。

### 土地所有者申立て

(4) 甲耕地組合の水利権を認める。

### 関係人申立て

A池は、農家にとってなくてはならないもので、甲耕地組合がその管理を行い、費用も負担しているので、水利権を主張する。

●所有権保存登記がなく、土地登記簿表題部所有者欄に大字名が記載されている土地について、起業者による必要かつ十分な調査が行われ、収用委員会からの土地収用法施行令の定めによる公示の通知をしたが意見書の提出等がなかったので、土地所有者名を「不明　ただし、土地登記簿表題部所有者欄の名義人　大字A」とした事例

平成16年11月30日　愛知県収用委員会裁決

## 裁決

　起業者は前記事実1⑷のとおり本件土地の所有者について調査を行ったところ、所有者が確知できず不明であると申し立てている。
　これについて、当委員会は裁決申請書及び明渡裁決申立書の添付書類ならびに審理の結果から判断し、起業者は必要かつ十分な調査を尽くしたことが認められ、本件土地の所有者を確知することができないものと判断した。
　したがって、当委員会は、法第48条第4項の規定により、本件土地の所有者について、「不明　ただし、土地登記簿表題部所有者欄の名義人　大字A」とした。

## 起業者申立て

　本件土地は、所有権保存登記がなされておらず、土地登記簿表題部所有者欄に大字Aと記載されるのみで、土地登記簿から本件土地の実体上の所有者を確認することができないものである。そこで、起業者は次のとおり調査を行った。
ア　閉鎖登記簿、旧土地台帳及び名古屋市市政資料館が所蔵する旧土地台帳（以下「旧課税台帳」という。）について調査を行った。
　㋐　閉鎖登記簿は、土地登記簿と同様の記載内容であった。
　㋑　旧土地台帳は、「大正10年8月10日許可氏名誤謬訂正」を原因に「共有

惣代甲」から「大字A」に名義が訂正されていた。
(ウ) 旧課税台帳は、「大正10年8月12日氏名訂正」を原因に「共有惣代甲」から「大字A」に名義が訂正されており、さらに、大正10年8月13日をもって「大字A」から「乙外2名」に所有権が移転されていた。

以上の調査結果をもとに、本件土地の所有者について、名古屋法務局に確認したところ、本件土地の旧土地登記簿が戦災により消失していたため、改正登記法に基づく登記簿・台帳一元化作業の際に、旧土地台帳の記載事項のみが土地登記簿の表題部に移記されたもので、土地登記簿表題部所有者欄に記載された所有者（大字A）は、登記としての対抗力を有しないが、一般的にその者が実体上の所有者であると推測されるとのことであった。なお、旧課税台帳に記載のある乙外2名については、旧土地台帳に記載がないことから、これらの者が実体上の所有者とは推測できないとの見解であった。また、一般的に大字名義の土地は、市町村に統一又は継承されるべき財産ではないかとの見解であった。

イ 本件土地が市町村に帰属する財産か否かについて調査を行った。
(ア) 大字名義の土地は、明治22年の市制町村制（明治の大合併）の施行をきっかけに大部分の土地が市町村の財産になったとされるため、本件土地について、名古屋市及び名古屋市市政資料館にて当時の財産台帳及び地籍帳を調査し、さらに固定資産課税台帳の調査を行ったが、確認には至らなかった。
(イ) 昭和15年内務省訓令第17号により戦争遂行目的のために組織された部落会・町内会は、昭和18年の市制町村制改正により、自己名義の財産を所有できることとなったが、昭和22年ポツダム政令第15号により解散させられ、政令施行後2か月以内に処分されない財産は市町村に帰属することとされた。

本件土地については、名古屋市市政資料館所蔵の資料から、本件土地を含む周囲一体が戦争協力施設として利用されていたことが判明しており、当時の大字Aが戦争遂行を目的とする部落会・町内会として本件土地を所有していたならば、政令施行後2か月以内に処分されることなく名古屋市に帰属されたということも考えられる。
(ウ) 以上の点について、起業者が名古屋市に対して文書により照会したところ、名古屋市は、本件土地が町村合併の際に名古屋市に承継された財産ではなく、また、昭和22年ポツダム政令第15号により名古屋市に帰属された

財産ではない旨を文書により回答している。
　(エ)　さらに、名古屋市に確認したところ、本件土地は、地方自治法上の財産区所有の財産ではないとのことであった。
ウ　以上の調査結果をもとに、名古屋法務局に協議したところ、本件土地を自治会等が所有又は管理を行っていることを立証できれば、その代表者名義で保存登記が可能であるとされた。
　そこで、大字Aの変遷経緯を調査し、大字Aが現在の名古屋市〇区〇町ならびに〇、〇町、〇町及び〇町の一部に位置することを確認し、地元精通者や地元自治会長等に対し、大字Aの実体について聞き取り調査を行ったが、確たる証拠書類は存在せず、有力な情報を得ることはできなかった。また、本件土地の現況は原野であり、土地を管理する者も存しない状況である。
　以上のとおり、可能な限り調査を行ったが、本件土地の所有者を確知することができなかったため、土地所有者を不明としたものである。

## 土地所有者申立て

　当委員会は、法第46条第2項の規定に基づき審理の期日及び場所を通知するに当たり、土地収用法施行令（昭和26年政令第342号）第6条の2において準用する第5条の規定に基づき公示による通知を行ったが、何人も審理に出席せず、かつ意見書の提出もなかった。

## ●登記簿上5名の共有名義となっているが、所有権は、実質上青年会又はその構成員全員にあると解するのが相当であるとした事例

平成5年6月23日　和歌山県収用委員会裁決

### 裁決

　本件土地の土地登記簿表題部上の所有者は甲、乙、丙、丁、戊（各持分5分の1）であるが、真の所有者を不明と判断したのは、次の理由による。

　本件土地は、審理における意見及び意見書ならびに現存する資料（本件土地・建物購入時の売買契約書、青年会場建設申合規約、寄付願等）から、大正初期に当時の塩釜青年会が青年会場建設用地として会員等の出資金、借入金等で購入し、土地登記簿表題部所有者欄に青年会の代表者5名の名義で表示登記したものであることが認められる。これは、青年会が権利能力なき社団であったか民法上の組合であったかは明らかではないが、不動産登記法上の手続として青年会名義で登記できなかったことによるものであると思われる。

　そうだとすれば、本件土地が土地登記簿上甲外4名の共有名義で表示登記されているとしても、その共同所有形態の性格は、固有の持分を有し、持分の処分権や分割請求権が認められる民法第249条以下の「共有」とは、その本質を異にし、いわゆる「総有的」もしくは「合有的」に青年会もしくはその構成員に帰属するものと解される。このような場合は、登記名義人を所有者と認めるべきではなく、実質上青年会もしくはその構成員全員の所有と解するのが相当である。しかしながら当該青年会は第2次世界大戦後当時には既に自然消滅し、その権利を承継する団体も現存せず、かつ、その構成員の全員を特定することもできないのである。

　以上の次第であって、本件土地の固定資産税を青年会の納税管理人としてBが納付してきたことをもって土地登記簿表題部所有者である甲外4名の所有であると認めることは到底できない。

　また、B主張の市町村合併時に市に登記替えしていないことについて、青年会は大正時代に国及び県の指導に基づいて設立されたものであることは当時の資料等から推測することはできるが、青年会自体は市町村の組織というものではないため、市町村合併と本件土地の市への登記替えは直ちに連動するもので

はない。したがって、本件土地について土地登記簿表題部所有者欄に5名の共有名義で残っていることは、何等登記名義人の所有権を証するものとは言い難い。

したがって、当委員会は土地所有者を不明とするのが相当であると判断する。

## 起業者申立て

起業者は本事業に必要な後記3の土地を取得するため、土地所有者及び物件所有者等を調査したところ、土地については、土地登記簿表題部所有者欄において甲、乙、丙、丁、戊の5名の共有（各人持分5分の1）となっており、建物についての登記はされていないことが判明した。

さらに、地元古老等の聴き取り調査及び当時の売買契約書、青年会場建設申合規約、寄付願等を調査した結果、大正初期に海草郡岡町村塩道青年会（以下「青年会」という。）が会員からの借入金により本件土地を取得し、青年会場として古家を購入し移築したものであり、土地については当時の青年会の役員5名が登記名義人になったものであることが判明した。しかし、青年会は第2次世界大戦後自然消滅したものと思われ、現在その存在は確認できない。

建物の管理については、戦前は不明であるが、戦後は住宅のない人が青年会場に居住していたため、土地登記簿表題部所有者の相続人の1人であるAが入居者から家賃を徴収し、固定資産税に充ててきた。A死没後はその長男であるBが管理を引き継ぎ固定資産税を納めてきたが、昭和59年に事業認可された後、居住していた2世帯は平成元年12月に市営住宅に移転し、現在は空家となっている。

青年会場を収用するに当たり5名の土地登記簿表題部所有者の相続人と話し合いを進めてきたところ、C、B、D代理人Eは土地買収代金の5分の1の権利の可能性を主張しているが、その他の相続人からは特に権利の主張はされていない。

以上から、土地及び建物の所有者を権利能力なき社団である青年会か、土地登記簿表題部所有者の相続人か特定できないため裁決申請に至った。

### 土地所有者申立て

イ 土地については課税されており、建物については課税されていないが課税台帳には登載されている。

ロ 本件土地は青年会のものであり、当時の役員の名前で登記したものであろうとは思われるが、市町村合併時に市に所有権を移転せず、我々の先祖5名の名義で残したのには何らかの理由があった可能性もあるのではないか。

ハ 市から本件土地の寄付について話があるまでは、共有持分権である5分の1の権利は主張してもいいのではないかという気持ちがあったことは確かである。

## ●神社の境内敷の所有者が宗教法人又は登記名義人の相続人と判断した事例

平成5年8月24日　広島県収用委員会裁決

## 裁決

1　起業者は、前記事実第1の3のとおり、収用しようとする土地の所有者は不明、ただし、宗教法人〇〇神社代表役員甲又は乙外14名及び丙外3名相続人丁外31名としているので以下判断する。

2　起業者提出の資料（土地登記簿、戸籍、住民票等）によれば、本件土地は、昭和14年9月15日付けで戊外19名の名義で所有権保存登記（各人の持分の記載なし。）がなされているが、同人らはいずれも既に死亡している。また、同人らのうち、己については、相続人のあることが明らかでないため平成元年10月20日付けで相続財産管理人が選任され、相続財産管理人の請求によって、平成2年4月19日付けで民法第958条に基づく相続人捜索の官報公告が行われたが、催告期間満了日である平成2年10月31日迄に相続権を主張する者の申出はなく、相続人不存在が確定していることが認められる。

　そして、前記20名のうち戊外14名については既に相続登記が為され、また、丙外3名については、丁外31名がその相続人となっており、同人らはいずれも本件土地の所有権を主張していることが認められる。

　なお、起業者は土地登記簿名義人丙外3名相続人丁外31名の持分を法定持分としているのに対し、同人らはいずれも法定持分について異議を述べず、異議がある旨の意見書も提出しなかった。

3　一方、本件土地は宗教法人〇〇神社の境内地となっているが、起業者から提出された宗教法人〇〇神社の神社明細書によれば、当該境内地は「借地、私有地、無償」と記されており、また、昭和27年9月17日付けで登記された同神社の宗教法人登記簿の基本財産の欄も空欄となっていることが認められる。

　なお、当委員会の調査によれば、宗教法人〇〇神社代表役員甲は、本件土地につき、戊外19名の土地登記簿名義人から同神社に対して、寄附を受けたものと認識して本件土地を管理してきた旨主張している事実を認めることができる。

4 登記については一般的に登記の付随的効力として、登記事項は適法、有効、真実なものと推定されていること、宗教法人〇〇神社の神社明細書には境内地について「借地、私有地、無償」と記されていること及び同神社の宗教法人登記簿の基本財産の欄も空欄となっていることからすれば、本件土地の所有者は土地登記簿名義人及び土地登記簿名義人の相続人である可能性が高いと推定されるものの、昭和14年9月15日付けで所有権保存登記がなされた当時の名義人である戊外19名は既に全員死亡しており、戊外19名が当該所有権保存登記以後、本件土地を宗教法人〇〇神社に対し、寄附等の処分を行った事実の有無を確認することはできず、本件土地の所有者について、いずれが真の所有者か確証を得ることができない。

5 以上のことから、当委員会は本件土地所有者を宗教法人〇〇神社か土地登記簿名義人乙外14名及び丙外3名相続人丁外31名のいずれかに確定することはできないものと判断し、土地所有者は不明、ただし、宗教法人〇〇神社、又は、土地登記簿名義人乙外14名及び丙外3名相続人丁外31名と判断する。

## 起業者申立て

(1) 尾道市〇〇町字〇〇9196番1及び同番3の土地(以下「本件土地」という。)は、元々、土地登記簿上、戊外19名の共有地となっていたが、同人らはいずれも既に死亡している。

このうち、戊外14名については、乙外14名に相続登記が為され、丙外3名については丁外31名が相続人となっているが、未だ相続登記が為されていない。残る丙については、民法第958条に基づく相続人捜索の公告が行われ、相続人不存在が確定している。

(2) 一方、現在本件土地は宗教法人〇〇神社の神社敷地として利用されており、当該宗教法人が所有権を主張しているため、起業者において土地登記簿名義人及び土地登記簿名義人の相続人ならびに宗教法人〇〇神社と交渉を試みたが、双方ともに所有権を主張し調整がつかなかったため、本件裁決申請に及んだものである。

## 土地所有者申立て

双方ともなし

## ●相続人不存在として戦前に戸籍が抹消されているが、登記名義人の死亡年令が62才であることから相続人がないとは断定できないとして、土地所有者不明とした事例

平成6年10月11日　宮城県収用委員会裁決

### 裁決

　本件土地所有者について、起業者は前記事実第1の4のとおり土地所有者不明としている。当委員会の調査においても、登記名義人甲は、明治43年10月22日死亡し、かつ、昭和18年5月31日に絶家として戸籍が抹消されていることが明らかである。然るに、登記名義人甲は嘉永元年7月29日（西暦1848年）の生まれであり、62才の時に死亡したものであるから、この相続人がないとは、断定できないものがある。また、当委員会は、審理を開始するに当たり、公示による通知をもって審理の期日及び場所を通知したが、何人も出席せず、意見書の提出もなかった。

　よって、起業者の土地所有者確知に対する調査は、必要かつ十分なものと認められ、結局、当委員会の調査によっても土地所有者を確知することができなかったので、起業者申立てのとおり、法第48条第4項ただし書の規定により本件土地所有者は不明とする。

### 起業者申立て

　登記名義人甲は、明治43年10月22日に死亡し、相続人不存在により宮崎区裁判所の許可により、昭和18年5月31日に絶家として戸籍が抹消されている。A市役所において、亡甲の相続人調査を行ったが、戸籍が廃棄されており、戸籍簿からは相続人を確定することができなかった。

　また、B地区の区長及び宮崎家庭裁判所に対し、亡甲の特別縁故者及び財産管理人について調査したが、判明しなかった。

## ●無地番の土地の所有権について、国と私人が共に所有権を主張しているため調査したが、いずれが所有者であるか判断できないとした事例

昭和59年10月5日　山形県収用委員会裁決

### 裁決

　無地番の土地について、起業者は土地所有者が建設省か甲か不明であると申し立てているのに対し、建設省（代理人建設省所管国有財産部局長山形県知事）及び甲は、それぞれ自己の所有権を主張している。この点について当委員会では審理における意見陳述、意見書及び登記簿や公図等の調査から次のように判断する。

1　無地番の土地は旧道路及び旧水路の一部であると判断され、この点は当事者間に争いがない。調査の結果、付近の現道路敷の土地のうち地番のある土地については昭和11年～15年に内務省に所有権が移転されており、このことから昭和15年頃旧道路の湾曲を緩和する形で現在の道路に改修され、その際無地番の土地が現道路敷地から外れたと考えられる。

2　甲は、無地番の土地を自分の父が現在の道路に改修された時期に交換により取得したと主張しているが、主張の根拠は父から交換したと聞いたというのみで、交換契約書等証拠となるものもなく、登記もされていない。

3　建設省（代理人建設省所管国有財産部局長山形県知事）の申立てによれば、売払い、交換等のなされた証拠がない以上建設省所管の国有財産であると主張するが、無地番の土地が現在の道路としては事実上不要であると思われ、また甲（及びその父）が40年以上平穏かつ公然に田として耕作していることが認められる。

4　以上のことから当収用委員会において所有権を判断することはできず、無地番の土地については土地所有者不明ただし建設省又は甲とする。

### 起業者申立て

　別表2のうち番号4、5、及び6の土地（以下「無地番の土地」という。）については、現在甲が田を耕作しているが地番がなく、山形地方法務局尾花沢

出張所及び尾花沢市役所備え付けの公図では、用悪水路及び公衆用道路と判断される。

このため建設省所管国有財産部局長山形県知事により、無地番の土地は国有財産法第2条の規定により建設省所管の国有財産であるとの主張があった。

一方甲からは、自分の父が交換により取得し、相続により現在は自分が所有する土地である旨の主張があったが契約書等の証拠はなかった。

このため、起業者として所有権を確定することができないので、無地番の土地については所有者不明とした。

## 土地所有者申立て

私人
(1) 無地番の土地については、私の父が旧道路であった所を交換により取得したものと聞いており、それ以来現在まで田を耕作しているもので私の所有地である。
(2) 交換契約書等の書類はない。
(3) 交換の経緯、交換の相手及び交換に渡した土地等については自分が子供の時なのでわからない。

国

無地番の土地について、山形地方法務局尾花沢出張所備え付けの字限図を閲覧したところ、地番の付されていない道路及び水路として図面上表示されており、売払い、交換等の処分がなされた事実が確認できない以上国有財産法第2条に規定する国有財産であり、建設省設置法第3条第3項に基づき建設省の所管となっている土地である。

● 裁決申請時には過失なく確知できなかった所有者がその後に判明した場合には、裁決手続に加えることが権利の保護を図るうえから相当であるとした事例

平成13年9月26日　高知県収用委員会裁決

## 裁決

1　追加申請に至った経緯について、裁決申請書及び明渡裁決申立書の添付書類、意見書及び審理等から、次の事実が認められる。
(1)　土地調書及び物件調書（以下「調書」という。）の作成の過程についてみるに、調書の土地及び物件の所有者名義は登記名義人又はその相続人となっており、平成11年10月31日、同年11月1日及び同年11月11日に署名押印がなされている。
　　なお、何ら異議は附記されていない。
(2)　起業者から、上記の調書を添付書類として、平成11年11月24日付けで裁決の申請及び明渡裁決の申立てが当委員会になされている。
(3)　甲地区自治会は、地縁による団体として、地方自治法第260条の2に基づき、平成13年1月9日に中村市長の認可を受けている。
(4)　平成13年5月14日付けで、本件土地について土地及び物件の所有権を主張する旨の意見書が根拠資料を添えて起業者に提出されている。
(5)　起業者から、平成13年5月18日付けで、甲地区自治会を所有者として追加する旨の裁決の申請及び明渡裁決の申立ての追加申請が当委員会になされている。
2　起業者は、登記簿の閲覧、戸籍簿調査、周辺住民への照会、占有関係等の現地調査等により、真摯な努力によって土地所有者及び関係人を把握すべきところ、調書作成時点においては、上記の地縁による団体は設立されておらず、集落有の可能性があったとしても、集落を所有者とする確たる証拠がない以上、所有者を登記名義人又はその相続人とした調書は、適法に作成されているというべきである。
3　次に、起業者に提出された甲地区自治会からの意見書によると、本件土地

は集落有として登記できなかったため、共有名義となっているものの、集落で管理してきたものであると主張し、その根拠として、「明治21年〇〇村山地價帳」、「昭和34年8月集落有土地臺帳」等が添付されているが、その添付資料の「明治21年〇〇村山地價帳」には、本件土地について〇〇村持との記載があり、「昭和34年8月集落有土地臺帳」には本件土地が記載されていることが認められる。

　また、甲地区自治会については、地方自治法の改正により地縁による団体の設立が可能になったことから、平成12年12月25日付けで中村市長に認可申請を行い、平成13年1月9日に認可を受けており、その申請書に添付された保有資産目録には、当該自治会が所有権を有する不動産として、本件土地が記載されていることが認められる。

　以上のことから、当該自治会が本件土地の真の所有者であることの可能性が推認されうる。

4　上記のとおり、土地所有者たるべき者が新たに発見されたが、この場合にいかに処理すべきかを検討する。

　この点、新たに判明した土地所有者を確知できなかったことが、起業者の過失に因る場合には、却下の裁決をするか、裁決申請を取り下げさせ再度裁決申請をやり直させるべきものであるところ、起業者に過失がない場合には却下はできず、裁決が行われることになる。

　しかしこの場合、新たに判明した土地所有者を裁決手続に参加させずに、従来の申請で土地所有者とされた者のみを名宛人として裁決がなされるのであれば、新たな土地所有者は補償金を受けることができないまま起業地の所有権を失うことになってしまい、その権利の保護を図ることができない。

　また、両者は、同一の土地に対し互いに両立し得ない権利を有する者であるから、この者を裁決手続に加えたとしても、審理の対象たる土地の同一性を害する訳でもなく、手続の連続性を害するものでもない。

　したがって、一連の手続の起点である当初の裁決申請が期限内になされているのであれば、新たに判明した者を裁決手続に加えて手続を続行することにより、その権利の保護を図るのが相当というべきである。

　本件においては、甲地区自治会を確知し得なかったことについて、起業者に過失はなかったものと認められ、また、当該自治会と登記名義人又はその相続人とは同一の土地に対し互いに両立し得ない関係にあり、起業者の追加申請が手続開始後1年を超えてなされていても違法ではないと認められるこ

とから、当委員会は甲地区自治会を審理に参加させることが適切であると判断した。

## 起業者申立て

　本件土地及び物件の所有者は登記名義人又はその相続人であるとして、平成11年11月24日付けで裁決の申請及び明渡裁決の申立てを行ったが、平成13年5月14日付けで甲地区自治会から、本件土地及び物件について所有権を主張する旨の意見書が根拠資料を添えて提出されたため、その内容を検討した結果、資料の「明治21年○○村山地價帳」に「○○村持」との記載があること等から、当該自治会が真の所有者である可能性が生じたため、土地所有者及び関係人（物件所有者）として収用手続に参加させることが妥当であると判断して、平成13年5月18日付けで追加申請を行った。

## 土地所有者申立て

登録名義人及び相続人
　異議なし
甲地区自治会
　自治会の所有である。

## ●生死不明の抵当権者の抵当権抹消手続に要する費用や労力が多大になるとして相続財産管理人が任意契約に応じなかったため、関係人不明として当該管理に係る土地を収用した事例

昭和61年4月22日　大阪府収用委員会裁決

### 裁決

　起業者は前記事実第1の2の(2)記載のとおり、関係人甲の住所及び居所が不明である旨主張するので、以下検討する。

　当委員会は審理を開始するに当たり、土地登記簿に抵当権者として記載されている甲に対し、公示による通知をもって審理の期日及び場所を通知したが、何人も審理に出席せず意見書の提出もなかった。

　土地登記簿謄本によると、本件土地には明治35年7月1日甲により抵当権が設定されているが、起業者の審理における陳述及び提出資料によれば、甲に関する調査が綿密に行われたことが認められ、戸籍を含めその生死、またその相続人の有無を明らかにすることは困難であると認められる。

　以上のことから判断して、法第48条第4項の規定により関係人不明とする。

### 起業者申立て

(1)　土地登記簿には所有者乙、抵当権者甲と記載されている。

(2)　乙は大正7年1月7日に死亡していたが、戸籍簿その他の調査によっても相続人の発見は困難であったので土地所有者不明として裁決申請を行い、収用委員会において手続きが進行中であったが、官報を調査したところ昭和57年1月に相続財産管理人として丙が大阪家庭裁判所岸和田支部により選任されていたという事実を確認した。

(3)　土地登記簿上の抵当権者甲については、登記簿上の住所は泉北郡〇〇〇村大字〇〇第42番地（現和泉市内）となっているので、和泉市役所において戸籍簿、除籍簿を調査したが、この住所地には甲の戸籍簿、除籍簿とも存在しなかった。また、登記簿上の住所地付近の調査においても甲の消息は判明し

なかった。

　そこで相続財産管理人丙と任意買収交渉を開始し起業者としては権利の付着しない更地として購入したい旨申し入れたところ、土地登記簿上抵当権者として記載されている甲の生死等その消息が明らかでないため、相続財産管理人としては任意契約をするには訴訟による抵当権抹消や家庭裁判所の許可をとる必要があるが、そのためには多額の費用と労力を要し、そこまでして任意契約に応じる意思はないと主張するので任意交渉による解決は困難である。

　よって土地収用法（以下「法」という。）第39条第1項及び第47条の2第3項の規定により、本件土地の収用裁決を申請する。

### 土地所有者申立て

　亡乙相続財産管理人は審理には出席しなかったが、次の趣旨の意見書を提出した。
1　起業者の裁決申請及び明渡裁決申立ての内容については、一切異議はない。
2　抵当権抹消のために訴訟費用等多額の経費を支弁してまで任意契約に応じる意思はない。

## ●建物所有者は抵当権不存在の判決を得たが、いまだ判決は確定していないとして抵当権は存するものとした事例

平成7年5月8日　長崎県収用委員会裁決

### 裁決

　関係人（建物抵当権者）甲社については、同（建物所有者）乙が同（建物抵当権者）甲社を相手方として債務不存在確認、抵当権抹消登記手続請求の訴訟を提起し（長崎地方裁判所平成6年（ワ）第495号事件）、平成7年4月28日請求全部認容の判決がなされているが、同判決がいまだ確定していないことが認められる。
　そうすると、同抵当権者の債権の存否及び抵当権の効力の有無は結局確定していないので、同抵当権者を関係人とするのを相当と認める。

### 起業者申立て

なし

### 関係人申立て

甲
　平成6年12月末に関係人乙と金銭消費貸借契約書を交わし、6,913,021円の債権がある。
乙
　関係人（建物抵当権者）甲社については、同（建物所有者）乙が甲社を相手方として債務不存在確認、抵当権抹消登記手続請求の訴訟を提起し（長崎地方裁判所平成6年（ワ）第495号事件）、係属中である。同抵当権者の乙に対する債権は、商事債権の消滅時効期間5年をすでに経過したことによって消滅し、抵当権も効力が無くなっているものである。

## ●財務局が所管する無番土地の使用関係につき、賃貸借契約が成立しているとして、市に土地に関する権利を認めた事例

昭和60年1月8日　大阪府収用委員会裁決

### 裁決

　A地は、無番地であり、財務局が所有・所管していることには争いがない。しかし、前記事実第2の2・(2)記載のとおり、財務局は有償貸付を行っているが、関係人堺市には賃借権は生ぜず、甲社等にも賃借権は生じないとする。これに対し、関係人堺市は契約に基づいて借りている以上何らかの権利は生ずるとし、甲社は昭和20年初頃以降関係人堺市から借りているとし、また、乙は昭和23年頃甲社から転借し、物件を所有し現在に至っているとする。以上のようにA地に係る賃借権等の存否について争いがあるので、以下検討する。

(1)　財務局と関係人堺市との間に、A地に係る賃貸借契約が成立していることには両当事者間に争いがない。したがって、契約が成立している以上、関係人堺市が当該賃貸借契約に基づいて、土地に関する権利を有することは明らかである。

　　よって、関係人堺市に権利なしとする財務局の主張は採用できない。

(2)　次に、甲社及び乙の権利について判断する。

　ア　財務局は、甲社は関係人堺市の行った使用許可処分によってA地を使用しているので、私法上の権利は生じないとするが、A地は昭和51年2月6日に公園区域から除外（昭和51年2月6日付け大阪府告示第128号）されている。したがって、この日以降、A地は関係人堺市が財務局から公園に供するべく借りてはいるが、当該行政目的に供されるに至っていない土地、いわば普通財産的性質を有する土地と考えられるので、A地に私法上の権利は生じ得ると解する。

　イ　また、財務局は、甲社の存在は認めるが乙の使用については関知していない、と主張する。しかし、公園法施行に際して関係人堺市が、財務局からA地を有償で借りることになったのは、同法附則第6項及び第9項の適用を受ける物件（本件の場合は乙所有の物件）が存したからであり、またそうでなければA地の有償貸付ということはあり得ないし、物件所有者を

知らなかったということは考えられない。したがって、乙が使用していることを承知していなかったとする財務局の主張は採用できない。

ウ　甲社が戦後すぐ関係人堺市からＡ地を借り受けて使用料を支払いつづけ、今日まで至っていることについては関係人堺市及び甲社の間に争いはない。また、乙が昭和23年頃以降Ａ地を甲社から転借し、事務所等を設置して今日に至っているとする主張について、関係人堺市から積極的な反論はなかった。

　また、この間、関係人堺市が甲社に対し、Ａ地の賃貸契約の解除或いは使用許可処分の撤回を行ったという事実もない。したがって、財務局及び関係人堺市は、甲社及び乙の主張するような事実関係を承知し、それを認めていたと考えるのが相当である。

以上の諸点及び審理の全趣旨から判断すれば、Ａ地について、甲社に転賃借権を、乙については再転賃借権を認めることが相当であると判断する。

## 起業者申立て

Ａ地については、国・大蔵省近畿財務局（以下「財務局」という。）は、関係人堺市が公園化することを目的として使用することは認めるが、甲社等には使用権原を与えていないと主張し、関係当事者間に権利関係についての合意が得られなかった。

しかし、起業者としては、Ａ地は国有財産法上の普通財産と考え、関係人堺市が有償で借り受けていることから、土地の賃貸借契約が成立しているものと判断した。

次に、関係人堺市は甲社にＡ地を使用させ、その料金を徴収し財務局に支払っており、しかも、この関係が20数年も継続していること等から、甲社に賃借権があるとも考えられる。

しかし、都市公園法（以下「公園法」という。）附則第6項の規定により、公園法施行後5年を経過すれば、甲社には原状回復義務が生じ、甲社の使用は権原に基づくものでなくなる。したがって、使用権原は存続していないとも考えられ、起業者としてはいずれか判断をしかねた。

### 土地所有者申立て

ア　A地は公園化することを条件に2年の短期有償貸付（公園化された時点で有償貸付契約は解除され、無償貸付契約に移行する。）を行ったものであり、公園の用途とは関係しない目的に利用されている現状にあっては関係人堺市には賃借権は生じないものと考える。

イ　A地に甲社の存在は認めるが、関係人堺市が甲社に使用権ありとする点については、甲社は占使用許可という行政処分によって使用権原を得たものであると解され、土地に関する権利は生じないものと考える。

　また、関係人堺市は占使用者から国に代わって貸付料を徴収し、そのまま、国に支払っている旨説明し、あたかも、当方が同市を通じて「貸付料」を徴収させているかのような印象を与えているが、占使用料のそのような流れは承知していない。さらに、乙が存在していることも関知していない。

ウ　関係人堺市は、公園管理者として自己の費用で占使用者を排除して公園化する義務があり、占使用排除の問題は、本件収用とは別件で処理すべきものである。

　よって、A地に係る賃借権の存在を認めていないので、その土地損失補償金は全額当方に支払われるべきものである。

### 関係人申立て

堺市

(1)　A地については、昭和31年10月に公園法が施行されて後、財務局から借り受けるという形式をとることになったが、使用形態については、従前と何ら変更はなく、当方が甲社に貸して使用料を徴収し、一括して財務局に支払っている。

　また、本件事業による都市計画変更（昭和51年2月6日）に伴い、A地を公園区域から除外した。

甲社

(1)　A地については、関係人堺市を通じて戦後すぐから借用し、永年の間、借地料を支払ってきた。そして、昭和23年頃以来の乙への転貸等については、乙の主張と同じである。

　財務局は、現在占用中の者には権利はないと主張するが、弊社は立退き

要求を受けたことも、公園計画の説明を受けたこともなく、半永久的に現在まで占有の継続が認められており、賃借権を有していると考えている。しかも、昭和40年代に使用料の値上げがあったので堺市に異議を申し入れたところ、財務局と話し合えということで直接財務局の方と話し合った経緯もあり、そうした交渉の事実からして財務局は少なくとも、その時点で、権利を認めているというべきである。

(2) また当地を乙に転貸する際、第三者に転貸してはならないこととなっており、丙社に転賃借権等はないと考えている。

丙社
(1) 本件土地の使用は、昭和50年4月頃乙から賃料毎月80万円（55年4月から120万円）で借りたことに始まる。

契約当初、骨材を荷揚げするに際し、乙が本件土地上に設置していたクレーンを使用することになっていたところから、土地使用及びクレーン使用の対価の一切を含む趣旨を約定したものである。

しかし、荷役作業は、程なく船舶に備え付けられているクレーンを用いて行われるようになり、乙所有のクレーンは、荷揚げされた骨材をホッパーに投入する際にのみ使用されるに過ぎなくなり、そして骨材は常時土地に山積みされており、弊社は、本件土地を全面的に自由に使用している。

このことからしても、弊社が土地上に賃借権を有することは明らかである。

## ●賃借小作権の存否について訴訟係属中であることから、収用委員会は権利関係の存否について判断すべきでないとした事例

平成2年3月28日　山口県収用委員会裁決

### 裁決

　本件土地について、関係人は、事実のとおり賃借小作権、賃借権の時効取得を主張し、土地所有者は、事実のとおり耕作の請負にすぎないと主張し、起業者は、事実のとおり耕作権は存否不明であると主張するので、以下判断する。

　本件土地については、関係人が原告となり土地所有者を被告として賃借小作権確認訴訟が係属しているが、収用委員会は私法上の権利関係を確定する権限を有する司法機関ではないから、裁判上争いがある場合等については、その権利関係の存否を判断すべきでない。

　よって、本件土地に関する賃借小作権、賃借権については、法第48条第5項の規定により、存否不明とする。

### 起業者申立て

　本件事業に必要な別表第1記載の土地を取得するため、昭和60年9月以降、土地所有者甲及び本件土地を耕作している関係人乙と交渉してきたが、土地所有者・関係人間において、耕作権の存否及び耕作権割合をめぐって争いが生じ、関係人が土地所有者に対し賃借小作権確認訴訟を提起するなどしたため、土地所有者・関係人間において合意に達することができず、任意交渉による取得は困難である。

### 土地所有者申立て

　関係人は本件土地を農業委員会の許可もなくヤミで今日まで耕作していたにすぎず、土地所有者より単に耕作の請負の依頼を受けていたものである。

　仮に賃借小作権、賃借権が存するとしても、関係人の耕作は昭和36年からであり、事例はほとんどが戦前からのものであること及び農業委員会の許可を受

けたものがほとんどであることから、起業者見積りの権利消滅補償40％は不当である。下松市の慣習は30％未満である。

## 関係人申立て

　本件土地の内、〇〇番の土地については、昭和35年、一部は昭和42年、土地所有者甲の父丙と賃借小作契約を締結し、昭和36年４月、一部は昭和43年４月耕作を開始し、以来20有余年賃借小作人として平穏公然と占有してきた土地であり、当地について適法な賃借小作権を時効取得した。

　本件土地の内、〇〇番の土地については、昭和35年、丙と賃借契約を締結した土地の一部であり、昭和36年４月引渡しを受け、以来20有余年賃借の意思をもち平穏公然と占有してきた土地であり、適法な賃借権を時効取得した。当地は、当初水稲耕作地であったが、昭和50年ごろ、同一土地内の東端にあった収用地外の旧農具小屋が老朽化したため、昭和35年の賃借契約により、土地所有者に農具小屋を建ててもらい、農具小屋敷となったものである。旧農具小屋敷については関係人が占有し耕作している。

　本件土地の内、〇〇番の土地については、昭和35年、丙と賃借契約を締結した土地の一部であり、昭和36年４月引渡しを受け、以来20有余年賃借の意思をもち平穏公然と占有してきた土地であり、適法な賃借権を時効取得した。当地は、昭和53年まで水稲耕作地であったが、下松市の農道拡張工事により水稲耕作地ではなくなった。

　本件土地の内、〇〇番の土地については、昭和42年、丙と賃借契約を締結した土地の一部であり、昭和43年４月引渡しを受け、以来20有余年賃借の意思をもち平穏公然と占有してきた土地であり、適法な賃借権を時効取得した。当地は、資材置場、畑、田として使用してきた。１年中耕作しているわけではないが、年に一時期は耕作している。

# ●残土処分地の土地使用につき、土地の使用者は敗訴しているが使用権の存否は不明であるとした事例

平成3年12月10日　大阪府収用委員会裁決

## 裁決

本件土地に係る土地使用権について、起業者は前記事実第1の3記載のとおり存否不明とし、土地所有者は前記事実第2の1記載のとおり存在しないものと主張し、甲は前記事実第3の1記載のとおり存在するものと主張するので、以下検討する。

申請書添付書類、土地所有者及び甲の意見書ならびに審理及び調査の結果を総合すれば、次の事実が認められる。

(1)　前土地所有者と甲の間で、昭和60年10月10日に本件土地を残土の投棄場所とする旨の契約が締結され、その期間は契約の締結日から1年間とされた。

(2)　これらの契約について、土地所有者は、甲は既に残土を投棄して本件土地の使用を完了しており、遅くとも昭和61年10月10日には使用する権能を失っていると主張する。

(3)　これに対して、甲は、本件契約は土地造成の請負契約と土地賃貸借契約の複合契約であり、全工事が完了するまで、造成済みの土地も使用することを土地所有者も了解した上での契約である。そして、造成工事の最中に仮処分がかかり土地に手をつけられなくなったもので、権利があると主張する。

(4)　起業者も、当事者間に争いがあるということで、土地使用権存否不明として裁決申請している。

以上の点から判断して、本件土地について、甲の土地使用権は存否不明とする。

## 起業者申立て

本件事業施行地区内の土地については、関係人甲が土地所有者了解の上で土砂を搬入し、土地の買収に当たっては権利を主張するとのことであった。

起業者としては、当事者間で権利関係についての整理を行うよう要望したが

話し合いがつかず、団体交渉に参加した土地所有者のうち数十名（以下「訴訟組地主」という。）が、甲を相手に訴訟を提起した。

本件土地に係る甲の権利については、前記2記載の訴訟が訴訟組地主の全面勝訴で終わっていることから起業者としては権利はないのではないかとも考えたが、当事者間に争いが存在するので、本件申請に当たり、甲の土地使用権について存否不明とした。

## 土地所有者申立て

(1) 甲は、土地所有者との間で、土地造成の請負契約と土地の賃貸借契約の複合契約を締結したと主張するが、そのような事実はなく、その契約内容は以下のとおりである。
　① 目的　　　　本件土地上に残土の投棄を認め、建築物基礎工事等の残土以外は地上げしない。
　② 地上期間　　昭和60年10月10日から1年間
　③ 農作物補償料　大体年間1反当たり20万円を前払いする。

(2) 甲は、既に残土を投棄して、本件土地の使用を完了しており、かつ、残土投棄完了後既に4年6か月が経過し、本件残土は、本件土地と一体となって本件土地そのものとなっており、甲の土地使用権は存在しない。

本件契約は、甲の土地使用権が残土投棄後も存続することを合意したものではない。

遅くとも昭和61年10月10日には、甲は土地所有者の土地を使用及び占有する権能を失っている。

(3) 甲は、全体の造成工事が完了するまで造成済みの土地も使用する必要があるので、土地所有者は全工事が完了するまで甲が占有を継続する必要があることを了解の上、本件契約を締結したものであると主張するが、そのような事実はなく、また、その旨の契約書も存在しない。

甲自身も、期間満了後は土地所有者に対して使用料を払っていないのであり、本件契約の終了を認めていたといえる。

(4) 甲は、同様な内容の契約を締結した訴訟組地主との間の訴訟で敗訴しているにもかかわらず、訴訟においてなしたのと同様の主張をしており、その主張には理由がない。

(5) 仮に甲に何らかの土地使用権が存在すると仮定しても、土地所有者におい

て平成3年8月31日付けで契約解除の意思表示をしているから、本件土地上には土地使用権は存在しない。

## 関係人申立て

(1) 甲は、一帯の土地所有者の依頼を受けて、これを畑地とするために堺市の許可を受けて農地の改良工事を行っていた。

　甲と土地所有者との契約は、1反当たり年間20万円、3年間前払いし、土地を地上げして畑地とするための契約であり、法律的には土地造成の請負契約と土地賃貸借契約の複合契約である。

　全体の造成工事が完了するまで、造成済みの土地も使用する必要があるので、全工事が完了するまで占有を継続する必要がある。土地所有者もそのことを了解した上で契約したものである。

(2) 前記造成工事の最中に現状維持の仮処分がかかり、土地に手をつけられない状態のままで現在に至った。

　しかし、その仮処分がかかるまでは実際に作業をしていたし、本件土地を借りているという事実があるので、当然権利はあるものと考える。

(3) 前記第2の1(5)記載の解約の意思表示をしたとの主張に対しては、解約原因が述べられていないので認めるわけにはいかない。

## ●土地が再開発事業に供される場合には、賃借人は賃貸人に対して契約上の権利を主張しえないとする特約は、借地法2条の規定に反するとして無効であるとした事例

平成2年6月26日　大阪府収用委員会裁決

### 裁決

　申請者らは前記事実第1の4記載のとおり、本件土地に再開発事業が適用される場合には、甲らは賃貸借契約上の権利を主張しえないと主張し、施行者は前記事実第2の3の(1)記載のとおり、借地権の存在は明らかであると主張するので、以下検討する。

　甲らに係る土地賃貸借契約は、建物所有を目的とするものであり、全員の建物につき登記がなされていることが認められる。したがって、甲らに係る土地賃借権は、借地法上の借地権に該当する。

　申請者らが前記事実第1の4で主張するとおり、甲らに係る土地賃貸借契約書中にいずれも別表第4記載のとおり、特約条項が記載されている。

　これらの特約は、いずれも本件土地が収用せられる場合等は、賃借人は賃貸人に対して契約上の権利を主張しえないという趣旨と解される。

　しかし、このような特約（以下単に「特約」という。）は、相当の経済的価値を有する借地権を期間満了前に何等の対価なくして借地人に無償で放棄させるというものであり、また、特約は本件事業を具体的に想定したものではなく、単なる例文にすぎないものと認められる。したがって、特約は借地法第2条の規定に反するので借地人の保護を目的とする借地法第11条の規定により無効であり、申請者らの主張は採用できない。

### 起業者申立て

　申請者らは、前記事実第1の4記載のとおり、甲らの借地権が存在しないものとして本件土地を評価すべきであると主張するが、これらの者所有の建物が存在し登記もなされており、かつ、賃料の収受も継続されていることから借地

権の存在は明らかである。

申請者らの主張のうち、甲らとの間の賃貸借契約中に特約条項の存在することは認められるが、その趣旨は必ずしも明確ではなく、特約条項の存在によって直ちに借地権が消滅するものとは認められない。

### 土地所有者申立て

施行者は、本件土地を借地権が存するものとして評価しているが、申請者らは、以下の理由により本件土地の地積1,672.23㎡のうち262.70㎡（借地人乙）を除き、借地権が存在しないものとして評価することを求める。

申請者らは、所有の土地を別表第3記載の甲らに賃貸したが、同人らとの賃貸借契約中には、いずれも「賃借人は、賃借土地が公用負担として買上げとなり、又は、収用もしくは使用せらるる場合には、賃貸人に対し本契約上の権利を主張することなく速やかに賃借土地を返還しなければならない。」旨の特約条項が存在し、申請者らの土地が本件事業の適用を受けることは、同特約条項に該当すると解されるので、甲らは申請者らに賃貸借契約上の権利を主張しえない。特約条項の表現は各借地人ごとにそれぞれ少し違うが、趣旨は同じであると考えている。

よって申請者らは、甲らの借地権が存在しないものとして評価することを求める。

施行者は、「特約条項の趣旨は必ずしも明確でない。」との意見を述べるが、特約条項の趣旨は明確であり、甲らは申請者らに賃貸借契約上の権利を主張しえず、その権利の評価に相当するものは全て申請者らに与えられるべきものである。

## ●土地所有者の居所は不明であるが、住居地には住民登録があり、いつでも居住が再開できる状況にある等から、住所は住民登録地であるとした事例

平成9年2月5日　徳島県収用委員会裁決

### 裁決

1　前記事実第1の4の(1)に記載のとおり、起業者は、申請等の前に甲から、乙は住民登録地に居住していないとの話があったにもかかわらず、同人の住所は住民登録地にあるものとして申請等をしたものであるが、起業者が申し立てる、当時の乙の住居の状況等を勘案し検討した結果、当委員会は起業者の判断を相当なものと認める（なお、当委員会が乙に対し特別送達郵便により、平成8年12月25日付けの審理開催通知を送付したところ、同人は同年同月30日に所轄の淀川郵便局の窓口で、これを受領しているところである）。

2　また、前記事実第1の4の(2)に記載のとおり、起業者は、申請等の後における乙の所在調査結果をもとに、同人の住所は依然住民登録地にあるものとしているが、乙が住民登録地を離れてからの期間が短いこと、乙の住居がいつでも居住を再開できる状況にあること、などを考え合わせると、乙の住所を住民登録地とする起業者の判断を相当なものと認める。したがって、当委員会は、乙の居所は不明ではあるものの、その住所は住民登録地であるものとした。

### 起業者申立て

(1)　申請等に先立ち、土地調書及び物件調書の素案に土地所有者の署名押印を求めるため、平成8年12月17日に上阪し、甲に架電の上、同人宅を訪問したい旨伝えたところ、同人はこれを拒否するとともに、同人の妹である乙は住民登録地には居住していない旨の話をした。

そこで、住民登録地に乙を訪ねたところ、同人やその家族は不在であったが、住居の状況は、乙らがそこに居住していないと思わせるようなものでは

なく、また、区役所への転出届や所轄の郵便局への転居届はなされておらず、乙らが住民登録地に居住していないとしても、それは一時的なものであると認められた。

そのため、乙の住所は住民登録地であるとして申請等をした。

(2) 申請等の後の平成 9 年 1 月 9 日に乙宅に架電したところ、受話器から、当該電話は使われていない旨のメッセージが流れた。

そこで、平成 9 年 1 月21日に上阪し、乙宅を訪ねてみると、郵便受けに広告等は入っているものの、郵便物は取り除かれており、家財道具等が搬出された様子も認められなかった。しかし、念のため、甲宅及び申請外の乙の兄宅を訪ね、甲の夫及び乙の兄から乙の所在について聴取したところ、事情があって、乙とは平成 8 年12月から連絡が取れなくなっているとのことであったが、依然として区役所に乙の転出届は出されておらず、住居の状況も以前と大差のないものであった。したがって、乙の住所は引き続き住民登録地にあるものと考えている。

### 土地所有者申立て

なし

## ●建物賃借権の存否に争いがあるものにつき建物賃借権が存すると判断し、住所を2か所と認めた事例

平成6年3月23日　島根県収用委員会裁決

### 裁決

　起業者は、前記事実第1の3に記載のとおり甲を建物賃借権者として明渡裁決の申立てをしているのに対し、乙は前記事実第2の1に記載のとおり甲を建物賃借権者とは認めないものの、建物賃借権の存否については当委員会の判断に任せる旨を申し述べている。

　また、甲は審理に出席せず意見書も提出していない。

　これに対して、当委員会は次のとおり判断する。

　当該建物賃貸借契約は昭和58年に締結されたものであるところ、その解約の申入れについては、借地借家法（平成3年10月4日法律第90号）附則第4条及び第12条の規定により平成4年8月1日に廃止された借家法（大正10年4月8日法律第50号）第1条の2が適用される。

　同条における解約の申入れをする際の正当事由の有無は、当事者双方が建物の使用を必要とする事情、その他あらゆる事情を総合的に考慮して判断されるべきところ、乙が申し述べた前記事実第2の1の事情は斟酌すべき事情の一つであるとしても、これらの事情のみをもって直ちに正当事由があるとは認め難い。

　したがって建物賃借権は存続しており、起業者申立てのとおり甲を建物賃借権者とする。

　なお、起業者は甲の住所について、島根県八束郡〇〇町大字〇〇506番1として申し立てているが、同所に居住の事実は認められるものの、当委員会の調査により兵庫県西宮市〇〇町4番8号〇〇ハウス38号室にも居住している事実が確認されたため、2か所を住所として記載するものとする。

　　裁決書
関　係　人　　島根県八束郡〇〇町大字〇〇506番1
　　　　　　　兵庫県西宮市〇〇町4番8号〇〇ハウス38号室　　　　甲

## 起業者申立て

　甲と乙の間で昭和58年に口頭で締結された建物賃貸借契約に関して、建物賃借権の存否につき争いがあることは、乙との交渉において同人が申し立てたこと、さらに乙が物件調書に甲を建物賃借権者として認めない旨の異議を附していることから承知しているが、起業者としては民事上の争いを判断する立場になく、甲が現に居住している事実及び乙が受取りを拒否している家賃を甲が法務局に供託している事実を確認していることから、甲を建物賃借権者として明渡裁決の申立てをしたものである。

## 土地所有者申立て

　甲との建物賃貸借契約について、同人に対し平成3年3月18日付け内容証明郵便により、本件事業に協力することを理由に6か月の猶予期間を定めて解約の申入れをしたが明け渡さなかったため、同年10月8日付け内容証明郵便により、異議を申し述べた。
　解約の申入れをする際の公共事業に協力するためという事由は、自己の都合によるものよりも優先して認められるべき事由であり、甲が当該建物を時々短期間に使用するだけで生活の基盤としていないという利用実態をも考え合わせれば、この事由は借家法第1条の2の正当事由に該当すると考えた。
　このように、借家法の規定に基づく解約の手続を適正に履行していることから契約は既に解消しており、甲を建物賃借権者とは認められない。
　しかし、建物賃借権の存否を争うことにより本件事業の完成が遅延することは自分の本意ではないので、建物賃借権の存否については収用委員会の判断に任せる。

## 関係人申立て

　なし

## ●登記簿上の共有名義人の1人が土地の固定資産税を支払っていたとして他の共有名義人に求償をすることができるとしても、共有名義持分割合に変更が生ずることは考え難いとした事例

平成5年6月23日　和歌山県収用委員会裁決

### 裁決

　土地登記簿上の名義人の相続人である乙から前記事実第2・1・(1)記載のとおり本件土地及び青年会場に対する税金を現在まで親子3代にわたって支払ってきたことから、その事実を考慮の上裁決するよう申立てがなされている。
　これについて判断するに、本件土地及び建物について甲及び乙が固定資産税を支払ってきたことは認められるが、これは本件土地及び建物を自己の所有として支払ってきたものではなく、青年会の代表者の相続人としてその役割をも承継し、青年会にかわって負担してきたものと考えられる。
　したがって、共有名義人もしくは青年会に対してその求償をする事はできてもそれをもって共有名義持分割合に変更が生じるとは考え難い。

### 起業者申立て

　なし

### 土地所有者申立て

　本件建物の維持管理については乙の父親が費用負担して行ってきた。戦後は戦災にあった多数の人々が青年会場で生活していたが、乙の父親及びその死没後は乙が税金分と火災保険料を加算して家賃を徴収し、固定資産税に充ててきた。最後の2世帯が転居して空家となり家賃収入のない現在も納税している。
　このように親子3代にわたり管理面で費用負担してきた実情を勘案の上審理されたい。

● 借家人が買い取っている風呂場の仕切りは建物に附合しこれの所有権は建物所有者に帰属するが、畳、建具は独立物である等により借家人のものであるとした事例

昭和57年6月24日　東京都収用委員会裁決

## 裁決

　2087番の建物にある畳、ふすま、障子及び風呂場の仕切りの所有権の帰属について起業者は前記事実第1の4の(4)のイ及びウのとおり申し立てているのに対し、甲ほか2名は、前記事実第3の1の(2)のとおり申し立て、乙ほか2名は審理に出席せず意見書も提出せず、丙は所有権を主張している。
　そこで、調査し検討した結果、次のとおりとする。
ア　風呂場の仕切りについて
　昭和11年4月17日の領収証によれば丁から丙の父戊が買い取っているが、2087番の建物は昭和23年6月21日丁から己に売却されており、風呂場の仕切りは建物に附合しているので、その所有権は甲ほか5名に帰属すると認められる。
イ　畳、ふすま及び障子について
　昭和23年7月1日の己と丙との契約書には賃貸人は本建物に現存する畳、建具が賃借人の所有であると認めると記載されており、また、独立物であるのでその所有権は丙に帰属すると認められる。

## 起業者申立て

イ　工作物等補償については、丙が所有権を主張している風呂場の仕切りを除き、使用している井戸の新設に要する費用として281,600円、木製物干台、テレビアンテナの移設に要する費用として297,532円、使用していない井戸の価値補償として140,800円、増築部分42.91㎡の価値補償として1,580,633円、合計2,300,565円を見積もった。
ウ　動産移転補償については、屋内動産の移転に要する費用として144,069円、

丙が所有権を主張するふすま等の移転に要する費用として26,900円、合計170,969円を見積もった。

## 関係人申立て

貸主
　丙が所有権を主張している畳、ふすま、障子及び風呂場の仕切りは現存しておらず、現存しているものはすべて当方らに所有権がある。
借主
　畳、ふすま、障子及び風呂場の仕切りは当方に所有権があるのでその補償を要求する。

## ●借家人が木造平屋建物に増改築した部分の所有権は、建物所有者に帰属するとした事例

平成6年7月1日　兵庫県収用委員会裁決

### 裁決

　当委員会が、物件の番号1の木造平屋建住宅を関係人甲に借地権付建物として売り渡したとされる参考人乙を審問したところ、同人は、兄丙から借家権を有償で譲り受け、亡丁に家賃を支払って当該建物に居住していたのであって、甲に売り渡したのは、その借家権であると述べてあり、他に甲が借地権付で当該建物を購入したとする事実を証する資料もない。

　次いで、当委員会は、物件の番号2の木造平屋建住宅の所有者につき、明渡裁決申立書添付書類及び意見書ならびに審理及び現地調査の結果を基に検討したところ、起業者の甲が物件の番号1の建物を増改築した部分であると申し立てる物件の番号2の木造平屋建住宅は、構造上、建物としての独立性を欠き、また、物件の番号1及び2の建物から増改築部分を除いた部分（物件の番号1の木造平屋建住宅。以下「従前の建物部分」という。）と一体となって利用される状態であるから、民法第242条の規定に基づき、増改築部分の所有権は、附合により、従前の建物部分の所有者である関係人（物件所有者）戊外4名に帰属するものと判断する。

　なお、増改築部分が従前の建物部分に附合することによって、関係人（借家人）甲が何らかの損失を受けるとすれば、関係人（借家人）甲は、民法第248条の規定に基づき、関係人（物件所有者）戊外4名に対し別途請求するほかないものと思料する。

### 起業者申立て

　関係人甲は、事実3(1)で、物件の番号1及び2の木造平屋建住宅は、同人の所有であり、本件土地を借地していると主張するが、同建物は、亡丁名義で所有権保存登記がされていること、固定資産税納税義務者が亡丁となっていること、同人が借地権付建物として購入したと申し立てる相手方（売主）である乙は、建物を売買したのではなく借家権の売買であったと述べていること、物件

の番号2の建物は、甲が物件の番号1の建物を増改築した部分であり、増改築部分の所有権は、附合により、物件の番号1の建物の所有者である関係人（物件所有者）戊外4名に帰属することから、同建物の所有者は、亡丁の相続人戊外4名である。

### 関係人申立て

　起業者が事実1⑶で申し立てる本件土地及び土地にある物件ならびにこれらの権利者については、異議はない。
……物件の番号1及び2の木造平屋建住宅は、昭和59年に建物の所有権保存登記を行っており、また、固定資産税納税義務者も亡丁名義になっており、現在は己が納税している。それ以前にも、乙の証言のとおり、当該建物は、亡丁が所有しており、乙に売却した事実はない。

### 関係人申立て

　物件の番号1の木造平屋建住宅は、前所有者である乙から借地権付建物として購入し、所有しているものであり、前所有者と売渡承諾書を交わしている。

　物件の番号2の木造平屋建住宅は、自己の所有する建物である。

● 区分所有建物の一部取りこわし費等について管理組合に対し見積もっているが、管理組合は建物に関し所有権その他の権利を有する者ではないが、管理規約上これら費用の受領権は管理組合に与えていることから、土地所有者兼関係人全員に対する一括見積りと認めた事例

平成9年9月22日　東京都収用委員会裁決

### 裁決

　起業者は前記事実第1の4(3)イのとおり管理組合に対し建物移転補償の取りこわし費及び補修工事費を見積もっているが、管理組合は建物に関し所有権その他の権利を有する者ではなく、これは土地所有者兼関係人に対し補償するものである。その見積額については、土地所有者兼関係人及び甲外8名は上記価値補償分と同様に異議を申し立てず、A管理規約では建物の一部除却及び補修の権限ならびに取りこわし費及び補修工事費の受領権を管理組合に与えていることから、法第49条第2項において準用する法第48条第3項により土地所有者兼関係人全員に対する一括見積りとして起業者の見積額を採用する。

### 起業者申立て

　建物の一部除却及び補修については、管理者の権限とすることを管理組合の総会で特別多数により決議し、規約の改正も行っている。起業者としては、除却及び補修工事は団体として実施することが妥当と判断し、管理組合を関係人として申立てを行った。

### 土地所有者兼関係人申立て

管理組合
　　なし
甲外8名
　　なし

## ●農業用井戸について、取得補償をするとすれば井戸利用者は井戸を利用することができなくなるとの損失が生ずるため、井戸利用者に補償を行うのが妥当であるため井戸利用者を関係人と認定した事例

平成14年11月26日　香川県収用委員会裁決

## 裁決

(1) 本件井戸は、農業用の井戸として、昭和初期に地元の者が共同で設置したとみられるが、詳細は不明である。また、昭和27年頃には地元の関係者によってモーターが設置され、昭和59年までは付近の同様な4つの井戸の利用者が共同でモーターを管理していたこと及び昭和60年以降は井戸毎に個別で管理していること、ならびにそれぞれの井戸の利用者は当該井戸が設置されている土地の所有者に対して年貢を支払って利用しているという事実が認められる。

以上のことから複数の者により設置され、また共同で利用管理されている本件井戸は個人の所有物ではなく共有物と判断される。

ところで、審理における当事者の申立て及び提出書類等から土地所有者が共有者の1人であることは認められるが、それ以外の共有者については、確定できるだけの事実は認められない。

よって、起業者申立てのとおり物件所有者不明、ただし判明している共有権者甲とする。

(2) 本来物件の明渡しを求めるときは、移転による補償を行うこととされており、物件に関わる権利が存在したとしても、物件所有者に移転の義務は生じるが、その権利が消滅することはない。しかし、法第79条が適用されて取得補償となる場合は、収用の効果として物件に関わる全ての権利が消滅することになる。

さて、本件井戸には、昭和27年頃から約50年近くにわたり、利用に係る年貢を支払って現在も利用している乙、丙及び丁、ならびに昭和60年以降同年貢を支払っている戊の4名（以下「井戸利用者」という。）の存在が認めら

れる。

　そこで、これら井戸利用者の井戸の利用について検討するに、長期間にわたり利用に対する年貢を支払い、かつ、平成11年までは本件井戸が設置されている土地の所有者も年貢を受領していることから、井戸利用者には本件井戸に対して利用する権利が存するものと考えるのが相当である。

　ところで、起業者は、本件井戸については取得による補償を申し立てているが、井戸利用者が井戸を利用することについて補償の必要はないと主張している。しかし、取得補償となれば井戸利用者は井戸を利用することが不可能になり、損失が生じるのは明らかである。

　よって当委員会は、収用によって損失を被る者に対して補償するという法の精神からしても、現実に損失が生じる井戸利用者に対しては補償を行うのが妥当であると判断し、井戸利用者を本件の関係人と認定する。

## 起業者申立て

　本件井戸は土地所有者を含む共有物と判断され、その土地は共有物のために土地所有者が提供し、土地の使用を認めているものであると認められるが、それはあくまでも本件井戸（利用を行うに足りる敷地を含む。）の利用権的なものである。また、井戸の利用者が土地所有者に対して敷地代としての年貢を納めている事実もある。

　しかし、年貢はあくまで謝礼的なものであり、この利用権的なものは民法に規定する使用貸借権や賃借権とは異なるものであるので、土地に対する所有権以外の権利はないものと判断する。

　なお、仮に土地に関する所有権以外の権利が存在したとしても完全所有権に含まれるものである。

　本件井戸の利用者である乙、丙及び丁については、水利権に基づく利水者でないこと、また本件井戸の所有権が明確でなく井戸に関する権利関係も不明確なため、本件の関係人とは扱わない。

　また、戊については、昭和60年から新たに取水を始めた者であり、単に年貢の一部負担を行っているに過ぎず同様に関係人とはならない。

### 関係人申立て

　本件井戸は、水が枯れたことがなく農作物を作るうえから必要であり、残して欲しい。なお、本件井戸の年貢は、平成11年まで土地所有者の甲に支払っている。

　香川用水に加入はしているが、必要な時に使えないので使い勝手が悪く、従前から使っている本件井戸を、現在も水田に毎年利用している。

## ●信託による限定的な管理権を有する者は、法8条に定める所有権以外の権利者に該当しないとした事例

昭和61年9月9日　宮城県収用委員会裁決

### 裁決

　起業者は、事実欄第1－3－(1)記載のとおり、丙は信託による限定的な管理権を有し、当該管理権は土地に関する所有権以外の権利であるので、法第8条所定の関係人であると主張するが、甲及び丙は、それぞれ事実欄第2－3及び第3記載のとおり、丙は本件収用事件とは無関係であると主張し、また、起業者も、事実欄第1－3－(2)記載のとおり、甲及び丙の主張を認めると述べているので、当収用委員会としては、丙は法第8条所定の関係人ではないと判断せざるを得ない。

### 起業者申立て

(1)　信託原簿によると、信託期間は昭和59年11月7日で終了しているが、信託法上の法定信託に基づき、甲と丙間で清算事務を行っていると思われるので、丙は信託による限定的な管理権を有し、当該管理権は法第8条に定める土地に関する所有権以外の権利と認められるので、丙を関係人としたものである。

(2)　しかし、甲及び丙が、信託は既に終了し、更新もしておらず、したがって丙に管理権はないと主張するのであれば、その主張を認める。

### 土地所有者申立て

　信託期間が終了し、更新もしていないので、丙の管理権はなくなっており、丙は本件収用事件とは無関係である。

## 関係人申立て

　前記第2-3記載の甲の申立てのとおりであり、丙は本件収用事件とは無関係である。

● 国は未墾地買収処分取消しにより土地の所有意思を放棄しているため、自主占有権の継続は認められず、自主占有開始の始期は買収処分取消しの日となることから、時効取得は成立していないと判断した事例

昭和51年2月24日　大阪府収用委員会裁決

## 裁決

　甲がＡＢ両画地所有権の取得原因として予備的に829番7を除く6筆につき昭和23年10月2日、829番7につき同24年7月2日を始期とする取得時効を援用するので判断する。
　甲の主張によれば、本件山林9筆のうち前記7筆はそれぞれの日に自創法に基づき未墾地買収され、その後、国はこれを分割し開墾用地として農民に貸与していたのであるが、甲提起東京地方裁判所昭和39年(ワ)第10591号所有権確認請求事件は昭和43年8月28日、和解が成立し、国は、これら被買収地についての甲の所有権を認め、同人に対してこれらの土地を明け渡し、以来、同人は所有の意思をもってこれらの土地を占有している。したがって、国が所有の意思をもって占有を開始した前記それぞれの日から昭和43年8月28日までの平穏かつ公然たる占有を承継し、遅くとも同48年10月2日及び同44年7月2日には、これら7筆の土地を時効取得したから取得時効を援用する、というにある。
　ところで、時効制度は、一定の事実状態が一定の期間継続することによって、権利取得又は権利消滅の効果を与える制度であり、所有権の取得時効の要件の一つとして所有意思の継続が必要である。したがって、占有の承継は、前占有者の占有を併せ、あたかも同一人が終始同一物の占有を継続するのと同様の法的効果を与えんとするものであるから、新旧両占有者の占有間にその性質を異にする占有が介在する場合には占有の継続は認められず、所有の意思ある占有者は、所有の意思ある占有権、すなわち自主占有権を他人に譲渡し得るが、所有の意思なき占有者は、所有の意思をもってする自主占有権を他人に譲渡し得ない。
　本件の場合、国は、買収処分の取消しを前提として和解したことが和解調書

に明らかであるから、買収処分の取消しをもって所有意思の放棄を積極的に表示した後、取消しによって権利が回復する所有者であった被買収者へ引渡すべき占有物を被買収者（登記名義人）との起訴前の和解により物権請求権を有するとみられる甲に直接引渡したもの、すなわち、他主占有者として占有物を甲に引渡したにすぎない。

## 起業者申立て

なし

## 土地所有者申立て

仮に以上による本件土地の所有権取得がなかったとしても次の理由により自分は遅くとも本件土地の他、昭和23年10月2日に未墾地買収された土地8筆は同43年10月2日、同24年7月2日に買収された829番7は同44年7月2日、それぞれ時効取得したものであるから、取得時効を援用する。すなわち、

(ア) 本件山林中9筆は、昭和23年10月2日と同24年7月2日、国により未墾地買収された。

(イ) 爾後、国は買収土地を所有の意思をもって平穏かつ公然に占有を継続した。

(ウ) 昭和39年11月4日、自分が国を相手に提起した被買収地9筆についての東京地方裁判所昭和39年(ワ)第10591号所有権確認請求事件は、同43年8月28日、全土地につき自分の所有権を確認する和解が成立した。

(エ) かくして、自分は昭和43年8月28日以降、所有の意思をもってこれら9筆の占有を継続し、かつ、前主国の占有を承継した。

(オ) よって、自分は遅くとも各土地の買収日時を始期とし、20年を経過した昭和43年10月2日及び同44年7月2日にそれぞれの土地所有権を時効取得した。

乙の同48年11月9日提訴にかかる各土地についての所有権確認請求は、上記の時効完成を妨げるものではない。

●時効により権利を取得するには単に一定期間当該土地を占有していたとの事実のみでなく、他の法定要件を具備しなければならず、これについての判断は司法機関が行うもので、収用委員会は権利関係の存否を判断すべきでないとした事例

平成16年7月29日　和歌山県収用委員会裁決

### 裁決

　本件農地について、関係人は前記事実第３－２のとおり耕作権の時効取得を主張し、土地所有者は、前記事実第２－２のとおり時効取得を認めることが可か否かについては、司法判断に委ねるべきであると主張し、起業者は、前記事実第１－２のとおり耕作権を存否不明として裁決申請しているので、当委員会は、以下のとおり判断する。
　時効により権利を取得するには単に一定期間当該土地を占有していたとの事実のみではなく他の法定要件を具備しなければならず、これら法定要件を具備しているか否かの判断は司法的判断であり、収用委員会は司法上の権利関係を確定する司法機関ではないため、その権利関係の存否を判断すべきでない。
　よって、本件農地に関する耕作権については、法第48条第５項の規定により、存否不明とする。

### 起業者申立て

　本件農地の耕作権については、土地所有者と関係人との間に争いがあるため存否不明とし、耕作権が存在するとすれば、相続税財産評価基準による耕作権割合、鑑定結果等を勘案し、50％として上記４のとおり見積もった。

### 土地所有者申立て

　農地の賃借関係が適法に成立するためには、その成立に関し農業委員会の許

可を要することは農地法上より明らかであり、本件農地の農地賃貸借契約は、農業委員会の許可を得た上で成立したものでなく、耕作補償を与えるべきものではない。

賃借権の時効取得については、農地法の趣旨から、許可のないままに事実上の耕作関係を継続したとしても賃借権の時効取得は認められるべきものでない。また、農業委員会の許可のない農地の占有関係につき権利の時効取得を認めることが可か否かということは、極めて高度な法的判断を要する事項であり、裁判所のみが断を下すことができるものである。

### 関係人申立て

判例（高松高裁昭和52年5月16日）によると、農業委員会の許可のないことは、農地の賃借権の時効取得に何ら支障を来さないとして20年の時効取得を認めており、本件農地においても関係人は時効取得していると解する。

## ●駐車場の使用につき建物賃貸借契約書において何ら定めがない場合の店舗前面の駐車場を使用する権利関係については、賃貸借に附随して使用が認められるに過ぎないものであるので、本件土地につき使用権を有するものではなく、法8条3項にいう関係人には該当しないとした事例

平成18年1月5日　神奈川県収用委員会裁決

### 裁決

(イ)　甲は、本件土地を含むホテル前面の駐車場部分の土地について、乙が駐車場として使用する権利を取得していると主張する。

しかし、甲と乙との「貸室賃貸借契約書」においては、ホテル前面の駐車場を乙が使用する権利については何ら規定されていない。また、駐車場内における使用の現状も乙が専用使用する場所が特定されているわけではない。実態はホテルとの共同使用である。

このような状況のもとでは、乙の駐車場使用は、建物賃貸借に附随して使用が認められているに過ぎず、土地につき独立した使用貸借関係が成立しているとまでは認められない。

したがって、乙は、本件土地につき損失補償の対象となる使用権を有するものではなく、法第8条第3項にいう関係人に該当しない。

### 起業者申立て

「貸室賃貸借契約書」には、ホテル前面の駐車場の使用については何ら規定されておらず、また、駐車場箇所が特定されていない。乙は、残地にあるホテル（建物）の一部の借家人であり、本件土地に関して所有権又は所有権以外の権利を有する者ではなく、法第8条第3項にいう関係人に当たらない。

## 土地所有者申立て

　本件土地を含む当該駐車場を乙が使用する権利については、乙との「貸室賃貸借契約書」には明記していないものの、建物賃借人である乙は、そこを駐車場及び商品の搬入等に使用する権利がある。

　判例（東京地裁昭和32年11月20日判決）は、建物賃貸借があった場合の敷地の使用関係について、賃貸借と同時に、敷地上の附属施設をも含めて使用貸借関係が成立するとしている。

## ● 事業認定の告示があったとみなされた時期以降に設定された根抵当権の権利者は、関係人には該当しないが準関係人と認めるとした事例

平成6年6月28日　愛媛県収用委員会裁決

### 裁決

根抵当権者甲銀行は関係人に該当しないとの起業者申立てを相当と認め、当委員会は甲銀行を準関係人と認める。

### 起業者申立て

平成5年7月30日に本件土地建物に根抵当権を設定した甲銀行については、当該権利の設定が、都市計画法第71条第1項により法第26条第1項による事業の認定の告示があったものとみなされる平成4年11月27日以降の新たな権利の設定となるため、法第8条第3項ただし書により、関係人に該当しない。

### 準関係人申立て

なし

## 【参考判例】

● 共同漁業権は漁協に対してのみ付与され、組合員は漁業権の範囲内において漁業を営む権利を有する。また、漁業権の消滅対価として支払われる補償金は、漁協に帰属するものであるが、現実に操業ができなくなる損失を被る組合員に配分されるべきであるとした事例

平成元年 7月13日　最高裁判所判決

### 判決

　現行漁業法のもとにおける漁業権は都道府県知事の免許によって設定されるものであり、しかも、その免許は、先願主義によらず、都道府県知事が予め定めて公示する漁業計画に従い、法定の適格性を有する者に法定の優先順位に従って付与されるものであり、かつ、漁業権は、法定の存続期間の経過により消滅するものと解される。そして、共同漁業権の免許は漁業協同組合等に対してのみ付与され、組合員は、当該漁業協同組合等の定める漁業権行使規則に規定された資格を有する場合に限り、当該漁業権の範囲内において漁業を営む権利を有するものであって、組合員であっても漁業権行使規則に定める資格要件を充たさない者は行使権を有しないものとされており、全組合員の権利という意味での各自行使権は今や存在しないのである。しかも、共同漁業権の主体たる漁業協同組合は、法人格を有し、加入及び脱退の自由が保障され、組合員の3分の2以上の同意があるときには組合が自ら漁業を営むこともできるものとされているほか、総会の特別決議があるときには、漁業権の放棄もできるものとされている。このような制度のもとにおける共同漁業権は、古来の入会漁業権とはその性質を全く異にするものであって、法人たる漁業協同組合が管理権を、組合員を構成員とする入会集団が収益機能を分有する関係にあるとは到底解することができず、共同漁業権が法人としての漁業協同組合に帰属するのは、法人が物を所有する場合と全く同一であり、組合員の漁業を営む権利は、漁業協同組合という団体の構成員としての地位に基づき、組合の制定する漁業権行使規則の定めるところにしたがって行使することのできる権利であると解するのが相当である。そして、漁業協同組合がその有する漁業権を放棄した場

合には漁業権消滅の対価として支払われる補償金は、法人としての漁業協同組合に帰属するものというべきであるが、現実に漁業を営むことができなくなることによって損失を被る組合員に配分されるべきものであり、その方法について法律に明文の規定はないが、漁業権の放棄について総会の特別決議を要するものとする前記水産業協同組合法の規定の趣旨に照らし、右補償金の配分は、総会の特別決議によってこれを行うべきものと解するのが相当である。

# 第5章

## 調書作成
## その他の手続き

# 第5章

## 消費の経済学

## (1) 土地調書・物件調書の作成

● 立入通知の受領を拒否したこと及び立入測量を拒否したことについて正当な理由がないとし、調書は適法に作成されているとした事例

昭和62年3月31日　東京都収用委員会裁決

### 裁決

　土地所有者は、前記事実第2の2のとおり、調書は、違法な手続により作成され、無効であると申し立てているのに対し、起業者は、同第1の4のとおり、適法に作成されたものであると申し立てている。
　そこで、検討したところ、調書は、次のとおり、適法に作成されたものと認められる。
1　土地物件調査の通知及び立会・署名押印の通知について
　　資料によれば、立入測量等の通知は、配達証明付内容証明郵便、電報のいずれも、立入測量等の日の3日前までに土地所有者が受領を拒否したこと、立会・署名押印の通知は、配達証明付内容証明郵便が不在で返送され、電報は土地所有者が受領を拒否したことが認められる。
　　また、土地所有者は、本事業が、住民の意向を無視して強行されたものであること等を挙げ、受領を拒否したことには正当な理由があったと申し立てているが、土地所有者が申し立てている理由は、いずれも、受領を拒否する正当な理由とは認められない。
　　以上から判断すれば、土地所有者は、立入測量等及び立会・署名押印の各通知とも、内容を知り得ず、通知があったとはいえないと申し立てているが、現実に土地所有者が通知の内容を了知しなくとも、通知があったものというべきである。
2　立入測量等の拒否について
　　土地所有者が挙げる立入測量等を拒否した理由は、検討したところ、立入測量等の通知を欠くということについては、前記1のとおりであり、事業認定取消訴訟係属中であるということについては、立入測量等を拒否する正当な理由とは認められない。
　　したがって、土地所有者は、正当な理由なくこれを拒否したものというべきである。

そうだとすると、起業者が、止むなく道路上からの実測等により、調書を作成したことは、法第37条の2の規定により、適法である。
3　立会・署名押印について
立会・署名押印の当日、前記1のとおり、あらかじめ通知されていた立会・署名押印の要請時間内に土地所有者が出頭しないので、立会等を拒否したものと判断し、起業者が、千代田区の吏員に立会・署名押印を要請したことは、法第36条第4項の規定により、適法である。

## 起業者申立て

土地調書及び物件調書（以下「調書」という。）の作成手続について調書は、次のとおり、適法に作成したものである。
(1)　土地物件調査の実施と通知について
本件土地について、昭和59年2月29日に調書作成のための立入測量等を実施するため、同月1日に配達証明付内容証明郵便を発送したが、土地所有者に受領を拒否され、次に、同月16日電報を発信したが、これも受領を拒否されているので、法律的には、受領を拒否された時点で土地所有者に対する法第35条所定の通知はなされたものである。
また、土地所有者は、配達証明付内容証明郵便、電報のいずれも受領を拒否したので、立入測量等の通知の内容を知り得ず通知があったとはいえないと主張するが、事業認定のあったことの周知措置が起業地内でなされており、土地所有者はその後どういう手続で進むのか分かるはずであり、さらに、同年2月22日には口頭で通知しているのであるから、土地所有者は、立入測量等の内容について知り得たというべきである。
なお、口頭による通知とは、通知書を持参し、その内容を説明し、通知書の受領を促したが、その受領を拒否されたということである。
以上のように、事前の通知をなしたうえ、立入測量の当日、起業者の職員が土地所有者宅において、同人の長女甲を介し、土地所有者に対して立入りを申し入れたところ、甲から正当な理由の開示もなく、事業認定取消訴訟中であることを理由に立入りを拒否された。
なお、土地所有者は、起業者と同人との交渉は、すべて甲にまかせてある旨を従前から言明していた。
よって、本件土地については、土地所有者が、正当な理由がなく、立入り

を拒んだため、土地の測量及び物件を調査することが著しく困難であったので、法第37条の2の規定により調書を作成した。
(2) 調書の作成と立会・署名押印の通知について
　昭和59年9月4日に調書に署名押印を得るため、同年8月6日配達証明付内容証明郵便を発送したが、不在により返送され、さらに、同月27日電報を発信したが、受領を拒否されており、通知はなされている。
　また、土地所有者は、配達証明付内容証明郵便は不在で返送され、電報は受領を拒否したので、その内容を知り得ず通知があったとはいえないと主張するが、事業認定があったことの周知措置が起業地内でなされていること、同年8月2日には口頭で通知していることから、土地所有者は、調書作成の立会いの場所や日時を知り得たというべきである。
　なお、口頭による通知とは、通知書を持参し、その内容を説明し、通知書の受領を促したが、その受領を拒否されたということである。
　このように事前の通知をしていたにもかかわらず、土地所有者は、立会・署名押印の期日の要請時間内に出頭しなかったので、千代田区の吏員に調書作成のための署名押印を要請したところ、同吏員は、署名押印したものである。

## 土地所有者申立て

調書は、以下のとおり違法な手続により作成されたものであり、無効である。
(1) 土地物件調査の通知及び立会・署名押印の通知について
　立入測量等の通知及び立会・署名押印の通知については、立入測量等の事前の通知は、配達証明付内容証明郵便、電報のいずれも受領を拒否し、立会・署名押印の通知は、配達証明付内容証明郵便は不在で返送され、電報は受領を拒否しているので、その内容を知り得ず、立入測量等及び立会・署名押印の、いずれも通知があったとはいえない。
　配達証明付内容証明郵便、電報の受領を拒否したことについては、本事業が、住民の意向を無視し、公的機関の反対等をも無視して強行されたものであり、また、起業者は誠意がなく、自らその非を認めなかで、一方的になされた通知であって、受領を拒否する正当な理由があった。
　立入測量等の実施については、昭和59年2月29日の立入測量等の当日、起

業者から申入れがあり、初めて分かったものである。

　なお、起業者は、立入測量等の通知について、事業認定の周知措置と、同年2月22日に口頭で通知したことをあげ、当方がその内容を知り得たものとしているが、知り得た状態とは、具体的な日時を知り得た状態をいうべきであって、事業認定の周知措置は、具体的日時を示しているものではなく、根拠となり得ないものである。結局、立入測量等の事前の通知については、起業者が行ったとする同年2月22日の口頭による通知の内容が、通知の存否を決めるものと考える。

(2)　立入測量等の拒否について

　立入測量等は、前記(1)のとおり、事前の通知を欠き、また、事業認定取消訴訟係属中であるので拒否した。正当な理由による拒否である。

● 土地調書等の作成に当たり、調書の素案が使用認定の告示の前であっても署名押印が同告示の後で行われており、起業者は、調書作成の過程において土地所有者に立会い押印を求め手続に立ち会わせようとしたことが認められるので、手続に瑕疵がないというべきであるとした事例

平成17年7月7日　沖縄県収用委員会裁決

## 裁決

　土地所有者は、前記事実第2の2(2)のとおり、土地調書等に違法がある旨主張するので、これについて判断する。
　まず、土地調書等の作成時期に係る違法の主張についてであるが、土地調書等は、土地収用法第36条第2項から第5項までの手続の履践によって完成するのであるから、土地調書等の素案が使用認定の告示前に用意されても、署名押印等が使用認定の告示後であれば、土地収用法第36条の規定上、当該調書は有効と解されるべきところ、本件土地調書等の署名押印が使用認定の告示後に行われていることは明らかで、この点の瑕疵はない。
　次に、現地立会いがないことに係る違法の主張についてであるが、土地収用法第36条第2項の「立ち会わせた上」とは、土地調書等の作成の全過程に立ち会わせることをいうのではなく、起業者が作成した土地調書等を直接土地所有者に示し、併せてこれの署名押印等調査作業段階の手続に立ち会わせることをいうと解されるところ、本件土地調書等の作成過程において、起業者は土地所有者に対し立会い及び署名押印を求め、手続に立ち会わせようとしたことが認められるから、この点もまた手続に瑕疵がないというべきである。
　そして、土地所有者が立会い及び署名押印に応じなかったときは、起業者は土地収用法第36条第4項により、内閣総理大臣に立会い及び署名押印を求め内閣総理大臣が指名した者が立会い及び署名押印しなければ土地調書等は完成しないのであるところ、本件土地調書等についてはこれらの手続の瑕疵も認められない。
　以上により、本件土地調書等に瑕疵はなく、適法に作成されたことが認めら

れるものである。

## 起業者申立て

　起業者は、本件使用認定の後、土地収用法第36条第2項の規定に基づき、土地調書及び物件調書の作成のため、平成13年5月11日、土地所有者710名に対し、文書により、同年6月2日及び3日に伊佐公民館において立会い及び署名押印することを求めたところ、土地所有者7名が立会い及び署名押印を行ったものの、703名の土地所有者は立会い及び署名押印を行わなかった。

　このことから、同月5日、起業者は、土地収用法第36条第4項の規定に基づき内閣総理大臣に立会い及び署名押印を求め、同月12日、内閣総理大臣は立会い及び署名押印をする職員を指名し、同月19日、同職員が土地調書及び物件調書に署名押印して、同調書を完成させた。

　なお、土地調書に添付した実測平面図は、平成12年7月、測量専門業者に発注し、いわゆる地籍調査作業により現地において調査測量した成果に基づき、平成12年10月に作成した。

## 土地所有者申立て

　本件裁決申請に係る土地調書及び物件調書ならびにこれらの調書添付の各図面（以下「土地調書等」という。）は、本件裁決申請に係る使用認定の告示前に作成されたものであり、使用認定の告示後における土地調書等の作成を義務づけた土地収用法第36条及び第37条の規定に違反する違法な調書及び図面である。

　また、土地調書等は、土地所有者の現地立会いを行わずに作成されたものであり、この点においても違法である。

## ●土地区画整理施行地区内の土地調書作成に当たり、換地確定図等を基に実測して作成しているとして作成手続等に瑕疵がないとされた事例

平成6年6月23日　東京都収用委員会裁決

### 裁決

　甲ほか3名は、前記事実第2の1のとおり、本件土地調書に添付された土地測量図は、法第37条の土地現況測量図ではないと申し立てており、また、同調書に記載された本件土地の面積は、実測した地積と異なる旨、同調書に異議を付記している。

　実測平面図は、収用対象地の区域を特定し、その位置、面積等を実測し、表示すべきものであるところ、起業者は、本件土地について、前記事実第1の3及び4のとおり、本件事業地が区画整理事業の施行地区に存することから、その換地確定図等を基に、土地の収用に必要な範囲において、法の規定に基づき官民境界等を調査し、その位置、面積等を実測して、法第37条第1項により、本件土地調書及び本件実測平面図を作成したものであり、その作成手続等になんら瑕疵は認められない。

　なお、甲ほか3名が提出した土地現況測量図については、単に、土地の現況を測量したものにすぎないと認められ、また、同人らも、これは、あくまで土地の現況を測量したもので、その範囲を主張するためのものではないとし、しかも、本件事業地が区画整理事業の施行地区であるにもかかわらず、その現況は、換地確定図と異なると述べているので、これを本件土地の区域、面積等についての証拠とすることはできない。

### 土地所有者申立て

　甲ほか3名は、本件土地調書に添付された土地測量図は、法第37条の土地現況測量図（実測平面図）ではないと申し立てており、また、本件土地調書に記載された本件土地の面積は、実測した地積と異なる旨、同調書に異議を付記しているが、起業者は、後記4のとおり、本事業に係る板橋区〇〇2丁目58番（分筆後58番1から同番18まで、以下「58番」という。）及び59番1から同番

9まで(以下「59番」という。)の事業施行地区(以下「本件事業地」という。)の調査、測量等を行い、本件土地調書及び同調書添付の実測平面図(以下「本件実測平面図」という。)を作成した。

(1) 昭和62年7月、本件事業地の状況を把握するため現地測量調査を実施したが、この測量は、権利者の地積確定に必要な道路と民有地の境界(以下「官民境界」という。)確認のための予備調査であって、街区の形状を座標系で表すために、その境界と思われる箇所又は構造物の位置を測量したもので、これを現況の仮境界点として現地にペンキで仮の表示をした。

(2) 本件事業地は、昭和47年に換地処分が行われた戦災復興土地区画整理事業(以下「区画整理事業」という。)の第14地区内にあるため、区画整理事業の街区の面積、辺長等が記載された換地確定図及び境界点の座標値、隣接境界点までの距離及び方向角が記載されている街廓原子一覧表等を入手し、区画整理事業に使用した基準点及び設置済の境界点の調査をしたが、区画整理事業完了後、相当の期間が経過していることから、現地でそれらを確認することはできなかった。

(3) そこで、本件事業地の東側の一般国道17号の敷地調査の成果及び西側の幹線街路環状第6号線の道路敷地構成図等を基に、本件事業地付近で確定済である道路と民有地の境界を調査し、また、公共用地確定図を基に本件事業地周辺の街区に隣接する道路の幅員を確認した。

(4) 上記(3)で得られた結果を満足させ、かつ、換地確定図及び街廓原子一覧表に記載されている面積等ならびに現地測量調査の結果を総合的に勘案したうえで、本件事業地のみならず周辺街区の官民境界のもつ座標値等の調整計算を行い、本件事業地に係る座標値を決定した。

(5) この座標値をもって現地に赤ペンキで官民境界を表示したうえ、昭和62年9月官民境界の立会いを行ったところ、隣接道路の財産管理者、本件事業地の土地所有者のうち、59番2の所有者亡乙及び59番3の所有者丙から了解を得たが、土地所有者甲及び同丁の代理人を兼ねる同戊は立ち会ったものの了解をせず、同己は現場に来なかった。

(6) 借地権境等の民有地の境界(以下「民民境界」という。)については、官民境界立会いの後、昭和62年10月現地立会いを行ったところ、戊は立ち会ったものの了解をせず、土地所有者己は現場に来なかったが、その他の土地所有者及び借地権者等の立会いのもとに、土地の占有、使用の状況等を総合的に勘案して境界点の位置を確認した。

(7)　上記(1)から(4)の調査結果を基に、区画整理事業により確定した権利関係が現地の地形上どのような状況にあるかを検討し、測量法等に基づく基準点によりそれぞれの境界点を再表示し、上記(5)及び(6)により位置が確認された境界点を再度測量し、換地確定図を基に本件実測平面図を作成し、収用しようとする本件土地の区域及び面積を確定した。

### 土地所有者申立て

　当方は、次の理由により、本件土地調書に添付された土地測量図は、法第37条の土地現況測量図ではないと申し立て、また、本件土地調書に記載された本件土地の面積は、実測した地積と異なる旨、同調書に異議を付記した。

(1)　法第37条第１項によると、土地調書には実測平面図を添付することが要求されている。また、換地処分後の所在図等は正確なものが多いが、当該実測平面図は、あくまで起業者の実測した図面でなければならないとされている。

　なお、当方は、土地現況測量図を提出したが、これは、あくまで土地の現況を測量したもので、土地の面積の範囲を主張するためのものではない。

(2)　法が裁決事項に収用する土地の区域と損失の補償とを並べて規定していることから、土地の区域は損失の補償の基礎をなすものとして現況に応じた実測で表示することが望ましく、公簿上の面積による土地調書は不適法とされるべきである。

(3)　画地の利用価値の総量は、画地の実際の面積により定まるものであるから、補償の基礎となる面積は、取得する画地の実際の数量によるべきである。

(4)　裁決手続開始の登記をする前提として分筆を行うに当たり、登記簿上の地積と実測地積に差異があるときは、地積の更正登記をする必要があるとされている。

## ●物件調書に残地に存する物件の記載がないこと及び調書に記載された立木の種類に誤りがあることが直ちに申請を却下すべき理由に当たらないとした事例

平成7年11月1日　長野県収用委員会裁決

### 裁決

　土地調書及び物件調書は、当委員会の審理のための資料として作成される性格のものであり、残地に存する物件の記載がないこと、物件調書に記載された立木の種類に誤りがあることは、直ちに申請を却下すべき理由に当たらない。

### 起業者申立て

　土地所有者は、残地上の物件調査が行われていないことが、瑕疵に当たると主張するが、調書を残地全体を含めた一団の土地全体について作成することは、土地収用法で義務づけられていない。

### 関係人申立て

甲
　物件調書作成の瑕疵は、申請の却下事由に相当する。
　　ア　物件調書においても、土地調書と同様、収用、使用の対象地上の物件に限定しているが、残地全体を含めた一団の土地全体を調書の作成対象範囲にすべきである。
　　イ　立木の樹種に誤りがある。
乙
　土地調書、物件調書に記載された立木所有者の氏名及び立木の具体的な位置、名称に間違いがある。

## (2) その他

### ●区分所有建物敷地のすべての共有者について裁決申請をし、分筆登記後、一部の共有者を除いて申請を取り下げた事例

平成7年2月22日　大分県収用委員会裁決

### 裁決

なし

主文
土地の所在　大分県○○市大字○○字○○

| 地番 | 地目 | | 面積（㎡） | | 収用し、明け渡すべき土地の面積（㎡） |
|---|---|---|---|---|---|
| | 公簿 | 現況 | 公簿 | 実測 | |
| 1,933番56 | 宅地 | 宅地 | 348.96 | 348.96 | 348.96 |

| 共有持分 | |
|---|---|
| 氏名 | 持分 |
| A | 6,743,958分の54,000 |
| B | 6,743,958分の54,000 |
| C | 6,743,958分の54,000 |

（注）　地番は、裁決手続開始決定による分筆後の地番である。

### 起業者申立て

(1) 裁決申請及び明渡裁決の申立ての対象者について

　後記3の収用しようとする土地及び明渡しを求める土地（以下「本件土地」という。）は、建物の区分所有等に関する法律が適用されているリゾートマンション○○の敷地であったため、当該マンションの区分所有者で構成するリゾートマンション○○管理組合法人の総会において、建物の専有部分

と分離して処分するための分離処分可能の議決をしてもらったうえ、139名の共有者等と売買、登記等の協議を行ってきたが、行方不明者もいて、共有者全員との協議が調わなかったため、当該共有者全員及び該当各関係人等を対象として裁決申請及び明渡裁決の申立てを行った。

しかしながら、分筆登記後協議の調わなかった別表第 2 記載の 3 名の共有者及び該当関係人についてのみ収用及び明渡しを求め、その余の者等については、本件申請及び申立てを取り下げるものである。

## 土地所有者申立て

なし

## ●緊急使用許可に当たり起業者が提供すべき担保として、替使用地の提供を認めた事例

昭和48年3月29日　広島県収用委員会裁決

### 裁決

　起業者の提供すべき担保は、使用する土地の区域が営業（貨物等運送業）の用に供している土地の一部となっていること及び土地所有者の意見等を考慮して土地を使用することに対する補償に代えて替使用地の提供を相当と認めた。

　許可条項
1　使用する土地の区域
　　広島県〇〇市〇〇町〇丁目

| 地番 | 地目 | 土地登記簿上の面積 | 実測面積 | 使用する土地の面積 | 使用する土地の区域 |
|---|---|---|---|---|---|
| 65番 | 宅地 | 912.50㎡ | 912.58㎡ | 159.97㎡ | 別添図面図示のとおり |

2　使用の方法
　　本件事業及び本体工事の工事用道路として使用すること。
3　起業者が提供すべき担保
　　替使用地の提供
　　起業者が提供する替使用地の区域
　　広島県〇〇市〇〇町〇丁目

| 地番 | 地目 | 土地登記簿上の面積 | 実測面積 | 提供する土地の面積 |
|---|---|---|---|---|
| 67番 | 田 | 720㎡ | 721㎡ | 721㎡ |

4　使用の期間
　　昭和48年3月29日から6か月間

## ●損失補償額の1円未満の端数については、政令の規定どおり四捨五入するとした事例

平成4年8月28日　群馬県収用委員会裁決

### 裁決

土地又は土地に関する所有権以外の権利に対する損失の補償における起業者の見積額については、1円未満の端数をすべて切り捨てているが、当委員会は収用法施行令第1条の13の規定により、1円未満の端数を四捨五入するものとする。

### 起業者申立て

なし

### 土地所有者申立て

なし

## ●事業認定の告示後に知事の承認を得ずに新築した仮設小屋等は損失補償の対象とならないとした事例

平成7年11月1日　長野県収用委員会裁決

### 裁決

　関係人甲が申し述べた仮設小屋（8.84㎡）、仮設トイレ（1.73㎡）及び便槽については、当委員会が実施した現地調査の際に、本件土地上に存置することを確認した。

　これらは、関係人甲が自認しているとおり、関係人同人が賃貸借契約を締結している土地上に、土地所有者の了解を得て、平成7年9月16日に建てられたことが認められ、これは事業認定の告示の後に長野県知事の承認を得ずして新築されたものであることが明らかであるから、法第89条の規定により損失の補償の対象とはならない。

### 起業者申立て

　なし

### 関係人申立て

　裁決申請後の平成6年9月16日に、土地所有者と別途仮設小屋の設置を目的とする土地の賃貸借契約を締結し、同日、仮設小屋及び仮設トイレを設置した。

● 土地所有者から起業者が依頼した不動産鑑定士を喚問し、鑑定方法等を詳知したい旨の要求に対し、委員会として別途不動産鑑定士に鑑定をなさしめるので、その必要を認めないとした事例

昭和63年11月9日　愛媛県収用委員会裁決

### 裁決

　土地所有者兼関係人は前記事実第2の3⑴のとおり起業者が依頼した不動産鑑定士を喚問し、その鑑定方法等を詳知したい旨要求する。
　しかし、不動産鑑定士の鑑定手法については基準等があり、起業者が依頼した不動産鑑定士の手法がこの基準等に反するものとは考え得ないところである。そこで、当委員会としては不動産鑑定士をこの点について喚問する必要は認めない。
　また、当委員会としては不動産鑑定士に別個に委嘱し、不動産鑑定をなさしめ、「正常価格」の一つの算出資料としているが、上記不動産鑑定書と対比しても起業者が依頼した不動産鑑定士の鑑定手法が特異なものであるとは思料しえない。したがってこの要求は採用しない。

### 起業者申立て

　なし

### 土地所有者申立て

　起業者の任意協議での態度は「土地価格は不動産鑑定士により山の上部を2万円／坪、下部を3万円／坪と決定されたものであり、変更できない」との一方的なものであり、不動産鑑定士の鑑定額は絶対的なものであるとの起業者の説明は容認できるものではない。○○東斜面にある本件申請に係る土地は、電磁気的現象をもった土地であり、山の東斜面という地形、土壌の豊穣性と相ま

って非常に高収益の農産物を生み出すとともに、当該土地で労働をすれば疲労感も感ぜず、健康管理のうえでも最適の土地である。このような特殊性をもった土地は他に類例がないものであり、人間生命にとっても最高の土地と言わねばならない。
　このような特殊性を有する土地で先祖伝来の秘蔵の畑であるにもかかわらず、起業者の不動産鑑定士による本件申請に係る土地の価格はこれらの特殊性を考慮したものではなく、正当な価格とは言えない。
　なお、起業者が依頼した不動産鑑定士の鑑定方法を詳知したいので、その不動産鑑定士を参考人として喚問して欲しい。

● 起業者の鑑定書を土地所有者が収用委員会に提出させるよう求めることは、補償額は起業者の鑑定書に左右されるものではなく審理を不必要に延引させる虞があることから、認めないとした事例

昭和58年9月27日　大阪府収用委員会裁決

### 裁決

　土地所有者は、前記事実第2の4記載のとおり鑑定書の提出命令を申し立てるので、以下判断する。
　土地所有者は収用委員会の審理においては民事裁判における当事者主義が採用されなければならないとして、起業者に鑑定書を提出させ、これに対し反論の機会が与えられるべきであると主張する。
　しかしながら、土地収用制度は、公共の利益と私有財産との調整を目的とし、あわせてそのための手続を保障しているところであるが、民事裁判における如き広範な当事者主義を手続上保障しているものとは解し得ない。このことは、法が審理手続のほかに調査手続を認め多分に職権主義的性格を有する手続を規定していることからも十分理解できるところである。
　もともと土地の損失補償額がいくらをもって相当とするかは、当委員会が職権をもって命じた鑑定人の鑑定結果等を参酌しつつ決定しているところであるから、当委員会は起業者の鑑定書によって左右されるものではない。
　また、たとえ起業者から鑑定書の提出があったとしても、その鑑定書の当否について論争を生じるなど容易に結論を得られるものでなく、審理を不必要に延引させる虞がある。
　以上の理由から、土地所有者が申し立てた鑑定書の提出命令については、その申立てを相当とは認めることができないので、鑑定書の提出を命じない。

### 起業者申立て

　なし

## 土地所有者申立て

鑑定書の提出命令を次の理由により申し立てる。

(1) 収用委員会は当事者対審の構造になっているのに、起業者は土地損失補償について主張するだけでその根拠となった鑑定書を提出しないので、審理でこの鑑定書を開示し、土地所有者に十分な反論の機会を与えるべきである。収用委員会がこれを認めない場合は、このような起業者の不当な態度を容認することになる。

(2) 土地所有者に十分な反論の機会を与えないと、起業者の鑑定書が持つ問題点（鑑定額としての正当性・方法その他）が収用委員会の行う調査のための鑑定にも影響を及ぼすことになる。

● 土地所有者からの起業者の補償額見積りの基礎資料の閲覧謄写の要求に対し、土地所有者には要求する権利はないとした事例

平成9年7月30日　高知県収用委員会裁決

### 裁決

　土地所有者は、事実第2の3の(1)のア記載のとおり、損失補償見積金額の見積りの基礎となった資料の閲覧謄写の要求を申し立てたのに対し、起業者は、事実第3の2の(3)記載のとおり、任意による土地所有者への提出には応じられない旨申し立てたが、法第63条第3項の規定は、申立人が自己の意見を証明するため、自らの資料を提出する場合に適用されるものと解され、申立人が相手方の保有する資料の提出を要求する権利はなく、また、法第65条第1項第1号の規定をもとに、当委員会が、職権によって、起業者へ資料の提出命令を行ったうえで、土地所有者にこれを閲覧謄写させることについては、その必要はないものと判断した。

### 起業者申立て

　起業者が保有する不動産鑑定評価書については、個人に関する情報であること、県の情報公開条例のなかで非開示とされている文書であることから、任意による土地所有者への提出には応じられない。

### 土地所有者申立て

　損失補償見積金額の見積りの基礎となった資料の閲覧謄写の要求について充実した意見を提出するためには、起業者において如何なる根拠に基づき相当価格を算定したのか、その根拠を知ることが必要である。
　すなわち、近傍類地の選択が適切であるか、また、鑑定内容が合理的であるか、それを検討する機会が与えられずに意見を述べることは不可能である。
　近傍類地の取引価格を自ら調査するにしても、起業者の選択した近傍類地の場所を知って初めて有効な調査が可能であるし、また、鑑定を自ら申請するに

しても、起業者がなした既存の鑑定内容を知って初めて有効適切に鑑定申請ができるからである。

　よって、損失補償見積金額の見積りの基礎となった凡ゆる資料を、速やかに閲覧謄写する機会を与えられたい。

## ●損失補償金は、民事執行法による競売手続が継続中であるため、配当機関である裁判所に払い渡すものとした事例

平成8年4月23日　愛媛県収用委員会裁決

### 裁決

収用及び使用する土地については、松山地方裁判所今治支部において民事執行法による競売手続が継続中であるため、起業者は法第96条に基づき、主文第4の損失補償金を配当手続実施機関である松山地方裁判所今治支部に払い渡すものとする。

### 起業者申立て

なし

### 土地所有者申立て

なし

### 関係人申立て

なし

【参考判例】
●土地収用法36条の規定に基づく土地調書等の作成に当たり、土地所有者等に調書への署名押印を求める場合、土地所有者等に現地立会いの機会を与えなくとも権利侵害に当たらないとした事例

平成8年8月28日　最高裁判所判決

## 判決

　土地収用法第36条第2項の文言からすると、同項は、土地調書及び物件調書作成の全過程で、土地所有者及び関係人に立会の機会を与えることを要求するものではなく、調書が有効に成立する署名押印の段階で、調書を土地所有者及び関係人に現実に提示し、記載事項の内容を周知させることを求めているものと解するのが相当である。本件各土地の所有者及び関係人にとっては、現地を確認することなく、土地調書及び物件調書の記載内容の真偽を判断することが困難である場合もあることは、所論指摘のとおりであるとしても、土地所有者及び関係人は、同条第3項に基づき、異議を付記して署名押印をすることができ、そうすることによって、調書の記載が事実に合致するとの推定を排除することができるのである。その場合には、那覇防衛施設局長が収用委員会の審理手続の中で土地調書及び物件調書の記載内容が真実に合致することを立証しなければならないことになるのであるから、本件各土地の所有者及び関係人に現地における立会の機会を与えなくても、その権利を不当に侵害するものとはいえない。

【参考判例】

●収用した土地と残地にまたがって建築されていた建物の代執行に当たり、収用地に存する部分のみを撤去することは、建築構造上残存部分を維持することが危険である等の理由により、建物全部を解体撤去しても適法であるとした事例

昭和52年5月27日　最高裁判所判決

### 判決

本件代執行が適法であるとした原審の認定判断は、原判決挙示の証拠関係に照らし、正当として是認することができ、原判決に所論の違法はない。論旨は、採用することができない。

【参考判例】

●同　件

昭和49年11月21日　福岡高等裁判所判決

### 判決

収用された土地と収用されなかった土地にまたがって存在する一棟の建物に対して、収用された土地にかかる部分のみを切り取り撤去することが、残りの建物部分のみならず建物全体の効用を著しく損い、建築構造上も、残存建物を維持することが危険であり、これを維持するには多額の補強、補修費を要すると認められる場合には、建物全部を解体撤去しても、その代執行は適法であると解するのが相当である。

いま、これを本件についてみるに、被告主張の第㈠項1の事実については当事者間に争いがなく、（証拠略）を総合すれば、被告主張の同項2の事実、および残存建物を維持するためには倒壊防止のため梁や特別の支柱などを施し、これを新築する以上の補強、補修費を支出せねばならぬこと、以上の事実を認

めることができる。
　右認定に反する〔証拠略〕を措信できず、他にこれをくつがえすに足る証拠はない。
　よって、本件建物撤去、土地明渡の代執行は適法と認めねばならない。

**増補版
損失補償関係裁決例集**

2005年3月30日　第1版第1刷発行
2010年5月31日　第2版第1刷発行

| 編　集 | 公 共 用 地 補 償 研 究 会 |
|---|---|
| 発行者 | 松　林　久　行 |
| 発行所 | 株式会社 大成出版社 |

東京都世田谷区羽根木1－7－11
〒156-0042　電話 (03) 3321-4131 ㈹
http://www.taisei-shuppan.co.jp/

©2010 公共用地補償研究会　　　　印刷　信教印刷
　　　落丁・乱丁はおとりかえいたします。

ISBN978-4-8028-2947-2

## 関連図書

### 2010年版 必携用地補償実務便覧
編著■㈶公共用地補償機構
A6判・384頁・ビニール上製・定価1,365円(本体1,300円)・図書コード2925・送料実費

　便覧とダイアリーが一体の便利な実務手帳！　補償基準細則ほか最新の関係法令等を登載し、補償業務の「ハンドブック」としても活用できます！

### 増補版 公共用地の取得に伴う損失補償基準の考え方310問
著■大久保 幸雄
A5判・386頁・上製・定価4,725円(本体4,500円)・図書コード2918・送料実費

　平成21年6月改正の細則までを掲載。「公共用地の取得に伴う損失補償基準」各条文の意図や運用を、Q&Aで逐条的に解説した関係者必携の一冊！

### 明解 事業損失の理論と実務
編著■用地補償実務研究会
A5判・656頁・並製・定価5,670円(本体5,400円)・図書コード2884・送料実費

　日照阻害・水枯渇・地盤変動・電波障害等の事業損失の理論と実務について具体的算定例等を含め解説した実務書！

### 増補版 明解 営業補償の理論と実務
編著■用地補償実務研究会
A5判・696頁・並製・定価5,460円(本体5,200円)・図書コード2850・送料実費

　営業補償の類型に応じた具体的な手順を理解することにより営業補償の基本的な処理方法を理解し、次に業種に応じた補償事例を整理することにより実務に応用し得るよう参考として典型事例を掲げて解説。

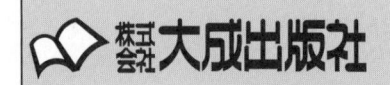

---

株式会社 大成出版社
〒156-0042 東京都世田谷区羽根木1-7-11
TEL 03-3321-4131　FAX 03-3325-1888
ホームページ http://www.taisei-shuppan.co.jp/
※ホームページでもご注文いただけます。